Die Enthüllung der inneren Wahrheit

Die innerste Essenz aller Buddhalehren

sowie ergänzende Erläuterungen der Methoden,

um in den tiefgründigen Pfad der Sechs Vajrayogas einzutreten.

— BAND DREI —

Die erleuchtete Wirklichkeit

von Shar Khentrul Jamphel Lodrö

ཤར་མཁན་སྤྲུལ་རིན་པོ་ཆེ་འཇམ་དཔལ་བློ་གྲོས

Dzokden

Deutsche Ausgabe:
Autor: Shar Khentrul Jamphel Lodrö
Übersetzung: Winston-Douglas Court, Ulrike Holzer
Herausgeber: Manfred Klell
Layout: Silvia Freidinger

ISBN: 978-1-961659-15-5 (Taschenbuch)
ISBN: 978-1-961659-16-2 (ePub)

Veröffentlicht von: DZOKDEN
Dieses Werk wurde von Dzokden produziert, einer gemeinnützigen Einrichtung, die ausschließlich von Freiwilligen getragen wird. Diese Organisation hat es sich zur Aufgabe gemacht, eine nicht-sektiererische Sichtweise aller spirituellen Traditionen der Welt zu verbreiten und den Buddhismus auf eine Weise zu lehren, die sowohl vollkommen authentisch wie auch praktisch und für die westliche Kultur zugänglich ist. Sie widmet sich insbesondere der Verbreitung der Jonang-Tradition, einem seltenen Juwel aus einem abgelegenen Teil Tibets, das die wertvollen Lehren des Kalachakra bewahrt.

Wenn Sie weitere Informationen über geplante Aktivitäten und verfügbare Materialien oder wenn Sie eine Spende machen möchten, wenden Sie sich bitte an:

Dzokden
3436 Divisadero Street
San Francisco, CA 94123, USA
www.dzokden.org
office@dzokden.org

Inhalt

།། གཏན་ལ་དབབ་པ་ཞུ་རྐྱེན་གྱི་སོགས།... ་དེ་བཞིན་གཤེགས་པའི་བསྟན་པ་རིན་པོ་ཆེ།...

至尊藏哇赤列南杰觉囊派第四十七任法王壤塘藏哇大藏寺金刚寺主

HIS HOLINESS TSANGWA TRINLÉ NAMGYAL

*The 47th Vajra Throne Holder of the Great Eastern Monastery of Dzamthang Tsangwa
and Lord of the Jonang Dharma.*

༄༅། །དར་གཞན་སྐྱབས་འཇམས་དཔལ་ས་དལ་སོགས་བློ་གྲོས་མཆོག་གིས་དུས་ཡུན་རིང་པོ་ས་དགེ་བགལ་སྙིང་རྟེ་ནན་དང་བཙན་པའི་སྒྱུབ་ལ་ཐོགས་
བསམ་སློབ་ལ་ཡང་དགེ་བྲལ་ནས་བོ་བཀྲ་དང་བསྟན་ཀྱི་ལ་ལེན་ནས་དད་ཐོན་ཟེར། བོ་གིས་ཆོས་བཀྲེད་རེས་མེད་ཀྱི་ཆོས་འབྱུང་།
གྲུབ་བཅས་ཀྱི་དབེ་ད་གལ་ཆེན་མདོ་སྒྲིན་སོ་སོགས་བསྐུ་ལ་གནས་པའི་གྲུབ་ལས་གལ་ཆེ་གནས་བཞིན་ཡོད།

བོ་གིས་ཆོས་བཀྲུད་རེས་མེད་ཀྱི་དགེ་བའི་བཞིན་མ་དུ་བསྙེན་ཞིང་། རྒྱའི་མ་དགོས་ནི། དེས་ལ་དོན་ཀྱི་མགལ་གྱལ་གཤིན་
ལུན་། རྗེ་བཙུན་རྩ་མེ་སྒྲིན་སྟེ་དཔལ་ལས་མམ་ཡོངས་ལ་གསུམ་སུ་སྒྲ་སྒྲོ་འབྲིང་ཆེན་ཡིན། རྒྱ་མ་རམས་བོ་གིས་མདུན་ནམ་མཚ་སྒྱུར།
གཞེན་ལ་རོམ་བསམ་སློབ་མ་ཡུན་རིང་ད་ཡང་། སྒྱུ་ལ་དད་དཔལ་དང་ཀྱི་འཛིན་པའི་རིན་ རྟེ་སྒྲ་ད་ཡ་ལ་ལལ་དུ་ནི་རྩམས་ད་ར་
མ་དགས་ལ་གལ་གི་སྐུ་ཚིག་བོ་བཞིན་པའི་མགལ་ན་བྱིད་རྒྱམས་ཐན་ད་གཞིན་སུ་ད་དང་། བོ་གི་མ་ཆེ་སྒྱིར་བོ་འབྲིང་བའི་གྲུལ་དལ་སྟེ།
ཚན་དེ་གཞིན་ག་གྲུང་དེ་ད་བོས་པར་ད་འགྲོ་དོན་རྒྱ་ཆེ་ཡོན་པར་ཡུང་ད་བསྟན།

བོ་ཅུང་ད་དུས་ད་དགི་ཆེ་མགལ་སྐྱལ་ཀྱི་ཡང་སྒྱིང་ད་དོས་བཟུང་ཡང་། སྒྱ་ཆེ་ནས་བར་ཆན་སྒྲིག་ཆེ་ད་གནས་རྒྱ་དམ་པོ་རམས་ཡོན་འཆང་ རྒྱ་ མ་
འདི་ལ་ཆེ་གིས་བར་ཆན་ཟམས་ཆན་ཐམས་སལ་ད་གནས་རྒྱ་བཀྲི་ཚིག་འི་བགལ་གནས་སོ་ད་ནས་སུ་དགི་ས་ཆོས་ནར་ད་ཟ་མ་
བོ་ས་འུལ་ལ་རོས་སྒྲ་མི་རྒྱའི་ཡང་སྙེན་ད་དོས་འཛིན་མཛད་སྒྲི་དགལ་སྒྲོན་ཞིང་གནས་སྒྲོ་འདུད།

ད་སྐུ་ནི་རེས་རོན་མོ་བཟུ་དང་། སྐྱེ་བའི་མདོ་བུ་ཡི་དགོ་ང་མཛད་སྒུ་ནི་ནད་ད་ད་ས་ན་རས་སྒྱོ་བའི་མགལ་གྱི་ཟབ་གནས་ཀྱི
། བྱུ་ད་སྒྱ་བྱི་རེས་གསར་རམས་ད་ད་ཆོས་ཀྱི་དགིན་སོ་སོ་ད་དོང་རེ་ནི་བཞེ་དང་བཟས་པ་ཆོས་སྒྱར་པའི་མགལ་ ་འཚམས་འཛིན།
དང་། དེ་ད་གོ་ལོན་ནས་ད་ཤིན་ད་སྒྲིན་ཤིག་་ཏེ། འཛིན་སྐུ་ནས་དཔལ་ཡིག་གནས་པ་ན་ཡང་འགྱུར་བཞིན་ཡོན་འདུན་ལ། མ་ཚོན་
གནས་སྒྲོ་ས་དང་སྒྱིན་དང་། དེས་ནན་ད་སོལ་ཡོན་ས་གནས་བཞིན་དོ་ལོགས་ས། སུན་གྱི་དཔལ་རྒྱམ་ར་ཆོ་ང་ གྱ་ཀྱི་ཆོན
ཞིན་ད་བོ་ང་བསྒྱལ་ནས་སྒྱ་ད་ད་ལ་ཡི་འཛམས་ཡོན་མ་ནད། རྒྱ་སྒྱོར་ཡང་མཚར་གཏི་ད་ (ཞུ་གི)ཡོན།

དེ་ས་མེ་ཚོ་ད། མགལ་སྒྱབ་བོ་གི་ལག་ནས་དང་སྙེ་སྒྲོམས་ཀ་ ་ཆེ་མཆང་ཡོན་ནོ། ཆེ་ནས་དགོལ་ས་བ་དགལ་ནས་ཀྱི་འབྲོང་བཞི་བསྒྲ་བ་
ཉུར་ཆེན་གཞིན་ནས་ཆེ་ཡུལ་ས་རེས་མེད་ལ་གནས་སྒྲོ་གནས་ཏ། སྒྱི་ ཆོག་ས་ཀྱན་མསུན་ལ་ལག་ མ་གཞིན་འཛམ་སྒྲི་ ཞི་ ་ནི་ད།
བར་མ་མ་ནད། མཚར་དང་ཐག་ནས་བཞི་བྱི་བའི་སྒྱར་སྒྱ་ ་སྒྱ་དབ་ད་ལ་རིས་སྒྱན་པའི་མཐུན་ནན་ ་ཆོས་གནས་ཆེན་ ་ཞི་ ཡི་ན
སྒྱ་ཀྱི་བོ་གི་མཛད་ན་ ་དགོ་སྒྱི་ནས་རྒྱ་ཡེ་རང་ཡོན།

མ་ནད་གནས་སྒྱབ་མཆོག་ ་མཐུན་ད་ ་ ་ད་རྒྱམ་རང་ ་གནས་འཛན་སྒྱི་ ་ ་ ་ ་འབྲི་ ་ ་ ་ དལ། བདག་གིས་རོས
ནས་ཡི་རང་དང་བཀའ་དན་ ་ ་འི་ ་ ་ད་ད་ཆོས་ ་ ་ད་ ་ད་ ་ ་ད་ ་དལ་ ་ ་ ་མཆོག་གི
ཟབ་ཆོས་ ་ ་ ་ ་ས་ ་ ་ ་ ་ ་ད་ ་ ་ ་ས་ ་ ་ ་ ་ ་ ་ ་ ་ ་ ་ ་ ་ ་ ་ ་ ་བ།

༄།གནམ་ ་
་ ་ ་ ་ ་ ་ ་ ་ ་ ་ ་ ་ ་ ་
་ ་ ་ ་ ་ ་ ་ ་ ་ ་ ་ ་ ་ ་ ་ ་

Vorwort von
Seiner Heiligkeit Jigme Dorje

Shar Khentrul Jamphel Lodrö hat durch sein intensives Studium der fünf Haupttraditionen von Nyingma, Sakya, Kagyü, Jonang und Gelug großes Vertrauen in die Lehren des tibetischen Buddhismus erlangt. Auf der Grundlage dieser Lehren hat er viele großartige Bücher zu Themen wie der Geschichte des Dharma und nicht-sektiererischen philosophischen Ansichten geschrieben. Durch diese Arbeit hat er der Lehre großen Nutzen gebracht.

Obwohl er unter vielen großen Meistern all dieser Traditionen studierte, war Jetsun Lama Lobsang Trinle sein Wurzelmeister, ein wahrhaft gelehrter und vollendeter Meister, der auch als Lama Trinle Tsang bekannt ist. Er verbrachte viel Zeit mit ihm, um die vollständigen Lehren von Sutra und Tantra, insbesondere die sechs Zweige der Praxis in der Kalachakra-Vollendungsstufe, zu erlernen. In Anerkennung seiner großen Anstrengungen, die Meisterschaft aller Traditionen zu erlangen, wurde Jamphel Lodrö von seinem Wurzellehrer der Titel eines Rime-Meisters verliehen. Als besondere Auszeichnung wurde ihm der besonders gesegnete Khenpo-Hut, den der Meister Lama Lobsang Trinle zeit seines Lebens getragen hatte, übergeben. Dieser Hut trägt tiefgründige Segnungen mit sich und ist ein Zeichen dafür, dass Jamphel Lodrö den Wesen in Zukunft großes Wohlergehen bringen wird.

Als Kind wurde Jamphel Lodrö als unmittelbare Reinkarnation des Golok-Lama Getse Khentrul erkannt. Diese Wahrheit wurde jedoch geheim gehalten, um Hindernisse für sein Leben auszuräumen. Erst viele Jahre später wurde mit Erlaubnis seines Wurzellehrers und nach Beseitigung aller Hindernisse das Siegel gebrochen und er öffentlich als zweite Inkarnation des Washul Lhazu Lama anerkannt — Ngawang Chözin Gyatso.

Gegenwärtig gibt er umfangreiche Unterweisungen über die Sutras der endgültigen Bedeutung und die tiefgründigen philosophischen Ansichten des

Das große Kloster von Dzamthang Tsangwa

Zhentong Madhyamaka, sowie zu den vorbereitende Übungen, die die Grundlage der Kalachakra-Praxis bilden. Er hat große Anstrengungen unternommen, diese Unterweisungen in tibetischer und englischer Sprache verfügbar zu machen, mit dem Ziel, sie in Zukunft auch in viele weitere Sprachen zu übersetzen. Aufgrund seiner Entschlossenheit, die Zhentong-Philosophie zugänglich zu machen, haben viele Menschen auf der ganzen Welt großen Nutzen daraus gezogen, und dafür bin ich sehr dankbar. Ich freue mich und danke ihm im Namen aller Jonang-Praktizierenden und unterstütze ihn voll und ganz in seinen vielen Aktivitäten.

Besonders möchte ich meine höchste Wertschätzung für seinen Mut ausdrücken, die Verantwortung für die seltenen und tiefgründigen Kalachakra-Lehren als authentischer Linienhalter zu übernehmen, sowie für seine Betonung, dass alle Traditionen im Namen des globalen Friedens und der Harmonie zusammenkommen sollen. Aus tiefstem Herzen freue ich mich über diese großen Taten, denn sie sind wahrlich die Ursachen für das Entstehen eines Goldenen Zeitalters.

All jenen, die Khentrul Rinpoche derzeit bei der Verwirklichung dieser Aktivitäten unterstützen, möchte ich meinen herzlichen Dank aussprechen und mich an dem großen Verdienst erfreuen, das Sie erzeugen. Es ist höchst selten, die Gelegenheit zu haben, diesen Lehren zu begegnen, die so viel Frieden und Harmonie in diese Welt bringen können. Ich bete und strebe danach, dass wir uns in Zukunft alle im erhabenen nördlichen Reich von Shambhala versammeln werden.

Geschrieben im Dharma-Palast des Großen Östlichen Klosters von Dzamthang Tsangwa vom 47. Vajra-Thronhalter Tsangwa Geitrul, der Höchsten Inkarnation Jigme Dorje, im sechsten Monat des Feuer-Affenjahres während des 17. Rabjung (August 2016).

Shar Khentrul Jamphel Lodrö Rinpoche

Danksagung

Während ihrer langen Geschichte erschienen die Lehren des Kalachakra im Laufe der Jahrhunderte nach und nach in kritischen Momenten der Entwicklung unserer Welt. Über die königlichen Höfe von Kalapa, der Hauptstadt von Shambhala, drangen sie in die äußeren Regionen. Von dort gelangten sie nach Indien und erreichten schließlich auch die schneebedeckten Berge von Tibet. In den vergangenen etwa hundert Jahren fand nun langsam eine neue Übertragung statt. Dank der uralten Weisheit der tibetischen Meister/innen fand Kalachakra seinen Weg in den Rest der Welt.

Dieser Band beendet die dreiteilige Buchreihe *Innere Wahrheit* und ist ein Meilenstein in diesem Entwicklungsprozess. Zuvor hatten wir nur zu einzelnen Informationen und allgemeinen Erklärungen Zugang. Jetzt können wir auf eine vollständige Struktur des Pfades zugreifen, die uns aufzeigt, wie die Weisheit des Kalachakra genutzt werden kann. Dadurch können wir alle grundlegenden Erkenntnisse entwickeln, die zum erleuchteten Ergebnis der Buddhaschaft führen. Aus diesem einheitlichen Kontext heraus können wir tiefgründige Einsichten in das gesamte Spektrum der Lehren des Buddha gewinnen und tief in ihre endgültige Bedeutung eindringen.

Daher möchte ich im Namen aller Schüler/innen von Khentrul Rinpoche unsere ewige Dankbarkeit für die unermessliche Güte ausdrücken, die Rinpoche gezeigt hat, indem er uns diese Lehren in einer Weise zur Verfügung gestellt hat, die wirklich tiefgründig und doch erstaunlich zugänglich ist. Es hat etliche Jahre gedauert, bis die Bedingungen zusammenkamen, dass diese Inhalte Gestalt annehmen konnten. Dies ist einzig und allein auf Rinpoches unerschütterliche Hingabe an die Lehren und seine unbesiegbare Willensstärke zurückzuführen. Er ist wirklich eine Inspiration für uns alle.

All jenen, die das Glück hatten, Rinpoche bei diesem Projekt zu unterstützen, möchte ich meine aufrichtige Anerkennung aussprechen. Jeder einzelne ihrer Beiträge hat mitgeholfen, dass sich dieses wunscherfüllende Juwel manifestieren konnte. Mein besonderer Dank gilt Vanessa, Holly und Dorothy, die unermüdlich daran gearbeitet haben, den Kapiteln den letzten Schliff zu geben, und wertvolle

Anregungen einbrachten. Mir ist bewusst, dass die Teamleistung ohne sie nicht möglich gewesen wäre. Auch möchte ich mich für die stille Unterstützung von Julie O'Donnell und Jackie Bao bedanken, die für Unterkunft und Nahrung sorgten, sodass wir uns auf unsere Arbeit konzentrieren konnten.

Da dies ein Lehrbuch für die Praxis ist, konzentriert sich der Schreibstil darauf, die wesentlichen Inhalte vieler derzeit verfügbarer Materialien zusammenzuführen. Ohne die vielen Stunden der Diskussion mit Rinpoche sowie der kontinuierlichen Unterstützung durch Edward Henning und David Reigle wäre dies nicht möglich gewesen. Ich habe von jedem von ihnen so viel gelernt, wofür ich sehr dankbar bin.

Obwohl ich mein Bestes getan habe, um die Lehren der Kalachakra-Überlieferungslinie so klar und authentisch wie möglich zu vermitteln, bin ich mir bewusst, dass ich aufgrund meiner eigenen Beschränkungen unbeabsichtigt Fehler gemacht haben könnte. Mit dem Ziel, unsere Präsentation des Pfades in englischer Sprache zu verfeinern, freuen wir uns daher über jede Rückmeldung oder Korrektur, die Sie uns vorschlagen. Dies ist definitiv eine fortlaufende Aufgabe, und wir gehen davon aus, dass sie sich mit der Zeit weiterentwickeln wird.

Jedes Verdienst, das durch das Schreiben und die Produktion dieses Textes entstanden ist, widme ich dem Erblühen des tiefgründigen Jonang-Dharma – dem Tor zu den vollständigen Lehren des Kalachakra.

Mögen aufgrund dieses Textes alle fühlenden Wesen auf diesem Planeten den erhabenen Bereich von Shambhala erreichen und schließlich ihr größtes Potenzial eines vollständig erleuchteten Buddha verwirklichen.

Möge die Vollkommenheit des Friedens und der Harmonie – die Vereinigung von unveränderlicher großer Glückseligkeit und Leerer Form – dort entstehen, wo sie noch nicht entstanden ist, und möge diejenige, die bereits entstanden ist, sich nicht verringern sondern immer weiter anwachsen.

Mögen wir alle den tiefgründigen Pfad der Sechs Vajrayogas vollenden und so den höchsten Zustand des Urbuddha zum Wohle aller fühlenden Wesen erreichen.

Joe Flumerfelt
Belgrave, Australien
Oktober 2016

Einführung

Enthüllung der inneren Wahrheit wurde geschrieben, um den spirituellen Pfad darzulegen, wie er von Buddha Shakyamuni gelehrt wurde. Im gesamten Text habe ich versucht, die Kernprinzipien der Lehren des Buddhismus auf ansprechbare Weise darzustellen, ohne dabei die Essenz der alten Weisheit des Buddha zu verlieren. Es ist meine Hoffnung, dass *Enthüllung der inneren Wahrheit* Ihnen ein zielgerichtetes und mitfühlendes Leben ermöglichen wird.

Wenn Sie ein Dharmabuch wie dieses in die Hand nehmen, lesen Sie nicht nur einfach die Worte des Autors. Durch *Enthüllung der inneren Wahrheit* verbindet man sich mit der beispiellosen Weisheit des Buddha und man lernt die großen Praktizierenden der Vergangenheit und Gegenwart kennen, die den Buddha-Dharma verwirklicht haben. Diese buddhistische Ahnenlinie, Übertragungslinie genannt, ist von entscheidender Bedeutung für die spirituelle Entwicklung, weil es ihre Geschichten, Kommentare und Erkenntnisse sind, auf die wir uns als Anleitung und Inspiration verlassen.

Die Lehren des Buddha wurden für eine Vielzahl von Menschen gelehrt, die alle Unzufriedenheit und Leiden auf unterschiedliche Weise erlebten. Infolgedessen bietet das Studium dieser Lehren verschiedene Vorteile, nach denen wir alle streben können. Grundsätzlich können wir praktische Hilfsmittel finden, die uns dabei helfen, unseren Alltagsstress abzubauen und ein sinnvolleres Leben zu führen. Auf einer tiefgründigen Ebene können wir unser unglaubliches Potenzial verwirklichen und die Ursachen für lang anhaltendes, aufrichtiges Glück für uns und andere kultivieren.

Unter allen Lehren des Buddha ist es für mich das System des Kalachakra-Tantra, dem ich mich am meisten verbunden fühle. Meiner Meinung nach ist dies das geschickteste System, um dieses außergewöhnliche Potenzial zu realisieren und die Erleuchtung in einem einzigen Leben zu verwirklichen. Während die meisten Menschen diese Lehren als fortgeschrittene esoterische Praktiken betrachten, ist der Kalachakra-Pfad eigentlich ein vollständiges System, das für Praktizierende auf allen Stufen ihrer spirituellen Entwicklung geeignet ist.

ÜBERSICHT ÜBER DEN KALACHAKRA-PFAD

Kalachakra heißt wörtlich *Rad* (chakra) der *Zeit* (kala). Es ist der Name eines Systems von Praktiken, das mit Buddha Shakyamuni entstand und bis heute in einer ungebrochenen Linie durch die Jahrhunderte weitergegeben wurde. Das Kalachakra-System zielt darauf ab, Menschen dabei zu helfen, ihre Erfahrungen so zu verstehen, dass sie mehr Frieden und Harmonie in ihrem persönlichen Leben und in ihren Beziehungen zu anderen entwickeln können.

Das Kalachakra ist insofern einzigartig, als es Lehren zu einem umfassenden Themenspektrum bietet, das eine Vielzahl von Praktizierenden auf verschiedenen Stufen ihrer spirituellen Entwicklung unterstützt. In einem einheitlichen Rahmen finden wir eine Fülle an tiefster Weisheit, die in ihrem Ansatz sowohl unmittelbar relevant wie auch direkt ist.

Das Hauptthema von *Enthüllung der inneren Wahrheit* ist die Vorstellung des vollständigen Kalachakra-Pfades. Der Pfad ist von Natur aus aufbauend und bietet schrittweise Anleitungen, um durch die vielen Schichten der gelebten Erfahrung zu führen. Ich habe diesen Pfad in drei Bände aufgeteilt, von denen jeder auf eine bestimmte Realitätsebene ausgerichtet ist und sich linear von grob nach subtil bewegt. Daher wird empfohlen, das Material der Reihe nach zu studieren, damit die notwendigen Grundlagen für jede nachfolgende Übung entwickelt werden können.

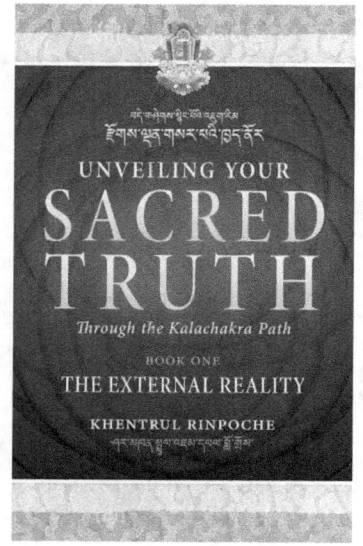

Band Eins:
Die äußere Wirklichkeit

Wir beginnen unsere Reise, indem wir zunächst die Eigenschaften unserer unmittelbaren Erfahrung untersuchen. Insbesondere betrachten wir die gewöhnliche Welt, der wir jeden Tag begegnen, mit dem Ziel, die Weisheit zu entwickeln, die uns zu einem sinnvolleren und ausgeglicheneren Leben führen soll. In diesem Stadium liegt der Fokus auf pragmatischen Strategien, die fest in einem erfahrungsorientierten Ansatz zum Verstehen der Wirklichkeit verankert sind.

Dieses Buch stellt viele potenziell neue Ideen vor, die dazu herausfordern, über die Natur unseres gemeinsamen Universums in einem erweiterten Sinne nachzudenken. Diese Ideen bilden die Grundlage für das Verständnis einer buddhistischen Weltsicht, die wiederum das Fundament für ein tiefgründiges System kontemplativer Praxis bildet.

Band Zwei:
Die innere Wirklichkeit

Indem wir uns nach außen richten, können wir Strategien entwickeln, um zu bewältigen, was immer in unserem Leben auftaucht. Wir können Wege finden, unsere Weisheit anzuwenden, um konstruktiv gegen Widrigkeiten vorzugehen. Aber wie effektiv unsere Strategien auch sein mögen, sie können keine lang anhaltende Transformation bewirken, die fähig ist, den Kreislauf unseres Leidens zu durchbrechen und die Tür für echtes Glück zu öffnen. Dafür müssen wir uns nach innen wenden. Wir müssen direkt auf unseren eigenen Geist schauen und seine grundlegende Natur erfahren.

Im zweiten Band erforschen wir die phänomenologische Welt der Erscheinungen und wie diese Erscheinungen tatsächlich existieren. Während wir auf theoretischer Ebene weiter mit Konzepten arbeiten, verlagern wir unseren Schwerpunkt zunehmend in Richtung direkter Erfahrung. Es reicht nicht aus, einfach zu verstehen was passiert, wir müssen ein direktes Gewahrsein davon entwickeln, was diese Konzepte beschreiben. Erst wenn wir Verständnis in Erfahrung umwandeln, können wir diese Ideen tatsächlich in unsere Art des Seins integrieren. Dieser Transformationsprozess wird durch die sogenannten *vorbereitenden Übungen des Kalachakra* gefördert.

Band Drei:
Die erleuchtete Wirklichkeit

Durch die Arbeit mit unserer inneren Wirklichkeit verfeinern wir nach und nach unsere Fähigkeit, zwischen den unreinen Erscheinungen der äußeren Wirklichkeit und den reinen Erscheinungen der erleuchteten Wirklichkeit zu unterscheiden. Ähnlich einer strahlenden Sonne, die sich hinter einer Wolkenfront verbirgt, wurde unsere wahre Natur durch Schichten von täuschenden Verdunkelungen vor uns verborgen. Anfänglich konnten wir nur mit der verzerrten Wahrnehmung unserer Unwissenheit arbeiten, aber je weiter wir fortschreiten, desto mehr kommt das Licht der Weisheit zum Vorschein. Wenngleich die Sonne immer noch von vielen Wolken verdeckt wird, können wir jetzt zumindest den Schein ihrer Strahlen sehen, der hinter den Wolken hervorkommt. Mit anhaltender Entschlossenheit und den richtigen Methoden können wir die Wärme ihres Lichts bald direkt erfahren.

In diesem dritten Band richten wir unseren Fokus darauf, eine direkte Verwirklichung der Buddhanatur zu erreichen – die erhabene Leerheit, die mit allen Aspekten ausgestattet ist. Mit dieser höchsten aller Verwirklichungen folgen wir den Spuren der großen Bodhisattva-Könige, um unseren Geist rasch von allen verbleibenden Verdunkelungen zu reinigen. Damit dies gelingt, müssen wir uns auf die tiefgründigen Methoden des buddhistischen Tantra verlassen.

Traditionell waren viele der Lehren in diesem Buch denjenigen vorbehalten, die eine Einweihung in das Höchste Yogatantra erhalten hatten. Diese Einschränkung sollte ursprünglich sicherstellen, dass Schüler/innen sich nur unter der Anleitung eine/r qualifizierten Vajrameisters/Vajrameisterin mit den Praktiken des Tantra befassen. Dies ist nach wie vor die beste Möglichkeit, sich zu entwickeln. Durch den heutigen einfachen Zugang zu esoterischen Lehren in der Öffentlichkeit ist es umso wichtiger, dass Schüler/innen Klarheit darüber entwickeln, wie diese höheren Pfade praktiziert werden.

Aus diesem Grund habe ich mich dafür entschieden, die in den folgenden Kapiteln vorgestellten Inhalte differenziert zu erläutern. Um ein klares Verständnis dafür zu vermitteln, wie sich der Pfad entfaltet, habe ich eine wesentliche Darstellung der theoretischen Grundlagen und Strukturen beigefügt, die die Praxis des Kalachakra-Tantra bilden. Die einzigen fehlenden Unterweisungen sind die spezifischen Kernunterweisungen für die Ausübung der Kalachakra-Vollendungsstufe. Diese kostbaren Lehren werden nur denjenigen gewährt, die die notwendige Ermächtigung erhalten haben und die sich sowohl dem/r Guru als auch dem Kalachakra-Pfad widmen. Ich hoffe, dass die Informationen, die Sie hier finden, Sie dazu inspirieren werden, eine/n qualifizierten Meister/in zu suchen und sich der Praxis dieses Pfades zu widmen.

Der vorliegende Band ist in drei Hauptteile gegliedert: (1) Eine enge Verbindung mit dem/r Guru herstellen; (2) Das erleuchtete Mandala erzeugen und (3) Den Zustand von Kalachakra verwirklichen. Jeder Teil beschreibt eine wesentliche Phase, wie wir uns auf unsere innerste Wahrheit beziehen und wie wir diese Wahrheit in unserer Erfahrung manifestieren können.

Eine enge Verbindung mit der/dem Guru herstellen

Wir beginnen unsere Erforschung des Kalachakra-Tantra mit einer Erörterung der *einzigartigen Aspekte des Vajrayana* und wie der daraus resultierende Ansatz verwendet werden kann, um in sehr kurzer Zeit Verwirklichungen zu erreichen. Dies liefert uns einen allgemeinen Kontext, um den verbleibenden Unterweisungen dieses Bandes zu folgen, und erinnert uns an ihre unglaubliche Tiefgründigkeit. Indem wir Wertschätzung für die kostbaren Qualitäten dieses Pfades entwickeln, stärken wir unser Vertrauen und unsere Entschlossenheit, diese Lehren in die Praxis umzusetzen.

Auf dieser Grundlage wenden wir uns dann der eigentlichen Wurzel aller tantrischen Praxis zu – der/dem Guru. Dieses oft missverstandene Thema zeigt, wie die Praxis der *Hingabe an den/die Vajrameister/in* eine äußerst geschickte Methode ist, um große Mengen an Verdienst zu kultivieren und eine reine Wahrnehmung der Wirklichkeit zu entwickeln. Genau diese reine Wahrnehmung wird durch die nachfolgenden Praktiken erweitert und verfeinert. Um eine allgemeine Struktur für unsere Erörterung zu schaffen, stützen wir uns auf den klassischen Text *Fünfzig Verse der Hingabe an den Guru* von Ashvaghosha. Indem wir uns mit den darin enthaltenen Ratschlägen vertraut machen, bauen wir eine bedeutungsvolle Beziehung zu unserem/r Vajrameister/in auf, die uns bis zur Erleuchtung tragen kann.

Die Hingabe an eine/n äußere/n Guru ist zwar ein guter Ausgangspunkt, aber sie ist immer noch provisorischer Natur. Letztendlich müssen wir die Vorstellung vom Guru als einer äußeren Entität transzendieren und uns mit dem/r Guru als einem Ausdruck unserer eigenen inneren Natur verbinden. Durch die Praxis des *Guruyogas* lernen wir, unsere Herzen für den leitenden Einfluss unserer innersten Wahrheit zu öffnen und diesen Einfluss als Tor zum Erreichen von Verwirklichungen zu nutzen.

Das erleuchtete Mandala erzeugen

Die erste Phase der formalen tantrischen Praxis ist die *Erzeugungsstufe*. Es geht in erster Linie darum, die durch den Guruyoga erzeugte reine Wahrnehmung zu erweitern, um alle Aspekte unserer Erfahrung einzubeziehen. Dieser Prozess wird eingeleitet, wenn wir bei der Ermächtigungszeremonie, den sogenannten *Sieben Ermächtigungen eines heranwachsenden Kindes*, in das erleuchtete Mandala eingeführt werden. Durch diese Zeremonie treten wir in eine Vajra-Beziehung mit dem/r Vajrameister/in ein, der/die uns die Ermächtigungen verleiht. Dazu gehört das Ablegen einer Reihe *tantrischer Gelübde und Verpflichtungen*, die dazu dienen, die reine Wahrnehmung zu kultivieren und uns einen ethischen Rahmen für die tantrische Praxis zu geben.

Sobald wir die Ermächtigung erhalten haben, sind wir bereit, mit dem Studium und der Praxis der Kalachakra-Erzeugungsstufe zu beginnen. Mit mehr als 636 Gottheiten ist das *erleuchtete Mandala des Kalachakra* eines der größten und umfangreichsten Mandalas aller buddhistischen Systeme und erfordert daher erhebliche Anstrengungen, um es vollständig zu verstehen. Indem wir uns auf das Wesentliche seiner verschiedenen Merkmale konzentrieren, können wir ein sinnvolles Modell schaffen, das dann im Laufe der Zeit entwickelt und erweitert werden kann.

Die Hauptmethode, um uns mit den erleuchteten Qualitäten des Mandala vertraut zu machen, ist die tiefgründige Praxis des *Gottheiten-Yogas*. Bei dieser

Übung lösen wir unsere gewöhnliche Vorstellung von uns selbst auf und visualisieren, wie wir im erleuchteten Aspekt von Kalachakra und Vishvamata erscheinen. Auf diese Weise hören wir auf, uns mit gewöhnlichen Erscheinungen zu identifizieren, und kultivieren stattdessen einen göttlichen Stolz, der erkennt, wie sich unsere erleuchtete Natur manifestiert.

Den Zustand von Kalachakra verwirklichen

Durch die verschiedenen Praktiken der Erzeugungsstufe sind wir in der Lage, unseren Geist zu reinigen und wesentlich subtilere Zustände des Gewahrseins zu erreichen. Ein solcher Geist wird als reif erachtet, seine eigene letztendliche Natur durch die *Vier Höheren Ermächtigungen* zu erfahren. Während dieser Ermächtigungszeremonie erhalten wir spezifische Anweisungen, um die Buddhanatur in Übereinstimmung mit der Kalachakra-Sichtweise zu erfahren. Die Erfahrung dieser Sichtweise kennzeichnet unseren Übergang zur *Vollendungsstufe*.

Während die Erzeugungsstufe den Schwerpunkt auf die Entwicklung einer symbolischen Repräsentation unserer erleuchteten Wirklichkeit legt, zielt die Praxis der Vollendungsstufe darauf ab, diese Konzepte zu transzendieren, damit wir diese Wirklichkeit direkt erfahren können. Aus diesem Grund konzentriert sich die Vollendungsstufe auf nicht-konzeptuelle Methoden, die den Zustand unseres Geistes so verändern, damit wir nicht-duales Gewahrsein erreichen.

Die Grundlage für diese Methoden ist ein detailliertes Verständnis des *subtilen energetischen Systems*, das in jedem Menschen vorhanden ist. Durch das Erkennen der Zusammenhänge zwischen den Energieströmen innerhalb dieses Systems und den entsprechenden Geisteszuständen, die sie erzeugen, ist es möglich, indirekt mit dem Geist zu arbeiten, ohne auf dualistische Konzepte zurückzugreifen. Durch kraftvolle Techniken wie die *Drei Isolationen* können wir den konzeptuellen Geist vollständig auflösen und so die Bedingungen dafür schaffen, dass die erhabene Leerheit der Soheit entstehen kann.

Wenn wir diesen Punkt erreichen, sind die allgemeinen und besonderen vorbereitenden Übungen abgeschlossen und wir sind bereit, mit der Hauptpraxis der *Sechs Vajrayogas* zu beginnen. Diese fortgeschrittenen Praktiken erfordern, dass wir sehr eng mit einem/r qualifizierten Meister/in zusammenarbeiten, um zu gewährleisten, dass sie sicher und korrekt ausgeführt werden. Traditionell werden die Kernunterweisungen erst erteilt, wenn der/die Vajrameister/in festgestellt hat, dass ein/e Schüler/in bereit ist. Bis dahin ist das Studium und das Vertrautmachen mit der Struktur dieser Praktiken ein ausgezeichneter Weg, um unser Streben nach Praxis zu stärken und die Ursachen für den Erhalt der Unterweisungen zu schaffen.

Mit dem Abschluss der Lehren über die Sechs Vajrayogas haben wir alle Voraussetzungen, um die Erleuchtung innerhalb eines einzigen Lebens zu erlangen. Es gilt nur noch, diese Lehren zu verwirklichen. Zu diesem Zweck werden wir abschließend über die außerordentlich geschickten Methoden sprechen, die in den Übergangsphasen der *sechs Bardos* enthalten sind. Wir werden überlegen, wie diese genutzt werden können, um unsere Möglichkeiten zu verbessern, die uns im Zyklus von Leben und Tod zur Verfügung stehen. Wenn wir diesen Prozess mit Weisheit begleiten, können wir sicher sein, keinen einzigen Moment dieses kostbaren menschlichen Lebens zu verschwenden. Stattdessen können wir es auf sinnvolle Weise einsetzen, um den fühlenden Wesen unglaublichen Nutzen zu bringen.

DAS BESTE AUS DIESEM BUCH HERAUSHOLEN

Während Sie das Buch durchlesen, kann es hilfreich sein, einige wesentliche Punkte zu beachten. Das Folgende ist ein allgemeiner Ratschlag, der für jede Art von Dharma-Studium gilt, unabhängig davon, ob man ein Buch liest oder eine Belehrung hört.

Die richtige Einstellung, um Dharma zu studieren

Wenn wir den buddhistischen Lehren begegnen, ist es wichtig, eine Haltung von großer Begeisterung zu erzeugen. Wenn wir erkennen können, dass wir durch diese Lehren zu Ansichten geführt werden, die uns letztendlich zu großem Frieden und Glück führen können, sollte dies eine relativ leichte Aufgabe sein. Das Kultivieren eines klaren und wachen Geistes ist jedoch eine Fertigkeit, die Zeit braucht, um sich zu entwickeln. Man muss sich lange darum bemühen, die verschiedenen Hindernisse zu überwinden, die möglicherweise auftreten. Eine Lehre, die diese Schwierigkeiten hervorhebt, ist die Beschreibung der *Drei Fehler des Gefäßes*:

1. Wir sollten nicht wie ein **umgekehrtes Gefäß** sein, auf das Flüssigkeit geschüttet wird; wir sollten also nicht abgelenkt oder so engstirnig sein, dass die Lehren nicht durchdringen können. Hören Sie mit einem offenen, bereiten Geist zu.

2. Auch sollten wir nicht wie ein **Gefäß mit einem Loch** sein. Wie viel Flüssigkeit auch immer hineingegossen wird, sie rinnt aus und wir behalten nichts von dem, was gelernt wird.

3. Schließlich seien Sie kein **Gefäß mit Gift**. Vermeiden Sie, Vorurteilen und fixen Ideen zum Opfer zu fallen. Dies wird dazu führen, dass Sie missverstehen, was Sie hören, und den Dharma in etwas manipulieren, das er nicht ist – wie Nektar, der in Gift gegossen wird.

Versuchen Sie, bei jedem Kapitel eine offene und aufgeschlossene Haltung zu bewahren, die sich voll und ganz mit dem Material beschäftigt, frei von Vorurteilen und wertenden Einstellungen. Überprüfen Sie ab und zu, welche Qualität der Aufmerksamkeit Sie beim Lesen einnehmen. Erinnern Sie sich an diese einfache Lehre, wann immer Sie Inspiration brauchen, um die eigene Studienmethode zu verbessern.

Eine Pause machen, um nachzudenken

Es ist wichtig, sich nicht von der Komplexität des Kalachakra-Systems überwältigen zu lassen. Wenn Sie Ihre Lektüre kurzzeitig zur persönlichen Reflexion unterbrechen, können Sie wertvolle Einsichten darüber gewinnen, wie der Inhalt mit Ihrer persönlichen Erfahrung zusammenhängt.

Ich schlage vor, dass Sie einen methodischen und schrittweisen Zugang zu diesem Material entwickeln. Wählen Sie zunächst eine Textstelle aus, die Sie mehrmals lesen, und vergewissern Sie sich, den Inhalt verstanden zu haben. Legen Sie das Buch dann zur Seite und überlegen Sie, wie sich diese Lehren auf Ihr Leben beziehen. Denken Sie an Beispiele aus Ihrer eigenen Erfahrung, die die verschiedenen Prinzipien veranschaulichen.

Eine weitere gute Angewohnheit ist es, Fragen aufzuschreiben, die sich beim Lesen ergeben. Halten Sie einen Notizblock bereit, um diese festzuhalten.

Nachdem Sie einen Abschnitt zu Ende gelesen haben, prüfen Sie, ob Ihre Fragen bereits beantwortet wurden. Wenn nicht, sollten Sie das Thema mit einem/r Lehrer/in oder anderen Dharmafreund/innen besprechen, sobald sich die Gelegenheit ergibt.

Freude an der Reise entwickeln

Zu guter Letzt bin ich zuversichtlich, dass die zeitlose Weisheit des Buddha-Dharma Ihnen Nutzen bringen kann. Bewahren Sie sich nur ein offenes Herz und einen offenen Geist, wie auch immer Ihre Motivation ist.

Denken Sie immer daran, dass es eine Entdeckungsreise ist, ein Prozess der Transformation. Es wird Zeit brauchen, bis sich die Konzepte und Übungen im Geist entwickeln. Deshalb ist es wichtig, mit sich selbst geduldig zu sein. Arbeiten Sie die Ideen in Ihrem eigenen Tempo durch und nehmen Sie sich soviel Zeit, wie Sie brauchen. Nachdem Sie ein paar Kapitel gelesen haben, gehen Sie diese noch einmal durch, um herauszufinden, ob sich Ihr Verständnis verändert hat. Oft kann man feststellen, dass spätere Lehren neues Licht auf frühere werfen, Schichten ablösen und eine tiefere Bedeutung aufdecken.

Entwickeln Sie vor allem ein Gefühl der Freude über diese wertvolle Gelegenheit. Sie sollte weder trocken noch ermüdend sein. Betrachten Sie sie stattdessen als ein Abenteuer und genießen Sie die Herausforderungen, die sie bietet. Im Buddhismus sprechen wir davon, die Samen für zukünftige Verwirklichung zu legen. Dies bedeutet einfach, dass jede Verwirrung, der wir hier und jetzt gegenüberstehen, die Grundlage für zukünftiges Verständnis ist.

„Im Geist der Anfänger/innen gibt es viele Möglichkeiten,
aber im Geist der Expert/innen gibt es wenige"
– Shunryu Suzuki –

TEIL EINS

Aufbau einer engen Bindung zur/zum Guru

KAPITEL EINS

Der Ergebnispfad des Kalachakra-Tantra

Seit anfangsloser Zeit befinden wir uns im ständigen Kreislauf der samsarischen Existenz. Beherrscht von unseren Verblendungen begehen wir zahllose Handlungen, die unsere Erfahrung konditionieren und uns in unbefriedigende Situationen treiben. Es ist ein Muster, dem wir immer und immer wieder gefolgt sind und das wir möglicherweise bis in alle Ewigkeit fortsetzen werden.

Daher ist es etwas ganz Besonderes, dass wir genau zum jetzigen Zeitpunkt eine kostbare menschliche Wiedergeburt erlangt haben, die uns erstaunliche Möglichkeiten zur Verfügung stellt. Es ist, als ob uns ein wunscherfüllendes Juwel geschenkt wurde, das alles verspricht, was sich unsere Herzen jemals gewünscht haben. Gerade jetzt haben wir die unglaubliche Gelegenheit, den Kreislauf zu durchbrechen, an den wir gekettet sind, und nicht nur die Befreiung vom Leiden zu erlangen, sondern auch die vollständige Erleuchtung der Buddhaschaft.

Das Außergewöhnliche an diesem Leben ist, dass wir in eine Welt hineingeboren wurden, in der sich ein Buddha manifestiert hat, um den Dharma zu lehren, und dass diese Lehren auch heute noch durch das große Mitgefühl der authentischen Linienmeister/innen für uns zugänglich sind. Noch erstaunlicher ist, dass der Buddha nicht nur einen einzigen Weg zur Erleuchtung gelehrt hat. Er erkannte die unterschiedlichen Fähigkeiten der fühlenden Wesen und lehrte Methoden, die ihren verschiedenen Bedürfnissen gerecht wurden. Aus diesem Grund drehte der Buddha das Rad sowohl des Sutra als auch des Tantra.

Auch *Ursachenfahrzeug* oder *kausales Fahrzeug* genannt, betont das Sutrayana die Erzeugung von Ursachen für die Buddhaschaft durch die Arbeit mit Karma. Dadurch werden Samen gepflanzt, die, wenn sie genährt werden, in der Zukunft zu den gewünschten Ergebnissen führen. Es handelt sich im Wesentlichen um einen Veränderungsprozess, den wir auf eine sehr spezifische Weise zu kontrollieren versuchen. Dies wird in der schrittweisen Herangehensweise an die

Verblendungen deutlich, bei der wir mit unserer konventionellen Wirklichkeit arbeiten, indem wir Gegenmittel anwenden und die Auswirkungen destruktiver Muster minimieren. Unser Ziel ist auf die Beseitigung von Verdunkelungen ausgerichtet und nicht auf das Ergebnis, das die Praxis hervorbringen wird. Auf diese Weise befasst sich das Sutrayana mehr mit dem Prozess des Freilegens als mit dem, was freigelegt wird.

Der Ansatz im Tantrayana ist ganz anders. Unabhängig von unseren offensichtlichen Begrenzungen und den Situationen, die wir erleben, erinnern wir uns an die zugrunde liegende Reinheit unserer Natur. Wenn wir erkennen, dass alles, was wir erleben, letztlich in den erleuchteten Qualitäten unserer eigenen Buddhanatur verwurzelt ist, gibt es nichts, was erschaffen werden muss. Wir müssen lediglich unsere Wahrnehmung der Wirklichkeit verändern, indem wir negative Emotionen nicht als Hindernisse, sondern als Unterstützung für die Verwirklichung betrachten. Diese Herangehensweise wird als das *Ergebnisfahrzeug* oder *resultierendes Fahrzeug* bezeichnet, weil hier der Fokus darauf liegt zu erkennen, wie sich der resultierende Zustand der Erleuchtung gegenwärtig in unserem Leben manifestiert.

Da der Kalachakra-Pfad auf den Lehren des Kalachakra-Tantra basiert, gehört er technisch gesehen zum Tantrayana. Die Lehren der Sutras werden jedoch als Grundlage verwendet, um unseren Geist zu entwickeln, damit wir die tiefgründigen Methoden, die in den Tantras vorgestellt werden, effektiv anwenden können. Auf diese Weise umfasst der Kalachakra-Pfad sowohl Sutra wie auch Tantra.

In diesem Kapitel werden wir einige der Hauptmerkmale des buddhistischen Tantra erforschen, um zu verstehen, wie das Kalachakra an die Praxis herangeht und wie dieser Ansatz uns letztendlich dazu führen kann, innerhalb eines einzigen Lebens Erleuchtung zu erlangen. Indem wir Vertrauen in diese Besonderheiten entwickeln, entwickeln wir den Mut, diese Lehren in die Praxis umzusetzen und den vielfältigen Nutzen zu erhalten, den sie hervorbringen.

DIE VIELEN NAMEN DES TANTRA

Ein allgemeines Merkmal im Tantra ist die Verwendung von Synonymen, wenn man sich auf bestimmte Konzepte bezieht. Diese Praxis spiegelt unsere

Erfahrung der Wirklichkeit wider, denn obwohl alles die gleiche, vollständig etablierte Natur hat, dient diese Natur als Grundlage für eine unendliche Vielfalt von Manifestationen. In ähnlicher Weise dienen mehrere Bezeichnungen dazu, verschiedene Aspekte einer bestimmten Bedeutung hervorzuheben. Wenn wir lernen, diese Feinheiten zu erkennen, können wir ein tieferes und solideres Verständnis erlangen.

Das Wort *Tantra* bedeutet wörtlich übersetzt „Kontinuum". Es bezieht sich auf die Kontinuität unserer Buddhanatur, die niemals unterbrochen wird, unabhängig davon, wie verzerrt unsere Wahrnehmung der Wirklichkeit sein mag. *Tantrayana* ist der Pfad, der die Offenbarung dieses erhabenen Kontinuums betont.

Ein anderer Name, der synonym mit Tantra verwendet wird, ist *Mantra*. Wörtlich übersetzt bedeutet Mantra „Schutz des Geistes" und so ist *Mantrayana* der Pfad, der den Geist vor den gewöhnlichen Erscheinungen schützt, die durch Verblendung entstehen. Indem es uns ständig an die zugrunde liegende Reinheit unserer Erfahrung erinnert, verhindert es, dass wir wieder in verblendete Geisteszustände abgleiten.

Das Wort *Mantra* wird auch in Bezug auf die Praxis der Mantrarezitation verwendet, um den Geist mit seinen erleuchteten Qualitäten vertraut zu machen und gleichzeitig die Winde unseres feinstofflichen Energiekörpers zu reinigen. Wie wir in den folgenden Abschnitten sehen werden, ist das Rezitieren von Mantras nicht die einzige Art des Schutzes, die das Mantrayana bietet. Es gibt auch viele kraftvolle Visualisierungspraktiken und yogische Techniken, mit denen wir unsere gewöhnliche Wahrnehmung reinigen und dadurch die Wirklichkeit so erfahren können, wie sie ist. Es ist diese Fülle von Methoden, die unserem Geist letztlich den größten Schutz bietet.

In dieser Buchreihe wurde der Begriff *Vajra* oft verwendet, wenn es um die endgültige Wahrheit ging. Dieses sehr wichtige Wort kann frei mit „unzerstörbar" oder „untrennbar" übersetzt werden und hat die Bedeutung, unzerbrechlich wie ein Diamant zu sein. Das *Vajrayana* ist daher ein unzerstörbarer Pfad, weil nichts unsere innere Wahrheit zerstören kann, die die letztendliche, vollständig etablierte Natur der Wirklichkeit ist, ohne Anfang und Ende. Ganz gleich, wie viele Wolken sich am Himmel auftürmen, sie können der Sonne nichts anhaben. In ähnlicher Weise können die hinzugekommenen Verunreinigungen der konventionellen Wirklichkeit niemals die letztendliche Wahrheit unserer Buddhanatur beschädigen.

Welchen Begriff wir auch immer wählen, um uns auf die Lehren des Tantra zu beziehen, jedes Wort, jede Zeile des Textes, jede Idee bringt uns zurück zur Quelle, zurück zu unserer inneren Wahrheit. Ob direkt oder indirekt, alles weist auf unsere letztendliche Natur hin. Indem wir uns dieser Wahrheit bewusst werden, werden wir zu einem *Vidyadhara* oder „Halter des Gewahrseins". Da das Ergebnis der Vajrayana-Praxis darin besteht, den Zustand eines Vidyadhara zu erreichen, wird es auch als der *Pfad der Vidyadharas* bezeichnet.

Letztlich ist der direkte Ansatz des Tantra im Vergleich zum Sutrayana in der Lage, Ergebnisse auf effizientere Weise zu erzielen. Aufgrund seiner tiefgründigen Methoden können Tantra-Praktizierende ihren Geist in einem Bruchteil der Zeit an die Buddhanatur gewöhnen. Was bei der Sutra-Praxis normalerweise drei zahllose Äonen dauern würde, kann durch Tantra blitzschnell erreicht werden und führt zu sofortiger Verwirklichung. Aus diesem Grund wird es oft als das *Blitzfahrzeug* oder der *schnelle Pfad* bezeichnet.

UNTERSCHIEDE ZWISCHEN SUTRA UND TANTRA

Beim Übergang zu den einzigartigen Praktiken des Kalachakra-Pfades ist es wichtig, ein klares Verständnis dafür zu entwickeln, wie sich die tantrische Praxis von der sutrischen unterscheidet. Die Überlegenheit des Tantra zu erkennen ist grundlegend für die Kultivierung des Vertrauens in den Kalachakra-Pfad.

Gemeinsamkeiten

Bevor wir ihre Unterschiede untersuchen, sollten wir zunächst die Ähnlichkeiten zwischen Sutra und Tantra betrachten. Dies kann uns helfen, falsche Vorstellungen oder Ansichten zu vermeiden, die uns schließlich dazu bringen könnten, die Lehren des Sutrayana aufzugeben. Es gibt drei Hauptmerkmale, die Sutra und Tantra gemeinsam haben: (1) Absicht, (2) Ansicht und (3) Errungenschaften.

Absicht

Da sowohl das Sutrayana wie auch das Tantrayana zum Mahayana gehören, teilen sie die gleiche Motivation – die altruistische Absicht des *Bodhicitta*. Nur mit dieser höchsten Absicht können die tiefgründigen Methoden des Tantra das Ergebnis der vollständigen Erleuchtung hervorbringen.

Der einzige Unterschied zwischen dem Bodhicitta des Sutra und dem Bodhicitta des Tantra ist deren Intensität. Während ein Bodhisattva normalerweise bereit ist, drei zahllose Äonen damit zu verbringen, sich in den *Sechs Vollkommenheiten* und den *vier Wegen, eine Anhängerschaft zu versammeln*, zu üben, halten tantrische Praktizierende diese Zeitspanne für inakzeptabel. Von der Kraft ihres Mitgefühls angetrieben, suchen sie nach den geschicktesten Methoden, um ihr Ziel schnellstmöglich zu erreichen. Für sie ist die dafür benötigte Zeit im Hinblick auf ihren eigenen Nutzen irrelevant, aber aus der Perspektive der leidenden fühlenden Wesen möchten sie keinen einzigen Moment verschwenden.

Aus diesem Grund wurde die Bodhisattva-Motivation in Band zwei dieser Reihe so ausführlich behandelt. In vielerlei Hinsicht gleicht Tantra einem Raketentreibstoff, der es uns bei richtiger Nutzung erlaubt, höher zu kommen als jemals zuvor. Allerdings kann er bei unsachgemäßer Verwendung unglaubliche Zerstörung anrichten. Bodhicitta ist unsere Schutzmaßnahme, damit solch eine Kraft zum richtigen Ziel gelenkt wird.

Ansicht

Sowohl Sutra als auch Tantra teilen die letztendliche Sicht der Wirklichkeit als erhabene Leerheit, die mit allen erleuchteten Qualitäten ausgestattet ist. Dies ist die Sichtweise, die in den endgültigen Lehren der dritten Drehung des Dharmarades dargestellt wird. Der einzige Unterschied zwischen den beiden Ansichten besteht darin, dass das Tantra mehr Details über die Eigenschaften der endgültigen Wahrheit liefert und daher in der Lage ist, eine subtilere Erfahrung ihrer Natur zu erzeugen, jedoch ist die wesentliche Bedeutung praktisch identisch.

Wir sollten jedoch wissen, dass Sutra und Tantra zwar dieselbe Sichtweise der letztendlichen Wirklichkeit teilen, dies aber nicht bedeutet, dass die im Tantra beschriebene Soheit dasselbe ist wie die Leerheit von einem Selbst, wie sie in der zweiten Drehung dargelegt wird. Die Leerheit von einem Selbst beschreibt die abhängige Natur der dualistischen Erscheinungen, während Soheit die vollständig etablierte Natur des nicht-dualen Gewahrseins beschreibt. Es ist dieser resultierende Zustand der Soheit, der als Grundlage für Tantra verwendet wird. Wenn man diesen Unterschied nicht richtig versteht, wird die Tantra-Praxis einer Person leider auf die konventionelle Wirklichkeit beschränkt und verhindert, dass sie zur endgültigen Bedeutung vordringt.

Errungenschaften

Betrachtet man den Pfad der Bodhisattvas, so führen Sutra und Tantra beide zu demselben Ergebnis der vollständigen Erleuchtung. Obwohl sie unterschiedliche Methoden verwenden, um dieses Ergebnis zu erreichen, sind die tatsächlichen Errungenschaften identisch. Beispielsweise ist die Verwirklichung der Leerheit in den Sutras dieselbe Verwirklichung, die in den Tantras erlangt wird.

Beide Ansätze führen zur Verwirklichung der Soheit, die letztlich die kognitiven Verdunkelungen auflöst und den erleuchteten Geist eines Buddha hervorbringt. Es ist wichtig, sich dies vor Augen zu halten, um jegliches Gefühl von aufgeblasenem Stolz im Zusammenhang mit dem Praktizieren eines tantrischen Pfades zu vermeiden. Während die geschickten Mittel des Tantra für einige Praktizierende höherwertig sein mögen, sollten wir die Praktiken derjenigen, die sich dem Sutra-Ansatz widmen, niemals verunglimpfen oder herabsetzen.

Die Besonderheiten des Tantra

Nachdem wir eine gemeinsame Grundlage zwischen Sutra und Tantra geschaffen haben, wenden wir uns nun den besonderen Vorteilen der Praxis des Vajrayana zu. Die folgenden fünf Merkmale machen Tantra anderen Formen der Praxis überlegen: (1) es ist für Menschen mit scharfem Verstand geeignet, (2) es ist von umfassender Natur, (3) es bietet eine Fülle von Methoden, (4) es bietet eine klare Sichtweise und (5) es gibt keine Mühsal.

Für Menschen mit scharfem Verstand geeignet

Als der Buddha sich von seiner Meditation unter dem Bodhibaum erhob, teilte er seine Entdeckungen nicht sofort mit, sondern schwieg viele Wochen lang und verharrte in der unglaublichen Tiefgründigkeit seiner Erkenntnis. Der Buddha wusste, dass die letztendliche Natur der Wirklichkeit einfach zu subtil war, um von denen verstanden zu werden, deren Geist noch nicht bereit war. Daher entschied er sich, verschiedene vorläufige Stufen zu lehren, die es seinen

Schüler/innen ermöglichen sollten, bis zu einem Punkt zu reifen, an dem sie in der Lage sein würden, die erhabene, endgültige Bedeutung zu verstehen.

Auf der Grundlage ihres spirituellen Entwicklungsstandes können die Schüler/innen in Gruppen eingeteilt werden, die sie als Wesen mit geringeren, mittleren oder größeren Fähigkeiten kennzeichnen. Diese Kategorien implizieren kein Werturteil über die Intelligenz einer Person, sondern legen vielmehr nahe, dass diese Person aufgrund ihrer derzeitigen Perspektive in der Lage ist, sich auf eine bestimmte Ebene der Praxis einzulassen. Da beispielsweise Gymnasiast/innen Schwierigkeiten hätten, mit dem für Universitätsstudierende bestimmten Material zu arbeiten, würden sie durch den Unterricht auf ihrem Verständnisniveau mehr profitieren.

Tantra ist für Schüler/innen mit einem scharfen Verstand gedacht, weil es ein sehr ausgeprägtes Unterscheidungsvermögen erfordert, um mit der Wirklichkeit auf eine sehr direkte Weise zu arbeiten. Tantra-Praktizierende bringen alles in den Pfad ein, auch Erfahrungen, die normalerweise als negativ oder untugendhaft gelten. Es ist genau diese Unmittelbarkeit, die dem Tantra seine unglaubliche Geschwindigkeit verleiht und es zu einem so effizienten System der Praxis macht. Für diejenigen, die reif sind, ist dieser Weg äußerst kraftvoll, für alle, die noch nicht bereit sind, kann er jedoch eine ziemliche Herausforderung sein.

Aus diesem Grund lehrte der Buddha die Sutras als einen geschickten Weg, um die Schüler/innen vorzubereiten. Da die Unmittelbarkeit des Tantra manchen Praktizierenden Schwierigkeiten bereitet, kann es vorteilhafter sein, sich auf den Nutzen der Sutras zu konzentrieren, um mehr Verdienst und Weisheit anzusammeln. Das Erzeugen von Verdienst verleiht dem Geist die nötige Stärke, um sich der Wirklichkeit zu stellen, während die Weisheit den Kontext für die Integration verschiedener Arten von Erfahrungen liefert. Somit gibt es niemanden, der durch die Arbeit mit den Sutras nicht die Geistesschärfe entwickeln kann, die das Tantra erfordert.

Weitläufige Natur

Der Sutrayana-Ansatz bedient sich intensiv der Unterscheidung zwischen dem, was aufgegeben, und dem, was angenommen werden sollte. Diese Form der selektiven Voreingenommenheit wird verwendet, um Tugend zu üben, indem wir uns vorläufig auf das „Gute" konzentrieren und uns vom „Schlechten" abwenden.

Im Tantra ist man der Ansicht, dass diese Unterscheidungen von gut und schlecht letztlich unnötig sind, weil alle Phänomene Manifestationen der innewohnenden Reinheit der letztendlichen Wahrheit sind. Alle Phänomene, unabhängig von unserer Beziehung zu ihnen, sind eine gültige Quelle, um die Wirklichkeit direkt zu erfahren. Indem es alle Formen künstlicher Voreingenommenheit auflöst, erreicht das Tantra eine Qualität der Weitläufigkeit, die in den Sutras nicht vorhanden ist. Insbesondere gibt es drei Arten von Weitläufigkeit, von denen in den Schriften berichtet wird:

1. **Die Weitläufigkeit des Fokus:** Die für unsere Praxis verwendeten Objekte sind weitläufig, denn es gibt keine Begrenzung für das, was in den Pfad eingebracht werden kann. Alles kann ausnahmslos einbezogen werden.

2. **Die Weitläufigkeit der Unterstützung:** Die Segnungen, die wir durch das Praktizieren von Tantra erhalten, sind weitläufig, denn wir sind zu keinem Zeitpunkt von dem Einfluss unserer erleuchteten Natur getrennt. Solange wir unsere Gelübde und Verpflichtungen einhalten, werden wir große Mengen an Verdienst erzeugen.

3. **Die Weitläufigkeit des Verhaltens:** Die tantrische Praxis orientiert sich an der Verhaltensweise der Buddhas und Bodhisattvas, weshalb wir umfassende Aktivitäten ausführen. Anstatt uns auf eine gewöhnliche Sichtweise zu beziehen, versuchen wir, die Art und Weise nachzuahmen, wie hochverwirklichte Wesen mit der Welt interagieren.

Dieser Aspekt der Weitläufigkeit verleiht dem Tantra seine unglaubliche Kraft. Es erinnert uns daran, dass alle Zuschreibungen substanzlos sind, keine wirkliche Essenz haben und daher von Natur aus leer sind. Wenn wir erkennen, dass diese trügerischen Erscheinungen niemals existiert haben, können wir verstehen, dass die letztendliche Wahrheit tatsächlich eine erhabene Leerheit ist, leer von diesen Projektionen. Diese Erkenntnis charakterisiert den Unterschied zwischen dem Erleben der Wirklichkeit aus der Perspektive der Täuschung und aus der Perspektive der erleuchteten Weisheit.

Fülle von Methoden

Da der Fokus des Tantra die Gesamtheit der Wirklichkeit umfasst, ist es nur verständlich, dass es auch eine Fülle von Methoden für die Arbeit mit dieser Wirklichkeit enthält. Die große Vielzahl an Ritualen und meditativen Praktiken, die in den Tantras vorgestellt werden, sind in eine Reihe von *Klassen* unterteilt, die auf der spirituellen Entwicklung des Praktizierenden aufbauen. Durch die unteren Klassen reinigen wir unseren Geist, sodass wir schließlich die höheren Klassen praktizieren können, die speziell auf unsere individuellen karmischen Neigungen eingehen.

Diese Entwicklung vom Allgemeinen zum Speziellen ist einer der Gründe dafür, dass es so viele Praxissysteme gibt. Da jede/r von uns einzigartige karmische Neigungen hat, haben sich unsere subtilen Körper auf eine Weise entwickelt, die diese Vielfalt widerspiegelt. Folglich sind einige Yoga-Techniken für bestimmte Arten von Geist effektiver. Um herauszufinden, welches System und welche Praktiken am besten für Sie geeignet sind, müssen Sie mit einem/r qualifizierten Vajrameister/in zusammenarbeiten.

Neben der enormen Anzahl an Praktiken ist das buddhistische Tantra auch einzigartig in der Art und Weise, wie es Methode und Weisheit in einem einzigen Prozess geschickt verbindet. Wenn man gemäß den Sutras praktiziert, werden Methode und Weisheit getrennt voneinander kultiviert, was zu einem Prozess führt, der zwischen der Arbeit mit der konventionellen und der letztendlichen Wirklichkeit wechselt. Da Tantra betont, dass sich alle konventionellen Phänomene auf der Grundlage der letztendlichen Wahrheit manifestieren, kann jede Praxis, die mit dem Konventionellen arbeitet, Verdienst kultivieren und gleichzeitig ein größeres Gewahrsein der Buddhanatur erzeugen. Dieser Ansatz ermöglicht es Vajrayana-Praktizierenden, viel schneller auf dem Pfad voranzukommen als diejenigen, die dem Sutrayana folgen.

Klarheit der Sichtweise

Man sagt zwar, dass sowohl Sutra wie auch Tantra dieselbe Sichtweise haben, aber das bezieht sich hauptsächlich darauf, wie die Sichtweise erfahren wird. Bei der Vermittlung der Sichtweise kann man jedoch eine Reihe von Unterschieden machen. Den Tantras wird eine größere Klarheit zugeschrieben als den Sutras, weil sie detailliertere Informationen über sehr subtile Ebenen der Erfahrung enthalten. Ein Beispiel ist die Darstellung des subtilen Energiesystems, das nur in den Lehren des Höchsten Yogatantra zu finden ist. Die außergewöhnliche Detailgenauigkeit erlaubt es den Praktizierenden, ein viel breiteres Spektrum von Phänomenen als Unterstützung für ihre spirituelle Entwicklung zu nutzen.

Die Klarheit der Tantras zeigt sich auch in der Art und Weise, wie die Praktiken dargestellt werden. Es gibt eine enorme Menge an Details darüber, wie bestimmte Rituale und Meditationen durchgeführt werden können und welche Ergebnisse dann zu erwarten sind. Diese Klarheit macht es möglich, mit den komplexen Gegebenheiten der Wirklichkeit auf sehr präzise Weise zu arbeiten.

Fehlen von Mühsal

Vergleicht man die subjektive Erfahrung des Praktizierens von Sutra und Tantra, so behauptet man im Allgemeinen, dass Tantra nicht die Mühseligkeiten mit sich bringt, die durch das Praktizieren des Sutrapfades über drei unermessliche Äonen entstehen. Da es möglich ist, die Erleuchtung innerhalb eines einzigen Lebens zu erlangen, sind Tantra-Praktizierende in der Lage, die Mühsal zu vermeiden, das Leiden der zyklischen Existenz über viele Leben hinweg zu erfahren.

Da Tantra jeden Aspekt der Wirklichkeit in den Pfad einbezieht, besteht auch keine Notwendigkeit, die asketischen Praktiken des Sutrayana zu fördern. Anstatt die Zurückhaltung im Verhalten und die Begrenzung der Erfahrung zu betonen, konzentrieren sich Vajrayana-Praktizierende auf die glückselige Natur ihres Gewahrseins als eine kraftvolle Methode, die Buddhanatur zu verwirklichen. Diese geschickte Anwendung von Glückseligkeit befreit den Prozess von jeglichem Gefühl der Beschwerlichkeit und macht die Praxis zur Freude.

Das bedeutet nicht, dass es keine Herausforderungen beim Praktizieren von Tantra gibt. Für einen nicht ausreichend gereiften Geist kann die authentische tantrische Praxis sehr konfliktträchtig sein. Aus diesem Grund verbringen wir so viel Zeit damit, unseren Geist durch die vorbereitenden Übungen zu stärken, damit wir die geschickten Mittel, die Tantra zu bieten hat, voll ausschöpfen können.

Außergewöhnliche Merkmale des Kalachakra-Tantra

Von allen tantrischen Systemen, die der Buddha lehrte, wird das Kalachakra-Tantra aufgrund dreier einzigartiger und herausragender Qualitäten als der *König des Tantra* angesehen. Die erste ist der *umfangreiche Geltungsbereich* der Kalachakra-Lehren. Innerhalb eines einzigen, zusammengefassten Systems bietet seine große Bandbreite an Themen ein komplexes Verständnis davon, wie sich die Wirklichkeit sowohl für fühlende Wesen wie auch für den erleuchteten Geist eines Buddha manifestiert. Aufgrund dieser Weitläufigkeit umfasst das Kalachakra alle anderen Systeme, gibt deren Lehren einen Kontext und zeigt auf, wie alles zusammenhängt. Das bedeutet, dass durch die Kalachakra-Praxis die Essenz aller Systeme einbezogen wird und durch die Praxis anderer Systeme Aspekte des Kalachakra hervorgehoben werden.

Die zweite Qualität ist die *klare Darstellung* des Kalachakra. Obwohl das Tantra wesentlich mehr Informationen bietet als die Sutras, werden viele seiner Systeme in einer verschlüsselten und symbolischen Sprache präsentiert, was es schwierig macht, sie ohne die Anleitung eines qualifizierten Meisters oder einer Meisterin zu interpretieren. Das Kalachakra hingegen verwendet eine sehr direkte Sprache, um extrem tiefgründige Ebenen der Erfahrung zu beschreiben. Während andere Systeme zunehmend verborgener werden, je subtiler die Ansätze werden, liefert das Kalachakra Details, die nirgendwo sonst zu finden sind. Durch diese Klarheit und Direktheit eignet es sich besonders für Zeiten der Degeneration, in denen qualifizierte Meister/innen rar sind und die Wahrscheinlichkeit für Verwirrung hoch ist.

Schließlich beruhen die besonderen Praktiken des Kalachakra auf den *tiefgründigen Methoden* der Leeren Form und der unveränderlichen Glückseligkeit. Durch die Arbeit mit Leeren Formen durchschneiden wir unsere dualistischen Verdunkelungen und beginnen, eine erste Realisation der Soheit zu verwirklichen. Auf dieser Grundlage erweitern wir unsere Erkenntnis, um jeden Aspekt unserer Erfahrung zu integrieren, von der groben bis zur sehr subtilen Ebene, bis wir das nicht-duale Gewahrsein der unveränderlichen Glückseligkeit erlangen. Die Vereinigung von Leerer Form und unveränderlicher Glückseligkeit wird dann genutzt, um alle karmischen Neigungen zu verbrennen und unsere Verbindung zur zyklischen Existenz zu durchtrennen.

Alle Systeme des Höchsten Yogatantra können innerhalb eines einzigen Lebens zur Erleuchtung führen, jedoch sind einige direkter als andere. Beim Kalachakra handelt es sich um eines der wenigen Systeme, in dem die Aggregate direkt aufgelöst und ein *Regenbogenkörper der großen Überleitung* erzeugt werden können, ohne dass man sich auf den Todesprozess stützt. Diese unglaubliche Effizienz und Geschwindigkeit zeichnen Kalachakra als ein besonders geschicktes Mittel aus, um die Erleuchtung in möglichst kurzer Zeit zu erlangen.

DIE BEDEUTUNG DER GEHEIMHALTUNG IN DER TANTRISCHEN PRAXIS

Bei Diskussionen über das Vajrayana stößt man oft auf das Thema der *Geheimhaltung*. Da dies in der westlichen Kultur tendenziell negativ behaftet ist, ist es sinnvoll, die Rolle zu diskutieren, die es in unserer Praxis spielt.

Das Vajrayana wird manchmal der *Pfad des geheimen Mantra* genannt, wobei sich das Wort „geheim" auf die subtile Natur der Lehren bezieht. Grobe Phänomene sind offensichtlich und für die meisten Menschen leicht zugänglich, aber je subtiler die Phänomene werden, desto mehr entziehen sie sich der gewöhnlichen Wahrnehmung. Diese natürliche Form der Geheimhaltung ergibt sich aus der Perspektive der Praktizierenden. Während wir uns auf dem Pfad üben, wird unser Geist subtiler und enthüllt dadurch Aspekte unserer Erfahrung, die uns zuvor nicht zugänglich waren. Dementsprechend wird sich die Wahrheit des Vajrayana nicht sofort allen, die ihm begegnen, offenbaren, sondern ein Geheimnis bleiben, bis ihr Geist richtig gereift ist.

Infolge dieser natürlichen Geheimhaltung kann die Absicht der tantrischen Lehren leicht von denen missverstanden werden, die nicht bereit sind, sie zu empfangen. Dies kann dazu führen, dass Menschen viele falsche Vorstellungen entwickeln, die die Lehren verzerren und verhindern, dass sie die gewünschten Wirkungen erzielen. In diesem Fall wird die unglaubliche Kraft des Tantra zerstört und kann die Ursache für Leiden und Täuschung werden.

Der Buddha erkannte dieses Potenzial für Verwirrung und setzte eine Reihe von Kontrollmechanismen ein, um die esoterischen Lehren zu schützen. Im Gegensatz zu seinen Sutra-Lehren, die einem großen Publikum vermittelt wurden, wurden die Tantras nur ausgewählten Gruppen von fortgeschrittenen Praktizierenden zuteil. Bevor sie mit den Praktiken beginnen konnten, wurden sie durch Ermächtigungen in ihre letztendliche Natur eingeführt, um sicherzustellen, dass sie die richtige Sichtweise entwickelten.

Nach dem Vorbild des Buddha wurden die esoterischen Lehren über viele Generationen hinweg in geflüsterten Überlieferungslinien von Lehrer/in zu Schüler/in weitergegeben, bevor sie schließlich offener gelehrt wurden. Historisch betrachtet bestand die größte Geheimhaltung immer dann, wenn die Lehren erstmalig einem Land oder einer Bevölkerung zugänglich gemacht wurden. Je mehr Menschen das nötige Verständnis der Grundlagen für diese Lehren entwickelten, desto schwächer wurde die Geheimhaltung, sodass mehr Menschen Zugang zu diesen Lehren fanden. So ist die Strenge der Geheimhaltung nicht festgeschrieben, sondern ändert sich mit der Zeit je nach der Fähigkeit der Schüler/innen.

In einer Welt wie dieser, in der hohe Lehren über das Internet leicht zugänglich geworden sind, sind viele der traditionellen Kontrollen und Abwägungen weggefallen. Die Gefahr, falsche Ansichten zu entwickeln, ist jetzt viel größer und deshalb müssen wir uns überlegen, welche Aspekte der Lehren geheim bleiben und welche öffentlich gemacht werden sollten.

Mein persönlicher Ansatz besteht darin, eine unterscheidende Weisheit zu betonen, die die theoretischen Grundlagen der Vajrayana-Praxis klar identifiziert und differenziert. Wenn wir verstehen, warum wir uns auf eine bestimmte Praxis einlassen, können wir uns des Nutzens sicher sein, den sie für unseren Geist bringen wird. Entwickeln wir diese Weisheit nicht, werden wir uns nur in leeren Ritualen verlieren. Anstatt uns mit der Essenz zu verbinden, konzentrieren wir uns vielleicht zu sehr auf die symbolischen Manifestationen und verlieren die Bedeutung, die sie verkörpern, aus den Augen. Ich ermutige Sie daher, das Vajrayana im Rahmen eines strukturierten Pfades aufgeschlossen zu studieren, um bestmöglich vorbereitet zu sein.

In Bezug auf die eigentliche Praxis des Tantra halte ich den traditionellen Prozess immer noch für den effektivsten. Wenn eine Praxis eine *Ermächtigung* erfordert, so sollte diese nicht rezitiert werden, bevor Sie nicht die notwendigen Ermächtigungen durch eine/n qualifizierte/n Vajrameister/in erhalten haben. Danach sollten Sie eine Gelegenheit suchen, um die *mündliche Übertragung* des

Praxistextes und die entsprechenden *Anweisungen* zu erhalten.

Je fortgeschrittener die Praktiken werden, desto wichtiger werden die Kernunterweisungen. Da die meisten dieser Unterweisungen traditionell mündlich weitergegeben werden, bekommt die Rolle des/r Vajrameister/in einen wesentlichen Stellenwert in Ihrer Praxis. Auf diese Beziehung wird in den nächsten Kapiteln noch näher eingegangen.

Um die Stärke unserer Praxis zu erhalten, sollten wir es vermeiden, unnötig über die Besonderheiten zu sprechen. Das liegt nicht daran, dass wir etwas Schändliches oder Bedauernswertes tun, sondern daran, dass ein solches Gespräch keinen Nutzen bringt. Indem wir unsere Praxis als Privatangelegenheit behandeln, schützen wir nicht nur den Geist derer, die sie vielleicht nicht verstehen, sondern auch unseren eigenen Geist davor, spirituellen Stolz zu entwickeln.

DREI ANSÄTZE ZUR ENTFERNUNG VON VERDUNKELUNGEN

Mit einem klaren Verständnis der einzigartigen Merkmale des Vajrayana gehen wir nun dazu über, die verschiedenen Methoden zu erörtern, die in der buddhistischen Praxis verwendet werden. Es gibt drei verschiedene Ansätze: (1) Aufgabe, (2) Transformation und (3) Erkenntnis. Während der erste Ansatz am engsten mit dem Sutrayana verbunden ist, entsprechen die beiden letzten den Ansätzen, die in den Erzeugungs- und Vollendungsstufen des Vajrayana angewendet werden. Das Verständnis dieser Ansätze bietet einen Kontext für die verschiedenen Praktiken, die später in diesem Band vorgestellt werden.

Aufgabe

Der erste Ansatz beinhaltet das *Aufgeben* von verblendeten Geisteszuständen wie den drei Giften der Unwissenheit, Anhaftung und Abneigung. Diese Verblendungen werden als Probleme betrachtet, die beseitigt werden müssen. Indem wir den Pfad entsprechend den Sutras praktizieren, erkennen wir die Fehler dieser Geisteszustände und entwickeln das Bestreben, sie loszulassen. Dieser Ansatz kann mit einem/r Gärtner/in verglichen werden, der/die eine giftige Pflanze im Garten findet. Er/sie erkennt, dass die Pflanze gefährlich ist, und ergreift Maßnahmen, um sie zu entwurzeln und zu vernichten.

Die Methode zur Beseitigung von Verblendungen ist die Meditation über die Gegenmittel, die den spezifischen Formen der Unwissenheit, die die Geistesgifte nähren, entgegenwirken. Zum Beispiel können wir über die Fehler der Anhaftung meditieren, um der Unwissenheit entgegenzuwirken, die Anhaftung für eine gute Eigenschaft hält. Dann können wir über Vergänglichkeit meditieren, um der Unwissenheit entgegenzuwirken, die glaubt, dass das Objekt der Anhaftung eine echte Quelle des Glücks ist. Je vertrauter wir mit den Gegenmitteln werden, desto schwächer werden die Verblendungen, bis sie schließlich keine Macht mehr haben, den Geist zu beeinflussen.

Bei diesem Ansatz ist die Wurzel des Leidens die Unwissenheit, die nach der Wirklichkeit als inhärent existent greift, so wie sie erscheint. Das Gegenmittel gegen diese Art von Unwissenheit besteht darin, über die abhängige Natur der Phänomene zu meditieren und die Leerheit der Entitäten von einem Selbst zu erkennen. Indem man sich vollständig an diese Erkenntnis gewöhnt, werden schließlich alle verblendeten und kognitiven Verdunkelungen aufgegeben, so dass sich die endgültige Wahrheit manifestieren kann.

Transformation

Wenn wir uns dem Vajrayana zuwenden, besteht der zweite Ansatz darin, uns auf die *Umwandlung* gewöhnlicher Erscheinungen in reine Wahrnehmungen zu konzentrieren. Dies ist die Methode, die mit der Erzeugungsstufe verbunden ist und auf der Erkenntnis beruht, dass Verblendungen lediglich verzerrte Interpretationen der Wirklichkeit sind. Ändern wir unsere Interpretation von ihnen, hören sie auf, Verblendungen zu sein, und werden stattdessen zu einer Stütze für die Entwicklung von Weisheit. Dies ist vergleichbar mit einem geschickten Chemiker, der versteht, dass eine giftige Pflanze in Medizin umgewandelt werden kann. Anstatt die Pflanze zu zerstören, kann er sie nutzbringend einsetzen.

In der Praxis beinhaltet diese Methode, alle Formen als erleuchtete Gottheiten, alle Klänge als erleuchtete Mantras und alle Gedanken als Manifestationen der ursprünglichen Weisheit zu sehen. Ungeachtet dessen, was erscheint, versuchen wir, eine reine Sichtweise auf die Erfahrung zu entwickeln und sie als einen Aspekt unserer zugrunde liegenden Buddhanatur zu erkennen. Je mehr wir unseren Geist mit dieser erleuchteten Ebene der Wirklichkeit vertraut machen, desto weniger Macht hat unsere gewöhnliche Wahrnehmung, unsere Erfahrung zu beeinflussen.

Da es bei diesem Zugang darum geht, eine unreine Sichtweise durch eine reine zu ersetzen, kann man ihn als konzeptuell betrachten. Als solcher bietet er eine vorläufige Methode, um den Geist zu reinigen und uns unserer Buddhanatur näher zu bringen. Letztendlich muss ein solcher Ansatz jedoch transzendiert werden, damit Soheit direkt verwirklicht werden kann.

Erkenntnis

Beim letzten Ansatz verlassen wir uns auf die direkte Beobachtung, um die letztendliche Natur der Erscheinungen zu *erkennen*. Anstatt unsere Erfahrung mit Konzepten zu beschreiben, konzentrieren wir uns darauf, ein Gewahrsein des gegenwärtigen Moments zu entwickeln, das frei von Greifen ist. Ein solches Gewahrsein ermöglicht es uns, begriffliche Zuschreibungen zu durchschauen und die zugrunde liegende Art und Weise zu enthüllen, in der sich die erhabene Leerheit manifestiert. Da dieser Ansatz die Konzepte von rein und unrein transzendiert, macht er sich alle Formen der Erfahrung zunutze. Das wäre wie bei einem Menschen, der eine giftige Pflanze essen kann, ohne Angst davor zu haben, Schaden zu nehmen. Es gibt nichts, was tatsächlich transformiert werden muss, wir beobachten einfach die Wirklichkeit, wie sie ist.

Würden wir diese Methode auf einen Moment des Ärgers anwenden, könnten wir sehen, dass er nichts weiter als eine Erscheinung im Geist ist, die wie eine Welle im Ozean auftaucht, einen Moment lang verweilt und sich dann auflöst. Zu keinem Zeitpunkt existiert etwas, das irgendeinen Gehalt an Substanz oder inhärenten Qualitäten hat. Indem wir einfach die Erscheinung beobachten, stellen wir fest, dass sie sich selbst befreit und auf natürliche Weise befriedet wird. Diese Wahrheit gilt für alle dualistischen Formen des Bewusstseins.

Der Kalachakra-Pfad bedient sich aller drei der oben genannten Ansätze. Bis jetzt haben wir hauptsächlich mit dem Ansatz des Aufgebens entsprechend dem Sutrayana gearbeitet. Die nächste Stufe unserer Praxis betont die Ansätze der Transformation und der Erkenntnis.

WIE MAN IM KALACHAKRA-TANTRA
DIE ERLEUCHTUNG ERLANGT

Durch die Anwendung der tiefgründigen Methoden des Kalachakra-Tantra ist es unser Ziel, eine reine Sicht der abhängigen Natur der Wirklichkeit zu erlangen, die dann genutzt wird, um die vollständig etablierte Natur der absoluten Wirklichkeit direkt zu erfahren. Um zu verstehen, wie die Erleuchtung durch diesen Prozess erreicht wird, analysieren wir noch einmal den Grund, den Pfad und das Ergebnis, nur dieses Mal aus der Perspektive der besonderen Praktiken des Kalachakra-Pfades.

Der Grund der gewöhnlichen Erscheinungen

Der Zweck eines spirituellen Pfades besteht darin, die Art und Weise zu verändern, wie wir die Wirklichkeit erleben, damit wir unsere Begrenzungen überwinden und unser Potenzial verwirklichen können. Sein Wesen ist die Transformation, bei der wir in einem Zustand beginnen und durch unsere Praxis des Pfades einen anderen hervorbringen. In Anbetracht dessen besteht der erste Schritt zur effektiven Umsetzung des Pfades darin, Klarheit darüber zu schaffen, was genau wir zu ändern beabsichtigen.

Im Kontext des Kalachakra ist der zu reinigende Grund die konventionelle Wirklichkeit des äußeren und inneren Kalachakra. Diese beiden Realitätsebenen entsprechen den objektiven und subjektiven Erscheinungen eines dualistischen Bewusstseins. Wenn wir an unser Verständnis der *Drei Naturen* (siehe Band Zwei) zurückdenken, erinnern wir uns daran, dass die abhängige Natur der Wirklichkeit auf der Grundlage der Projektion zugeschriebener Naturen auf unsere Erfahrung der vollständig etablierten Natur der Soheit entsteht. Solange diese Zuschreibungen bestehen bleiben, werden wir die Wirklichkeit weiterhin aus der Perspektive eines dualistischen Bewusstseins erleben. Hören wir jedoch auf, Zuschreibungen zu projizieren, wird sich die abhängige Natur auflösen und wir werden mit einer Erfahrung der Wirklichkeit zurückbleiben, so wie sie ist.

Dies stellt uns vor ein Problem. Das Wesen der dualistischen Sichtweise ist die abhängige Benennung; sobald die Erscheinung eines Objekts auftritt, gibt es auch die Erscheinung eines Subjekts. Ebenso entsteht mit der Erscheinung eines

Subjekts auch die Erscheinung eines Objekts. Das bedeutet, dass wir ausnahmslos alle dualistischen Erscheinungen aufgeben müssen, um die zugeschriebenen Naturen vollständig zu unterbinden. Bleibt auch nur eine gewöhnliche Erscheinung übrig, löst sich die abhängige Natur der Wirklichkeit nicht auf.

Aus diesem Grund verwendet das Kalachakra ein vierfaches Modell, um die verschiedenen Arten von Erscheinungen zu verstehen, die wir bereinigen müssen, um unser Ziel zu erreichen. Sie sind als die *vier Zustände der Erfahrung* bekannt: (1) der Wachzustand, (2) der Traumzustand, (3) der Zustand des Tiefschlafs und (4) der Zustand der glückseligen Versenkung. Jede dieser Kategorien hebt eine bestimmte Art von Erscheinung hervor, der wir potenziell begegnen können. Zusammengenommen decken sie das gesamte Spektrum möglicher Erscheinungen ab, von der gröbsten bis zur subtilsten Ebene.

Der Wachzustand

Der erste Zustand besteht aus den Sinneswahrnehmungen von Form, Klang, Geruch, Geschmack und Tastsinn. Zusammen bilden sie die objektive Wirklichkeit des Universums, wie sie aus der Perspektive eines einzelnen fühlenden Wesens erlebt wird. Da diese Erscheinungen vorherrschen, wenn wir wach sind, werden sie als *Erscheinungen des Wachzustandes* bezeichnet.

Sinneswahrnehmungen werden als die gröbste Art von Erscheinungen betrachtet, weil sie stark durch die physischen Sinnesfähigkeiten bedingt sind. Solange der Geist mit den physischen Aggregaten des Körpers verbunden bleibt, werden diese Fähigkeiten einen relativ stabilen Strom von Erscheinungen im Geist erzeugen. Es ist vor allem diese Stabilität, die uns dazu bringt, an die inhärente Existenz äußerer Phänomene zu glauben. Denn obwohl ihre Natur ständig im Fluss ist, scheinen sie eine substanzielle, dauerhafte Natur zu haben.

Durch die Praxis der Meditation ist es möglich, das Gewahrsein von den Sinnesfähigkeiten zurückzuziehen und die Erscheinungen des Wachzustands vorübergehend in einen Ruhezustand zu versetzen, so als ob wir ihnen den Rücken zukehren würden. Auch wenn wir ihnen keine Aufmerksamkeit mehr schenken, verursachen die Sinnesfähigkeiten immer noch Verschiebungen der Energieströme und haben weiterhin eine indirekte Wirkung auf den Geist. Die einzige Möglichkeit, das Auftreten von Erscheinungen im Wachzustand vollständig zu verhindern, besteht darin, die energetische Verbindung zwischen Körper und Geist zu unterbrechen – ein Prozess, der auf natürliche Weise beim Tod auftritt oder durch fortgeschrittene yogische Techniken.

Der Traumzustand

Der zweite Zustand bezieht sich auf den Bereich der groben und subtilen geistigen Erscheinungen wie Gedanken und Erinnerungen. Diese Erscheinungen sind zwar immer noch objektiver Natur, werden aber in der Regel nur von einer einzigen Person erlebt und bilden daher die Grundlage für die innere Wirklichkeit eines Individuums. Da diese Arten von Erscheinungen während unserer Träume am stärksten ausgeprägt sind, werden sie zusammenfassend als *Erscheinungen des Traumzustands* bezeichnet.

Mentale Erscheinungen gelten als subtiler als Sinneswahrnehmungen, weil sie die vielen Schichten von begrifflichen Zuschreibungen darstellen, die wir auf die Welt projizieren. Um diesen Prozess zu verstehen, betrachten wir die Erscheinung eines Hundes. Diese scheinbar einfache Erscheinung setzt sich in Wirklichkeit aus vielen gleichzeitig auftretenden Erscheinungen zusammen. Wir beginnen mit der visuellen Erscheinung einer Form. Wenn unser Geist das Muster erkennt, das diese Erscheinungen bilden, projiziert er sofort das Konzept „Hund". Gleichzeitig projiziert er auch andere Konzepte wie „Tier", „braun" und „freundlich". Diese Sammlung von begrifflichen Überlagerungen sind allesamt grobe geistige Erscheinungen. Es gibt auch subtile Zuschreibungen wie „getrennt", „dauerhaft" und „inhärent vorhanden". Zusammen bilden sie ein Netzwerk von Konzepten, die bestimmen, wie wir als Individuen mit Sinneseindrücken umgehen.

Die Erscheinungen des Traumzustands entstehen als Ergebnis der Gewöhnung an eine bestimmte konzeptuelle Sichtweise. Durch die Konditionierung unseres Karma assoziieren wir bestimmte Muster von Erscheinungen mit bestimmten Netzwerken von Konzepten. Um diese Art von Erscheinungen zu reinigen, müssen wir unsere Gewohnheiten durchbrechen. Leider kann es aufgrund der wechselseitigen Abhängigkeit der Zuschreibungen ein recht komplexer Prozess sein, die Schichten der Konzepte zu entwirren. Wir können diese Komplexität umgehen, indem wir unsere gewöhnliche Sichtweise durch Meditation vorübergehend auflösen und bewusst eine reine Sichtweise projizieren, die mit der tatsächlichen Wirklichkeit übereinstimmt. Indem wir uns an eine solche Sichtweise gewöhnen, „verdrahten" wir effektiv die Assoziationen in unserem Geist neu und schwächen den Einfluss unserer karmischen Konditionierung. Wird unser Geist weniger von Karma beherrscht, fällt es uns leichter, unser Greifen zu lösen und die Ausbreitung von Konzepten zu stoppen.

Der Zustand des Tiefschlafs

Der dritte Zustand besteht aus den subtilen subjektiven Erscheinungen, die die Grundlage für unsere Vorstellung vom Selbst bilden. Diese Erscheinungen fungieren als Klebstoff, der alle gröberen Formen der begrifflichen Zuschreibung zusammenhält. Da sie sich einem luziden Geist während des traumlosen Tiefschlafs zeigen, werden sie als *Erscheinungen des Tiefschlafzustands* bezeichnet.

Das gewöhnliche Selbst besteht im Wesentlichen aus zwei Arten von Erscheinungen – der Erscheinung von „Ich" und der Erscheinung von „Mein". Erstere ist eine äußerst subtile Erscheinung, die sich als das Gefühl manifestiert, dass wir als separate, substanziell existierende Entität existieren. Sie fungiert als fester Bezugspunkt, der die relative Perspektive eines fühlenden Wesens festlegt. Letztere ist das Gefühl, dass ein bestimmtes Phänomen zu dieser Entität gehört oder in ihr enthalten ist. Dieses Gefühl bildet eine begriffliche Grenze, die unsere Identität ausmacht – das Gefühl, wer wir glauben zu sein.

Ob im Wachzustand oder im Traum, unsere Aufmerksamkeit richtet sich in der Regel nach außen auf verschiedene objektive Erscheinungen. In diesen Momenten ist die Erscheinung des Subjekts weitgehend implizit. Erst wenn wir die objektiven Erscheinungen auflösen, wird die Erfahrung des Subjekts deutlicher. Dies geschieht, wenn wir unseren Geist durch die Praxis der einsgerichteten Konzentration zurückziehen. Indem wir uns dem Grundbewusstsein annähern, verschwinden die objektiven Erscheinungen, und die subjektiven Qualitäten von Glückseligkeit, Stille und klarer Präsenz werden manifest. Wenn der Geist in dieser Erfahrung stabilisiert ist, ist es möglich, die leere Natur des Selbst zu beobachten und dadurch das Greifen nach seiner Erscheinung zu durchtrennen.

Der Zustand der glückseligen Versenkung

Der vierte Zustand bezieht sich auf die sehr subtilen nicht-dualen Erscheinungen, die entstehen, wenn der Geist in seiner eigenen Natur versunken ist. Zu einem solchen Zeitpunkt ist der explizite Dualismus von Subjekt und Objekt inaktiv und der Geist erfährt eine nicht-begriffliche Erfahrung der Soheit. Da sich diese Erfahrungen als ein außergewöhnlich intensives Gefühl der Glückseligkeit manifestieren, werden sie als die Erscheinungen des *Zustands der glückseligen Versenkung* bezeichnet.

Für die meisten Menschen sind diese Erscheinungen selten und dauern meist nur sehr kurze Zeit an. In der normalen Erfahrung treten sie auf, wenn wir niesen, in Ohnmacht fallen oder einen Orgasmus erleben. In jeder dieser Situationen sammelt sich Energie an, die dazu dient, den Geist zu konzentrieren und das Gefühl von einem Selbst aufzulösen. Da diese Energiebündelung in der Regel unkontrolliert abläuft, wird die Erfahrung der Glückseligkeit immer intensiver, sobald der konzeptuelle Verstand schwindet. Dies führt zum Festhalten, was den dualistischen Verstand wiederherstellt und die Energie freisetzt. Dieser Vorgang geschieht so schnell, dass wir den eigentlichen Moment der Glückseligkeit gar nicht bemerken. Obwohl diese Art von Erfahrung technisch gesehen eine nicht-begriffliche Erfahrung der Soheit ist, stellt sie aufgrund des Mangels an Gewahrsein keine Verwirklichung der Soheit dar.

Damit die Erfahrung der Soheit als Gegenmittel für unsere karmischen Konditionierungen wirken kann, müssen wir in der Lage sein, in dieser Erfahrung zu verweilen, ohne nach ihr zu greifen. Dazu muss unser Geist geschult werden, sich der Soheit auf sehr kontrollierte Weise anzunähern. Dies können wir schrittweise tun, indem wir zunächst durch Meditation eine direkte Erfahrung der Soheit erlangen und diese Erkenntnis dann im Laufe der Zeit mit reinen Erscheinungen vermischen. Durch diesen Prozess wird unser Greifen so weit geschwächt, dass wir für längere Zeit in der Soheit verweilen können. Ein schnellerer Weg, dieses Ergebnis zu erreichen, besteht darin, Meditation mit yogischen Körperhaltungen zu kombinieren, die den subtilen Energiekörper beeinflussen, um hoch konzentrierte Zustände des nicht-dualen Gewahrseins zu erzeugen.

Der Pfad zur Erfahrung der erleuchteten Wirklichkeit

Mit den Erscheinungen der vier Zustände als unserer Grundlage bekommen wir ein Gefühl dafür, wie der Kalachakra-Pfad an die Praxis herangeht.

Nachdem wir die beiden äußeren und die ersten vier inneren vorbereitenden Übungen praktiziert haben, sind wir nun bereit, über die letztendliche Natur der Wirklichkeit zu meditieren. Unser unmittelbares Ziel ist es, ein nicht-duales Gewahrsein der erhabenen Leerheit zu erlangen, das völlig frei von allen dualistischen Erscheinungen ist.

Dies erfordert eine Verlagerung unseres Gewahrseins, weg von den gewöhnlichen Erscheinungen des konzeptuellen Verstandes und hin zu den erleuchteten Erscheinungen der ursprünglichen Weisheit. Dieser Prozess kann in vier Schritte unterteilt werden: (1) eine reine Sicht der/des Guru entwickeln, (2) diese Sicht auf alle Erscheinungen ausdehnen, (3) ein nicht-begriffliches Gewahrsein aufbauen und (4) in Soheit verweilen.

Eine reine Sicht der/des Guru entwickeln

Die Essenz jeder Vajrayana-Praxis ist es, die vollkommen etablierte Natur als Grundlage aller Erfahrungen zu erkennen. Diese Erkenntnis wird das *Herstellen einer reinen Sichtweise* bezeichnet. Wenn wir sie gemeistert haben, wird jede unserer Erfahrungen direkt als Soheit wahrgenommen. Leider sind wir derzeit nicht daran gewöhnt, die Wirklichkeit auf diese Weise zu sehen. Daher müssen wir unseren Geist trainieren, unsere Erfahrung zu interpretieren.

Wenn wir diesen Prozess beginnen, sehen wir nur die Erscheinungen, die von unserer Unwissenheit projiziert werden. Um die Welt mit den Augen der Weisheit zu sehen, müssen wir uns auf die Erscheinung in unserem Leben konzentrieren, in der sich die Weisheit am deutlichsten zeigt, nämlich der/dem Guru. Im vorigen Band haben wir betont, wie wichtig es ist, einem/r spirituellen Mentor/in zu folgen. Diese Beziehung bildet nun die Grundlage für das Erkennen der Strahlkraft unserer eigenen Buddhanatur.

Diese Praxis besteht aus zwei Teilen: (1) Zuerst arbeiten wir mit der äußeren Manifestation unserer/s Guru, indem wir *Hingabe an den/die Vajrameister/in* praktizieren und unseren Geist darin schulen, die/den Guru als eine erleuchtete Manifestation des Buddha zu sehen, (2) dann meditieren wir über *Guruyoga*, um die Trennung zwischen dem Äußeren und dem Inneren aufzulösen und zu erkennen, dass die/der Guru nichts anderes ist als eine Manifestation unserer eigenen Buddhanatur. Indem wir Bittgebete an diese/n innere/n Guru richten, rufen wir seinen/ihren Segen an und schaffen eine starke Verbindung zu unserer inneren Wahrheit, die eine Stütze für die Verwirklichung der Soheit darstellt.

Diese Sichtweise auf alle Erscheinungen ausdehnen

Durch das Training mit dem/der Guru entwickeln wir unsere reine Sichtweise so weit, dass wir, wann immer wir unsere/n Guru sehen, an unsere Buddhanatur erinnert werden. Obwohl dies eine ausgezeichnete Grundlage ist, müssen wir noch wesentlich mehr tun. Wir können uns unseren Geist wie ein Haus mit vielen Fenstern vorstellen. Wenn die Fenster sauber sind, kann man die Sonne klar sehen und die Dunkelheit im Haus wird vertrieben. Die reine Erscheinung der/des Guru ist wie ein einziges sauberes Fenster. Um mehr Licht hereinzulassen, müssen wir noch die anderen Fenster reinigen.

Dies geschieht durch Vertrauen auf die geschickten Mittel der Kalachakra-Erzeugungsstufe, die aus zwei Praktiken besteht: (1) durch Vertrauen auf die/den Guru erhalten wir Ermächtigung und legen die *tantrischen Gelübde und Verpflichtungen* ab, die uns helfen, unsere reine Sichtweise jederzeit aufrechtzuerhalten, und (2) machen wir uns dann durch die Praxis des *Gottheiten-Yogas* mit dem erleuchteten Mandala von Kalachakra vertraut. Beide Schulungen legen den Schwerpunkt auf die Reinigung unserer Beziehung zu verschiedenen Arten von Phänomenen, sodass wir schließlich die getäuschte Sichtweise von Karma aufgeben können. Während sich alles weiterhin auf dieselbe Weise manifestiert, glauben wir nicht mehr, dass es existiert, wie es erscheint. Stattdessen scheinen die Erscheinungen illusorischer Natur zu sein und eine traumähnliche Qualität anzunehmen.

Ein nicht-begriffliches Gewahrsein hervorbringen

Sobald alle Fenster in unserem Haus sauber sind, strömt das Licht der Sonne herein, ungeachtet dessen, wo wir uns befinden. In diesem Fall können wir unsere Aufmerksamkeit vom Glas auf das richten, was jenseits des Hauses liegt. Wenn wir die strahlende Sonne sehen, können wir uns entscheiden, drinnenzubleiben oder hinauszugehen. Bleiben wir an unserem Platz, laufen wir Gefahr, dass die Fenster wieder schmutzig werden und erneut geputzt werden müssen. Entscheiden wir uns jedoch, hinauszugehen, steht nichts mehr zwischen uns und der strahlenden Wärme der Sonne.

In ähnlicher Weise werden wir, solange wir die Welt durch die begrifflichen Zuschreibungen eines dualistischen Bewusstseins sehen, unsere erhabene Natur nie direkt erfahren. Es wird immer einen Schleier geben, der unser Gewahrsein der Wirklichkeit verdeckt. Auch wenn die Dichte des Schleiers schwanken mag, so bleibt er doch ein Schleier – eine künstliche Barriere, die wir auflösen müssen, um uns die Möglichkeit zu geben, unsere Buddhanatur direkt zu erfahren.

Damit wir unser Haus verlassen können, muss uns zuerst gezeigt werden, wo die Tür ist. In der Praxis geschieht dies, indem wir von unserem/r Vajrameister/in die tiefgründigen *hinführenden Anweisungen* erhalten. Während der Ermächtigungen der Vollendungsstufe führt uns der/die Vajrameister/in in die Aspekte unserer endgültigen Natur ein. Diese Erfahrung bildet die Grundlage für die Entwicklung von Vertrautheit mit diesem Zustand.

Durch die nicht-begriffliche Praxis der *Drei Isolationen* bringen wir uns dann selbst an den äußersten Rand unserer dualistischen Begrenzungen. Indem wir unser Greifen nach Konzepten auflösen, schaffen wir eine Öffnung, aus der die reinen Manifestationen der Soheit entstehen können. Es ist, als stünden wir vor einer offenen Tür und müssten nur noch über die Schwelle treten.

In Soheit verweilen

Der Übergang vom Bewusstsein zum ursprünglichen Gewahrsein mag nicht wie ein großer Übergang erscheinen, denn sobald wir an der Tür angekommen sind, müssten wir nur noch hinausgehen. Aber leider ist das nicht der Fall. Wir haben uns seit anfangsloser Zeit daran gewöhnt, die Wirklichkeit aus der Perspektive eines dualistischen Selbst zu erleben. Aufgrund unseres angesammelten Karma haben wir eine sehr starke Bindung zwischen unserem Geist und unserem physischen Körper geschaffen. Solange diese Bindung besteht, wird unser Geist weiterhin von der ständigen Bewegung der subtilen Energie in diesem Körper beeinflusst werden. Dies bedeutet, dass selbst nachdem wir das explizite Greifen, das das Bewusstsein stützt, durchtrennt haben, eine implizite Schicht des restlichen Greifens verbleibt.

Um dieses Problem zu verstehen, stellen Sie sich vor, Sie wären in Ihrem ganzen Leben noch nie außerhalb Ihres Hauses gewesen; alles, was Sie bisher kannten, war drinnen. Sie stehen in der Tür und blicken hinaus auf eine Welt, die Sie bisher nur aus der Ferne gesehen haben. Wenn Sie hinauslaufen würden,

würden Sie von einer Welle neuer Erfahrungen überwältigt, so wie ein blinder Mensch, der zum ersten Mal Farben und Formen wahrnimmt. Natürlich ist unser Verstand überfordert, wenn er mit etwas so Fremdartigem und Unbekanntem konfrontiert wird. Er schreckt zurück und kehrt zu dem zurück, was uns vertraut ist und was sich sicher anfühlt.

In ähnlicher Weise kann unser Geist überfordert sein, wenn wir zum ersten Mal Soheit erfahren, und kann Schwierigkeiten haben, alles auf einmal aufzunehmen. Wenn wir zu forsch und zu schnell vorgehen, aktivieren wir unser Greifen und werden in unsere gewohnte dualistische Einstellung zurückgeworfen. Um dieses Problem zu überwinden, üben wir uns in den ersten *fünf Vajrayogas* darin, unsere Buddhanatur auf geschickte Weise allmählich zu enthüllen. Indem wir nach und nach mit den verschiedenen subtilen Energien arbeiten, die durch den Körper fließen, lösen wir ihren Einfluss auf den Geist auf, wodurch wir fähig werden, mehr von unserer Erfahrung als Soheit zu erfassen. Durch dieses Training vereinen wir Erscheinungen, Gewahrsein und Energie in einer Weise, dass wir in einer voll qualifizierten, nicht-dualen Erfahrung der erhabenen Leerheit, die mit allen Aspekten ausgestattet ist, ruhen können.

Solange unser Geist karmisch mit einem Körper verbunden ist, wird sich diese Erkenntnis der Soheit nur während der Meditation manifestieren. In dem Moment, in dem wir uns aus unserer Sitzung erheben, werden wieder dualistische Erscheinungen auftauchen. Diese werden als kognitive Verdunkelungen bezeichnet, und obwohl unser Geist nicht mehr mit Unwissenheit an diesen Erscheinungen festhält, schränken sie immer noch unsere Fähigkeit ein. Bevor diese Bindung nicht vollständig aufgelöst ist, können wir nicht den Zustand eines vollkommen erleuchteten Buddha erreichen.

Das lässt uns zwei Möglichkeiten. Wir können entweder warten, bis unsere Lebensspanne endet und sich unser Körper und Geist auf natürliche Weise trennen, oder wir können unsere Verwirklichung der erhabenen Leerheit als eine Methode nutzen, um die verbleibenden karmischen Rückstände zu verbrennen. Genau das ist die Aufgabe des *sechsten Vajrayogas*, der unseren physischen Körper effektiv auflöst und einen sogenannten *Regenbogenkörper der großen Überleitung* hervorbringt.

Der Ergebniszustand der vier Vajras

Befreit von den Beschränkungen eines grobstofflichen Körpers, erreicht unser Geist den Höhepunkt des Bodhisattva-Pfades – den Zustand eines *Dharma-Königs von Shambhala*. Mit der Beherrschung der Sechs Vajrayogas erlangen wir den Dharmakaya-Wahrheitskörper eines Buddha. Es gilt nur noch unsere Ansammlung von Verdienst zu vervollständigen, um spontan die Rupakaya-Formkörper eines Buddha zu manifestieren. Glücklicherweise ist dies relativ einfach für einen Bodhisattva der zehnten Ebene, der sich mühelos auf jede erforderliche Art und Weise manifestieren kann, um den fühlenden Wesen Nutzen zu bringen. Diese Herangehensweise an die Erleuchtung nennt man das *Erwecken des unvergleichlichen Bodhicitta*. Es ist die Methode, die von den drei großen Bodhisattvas Vajrapani, Manjushri und Avalokiteshvara verkörpert wird.

Im Kalachakra-System wird dieser Ergebniszustand als die *vier Vajras* beschrieben: (1) Vajra-Körper, (2) Vajra-Rede, (3) Vajra-Geist und (4) Vajra-Weisheit. Jeder von ihnen repräsentiert eine spezifische Dimension der erleuchteten Erfahrung, die das Ergebnis der Reinigung der Erscheinungen der entsprechenden vier Zustände ist.

Vajra-Weisheit

Die subtilste Dimension ist die der *Vajra-Weisheit*; das ist die glückselige Natur eines Geistes, der unerschütterlich in der endgültigen Wahrheit verweilt. Sie ist als der Naturkörper des Buddha oder der *Svabhavikakaya* bekannt. Diese Dimension der Erfahrung manifestiert sich auf natürliche Weise, wenn wir alle groben und subtilen Verdunkelungen aus dem Geist entfernen.

Vajra-Geist

Der *Vajra-Geist* ist das alles durchdringende Gewahrsein, das nicht von seiner eigenen letztendlichen Natur abgelenkt wird, und als der Weisheits-Wahrheitskörper des Buddha oder der *Jñana-Dharmakaya* bekannt ist. Er manifestiert sich im Aspekt der ursprünglichen Weisheiten der *Sechs Buddhafamilien* und ist das Ergebnis der vollständigen Gewöhnung des Geistes an die Erkenntnis der Aspekte der Buddhanatur.

Auch wenn wir von Vajra-Weisheit und Vajra-Geist als zwei getrennten

Dimensionen sprechen, müssen wir uns immer daran erinnern, dass sie untrennbar sind. Alles, was im Geist eines erleuchteten Wesens auftaucht, wird als Soheit wahrgenommen und als unveränderliche Glückseligkeit erfahren. Da fühlende Wesen diese Ebene der Realität nicht direkt erfahren können, müssen wir die übrigen Vajras der Vajra-Rede und des Vajra-Körpers manifestieren.

Vajra-Rede

Um zu verstehen, wie sich ein/e Buddha gegenüber fühlenden Wesen manifestiert, können wir uns den erleuchteten Geist wie eine Sonne vorstellen, die Licht in alle Richtungen ausstrahlt. Diese Lichtstrahlen sind der natürliche Ausdruck der erleuchteten Qualitäten eines Buddha und entstehen aus der Vervollkommnung aller tugendhaften Qualitäten durch die Ansammlung von Verdienst. Da ein/e Buddha alle Verdunkelungen vollständig beseitigt hat, hindert nichts diese Qualitäten daran, sich gleichzeitig und kontinuierlich zu manifestieren. Dieses kontinuierliche Strahlen der Qualitäten des Buddha wird als *Vajra-Rede* bezeichnet.

Selbst wenn die Sonne scheint, kann nicht jeder die Wärme ihrer Strahlen spüren. Um die Vajra-Rede direkt zu erfahren, muss der Geist eines fühlenden Wesens gründlich von leidbringenden Verdunkelungen gereinigt sein. Solch hochverwirklichte Bodhisattvas erfahren diese Qualitäten als eine Fülle von erleuchteten Gottheiten, die zusammenfassend als Genusskörper eines Buddha oder *Sambhogakaya* bezeichnet werden. Die Gottheiten, die den Bodhisattvas erscheinen, hängen von den spezifischen karmischen Verbindungen ab, die in ihrem Geist vorhanden sind. Sind sie beispielsweise daran gewöhnt, ihre Buddhanatur im Aspekt von Kalachakra zu sehen, werden sie den Sambhogakaya als das erleuchtete Mandala von Kalachakra erleben.

Vajra-Körper

Der *Vajra-Körper* bezieht sich auf die Art und Weise, wie die Vajra-Rede von fühlenden Wesen erfahren wird, die ihren Geist noch nicht von leidbringenden Verdunkelungen gereinigt haben, so wie man die Sonne durch einen bedeckten Himmel sieht. Je nach Dichte der Wolkendecke wird mehr oder weniger vom Sonnenlicht sichtbar sein. In ähnlicher Weise bestimmt die Dichte der Verdunkelungen eines Wesens, ob es mehr oder weniger von den erleuchteten Qualitäten eines Buddha erfährt. Die Form, die diese Qualitäten in der Erfahrung eines fühlenden Wesens annehmen, ist der

Emanationskörper oder *Nirmanakaya* eines Buddha.

Ob sich die Qualitäten eines Buddha im Geist eines fühlenden Wesens manifestieren, hängt davon ab, ob es karmische Verbindungen zwischen diesem Wesen und dem Buddha gibt. Fehlt eine solche Verbindung, besteht für einen Buddha keine Möglichkeit, ihm Nutzen zu bringen. Aus diesem Grund ist die Ansammlung von Verdienst so wichtig.

ZUSAMMENFASSUNG

- Der Buddha lehrte zwei Fahrzeuge, um den Zustand der vollständigen Erleuchtung zu erreichen: (1) das kausale Ursachenfahrzeug des Sutra, das sich auf die Kultivierung der kausalen Bedingungen konzentriert, die zur Manifestation der Buddhaschaft erforderlich sind, und (2) das resultierende Ergebnisfahrzeug des Tantra, das sich darauf konzentriert, die reine Natur aller Phänomene in diesem gegenwärtigen Augenblick zu erkennen.

- Es gibt viele Synonyme für die tantrische Praxis: (1) sie ist als Tantrayana bekannt, um die Präsenz des erhabenen Kontinuums der Buddhanatur in jedem Moment unserer Erfahrung zu verdeutlichen, (2) die Bezeichnung Mantrayana zeigt an, wie sie unseren Geist vor gewöhnlicher Wahrnehmung schützt, (3) der Begriff Vajrayana betont die unzerstörbare Natur unserer inneren Wahrheit, (4) Pfad der Vidyadharas hebt hervor, dass seine Praktizierenden in „Halter des Gewahrseins" verwandelt werden, und (5) sie wird der schnelle Pfad genannt, weil sie in der Lage ist, innerhalb eines einzigen Lebens zur Buddhaschaft zu führen.

- Die Gemeinsamkeiten zwischen Sutra und Tantra sind folgende: (1) beide haben dieselbe Absicht, nämlich Bodhicitta, (2) beide vertreten die Sichtweise, dass die erhabene Leerheit die letztendliche Natur der Wirklichkeit ist, und (3) beide sind in der Lage, die Errungenschaften der vollen Erleuchtung hervorzubringen.

- Die außergewöhnlichen Merkmale des Tantra sind: (1) dass es für Menschen mit einem scharfen Verstand geeignet ist; (2) dass es sehr weitläufig ist; (3) dass es eine Fülle von Methoden hat; (4) dass es eine klare Sichtweise bietet und (5) dass es beim Praktizieren keine Mühsal gibt.

- Die außergewöhnlichen Merkmale des Kalachakra-Tantra sind: (1) der umfangreiche Geltungsbereich, (2) die klare Darstellung und (3) die tiefgründigen Methoden der Leeren Form und der unveränderlichen Glückseligkeit.

- Geheimhaltung wird im Tantra auf zwei Arten verwendet: (1) die Lehren sind von Natur aus geheim, weil nur diejenigen, deren Geist gereift ist, ihre unglaubliche Tiefgründigkeit verstehen können, und (2) die Praktiken werden durch Geheimhaltung geschützt, um sicherzustellen, dass sie nicht missverstanden oder in einer Weise angewendet werden, die den Praktizierenden schadet.

- Es gibt drei Ansätze zur Beseitigung von Verdunkelungen: (1) Aufgabe verblendeter Geisteszustände durch die Verwendung von Gegenmitteln; (2) Transformation von unreinen Verblendungen in reine Erscheinungen; und (3) Erkenntnis der erleuchteten Natur aller Phänomene.

- Der Grund, der durch den Kalachakra-Pfad gereinigt wird, sind die dualistischen Erscheinungen, die unserer Erfahrung der Soheit zugeschrieben werden. Wir können diese Erscheinungen in vier Ebenen der Subtilität unterteilen, basierend auf vier verschiedenen Zuständen: (1) die sensorischen Erscheinungen des Wachzustandes, (2) die mentalen Erscheinungen des Traumzustandes, (3) die subtilen Erscheinungen des Greifens nach einem Selbst im Zustand des Tiefschlafs und (4) die Erscheinung des nicht-begrifflichen Gewahrseins im Zustand der glückseligen Versenkung.

- Der Reinigungsprozess, den der Kalachakra-Pfad bietet, umfasst vier Schritte: (1) eine reine Sicht zum/r Guru aufbauen, (2) diese Sicht auf alle Erscheinungen ausdehnen, (3) ein nicht-begriffliches Gewahrsein aufbauen und (4) in Soheit verweilen.

- Das Ergebnis des Kalachakra-Pfades ist der Zustand eines Dharma-Königs von Shambhala. Dies entspricht einem Bodhisattva der zehnten Stufe. Nachdem wir alle verblendeten und kognitiven Verdunkelungen vollständig beseitigt haben, sind wir frei, zahllose Emanationen zu manifestieren, die es uns ermöglichen, die Ansammlung von Verdienst und Weisheit in einem sehr kurzen Zeitraum zu vollenden. So entstehen die vier Vajras: (1) Vajra-Körper, (2) Vajra-Rede, (3) Vajra-Geist und (4) Vajra-Weisheit.

KAPITEL ZWEI

Hingabe gegenüber einem/r Vajrameister/in kultivieren

Das Vajrayana hat den einen Zweck, den Zustand der Erleuchtung schnellstmöglich zu erlangen, um das Leiden aller fühlenden Wesen wirksam zu lindern. Entsprechend diesen Lehren ist der Schlüssel zum Erreichen dieses Ergebnisses die korrekte Hingabe an eine/n Guru. Vajradhara erklärt es in den Tantras folgendermaßen:

Erleuchtung kann nirgendwo gefunden werden.
Nur indem man die vom Guru gelehrten Methoden praktiziert,
kann man Erleuchtung finden.

Im Wesentlichen bedeutet Erleuchtung, die Wirklichkeit zu erkennen, wie sie ist. Da wir die Welt derzeit aus der Perspektive der Unwissenheit sehen, können wir nirgendwo nach Erleuchtung suchen. Die einzige Möglichkeit, unsere Unwissenheit zu überwinden, besteht darin, dass uns jemand diesen Weg aufzeigt, und das ist die Aufgabe der Gurus. Ohne sie gibt es keine Erleuchtung. In Anbetracht der zentralen Rolle, die der/die Guru in unserer spirituellen Entwicklung spielt, werden wir nun die spezifischen Wege zur Kultivierung einer Vajrabeziehung mit einem/r Guru aus der Perspektive des Vajrayana untersuchen.

WER IST DER/DIE GURU?

Für die meisten von uns bezieht sich der Begriff *Guru* auf unsere/n spirituelle/n Führer/in, die/der uns den Dharma lehrt und uns auf dem Pfad leitet. Die/der Guru ist unser spiritueller Vater oder unsere spirituelle Mutter, der/die sich um uns kümmert und alles tut, was er/sie kann, um uns in unserer Praxis der Tugend zu unterstützen. Sie halten die Überlieferungslinie, übermitteln die Lehren, geben uns die Gelübde und Verpflichtungen, segnen unseren Geist und leiten uns in unserer Praxis an.

In unserem Leben haben wir vielleicht das Glück, vielen Lehrer/innen zu begegnen, die wir als Guru bezeichnen. Ein/e Lehrer/in mag uns in die grundlegenden Themen einführen, ein/e andere/r gibt uns die Gelübde und wieder ein/e andere/r lehrt uns vielleicht Philosophie. Wir können in der Vergangenheit viele Beispiele für große Meister finden, die sich auf viele Lehrer verlassen haben. Von Jamyang Khyentse Wangpo zum Beispiel ist bekannt, dass er mehr als hundert Lehrer hatte, und auch der Jonang-Meister Bamda Gelek Gyatso hatte eine ähnlich beeindruckende Anzahl von Gurus. Aus eigener Erfahrung kann ich mich glücklich schätzen, dass ich mit fünfundzwanzig Meistern studieren und praktizieren durfte, die mir die Tür zu vielen verschiedenen Ebenen des Dharmawissens öffneten und in mir eine tiefe Wertschätzung für die verschiedenen Traditionen weckten.

Ob wir eine/n oder viele Gurus haben, hängt ganz von unserem Karma ab. Unsere Fähigkeit, von der großen Vielfalt der Menschen, denen wir in diesem Leben begegnen, zu lernen, wird durch unsere karmischen Veranlagungen bestimmt. Sie legen unsere Einstellung zu diesen Menschen fest sowie unsere Empfänglichkeit für das, was sie zu teilen haben. Da nur ein erleuchtetes Wesen genau wissen kann, wie sich das Karma im Laufe der Zeit auswirkt, empfehle ich, für das, was andere zu bieten haben, offen zu sein, denn wir wissen nie, welchen Einfluss sie auf unser Leben haben können. Wenn wir uns durch Skepsis und Voreingenommenheit verschließen, schränken wir den Nutzen, den wir möglicherweise erhalten könnten, stark ein.

Ganz gleich, wie viele Beziehungen zu Gurus Sie aufbauen, es ist ganz natürlich, dass Sie sich mit einigen Lehrer/innen stärker verbunden fühlen als mit anderen. Für Sie sind die Lehren, die Sie von ihnen erhalten, besonders klar und eindringlich und ihre Qualitäten sind offensichtlich. Daher fällt es uns sehr leicht, ein Gefühl des Respekts und der Hingabe für sie zu entwickeln, und ein/e solche/r Lehrer/in wird oft zu unserem/r *Wurzelguru*. Als zentrales Vorbild sind sie etwas ganz Besonderes und haben einen großen Einfluss auf unser Leben. Es gibt keine Regel, die besagt, dass man nur eine/n Wurzelguru haben kann, es hängt alles davon ab, wie viel Einfluss der/die Guru auf Ihr Leben hat.

Es heißt, dass unser/e Wurzelguru kostbarer und spirituell förderlicher ist als unsere Mutter, denn obwohl sie uns unermessliche Güte erwiesen und uns

Mein kostbarster Wurzellama – Kyabje Lama Lobsang Trinle

mit jedem möglichen weltlichen Nutzen versorgt hat, war sie im Gegensatz zu unserem/r Wurzelguru nicht in der Lage, uns den Dharma zu geben. In ähnlicher Weise können wir unsere/n Wurzelguru sogar als bedeutender als alle Buddhas der Vergangenheit, Gegenwart und Zukunft erachten. Da uns das Karma fehlte, diesen Buddhas physisch zu begegnen, konnten wir nicht direkt von ihrer unvorstellbaren Weisheit, ihrem Mitgefühl und anderen erhabenen Qualitäten profitieren. Stattdessen ist es unser/e Wurzelguru, der/die uns gerade jetzt erscheint und uns den authentischen Dharma überträgt.

Aus der Sicht des Vajrayana bezieht sich unser/e Wurzelguru speziell auf den/die Vajrameister/in, der/die uns die tantrischen Ermächtigungen verleiht und es uns ermöglicht, Verwirklichungen auf dem tantrischen Pfad zu erlangen. Durch den Einsatz unglaublich geschickter Mittel hilft er/sie uns, unsere Begrenzungen zu beseitigen und unsere Sichtweise zu klären, sodass wir unsere innerste Wahrheit durch die besonderen Praktiken der Erzeugungs- und Vollendungsstufe erfahren können. Mit unendlicher Güte schafft unser Wurzelguru die Voraussetzungen dafür, dass wir innerhalb eines einzigen Lebens die Buddhaschaft erlangen können, und aus diesem Grund gibt es niemanden, der/die uns größeren Nutzen bringt.

EINE REINE SICHTWEISE DES/DER GURU KULTIVIEREN

Wenn wir hoffen, den vollen Umfang des Nutzens zu erfahren, der sich aus der richtigen Widmung zu einer/m Vajrameister/in ergibt, ist es notwendig, erhebliche Anstrengungen zu unternehmen, um die richtige Einstellung zur Unterstützung unserer Praxis aufzubauen. Da ein/e Vajrameister/in eine ganz besondere Art von Guru ist, erfordert der Aufbau einer Beziehung zu ihm/ihr eine andere Herangehensweise als bei der Zusammenarbeit mit einem/r spirituellen Mentor/in.

Authentische Vajrameister/innen haben sich gewissenhaft in der Disziplin der drei Gelübde und den tiefgründigen Praktiken des Vajrayana geschult und dabei einen Grad der Verwirklichung erreicht, der es ihnen ermöglicht, eine Vielzahl von Methoden anzuwenden, um ihre Schüler/innen zur Erleuchtung zu führen. Aufgrund ihrer flexiblen Sichtweise handeln sie oft auf eine Art und Weise, die gesellschaftliche Normen und vorgefasste Meinungen darüber, wie sich ein/e spirituelle/r Führer/in verhalten sollte, in Frage stellt. Da es ihnen nur darum geht, ihren Schüler/innen bei der Beseitigung von Verdunkelungen zu helfen, können Vajrameister/innen jede erforderliche Form annehmen, um größtmöglichen Nutzen zu bringen. Auch wenn dies manchmal dazu führt, dass die Öffentlichkeit ihre Absichten missversteht, können wir als Schüler/innen eine reine Sicht auf den/die Guru kultivieren und uns dafür öffnen, ihren vollen Segen zu empfangen.

Vor diesem Hintergrund können wir damit beginnen, unsere Sichtweise zu entwickeln, indem wir das unterschiedliche Verständnis von einem/r Guru in den Sutras und Tantras betrachten. Sutrayana-Praktizierende sehen den/die Guru als ein hochverwirklichtes fühlendes Wesen an. Obwohl wir dazu ermutigt werden, ihn/sie als Buddha zu verehren, wird er/sie im Allgemeinen als Bodhisattva auf dem Pfad angesehen. Dies spiegelt die Natur des Sutrayana-Ansatzes wider, der die Ursachen kultiviert und den Begriff Buddha denjenigen vorbehält, die sich als Buddha manifestieren, wie z. B. Buddha Shakyamuni.

Entsprechend dem Ansatz des Tantra, mit dem Resultat zu arbeiten, *ist* der/die Guru der/die Buddha. Sie werden nicht als getrennte Entitäten betrachtet, sondern als von derselben Natur, weshalb wir, wann immer wir dem/der Guru begegnen, auch dem/der Buddha begegnen. Auf diese Weise ist Buddha keine historische Figur, die wir aus der Ferne respektieren und verehren, sondern eine aktive Präsenz in unserem Leben, mit der wir direkt interagieren. Genau wegen dieser Unmittelbarkeit übt der/die Vajrameister/in einen solch starken Einfluss auf unseren Geist aus.

Warum wir den/die Guru als Buddha betrachten sollten

Wir folgen einem/r Guru nicht, um mehr Probleme in unserem Leben zu erzeugen, sondern weil sie uns die geschicktesten Methoden vermitteln können, um die gewünschten Ergebnisse zu erzielen. Sich darin zu schulen, den/die Guru als Buddha zu betrachten, ist der beste Weg, größtmöglichen Nutzen aus dieser Beziehung zu ziehen. Da wir auf das höchste Ziel der vollständigen Erleuchtung zustreben, müssen wir unsere Sicht auf die Welt grundlegend ändern. Wir müssen bereit sein, unsere Gewohnheiten aufzugeben, und obwohl der/die Guru uns zweifellos dabei helfen kann, wird das Fehlen der richtigen Einstellung ihre

Wirksamkeit einschränken.

Veranschaulichen Sie sich, wie unsere Einstellung die Wirkung, die eine Person auf uns hat, verändern kann. Nehmen wir an, Sie treffen auf einer Party einen völlig fremden Menschen, über den Sie nichts wissen. Im Laufe des Gesprächs erhalten Sie einige Ratschläge, aber da Ihnen die Meinung dieser Person nicht besonders wichtig ist, werden Sie ihr wahrscheinlich nicht viel Aufmerksamkeit schenken und auch nicht bereit sein, sich zu ändern. Dies gilt insbesondere dann, wenn die Meinung dieser Person Ihrer eigenen widerspricht.

Stellen Sie sich nun vor, Sie finden heraus, dass diese Person ein Experte auf dem von Ihnen besprochenen Gebiet war. Sie hat viele Preise gewonnen und ist auf ihrem Gebiet hoch angesehen. Sie erhalten von dieser Person denselben Rat, aber dieses Mal wären Sie wahrscheinlich eher geneigt, sich anzuhören, was sie zu sagen hat. Je nachdem, wie viel Respekt Sie vor dieser Person haben, sind Sie vielleicht sogar geneigt, Ihre Meinung zu ändern.

Dies zeigt, dass unsere Einstellung zu einer Person bestimmt, wie empfänglich wir für deren Einfluss sind. Wenn wir unsere/n Guru nur als eine gewöhnliche Person betrachten, verschließt sich unser Geist, was die Transformation erschwert. Sehen wir unsere/n Guru jedoch als die Manifestation eines vollständig erleuchteten Buddha, wird unser Geist inspiriert und offen für jeden Rat, den er/sie uns gibt. Sind wir empfänglicher für die Worte des/der Guru, erhöht sich die Wahrscheinlichkeit, dass wir die erhaltenen Ratschläge in die Praxis umsetzen und den beabsichtigten Nutzen des Dharma erhalten.

Wie man den/die Guru als Buddha betrachtet

Dem skeptischen Geist mag die Praxis, den/die Guru als Buddha zu betrachten, so erscheinen, als würden wir außergewöhnliche Qualitäten auf etwas Gewöhnliches projizieren und uns selbst etwas vortäuschen, das nicht vorhanden ist. Die Wahrheit ist jedoch das genaue Gegenteil. Gerade jetzt projizieren wir gewöhnliche Fehler auf etwas Perfektes. Wir betrachten die Erscheinung der/des Guru, dessen/deren Natur die erhabene Leerheit ist, und sehen den Aspekt eines gewöhnlichen Menschen. Anstatt zu erkennen, wie sich die Wirklichkeit tatsächlich manifestiert, setzen wir unser ganzes Vertrauen in eine projizierte Fantasie und halten diese für unsere Wahrheit.

Die Schulung, den/die Guru als Buddha zu sehen, bedeutet, unser Vertrauen in die täuschenden Erscheinungen zu verringern und Vertrauen in die Erscheinungen der Weisheit zu kultivieren. Dies geschieht, indem wir unsere Aufmerksamkeit auf die wahrnehmbaren tugendhaften Eigenschaften richten, während wir scheinbare Fehler in Qualitäten umwandeln. Wenn wir also den/die Guru als Buddha betrachten, werden wir ihn/sie schließlich tatsächlich als Buddha wahrnehmen. Indem wir betrachten, wie der/die Guru Buddha ist, können wir ihn/sie als solche/n wahrnehmen.

Über die Qualitäten der/des Guru meditieren

Um die Qualitäten des Buddha in unserem/unserer Guru zu sehen, müssen wir diese Qualitäten gut kennen. Durch das Studium der Lehren können wir bestimmte tugendhafte Geisteshaltungen identifizieren und dann beim/ bei der Guru nach diesen Qualitäten suchen. Zum Beispiel sind Liebe und Mitgefühl das eigentliche Wesen eines Buddha. Auf welche Weise zeigt Ihr/e Guru diese Qualitäten? Wie kümmert er/sie sich um die Schüler/innen und welche Maßnahmen ergreift er/sie, um ihr Leiden zu lindern? Denken Sie über Ihre persönlichen Erfahrungen mit dem/der Guru nach, um Beispiele für das Vorhandensein dieser Qualitäten zu finden, und festigen Sie sie in Ihrem Geist, indem Sie sich daran erinnern, dass sich der Buddha auf diese Weise in Ihrem Leben manifestiert.

Da sich unser/e Guru entsprechend unserem Karma manifestiert, finden wir nicht unbedingt alle Qualitäten des Buddha. Die Erscheinung der Qualitäten der/des Guru entspricht dem Grad der Reinheit unseres Geistes. Da wir die Welt gegenwärtig aus der begrenzten Perspektive eines menschlichen Wesens sehen, werden uns unsere Gurus auch als Menschen erscheinen, mit allen entsprechenden menschlichen Qualitäten, einschließlich Unvollkommenheiten.

Aus diesem Grund sollten wir von unseren Gurus nicht erwarten, dass sie die übermenschlichen Fähigkeiten erleuchteter Wesen aufweisen, wie etwa Gedanken zu lesen oder die Zukunft vorauszusehen. Das soll nicht heißen, dass diese Qualitäten nicht vorhanden sind, aber aufgrund unseres derzeitigen Entwicklungsstandes können wir sie einfach nicht sehen. Anstatt uns auf die Qualitäten zu konzentrieren, die wir nicht wahrnehmen können, und ihr Ausbleiben als Fehler zu betrachten, sollten wir uns auf die Qualitäten konzentrieren, die wir erkennen können. Sollte der Fleiß die einzige Qualität sein, die Sie bei Ihrem/Ihrer Guru wahrnehmen, lassen Sie sich davon inspirieren, auch in Ihrer Praxis fleißig zu sein. Durch die Anwendung dieser Eigenschaft in Ihrem eigenen Leben werden Sie Ihren Geist reinigen, und je reiner dieser wird, desto mehr Qualitäten werden Sie entdecken können.

Auf diese Weise stellen wir mit der Zeit eine Liste von Eigenschaften zusammen, die wir in uns selbst nachbilden wollen. Ganz gleich, welche Qualitäten wir wahrnehmen, sie alle werden zu einer Inspiration für unsere Praxis, und genau das wird uns den größten Nutzen bringen.

Wie man mit der Erscheinung von Fehlern umgeht

Da wir alles durch den Filter unseres Karma erleben, werden wir zu Beginn an unseren Gurus unweigerlich eine Mischung aus Qualitäten und Fehlern sehen. Konzentrieren wir uns nur auf die Fehler, können wir schnell eine negative Einstellung zu unserem/r Guru entwickeln und das Vertrauen in seine/ihre Fähigkeit verlieren, uns zu führen. Daher müssen wir mit diesen Erscheinungen geschickt umgehen, damit wir sie zu unserem Vorteil nutzen können.

Eigenschaften oder Aspekte im Verhalten der/des Guru können wir als Fehler bewerten, wenn wir sie als negativ oder störend empfinden, z. B. wenn unser/e Guru ein explosives Temperament zu haben scheint oder an Dingen wie Essen oder materiellen Annehmlichkeiten hängt. Die Wahrnehmung solcher Fehler kann dazu führen, dass wir unsere/n Guru herabwürdigen. Wenn wir allerdings zulassen, übertrieben kritisch zu sein, wird es schwierig, ihn/sie als Buddha zu betrachten. Folglich verliert die Beziehung ihren potenziellen Nutzen.

Sobald uns ein Fehler erscheint, sollten wir über die Natur des erleuchteten Geistes eines Buddha nachdenken. Ein/e Buddha hat alle Negativitäten vollständig gereinigt und alle erleuchteten Qualitäten verwirklicht, und als solche strahlen sie diese Qualitäten ständig aus, so wie eine Sonne Lichtstrahlen aussendet. Trifft das Licht der Sonne auf eine Wasserfläche, entsteht eine Reflexion, so wie eine Erscheinung erzeugt wird, wenn die Qualitäten des Buddha auf den Geist eines fühlenden Wesens treffen. Wird das Wasser durch den Wind aufgewühlt, wird das Licht gebrochen und das Bild der Sonne verzerrt. Wenn das Wasser ruhig ist, kann man die Reflexion der Sonne klar sehen. Ähnlich verhält es sich, wenn der Geist von karmischen Winden beherrscht wird. Dann werden die Qualitäten des Buddha verzerrt und manifestieren sich als gewöhnliche Erscheinungen. Wird der Geist still, werden die Qualitäten des Buddha sichtbar.

Wenn wir das verstehen, sollten wir nicht mehr glauben, dass jegliche Fehler, die wir wahrnehmen, seitens der/des Guru entstehen. Stattdessen sollten wir erkennen, dass ihre Qualitäten ständig leuchten, wir aber diese Qualitäten aufgrund der durch unser Karma verursachten Verzerrungen als Fehler erfahren. Wäre unser Geist reiner, würde der Fehler nicht erscheinen.

Durch diese Betrachtungsweise werden wir das Vertrauen in die grundlegende Reinheit der/des Guru nicht verlieren. Anstatt sofort auf die Wirklichkeit dessen zu vertrauen, was uns erscheint, lernen wir, auf die Realität der Buddhanatur zu vertrauen. Auf diese Weise nutzen wir die Manifestation von Fehlern als Erinnerung an unsere eigenen Verdunkelungen und an die Notwendigkeit, den Dharma zu praktizieren, um unseren Geist zu reinigen.

Eine weitere nützliche Methode, mit Fehlern zu arbeiten, ist, sich den/die Guru als Spiegel vorzustellen. Die Funktion eines Spiegels besteht darin, eine Reflexion zu erzeugen, und diese kann uns Dinge zeigen, die wir normalerweise nicht sehen können. Blicken wir in einen Spiegel und sehen, dass unser Gesicht schmutzig ist, können wir etwas unternehmen, um es zu reinigen. Ohne die Spiegelung wüssten wir jedoch gar nicht, dass unser Gesicht schmutzig ist.

In ähnlicher Weise bietet uns der/die Guru ein Spiegelbild unserer eigenen Buddhanatur. Wenn wir den/die Guru betrachten, nehmen wir nicht nur unsere potenziellen Qualitäten wahr, sondern auch unsere gegenwärtigen Verdunkelungen. Bei jedem Fehler, der auftaucht, sollten wir gründlich über unsere Reaktion nachdenken. Was finden wir an dem Verhalten anstößig? Worin besteht das Problem und welche Gefühle löst das Verhalten bei uns aus? Was verrät uns unsere Reaktion über unseren Geist?

Wenn wir uns auf die Qualitäten unserer Gurus konzentrieren und konstruktiv mit dem Auftreten von Fehlern arbeiten, können wir dadurch jeden Moment unserer Beziehung zum/zur Guru in eine tiefgründige Dharma-Unterweisung verwandeln, die uns der Erleuchtung näher bringt. Sich dieser unglaublichen Güte zu erinnern, lässt tiefgehende Gefühle der Wertschätzung und des Respekts gegenüber dem/

der Guru entstehen, die die Wurzel für unsere Praxis der Hingabe sind.

Über die große Bedeutung dieser Art von Hingabe schreibt der Jonang-Meister Jetsun Taranatha:

Wenn du den Guru wahrhaftig als einen Buddha siehst, bist du so von intensiver Hingabe erfüllt, dass alle konventionellen Vorstellungen verschwinden und du in deinem natürlichen, ursprünglichen Gewahrsein verweilst. Zu diesem Zeitpunkt verschmelzen die Segnungen des Guru augenblicklich mit dir, alle deine geistigen Verblendungen hören plötzlich auf und du erreichst deinen natürlichen Geist. Falls dir diese Art von Hingabe fehlt, selbst wenn du große Liebe für den Lehrer empfindest, wird dies nicht zwangsläufig zur wahren Verwirklichung führen, es sei denn, sie ist völlig frei von Verblendungen wie Voreingenommenheit und Anhaftung.

Diese Textstelle unterstreicht, dass man mit echtem Respekt und Hingabe gegenüber seinem/r Guru schnell die Zeichen tantrischer Verwirklichung erlangen wird. Ohne sich auf Hingabe zu verlassen, gibt es keine Chance, diese Errungenschaften zu erreichen. Nur wenn der Geist mit intensiver, aufrichtiger Hingabe an den/die Guru erfüllt ist, werden die Segnungen der Linie direkt übertragen, sodass wahre Verwirklichung geboren werden kann. Fehlt diese Hingabe, wird Ihre Meditation langweilig sein, Ihre Praxis wird wenig Ergebnisse bringen und Sie werden auf viele weitere Hindernisse stoßen. Aus diesen Gründen ist es wichtig, möglichst viel Hingabe zu kultivieren.

Die reine Sicht auf den/die Guru beibehalten

Um die Herausforderungen zu veranschaulichen, die entstehen können, wenn man eine reine Sicht auf den/die Guru kultiviert, möchte ich einige Geschichten mit Ihnen teilen. Die erste beschreibt, wie die großen Meister Indiens ihre Hingabe kultivierten, während die zweite uns zeigt, wie das Fehlen einer reinen Sichtweise zu Hindernissen führen kann. Da die alten Schriften eine Vielzahl dieser Geschichten beschreiben, können wir viel von ihnen lernen, wenn wir uns in reiner Hingabe schulen wollen.

Tilopa und Naropa

Pandit Naropa war ein sehr erfahrener und verwirklichter Gelehrter. Während seines Studiums in Nalanda riet ihm seine persönliche Gottheit, sich nach Ostindien zu begeben, um den großen Tilopa zu finden, der in früheren Leben sein Lehrer gewesen war. Naropa begab sich sofort auf den Weg, ohne genau zu wissen, wo er nach seinem kostbaren Meister suchen sollte. Als er die Dorfbewohner/innen fragte, schien niemand von einem großen Meister namens Tilopa gehört zu haben. Schließlich begegnete er einem Mann, der als „Tilopa der Ausgestoßene" bekannt war und an einer Mauerruine lebte, aus der oft Rauch aufstieg.

Naropa fand Tilopa vor einem hölzernen Eimer voller Fische sitzend, von denen einige tot waren und andere noch lebten. Tilopa nahm einen Fisch aus dem Eimer, grillte ihn im Feuer und biss ihm den Kopf ab, während er mit den Fingern schnippte. Als Naropa dies sah, warf er sich vor ihm nieder und bat Tilopa, ihn als Schüler anzunehmen. „Wovon sprichst du?", erwiderte Tilopa, „Ich bin nur ein Bettler!" Jedoch beharrte Naropa darauf, und schließlich nahm Tilopa ihn als seinen Schüler an.

Während Tilopa von der Dorfgemeinschaft nur als verrückter alter Bettler angesehen wurde, erkannte Naropa, dass er den Dharma des Vajrayana geschickt praktizierte. Da die Fische völlig von ihrer Unwissenheit beherrscht wurden, aß Tilopa ihr Fleisch, um eine karmische Verbindung mit ihrem Geist herzustellen, und mit einem Fingerschnippen nutzte er seine außergewöhnlichen Verwirklichungen, um ihren Geistesstrom in ein reines Buddhaland zu lenken.

Die reinen Vajrayana-Praktizierenden des alten Indiens teilten ihre Praxis damals nur mit ihrem Guru und ihren engsten Schülern. Sie traten häufig als gewöhnliche Menschen auf, reisten in abgelegene Dörfer, wo sie unbekannt waren, und verkleideten sich als Ausgestoßene, während sie heimlich Vajrayana praktizierten. Shavaripa zum Beispiel lebte als Jäger und Saraha als Pfeilmacher. Fast alle Mahasiddhas Indiens nahmen einen niedrigen Lebensstil an, etwa als Prostituierte oder Bettler.

Diese Beispiele verdeutlichen, wie wichtig es ist, keine voreiligen Schlüsse über die Handlungen des Lehrers/der Lehrerin zu ziehen. Da wir nie wissen können, ob jemand ein erleuchtetes Wesen oder ein Dieb ist, sollten wir uns darin üben, jederzeit eine reine Wahrnehmung aufrechtzuerhalten. Bedauerlicherweise ignorieren viele Menschen diesen Aspekt, missdeuten und kritisieren fortwährend ihre/n Lehrer/

in. Solche Menschen sind sogar geneigt, selbst dem Buddha Fehler zu unterstellen.

Der Buddha und Sunakshatra

Ein Beispiel dafür, wie man einem Lehrer nicht folgen sollte, ist die Geschichte von Sunakshatra, einem Cousin des Buddha. Vom Buddha ordiniert, diente ihm Sunakshatra zwölf Jahre lang als sein Gehilfe. Obwohl er alle zwölf Kategorien der Lehren des Buddha auswendig kannte, konnte er keine seiner herausragenden Qualitäten wahrnehmen. Stattdessen sah er alle Handlungen des Buddha als verlogen an und kam zu dem falschen Schluss, dass es abgesehen von einem Lichtschein, der den Körper des Buddha umgab, keinen Unterschied zwischen ihm und dem Buddha gab. Mit der Zeit verlor er den Wunsch, dem Buddha zu dienen, und gab seine Pflichten als Gehilfe auf. Als der edle Ananda an seine Stelle trat, prophezeite der Buddha, dass Sunakshatras Leben eine Woche später enden und er als hungriger Geist wiedergeboren werden würde.

Ananda besuchte Sunakshatra und erzählte ihm, was der Buddha vorausgesagt hatte. Obwohl Sunakshatra Worte des Buddha für Lügen hielt, räumte er ein, dass sie sich manchmal bewahrheiteten, und so beschloss er, eine Woche lang zu fasten und sehr vorsichtig zu sein. Am Abend des siebten Tages trank er etwas Wasser, um seinen Durst zu stillen, und verstarb plötzlich, als er das Wasser nicht mehr richtig verdauen konnte. Genau wie der Buddha es vorhergesagt hatte, wurde Sunakshatra als hungriger Geist in einem Blumengarten wiedergeboren.

Dies zeigt, dass wir von unserem/r Guru keinerlei Nutzen erhalten können, wenn wir zulassen, dass unser Geist von Fehlern, die wir wahrnehmen, beherrscht wird. Aus diesem Grund ist es von entscheidender Bedeutung, unser Vertrauen und unsere reine Sicht auf den/die Guru bestmöglich zu festigen.

Wann immer wir einen Fehler in den Handlungen unserer Lehrer/innen sehen, sollten wir erkennen, dass es unsere eigenen Fehler sind, die unsere Wahrnehmung bestimmen. Indem wir unsere Fehler erkennen, haben wir die Möglichkeit, daraus zu lernen. Sollte Ihr/e Lehrer/in auf Sie zornig sein, reagieren Sie nicht mit Ärger, sondern denken Sie daran, dass er/sie einen Fehler in Ihnen gesehen hat, der korrigiert werden muss. Wenn sich sein/ihr Ärger gelegt hat, sollten Sie ihn/sie aufsuchen und Ihre Unzulänglichkeiten demütig eingestehen. Als Anhänger/innen des Vajrayana-Pfades zur Erleuchtung sollten wir danach streben, seine/ihre Handlungen als absolut fehlerlos zu betrachten, während es unsere eigene geistige Sicht ist, die unrein ist.

Die vielen Qualitäten von den wunderbaren Aktivitäten des Buddha können nur allmählich verstanden werden, so wie ein Topf nicht alle Regentropfen auf einmal aufnehmen kann. Um dieses Verständnis zu erlangen und solche Qualitäten zu verwirklichen, müssen wir Hingabe praktizieren, indem wir die Ansammlungen von Verdienst und Weisheit vervollständigen.

WIE MAN HINGABE AN EINE/N VAJRAMEISTER/IN PRAKTIZIERT

Gemäß dem Vajrayana wird die Schulung der Hingabe in zwei Arten unterteilt: (1) die äußere Schulung der Hingabe durch Handlung und (2) die innere Schulung der Hingabe durch Gedanken. Im weiteren Verlauf dieses Kapitels werden wir uns auf die äußere Schulung konzentrieren, wie sie in dem klassischen Text *Fünfzig Verse der Hingabe an den Guru* des großen indischen Meisters Ashvaghosha beschrieben wird. Der inneren Schulung widmen wir uns im nächsten Kapitel.

Ashvaghosha war ein Philosoph, Dichter und Tantra-Praktizierender des ersten Jahrhunderts, der sein umfassendes Verständnis der esoterischen Lehren des Buddha nutzte, um einen ausführlichen Leitfaden für die geschickte Hingabe an einen Vajrameister zu erstellen. Durch das Studium dieses Textes werden wir lernen, welche Aktivitäten wir vermeiden und welche wir annehmen sollten. Einige der Aspekte werden Ihnen aus den Erläuterungen über Hingabe in Band Zwei bekannt sein, aber es ist wichtig zu verstehen, wie sie sich speziell auf unsere Tantra-Praxis beziehen. Der Vollständigkeit halber habe ich alle fünfzig Verse von der Einleitung bis zum Schluss kommentiert.

EINLEITUNG

Indem ich mich in gebührender Weise vor den Lotosfüßen meines Guru verneige, der die Ursache dafür ist, dass ich den Zustand eines glorreichen Vajrasattva erreiche, werde ich kurz zusammenfassen und erklären, was in vielen makellosen tantrischen Texten über die Hingabe an den Guru gesagt worden ist. [Daher] hört respektvoll zu.

Der Text beginnt mit einer Ehrerbietung an den Guru, indem man sich zu seinen Lotosfüßen verneigt. Es ist eine traditionelle Form der Ehrerbietung, den höchsten Teil des eigenen Körpers auf den niedrigsten Teil des Körpers, nämlich die Füße, eines anderen zu legen. Ashvaghosha tut dies, weil er erkennt, dass die Hingabe an den Guru die Hauptursache für das Erreichen der Erleuchtung ist – des Zustands des glorreichen Vajrasattva, der reinen Essenz unserer Buddhanatur. Der Zweck dieses Textes ist es, die umfangreichen Lehren, die in den vielen tantrischen Texten dargelegt werden, zusammenzufassen und ihre wesentliche Bedeutung zu erklären, damit wir lernen können, wie wir dem/der Guru korrekt unsere Hingabe erweisen.

Alle Buddhas der Vergangenheit, Gegenwart und Zukunft, die alle Länder der zehn Richtungen bewohnen, haben den tantrischen Meistern, von denen sie die höchsten Ermächtigungen erhalten haben, ihre Ehrerbietung erwiesen.

Der nächste Vers besagt, dass die Praxis der Hingabe an eine/n Vajrameister/ in die gleiche geschickte Methode ist, die von allen Buddhas der drei Zeiten angewandt wurde, um ihr endgültiges Ziel zu erreichen. Daher ist es nur angemessen, dass wir dem Beispiel der Buddhas folgen und ebenfalls Hingabe gegenüber einem/r qualifizierten Guru praktizieren. Ashvaghosha bezieht sich insbesondere auf die Lehrer/innen, von denen wir die höchsten Ermächtigungen erhalten haben, also auf unsere/n Vajrameister/in.

In diesem Zusammenhang gibt es drei Arten von Ermächtigungen, die ein/e Vajrameister/in verleihen kann: (1) eine Ermächtigung der Ursache, die verwendet wird, um den Geistesstrom reifen zu lassen, (2) eine Ermächtigung des Pfades, die die tatsächlichen Praktiken liefert, die uns zur Erleuchtung führen, und (3) eine Ermächtigung des Ergebnisses, die die direkte Erfahrung der endgültigen Wahrheit ist. Jede/r, die/der unseren Geist auf diese Weise ermächtigt, ist ein gültiges Objekt für die Praxis der Hingabe.

Die eigentliche Praxis der Hingabe

Dreimal täglich müsst ihr eurem Guru, der euch [den tantrischen Pfad] lehrt, mit tiefem Vertrauen euren Respekt erweisen, indem ihr eure Handflächen aneinanderlegt, ihm ein Mandala sowie Blumen darbringt und euch vor ihm niederwerft, [indem ihr] seine Füße mit eurem Kopf [berührt].

Ganz gleich, welche Verwirklichung wir erlangen, wir dürfen niemals die unendliche Güte vergessen, die unser/e Guru uns gezeigt hat, indem er/sie uns die Ermächtigungen erteilte. Selbst wenn wir Erleuchtung erlangt haben, sollten wir unsere/n Guru weiterhin verehren und ihm/ihr jeden erdenklichen Respekt erweisen. Hierzu bietet es sich an, sich vor dem/der Guru niederzuwerfen und ihm/ihr mindestens dreimal am Tag – morgens, mittags und abends – ein Mandala des Universums darzubringen.

Solltet ihr Ordinationsgelübde halten und [euer Guru] ein Laie oder jünger als ihr sein, dann verneigt euch [in der Öffentlichkeit] vor Dingen wie seinen Schriften, um weltlichen Spott zu vermeiden, aber in eurem Geist [werft euch vor eurem Guru nieder].

Die Gelübde der vollen Ordination verbieten es den Mönchen/Nonnen, sich vor Laien niederzuwerfen. Dies ist ein Weg, Laien zu ermutigen, den Sangha zu verehren und zu respektieren. Ein Mönch/eine Nonne, der/die sich vor einem/r Laienguru niederwirft, würde der Öffentlichkeit missverständliche Botschaften vermitteln. Um die Entwicklung falscher Ansichten zu vermeiden, empfiehlt der Text, dass ordinierte Praktizierende sich physisch in Richtung heiliger Objekte, wie z. B. heiliger Texte, niederwerfen, während sie sich im Geist tatsächlich vor dem/der Guru niederwerfen. Als Laienpraktizierende sollten wir uns offen vor dem/der Guru niederwerfen, unabhängig davon, ob es sich um Laien oder Ordinierte handelt.

Was den Dienst [an deinem Guru] und das Erweisen von Respekt anbelangt, wie z. B. zu befolgen, was er sagt, aufzustehen [wenn er hereinkommt] und ihn zu seinem Sitzplatz zu geleiten – sollte auch von jenen geübt werden, die die Ordinationsgelübde abgelegt haben [deren Gurus Laien oder jünger als sie sind]. Aber [in der Öffentlichkeit] vermeide Niederwerfungen und unorthodoxe Handlungen [wie das Waschen seiner Füße].

Ordinierte Praktizierende sollten zwar offensichtliche Bekundungen der Hingabe an Laiengurus vermeiden, was aber nicht bedeutet, dass sie sich respektlos verhalten sollten. Unabhängig von unserem Status sollten wir uns immer in einer respektvollen Weise verhalten, die kulturell angemessen ist, und alles daransetzen, ihnen mit unserem Körper, unserer Rede und unserem Geist zu dienen.

Die Notwendigkeit einer gegenseitigen Prüfung

Damit die tantrischen Verpflichtungen von Guru und Schüler nicht entarten, muss zuvor eine gegenseitige Überprüfung stattfinden [um festzustellen, ob beide] einer Guru-Schüler-Beziehung standhalten [können].

Eine Vajra-Beziehung entsteht zwischen einem/r Vajrameister/in und einem/r Schüler/in während einer Ermächtigungszeremonie, bei der die Schüler/innen die tantrischen Gelübde und Verpflichtungen erhalten. Damit diese Gelübde ihre Wirksamkeit entfalten können, müssen wir uns darüber im Klaren sein, eine Beziehung einzugehen und alles in unserer Macht Stehende zu tun, um zu vermeiden, dass diese Verbindung degeneriert oder abbricht. Wenn wir diese Verpflichtungen vernachlässigen, wird das ernsthafte karmische Konsequenzen für uns als Schüler/innen und für den/die Guru als Meister/in mit sich bringen.

Eine der größten Herausforderungen im Zusammenhang mit einer Vajra-Beziehung besteht darin, dass wir den/die Guru im Wesentlichen darum bitten, uns mit allen Mitteln zu helfen, unsere Verdunkelungen zu beseitigen. Von seiner/ihrer Seite aus bedeutet das, dass er/sie die Verantwortung dafür übernimmt, uns an unsere Grenzen zu bringen, damit wir auf dem tantrischen Pfad schnell voranschreiten können. Eine solche Beziehung erfordert ein enormes Maß an Vertrauen, um sicherzustellen, dass wir eine reine Sicht auf alles, was der/die Guru tut, bewahren können. Ohne das nötige Vertrauen können wir auf die Handlungen der Gurus negativ reagieren, was zum Abbruch der Beziehung führen kann. In so einem Fall wird es sehr schwierig sein, in Zukunft mit anderen Gurus zu arbeiten, und wir verschließen uns damit vor den Vorteilen der tantrischen Praxis.

Um dieses Problem zu vermeiden, empfiehlt Ashvaghosha, eine/n Vajrameister/in über einen gewissen Zeitraum zu überprüfen, bevor man um die Gelübde bittet. Deshalb ist es besser, eine schrittweise Beziehung zu einem/r Lehrer/in aufzubauen, indem man zunächst Unterweisungen als Dharmafreund/in, dann als spirituelle/r Mentor/in und schließlich als Vajrameister/in erhält. Die Vertrautheit langsam aufzubauen ermöglicht Ihnen, eine Beziehung mit großem Vertrauen zu entwickeln, die Ihnen die nötige Stabilität gibt, um mögliche Höhen und Tiefen bewältigen zu können.

Vernünftige Schüler/innen sollten keine Gurus akzeptieren, denen es an Mitgefühl mangelt, die zum Zorn neigen, bösartig, arrogant, besitzergreifend und undiszipliniert sind oder mit ihrem Wissen prahlen.

Dieser Vers enthält eine Liste von Charakterzügen, die wir bei einem/r potenziellen Guru meiden sollten. Herrschen solche Eigenschaften bei ihrem/r Lehrer/in vor, nachdem Sie einige Zeit gemeinsam verbracht haben, sollte keine Vajra-Beziehung eingegangen werden. Von besonderer Bedeutung ist die Qualität des Mitgefühls. Die Anleitung im Vajrayana ist harte Arbeit, erfordert viel Geduld gegenüber dem Verhalten der Schüler/innen und gleicht dem Zähmen eines wilden Pferdes. Mangelt es dem/der Guru an Mitgefühl, könnte er/sie sich von uns abwenden, sollten wir wiederholt an unseren Verblendungen festhalten. Wir brauchen eine/n Lehrer/in, der/die immer auf uns achtet und bereit ist, an guten wie an schlechten Tagen zu uns zu halten.

[Ein Guru sollte] beständig [in seinen Handlungen], kultiviert [in seiner Rede], weise, geduldig und ehrlich sein. Er sollte weder seine Unzulänglichkeiten verbergen noch so tun, als besäße er Eigenschaften, die ihm fehlen. Er sollte ein Experte in den Bedeutungen [des Tantra] und in den rituellen Abläufen [der Medizin und der Überwindung von Hindernissen] sein. Auch sollte er liebevolles Mitgefühl und ein vollständiges Wissen über die Schriften haben.

Da das Vajrayana zum Mahayana gehört, sollte ein/e Vajrameister/in alle Kriterien für eine/n spirituelle/n Mentor/in erfüllen (weitere Einzelheiten siehe Band Zwei):

1. Hält ethische Disziplin aufrecht
2. Geist ist durch Meditation gezähmt
3. Störenden Geisteshaltungen sind vollständig besänftigt
4. Verfügt über mehr Qualitäten als die Schüler/innen
5. Begeistert sich für den Dharma
6. Hat eine fundierte spirituelle Ausbildung

7. Zeigt aufrichtige Fürsorge
8. Verfügt über einen gewissen Grad an Verwirklichung
9. Ist bewandert in der Kommunikation
10. Hat unerschütterliche Beharrlichkeit

Diese Qualitäten gewährleisten, dass die Motivation der/des Guru rein ist und man darauf vertrauen kann, dass er/sie einen zur Erleuchtung führt.

Er sollte sowohl volle Sachkenntnis in beiden zehngliedrigen Bereichen haben, wie auch Geschick im Zeichnen von Mandalas, umfassendes Wissen im Erklären des Tantra, höchstes reines Vertrauen und vollständige Kontrolle über die Sinne.

Neben den allgemeinen Qualitäten einer/s Guru des Mahayana müssen Vajrameister/innen auch Experten/innen auf dem tantrischen Pfad sein, den sie lehren. Traditionell gibt es zwanzig Qualitäten, die in zwei Zehnergruppen gegliedert sind. Die erste Gruppe betrifft die Kompetenzen, die für die Durchführung von Ritualen im Zusammenhang mit der tantrischen Praxis erforderlich sind:

1. Geschick im Visualisieren, Zeichnen und Konstruieren von Mandalas von Gottheiten
2. Geschick in einsgerichteter Konzentration auf Meditationsgottheiten
3. Korrekte Ausführung von Mudras
4. Geschick in der Ausführung ritueller Tänze
5. Geschick im Sitzen sowohl in der Vajrahaltung wie auch im halben Lotos
6. Geschick in Mantra-Rezitation
7. Geschick in der Darbringung von Feueropfern
8. Geschick in allen anderen Darbringungs-Zeremonien
9. Geschick in den Ritualen zur Unterwerfung von Feinden des Dharma, des Lehrers/der Lehrerin und der fühlenden Wesen; jener Feinde, die unentwegt den fühlenden Wesen schaden
10. Geschick im Durchführen von Zeremonien

Die zweite Gruppe umfasst die Kompetenzen, die speziell für die Verleihung von Ermächtigungen entsprechend dem Höchsten Yogatantra benötigt werden:

1. Die Fähigkeit, Schutzräder zu visualisieren und Hindernisse zu beseitigen
2. Die Fähigkeit, Schutzknoten zu binden
3. Geschick im Übertragen der Vasen- und der geheimen Ermächtigung
4. Geschick im Übertragen der Weisheits- und Wortermächtigung
5. Geschick im Trennen von Dharmafeinden von ihren Beschützern
6. Geschick im Herstellen von geformten Tormas und Durchführen von Opferzeremonien
7. Geschick im Rezitieren von Mantras sowohl verbal wie auch geistig
8. Geschick im Durchführen zornvoller Rituale
9. Geschick im Segnen heiliger Objekte
10. Geschick in Selbstermächtigung, Darbringen von Mandalas und so weiter

Über diese Qualifikationen zu verfügen, bedeutet mehr als nur die Kenntnis der Ausführung. Ein/e authentische/r Vajrameister/in muss in der Lage sein, die entsprechenden Geisteszustände zu erzeugen, die diese Handlungen begleiten, damit sie als echte Unterstützung für die spirituelle Praxis funktionieren.

Wenn Sie das Glück haben, eine/n Guru zu finden, der/die all diese Voraussetzungen erfüllt und Sie als Schüler/in akzeptiert, sollten Sie alles daransetzen, diese Beziehung aufrechtzuerhalten, indem Sie sich diesem/r Meister/in vollständig widmen. Diese Praxis kann in zwei Hauptgruppen von Verhaltensweisen unterteilt werden: (1) Aufgeben von Respektlosigkeit gegenüber dem/der Guru und (2) Kultivieren von Respekt gegenüber dem/der Guru.

Respektlosigkeit gegenüber dem/der Guru aufgeben

Die erste Gruppe von Verhaltensweisen betrifft das Vermeiden von Handlungen, die der Beziehung zu unserem/r Guru schaden. Um nicht die Ursachen dafür zu schaffen, dass die Beziehung eines Tages abgebrochen wird, müssen wir in Gegenwart der/des Guru die Achtsamkeit auf Körper und Rede wahren. Ashvaghosha gliedert diese Schulung in drei Bereiche: (1) Vermeiden, Ihre/n Guru zu verspotten, (2) Vermeiden, den Geist Ihrer/Ihres Guru zu stören und (3) die Folgen, wenn Sie Ihre/n Guru nicht respektieren.

Vermeiden, Ihre/n Guru zu verspotten

Wenn du Schüler eines solchen beschützenden [Guru] geworden bist und ihn dann aus ganzem Herzen verachtest, wirst du fortwährendes Leiden ernten, so als hättest du alle Buddhas verunglimpft.

Wenn wir uns für eine Vajra-Beziehung entscheiden, versprechen wir im Wesentlichen, unsere/n Guru als untrennbar vom Buddha zu sehen. Sobald wir dies tun, wird der/die Guru zu einem unglaublich kraftvollen Objekt für unsere spirituelle Praxis. Durch die enormen Segnungen, die wir vom/von der Guru erhalten, ist es möglich, Ozeane von negativem Karma in einem Bruchteil der Zeit zu beseitigen, die wir auf anderen Pfaden benötigen würden. Diese enorme Kraft hat jedoch ihren Preis. Genauso wie die Auswirkungen aller tugendhaften Handlungen durch die Art der Beziehung multipliziert werden, gilt dies auch für die Auswirkungen aller untugendhaften Handlungen. Angesichts dieser Erkenntnis sollten wir es völlig aufgeben, den/die Guru verbal zu kritisieren, sei es ihm/ihr gegenüber oder hinter seinem/ihrem Rücken. Anstatt unseren Geist auf den von uns wahrgenommenen Fehlern verweilen zu lassen, müssen wir uns bemühen, unsere reine Sicht zu bewahren.

Wenn du töricht genug bist, deinen Guru zu verachten, wirst du dir ansteckende Krankheiten zuziehen und solche, die von schädlichen Geistern verursacht werden. Du wirst [einen schrecklichen Tod] sterben, der durch Dämonen, Seuchen oder Gift verursacht wird.

Eine offenkundig kritische Haltung gegenüber Ihrem/Ihrer Guru ist wie ein Gift, das sich seinen Weg durch Ihren Körper bahnt und Ihre Abwehrkräfte schwächt, bis schließlich Ihr ganzes System zusammenbricht. Dadurch wird nicht nur Ihr gutes Karma an der Reifung gehindert, sondern Sie schaffen auch die Voraussetzungen für die Manifestation von negativem Karma. Dieses Karma nimmt die Form von ernsthaften Hindernissen für Ihre spirituelle Praxis an, die Sie daran hindern, weiter voranzukommen, und alles zerstören, was Sie so mühsam erschaffen haben.

Du wirst von [bösen] Königen, Feuer, giftigen Schlangen, Wasser, Hexen, Banditen, von bösen Geistern oder Wilden getötet und dann in einer Hölle wiedergeboren werden.

Wenn wir uns vom/von der Guru abwenden, wenden wir uns auch von den Buddhas und von der Tugend ab. In einer solchen Situation sind wir unglaublich anfällig für den Einfluss negativer Kräfte. Mithilfe intensiver Bildsprache beschreibt Ashvaghosha die Leiden, die auftreten, wenn wir uns vom/von der Guru abwenden. Im Wissen, dass daraus nichts Gutes entstehen kann, dürfen wir den/die Guru niemals auch nur für einen Moment gering schätzen.

Vermeiden, den Geist Ihrer/Ihres Guru zu stören

Störe niemals den Geist deines Guru. Solltest du töricht genug sein, dies zu tun, wirst du sicherlich in der Hölle schmoren.

Der einzige Wunsch der/des Guru ist, dass Sie durch das Erreichen der Erleuchtung völlig frei von allen Arten des Leidens werden. Zu wissen, dass Sie aktiv die Ursachen für Ihr eigenes Leiden schaffen, ist das Einzige, was den Geist der/des Guru stören wird. Respektlosigkeit gegenüber dem/der Guru schadet ihm/ihr nicht, aber sie erzeugt eine große Negativität in Ihrem eigenen Geist. Diese Negativität wird in Form von zukünftigem Leiden reifen, wie man es in den Höllenbereichen erlebt. Vermeiden Sie deshalb jedes Verhalten, das Ihrem/Ihrer Guru missfallen könnte.

Die Folgen, wenn Sie Ihre/n Guru nicht respektieren

Unabhängig davon, welch furchtbare Höllen auch existieren, es wird betont, dass diejenigen, die ihren Guru verunglimpfen, [für eine sehr lange Zeit] in Avici, der Hölle des ununterbrochenen Schmerzes, verbleiben müssen.

Wenn Sie die Wurzel eines Baumes abschneiden, trennen Sie den Lebenssaft ab, der ihn erhält. Da der/die Guru die lebendige Manifestation Ihrer eigenen Buddhanatur ist, ist er/sie die Wurzel aller Segnungen und die Quelle aller Verwirklichungen. Indem Sie diese Beziehung beschädigen, schneiden Sie sich im Wesentlichen von Ihrer absoluten Natur ab und nehmen sich damit jede Chance, Erleuchtung zu erlangen. Solange die Verbindung getrennt bleibt, werden Sie durch eine intensive Unwissenheit isoliert sein, die die Ursache für unvorstellbare Schmerzen und Qualen ist.

Deshalb bemühe dich von ganzem Herzen, deinen tantrischen Meister, der seine große Weisheit und seine Tugenden nicht zur Schau stellt, niemals herabzuwürdigen.

Kurzum, Ashvaghosha ermahnt uns, jegliches respektloses Verhalten aufzugeben, das den/die Guru herabwürdigt und uns dazu bringt, ihn/sie zu verachten. Wir müssen uns immer daran erinnern, dass die wahrgenommenen Fehler nichts anderes als Manifestationen unseres eigenen Karma sind. Es ist daher Teil unserer Praxis, mit ihnen zu arbeiten und sie in den Pfad zu bringen.

Respekt gegenüber Ihrem/Ihrer Guru kultivieren

Nun kommen wir zu den Praktiken, die dabei helfen, unsere Hingabe gegenüber dem/der Guru zu vertiefen, und es ermöglichen, den größten Nutzen aus dieser Beziehung zu ziehen. Ashvaghosha empfiehlt insgesamt acht Aktivitäten: (1) materielle Unterstützung anbieten, (2) ihn/sie als Buddha wahrnehmen, (3) nach seinem/ihrem Wort handeln, (4) sich um seine/ihre Besitztümer und Begleitung kümmern, (5) das weltliche Verhalten reinigen, (6) Körper, Rede und Geist darbringen, (7) Stolz aufgeben und (8) nicht nach den eigenen Wünschen handeln.

Materielle Unterstützung anbieten

> *[Wenn du aus mangelndem Gewahrsein deinem Guru gegenüber Respektlosigkeit gezeigt hast], bringe ihm ehrfürchtig eine Opfergabe dar und bitte um Vergebung. Dann wird dir in Zukunft kein Unheil wie Seuchen widerfahren.*

Auch wenn Respektlosigkeit gegenüber einem/r Guru zu vielen negativen Auswirkungen in der Zukunft führen kann, ist es nie zu spät, sich zu bemühen, den angerichteten Schaden zu beheben. Einer der geschicktesten Wege dazu besteht darin, dem/der Guru Opfergaben darzubringen und um Vergebung zu bitten. Vom Standpunkt der/des Guru aus betrachtet, braucht er/sie weder Ihre Geschenke, noch hegt er/sie einen Groll gegen Sie. Wenn der/die Schüler/in sich jedoch bemüht, eine Opfergabe darzubringen und um Vergebung zu bitten, zeigt er/sie Reue und den aufrichtigen Wunsch, die Beziehung und die Verbindung wiederherzustellen.

> *Es wird gelehrt, dass du für den Guru, dem du dein Ehrenwort abgelegt hast [ihn als eins mit der Meditationsgottheit zu visualisieren], bereitwillig deine Frau, deine Kinder und sogar dein Leben opfern solltest, obwohl es nicht leicht ist, diese zu entbehren. Ist es nötig, deinen flüchtigen Wohlstand zu erwähnen?*

Dieser Vers verdeutlicht die Haltung, die wir gegenüber den Dingen haben sollten, die wir normalerweise als unseren Besitz betrachten. Wenn wir eine Vajra-Beziehung eingehen, sollten wir jegliches Gefühl von Besitz oder Anhaftung an Dinge wie Reichtum und Beziehungen aufgeben. Das bedeutet nicht, dass wir dem/der Guru buchstäblich unseren gesamten Besitz übertragen, sondern nur, dass wir *gewillt* sein sollten, ihm/ihr *alles zu geben*, wenn dies am nützlichsten ist.

Ein wesentlicher Teil der Praxis der Hingabe ist die Idee des Aufgebens. Je mehr wir an den Konzepten von „Ich" und „Mein" festhalten, desto schwieriger ist es, die letztendliche Wahrheit zu erkennen. Indem Sie Ihren Besitz geistig an den/die Guru übergeben, reduzieren Sie Ihre Anhaftungen und schaffen einen Raum, in dem Verwirklichung wachsen kann. Zu Beginn dieser Schulung sollten Sie sich vorstellen, dass Sie die Dinge nicht besitzen, sondern sich im Namen Ihrer/Ihres Guru um sie kümmern. Dadurch wird jeder Nutzen, den Sie aus ihnen ziehen, zu einer Gelegenheit, Wertschätzung für die Güte der/des Guru zu erzeugen.

[Eine solche Darbringungspraxis] kann einem eifrigen [Schüler] sogar noch zu Lebzeiten die Buddhaschaft verleihen, die sonst selbst in unzähligen Millionen von Äonen schwer zu erlangen wäre.

Indem wir dem/der Guru geistig all unseren Besitz darbringen, praktizieren wir eine außerordentlich reine Form der Hingabe. Diese Praxis ist so kraftvoll, dass sie in der Lage ist, das gleiche Verdienst zu erzeugen, für das man normalerweise unzählige Äonen bräuchte. Es ist diese Kraft, die die Erleuchtung innerhalb eines einzigen Lebens ermöglicht.

Halte immer deine tantrischen Verpflichtungen ein. Bringe den Erleuchteten immer Opfergaben dar. Und bringe deinem Guru immer Opfergaben dar, denn er ist alle Buddhas zugleich.

Die Grundlage unserer Praxis der Hingabe ist die Einhaltung der tantrischen Verpflichtungen, die wir von unserem/unserer Vajrameister/in erhalten haben. Die Essenz dieser Verpflichtungen besteht darin, unsere reine Sicht auf den/die Guru als untrennbar von unserer Buddhanatur aufrechtzuerhalten. Indem wir sowohl dem/der Guru als auch den erleuchteten Wesen, die die Manifestationen dieser Natur sind, umfangreiche Opfergaben darbringen, stärken wir unsere Verbindung zu dieser Natur.

Diejenigen, die den unerschöpflichen [Zustand des Weisheitskörpers eines Buddha erlangen] wollen, sollten ihrem Guru alles geben, was sie selbst als angenehm empfinden, von den unbedeutendsten Gegenständen bis zu denen von bester Qualität.

Um alle Spuren von Anhaftung und Begierde aus unserem Geist zu entfernen, sollten wir unserem Guru freudig jede Erfahrung darbringen, die wir als angenehm empfinden. Die Größe, die Qualität oder der Wert der Gabe ist nicht wichtig; es geht darum, das Anhaften zu vermeiden. Es ist eine gute Übung, sich den/die Guru immer auf Ihrem Scheitel vorzustellen, sodass Sie ihm/ihr den ganzen Tag über alle angenehmen Erscheinungen, denen Sie begegnen, darbringen können.

[Deinem Guru] zu geben ist dasselbe wie das ständige Darbringen von Opfergaben an alle Buddhas. Durch solches Geben wird viel Verdienst gesammelt. Aus einer solchen Sammlung entsteht die höchste kraftvolle Erlangung [der Buddhaschaft].

Wenn wir den/die Guru als Buddha sehen, wird jede Darbringung an den/die Guru als eine Opfergabe an alle Buddhas betrachtet und erzeugt daher enorme Mengen an Verdienst. Verbindet sich dieses Verdienst mit der tiefen Weisheit der erhabenen Leerheit, werden sie zu den direkten Ursachen für die vollständige Erleuchtung.

Diese Art der Darbringung ist für diejenigen gedacht, die den/die Guru bereits untersucht haben und eine authentische Vajra-Beziehung eingegangen sind. Im Rahmen einer solchen Beziehung können wir darauf vertrauen, dass es vonseiten der/des Guru keine Anhaftung an die Opfergaben gibt. Zudem sollten wir wissen, dass diese Darbringungen keine bestimmte Form annehmen müssen, denn der wichtigste Aspekt einer Opfergabe ist nicht, worin sie besteht, sondern wie sie dargebracht wird. Das Ausmaß des Verdiensts ergibt sich aus der Haltung, mit der die Gabe dargebracht wird.

Ihn/Sie als Buddha wahrnehmen

Daher sollte ein Schüler, der die guten Eigenschaften des Mitgefühls, der Großzügigkeit, der moralischen Selbstkontrolle und der Geduld besitzt, den Guru niemals als verschieden von Buddha Vajradhara betrachten.

Wie wir bereits ausführlich besprochen haben, besteht die wichtigste Praxis der Hingabe zum Guru darin, den/die Guru als untrennbar vom Buddha zu betrachten. Dies geschieht aufgrund der Stärke unseres Bodhicitta. Wenn wir aufrichtig entschlossen sind, die Erleuchtung zu erlangen, sollten wir danach streben, die Erfahrung des Buddha in jeden Moment unseres Lebens zu bringen, und die Hingabe zum/zur Guru ist dabei der erste Schritt.

Da du niemals auf den Schatten [deines Guru] treten solltest, weil die furcht-baren Konsequenzen denen der Zerstörung eines Stupa gleichkommen, ist es dann notwendig zu erwähnen, dass du niemals auf oder über seine Schuhe oder seinen Sitz treten, [auf seinem Platz sitzen oder] auf seinem Reittier reiten solltest?

Dieser spezielle Ratschlag wurde in den Tantras formuliert und weist auf den Grad der Ehrfurcht hin, den wir gegenüber jedem Aspekt der Erscheinung der/des Guru kultivieren müssen. Wir sollten alles am/an der Guru ehren und respektieren, einschließlich seines/ihres Schattens, damit wir unsere reine Sichtweise bewahren und vermeiden können, die unerwünschten karmischen Neigungen anzusammeln, die aus einer Haltung von Arroganz und Stolz resultieren.

Nach seinem/ihrem Wort handeln

[Schüler] von großem Verstand sollten den Worten ihres Guru freudig und mit Begeisterung Folge leisten. Wenn du nicht über das Wissen oder die Fähigkeit verfügst, [das zu tun, was er sagt,] erkläre in [höflichen] Worten, warum du es nicht [erfüllen] kannst.

Indem wir eine Vajra-Beziehung eingehen, bitten wir den/die Guru ausdrücklich darum, uns zur Erleuchtung zu führen, und müssen folglich bereit sein, seinen/ihren Rat zu befolgen. Lehnen wir den Rat aus einem individualistischen Gefühl des Stolzes heraus ab, handeln wir gegen die Natur der Beziehung. Deshalb sollten wir, wann immer uns der/die Guru zu etwas auffordert, nach besten Kräften versuchen, diese Bitte zu erfüllen.

Sind wir der Meinung, dass wir die Aufgabe nicht bewältigen können, können wir uns mit Respekt und Aufrichtigkeit an den Guru wenden und uns erklären. Durch eine offene Kommunikation kann der/die Guru uns helfen, eine positive Einstellung zu entwickeln und schließlich die Hindernisse zu überwinden, mit denen wir konfrontiert sind.

Durch deinen Guru erlangst du mächtige Errungenschaften, höhere Wiedergeburt und Glück. Bemühe dich daher von ganzem Herzen, niemals den Rat deines Guru zu missachten.

Indem wir die Ratschläge der/des Guru in die Praxis umsetzen, können wir den Dharma in unserem Geist verwirklichen und alle Ergebnisse des Pfades manifestieren. Wenn wir jedoch nicht entsprechend seinen/ihren Worten handeln, können wir die Ergebnisse nicht erreichen. So einfach ist das.

Sich um seine/ihre Besitztümer und Begleitung kümmern

[Hüte] die Besitztümer deines Guru wie dein eigenes Leben. Behandle sogar die geliebte [Familie] deines Guru mit demselben [Respekt] wie ihn. [Nimm Rücksicht auf diejenigen], die ihm nahestehen, als wären sie deine eigenen engsten Verwandten. Einsgerichtet denke [in dieser Weise] zu jeder Zeit.

Um den Nutzen, den wir aus unserer Praxis der Hingabe ziehen, zu vergrößern, ist es sehr wirkungsvoll, alles, was mit dem/der Guru zu tun hat, als eine Erweiterung der/des Guru zu betrachten. Dazu gehören die Besitztümer der/des Guru, etwa die Kleidung und das Zuhause, ebenso die Beziehungen, wie seine/ihre Familie und Schüler/innen. Solche Menschen und Dinge werden als die *Poren des Guru* bezeichnet. Indem Sie ihnen die gleiche Ehrfurcht entgegenbringen wie Ihrem/Ihrer Guru, stärken Sie Ihre Achtsamkeit gegenüber dem/der Guru und erhöhen die Möglichkeiten, Verdienst zu erzeugen. Richtig praktiziert, können Sie fast jede Handlung in eine Darbringung an den Guru verwandeln.

Das weltliche Verhalten reinigen

Die folgenden Verse konzentrieren sich darauf, ein Verhalten zu entwickeln, das der Aufrechterhaltung reiner Hingabe gegenüber dem/der Guru förderlich ist. Obwohl viele dieser Verhaltensweisen in den Bräuchen des alten Indien verwurzelt sind, sollten wir dennoch versuchen, die Kernbotschaft hinter den Ratschlägen zu verstehen, damit wir sie auf unseren eigenen Kontext übertragen können.

Setze dich niemals auf das [selbe] Bett oder [denselben] Sitz [wie dein Guru], noch gehe vor ihm her. Trage [bei Unterweisungen] keinen Haarknoten, [keinen

Hut, keine Schuhe und keine Waffen]. Setze dich niemals, bevor sich dein Guru auf seinem Platz niedergelassen hat oder wenn er auf dem Boden sitzt. Stemme die Hände nicht [stolz] in die Hüften oder ringe sie [vor ihm].

Dieser Vers beschreibt, wie man sich in der Gegenwart der/des Guru verhalten soll, und bezieht sich hauptsächlich auf körperliche Handlungen. Generell sollte man jede Situation vermeiden, in der man sich selbst als wichtiger darstellt als den/die Guru. Wir sollten immer mit Demut und Zurückhaltung handeln.

Setze dich niemals hin oder lehne dich an, während dein Guru steht [oder liege, während er sitzt]. Sei immer bereit, aufzustehen und ihm auf geschickte und ausgezeichnete Weise zu dienen.

Wir sollten stets aufmerksam und bereit sein, auf die Bedürfnisse der/des Guru einzugehen. Anlehnen und Hinlegen sind Ruhehaltungen, die ein Gefühl der Trägheit mit sich bringen. Wir müssen so wachsam wie möglich sein und sollten daher Haltungen einnehmen, die diesen Geisteszustand widerspiegeln.

In der Gegenwart deines Guru solltest du niemals spucken, [husten oder niesen, ohne dein Gesicht zu bedecken]. Strecke [niemals] deine Beine von deinem Platz aus, noch laufe [grundlos vor ihm] umher und streite [niemals].

Aus Respekt vor Ihrem/Ihrer Guru sollten Sie jeden Moment, den Sie gemeinsam verbringen, als kostbar und wichtig betrachten. Vermeiden Sie ein Verhalten, das von mangelnder Achtsamkeit oder Missachtung zeugt. Auch wenn manche Situationen formeller sind als andere, sollten wir immer ein angemessenes Maß an Zurückhaltung wahren.

Massiere oder reibe niemals deine Gliedmaßen. Singe und tanze nicht oder spiele keine Musikinstrumente [außer zu religiösen Zwecken]. Vermeide unnützes Geschwätz und rede niemals im Übermaß [oder zu laut] in Hörweite [deines Guru].

Auch hier besteht die Absicht hinter diesem Ratschlag darin, Aktivitäten zu vermeiden, die den Verlust der Achtsamkeit begünstigen. Da der/die Guru den Buddha in unserem Leben verkörpert, versuchen wir, jeden gemeinsamen Moment zu nutzen, denn wenn wir uns davon ablenken lassen, verschwenden wir diese Gelegenheit.

[Wenn dein Guru den Raum betritt,] erhebe dich von deinem Platz und mache eine leichte Verbeugung. Sitze [in seiner Gegenwart] in einer respektvollen Haltung. Des Nachts, an Flüssen oder auf gefährlichen Pfaden darfst du mit Erlaubnis [deines Guru] vor ihm gehen.

Erweisen Sie Ihrem/Ihrer Guru entsprechend den jeweiligen kulturellen Gewohnheiten den nötigen Respekt. In den meisten Kulturen ist es üblich aufzustehen, wenn eine wichtige Person den Raum betritt. In asiatischen Kulturen verbeugt man sich zusätzlich und wirft sich vor dem/der Lama nieder. Mit diesem Verhalten wollen wir unseren Respekt bekunden, indem wir die Bräuche der/des Guru übernehmen. Der letzte Teil dieses Verses weist auf eine Ausnahme gegenüber dem vorherigen Rat hin, niemals vor dem/der Guru zu gehen. Dies zeigt, dass wir unser Verhalten an die Situation anpassen müssen.

Im Blickfeld des Guru sollte [ein Schüler] mit Verstand nicht mit verdrehtem Körper [sitzen] oder sich [lässig] gegen eine Säule oder Ähnliches lehnen. Niemals solltest du mit deinen Gelenken knacken, [mit deinen Fingern spielen oder deine Nägel reinigen].

Die Kernaussage dieses ganzen Abschnitts ist, dass unser Verhalten in der Gegenwart der/des Guru ein Spiegelbild unserer Einstellung ihm/ihr gegenüber ist. Indem wir auf unser äußeres Verhalten achten, schaffen wir ein Umfeld, das die Art von Geist unterstützt, die wir zu kultivieren versuchen. Diese Verhaltensweisen haben auch den Effekt, dass sie unsere Beziehung zum/zur Guru aufwerten und sie im Vergleich zu unseren weltlichen Beziehungen als einzigartig und besonders kennzeichnen. Das hilft uns, unsere reine Sicht auf den/die Guru aufrechtzuerhalten.

Körper, Rede und Geist darbringen

Die nächsten Verse beziehen sich darauf, wie wir uns verhalten sollen, wenn wir dem/der Guru Dienste anbieten oder direkt mit ihm/ihr interagieren. Sie stellen spezifische Handlungen dar, die wir ausführen können, um unseren Respekt für den/die Guru zu betonen.

Wenn du [deinem Guru] die Füße oder den Körper wäschst, ihn abtrocknest, massierst oder [rasierst], dann beginne diese Handlungen mit [drei] Niederwerfungen und tue dasselbe am Ende. Dann kümmere dich [um dich selbst], so viel du willst.

Das Darbringen von Niederwerfungen ist eine formelle Art, Respekt zu zeigen, die im alten Indien üblich war. Obwohl dieser Vers empfiehlt, zu Beginn und am Ende jeder Handlung drei Niederwerfungen zu machen, kann sich dies in der Praxis als schwierig erweisen. Wir müssen uns daher über den Kontext einer bestimmten Situation im Klaren sein und darüber, ob die physische Niederwerfung etwas Nützliches ist. Bittet uns ein/e Lehrer/in ausdrücklich darum, sie nicht darzubringen, sollten wir diesen Wunsch respektieren. Natürlich hindert uns nichts daran, die Niederwerfungen in unserem Geist zu vollziehen.

Solltest du [deinen Guru] mit Namen ansprechen müssen, füge den Titel „Eure Anwesenheit" hinzu. Um bei anderen Respekt für ihn hervorzurufen, können auch weitere Ehrenbezeichnungen verwendet werden.

Dies ist eine weitere Praxis, mit der wir geschickt umgehen müssen. Im Tibetischen werden den Namen viele Titel hinzugefügt, um Ehre und Respekt auszudrücken, wie z. B. *Rinpoche*, was „Kostbarer" bedeutet, oder *Kyabje*, was „Herr der Zuflucht" bedeutet. Im Deutschen können wir Begriffe wie *Ehrwürdige/r* oder in einigen Fällen *Seine Heiligkeit* oder *Seine Eminenz* verwenden. Welche Titel wir verwenden, hängt von der Art der Beziehung und den Vorlieben der/ des Guru ab. Ashvaghosha erwähnt auch, dass diese spezielle Praxis gut geeignet ist, um bei anderen Respekt zu erzeugen.

Stolz aufgeben

Stolz ist eines der größten Hindernisse für die Entwicklung von Hingabe. Es ist der Geist, der unsere eigene Sichtweise für überlegen hält und uns davon abhält, Anleitung von unserem/unserer Guru anzunehmen. Um dieser Verblendung entgegenzuwirken, beschreibt Ashvaghosha eine Reihe von Verhaltensweisen, die Demut in der Zusammenarbeit mit dem Guru kultivieren.

Wenn du deinen Guru um Rat bittest, nenne [zuerst den Grund deines Besuchs]. Lege die Handflächen am Herzen zusammen und höre zu, was er dir sagt, ohne [deine Gedanken] umherschweifen zu lassen. Dann [wenn er gesprochen hat] solltest du antworten: „Ich werde genau das tun, was du gesagt hast."

Sollten wir in Erwägung ziehen, dem/der Guru unsere Dienste anzubieten oder ihn/sie um Rat zu bitten, sollten wir zuerst darüber nachdenken, ob wir bereit und in der Lage sind, das, worum wir bitten, auch zu Ende zu führen. Wenn wir zum Beispiel unseren Dienst anbieten und der/die Guru uns eine Aufgabe gibt, sollten wir diese Aufgabe nicht abbrechen, bis sie abgeschlossen ist. Selbst wenn sich unsere Bedingungen ändern, sollten wir die Entschlossenheit kultivieren, das Begonnene auch zu Ende zu bringen. Stellen wir jedoch fest, dass wir nicht in der Lage sind, das Vorhaben umzusetzen, ist es besser, erst gar nicht damit zu beginnen.

Ebenso müssen wir, wenn wir den/die Guru um Rat bitten, bereit sein, diesen Rat in die Praxis umzusetzen. Es gibt keine größere Zeitverschwendung für den/die Guru, als um Rat gebeten zu werden, nur damit wir ihn anschließend völlig verwerfen und das tun, was wir für das Beste halten. Sie sollten zumindest versuchen, die Ratschläge der/des Guru so weit wie möglich zu befolgen, auch wenn Sie wissen, dass Sie nicht in der Lage sein werden, dies perfekt umzusetzen.

Nachdem du getan hast, [was dein Guru dir gesagt hat,] berichte [was geschehen ist] in höflichen, ruhigen Worten. Solltest du gähnen oder husten, [dich in seiner Gegenwart räuspern oder lachen,] bedecke deinen Mund mit deiner Hand.

Jeder Pfad, ob spirituell oder nicht, wird schrittweise vollendet. Mit jeder Übung, die Sie gemäß den Worten der/des Guru durchführen, kommen Sie Ihrem Ziel einen Schritt näher. Es ist wichtig, das zum Anlass zu nehmen, dem/der Guru von der Vollendung einer Aufgabe zu berichten. Dies beweist Ihre Ernsthaftigkeit und hilft Ihnen auch, das nötige Vertrauen zu entwickeln, um Ihre Ziele zu erreichen.

Wünschst du eine bestimmte Unterweisung zu erhalten, dann bitte dreimal mit aneinandergelegten Handflächen, während du auf dein [rechtes] Knie gestützt vor ihm kniest. Setz dich [dann bei seiner Rede] bescheiden und respektvoll hin und trage angemessene Kleidung, die ordentlich ist [und sauber, ohne Schmuck, Juwelen oder Kosmetik].

Ein/e Guru sollte nur diejenigen unterrichten, die darum bitten, denn der Zweck des Lehrens ist es, denjenigen zu nützen, die zuhören. Haben Schüler/innen nicht den Wunsch zu lernen, werden sie für das, was der/die Lehrer/in zu geben hat, nicht empfänglich sein. Möchten wir also Unterweisungen erhalten, sollten wir uns dem/der Guru demütig nähern und uns die Mühe machen, wiederholt darum zu ersuchen. Nimmt der/die Guru unsere Bitte an, sollten wir die unglaubliche Güte erkennen, die er/sie uns entgegenbringt, und entsprechend handeln.

Was immer du tust, um [deinem Guru] zu dienen oder ihm Respekt zu erweisen, sollte niemals mit einem arroganten Geist geschehen. Stattdessen solltest du wie eine frisch verheiratete Braut sein, schüchtern, verschämt und sehr zurückhaltend.

Ganz gleich, welches Verhalten von Körper und Rede wir annehmen, wir sollten niemals zulassen, dass unser Geist von Arroganz getrübt wird. Ashvaghosha empfiehlt uns, in all unseren Handlungen eine demütige Haltung einzunehmen und uns in eine niedrige Position zu versetzen. Wir sollten unsere Wünsche und Bedürfnisse so gut es geht zurückstellen und uns ganz dem/der Guru widmen.

Hör in der Gegenwart [des Guru], der dich [den Pfad] lehrt, auf, dich in einer eingebildeten, gefallsüchtigen Weise zu verhalten. Prahle nicht vor anderen mit dem, was du [für deinen Guru] getan hast, prüfe [dein Gewissen] und unterlasse alle solchen Handlungen.

Wann immer Sie mit dem/der Guru interagieren, seien Sie auf der Hut vor dem Verstand, der glaubt, alles zu wissen. Versuchen Sie, Ihren Gedanken gegenüber achtsam zu sein und sie sorgfältig zu prüfen, um sicherzustellen, dass Sie aufrichtig und ehrlich handeln.

Nicht nach den eigenen Wünschen handeln

Die folgenden Verse beziehen sich auf vier Aktivitäten, die Sie nur mit Erlaubnis Ihres/s Guru durchführen sollten. Tun wir das nicht, führen diese Aktivitäten dazu, dass wir Stolz entwickeln und dadurch unsere Hingabe schwächen.

Wenn du [gebeten wirst], eine Segnung, [eine Ermächtigung in] ein Mandala oder eine Feueropferzeremonie durchzuführen oder Schüler zu versammeln, um einen Vortrag zu halten, sollst du das nicht tun, wenn dein Guru in diesem Gebiet wohnt, es sei denn, du hast seine vorherige Erlaubnis.

Der erste Vers beinhaltet die Durchführung von Ritualen oder das Erteilen von Unterweisungen. In diesen Situationen übernehmen Sie die Rolle des Lehrers/ der Lehrerin, was dazu führen kann, dass Sie sich gleichwertig oder wichtiger als Ihr/e eigene/r Lehrer/in fühlen. Um diesen Stolz zu vermeiden, bitten Sie

Ihre/n Guru immer um Erlaubnis, bevor Sie sich auf diese Handlungen einlassen. Dadurch verlagert sich der Fokus von Ihnen weg und verwandelt sich in einen Dienst am/an der Guru.

Alle Gaben, die du bei der Durchführung solcher Riten [wie der Segnung bekannt als] „Öffnen der Augen" erhältst, solltest du deinem Guru darbringen. Sobald er einen kleinen Teil davon genommen hat, kannst du den Rest verwenden, wofür du möchtest.

Dieser Vers befasst sich mit dem Risiko, Opfergaben zu erhalten, wenn man tugendhafte Praktiken ausübt. Sind wir nicht vorsichtig, können die empfangenen Gaben das Gefühl unserer Wichtigkeit verstärken und Anhaftung nähren. Um dies zu vermeiden, sollten wir alles, was wir erhalten, unserem/r Lama anbieten, der/die meist einen kleinen Teil behält und uns den Rest zurückgibt. Diese Praxis hilft uns, unsere Anhaftung zu durchtrennen und gleichzeitig unsere Wertschätzung für die Güte der/des Guru zu steigern.

In der Gegenwart seines Guru sollte sich ein Schüler seinen eigenen Schülern gegenüber nicht [wie ein Guru] verhalten und sie sollten ihn nicht wie ihren Guru behandeln. Halte daher [in der Gegenwart deines Guru deine Schüler] davon ab, dir Respekt zu erweisen, wie aufzustehen [wenn du kommst] und Niederwerfungen zu machen.

Wann immer wir uns in der Gegenwart unseres/r Guru befinden, sollten wir uns als Schüler/in verstehen. Als solche sollten wir keine Bekundungen der Hingabe seitens unserer eigenen Schüler/innen annehmen. Dadurch werden wir daran erinnert, dass unsere Rolle als Lehrer/in von der jeweiligen Situation abhängt und dass es nichts gibt, was uns von Natur aus anderen gegenüber bedeutender oder überlegener macht.

Wann immer du deinem Guru eine Darbringung machst oder wann immer dein Guru dir etwas überreicht, wird ein respektvoller Schüler dies mit beiden Händen und einer leichten Verbeugung [darbringen und] empfangen.

Letztlich sollten wir, wann immer wir eine Gabe geben oder empfangen, darauf achten, dass wir mit unserem physischen Körper ein angemessenes Maß an Ehrfurcht zeigen. Das hilft uns, den Stolz zu vermeiden, uns für einen wichtigen Wohltäter zu halten, oder zu denken, dass wir vom/von der Guru bevorzugt werden.

Weitere Ratschläge

Nach den wichtigsten Ratschlägen für die Praxis der Hingabe lenkt Ashvaghosha unsere Aufmerksamkeit nun auf einige zusätzliche Punkte, an die wir denken sollten.

Sei fleißig in all deinen Handlungen, [wachsam und] achtsam, niemals [deine tantrischen Verpflichtungen] zu vergessen. Wenn Mitschüler in ihrem Verhalten [das Angemessene] übertreten, korrigiert einander auf freundliche Weise.

Dieser Vers erinnert uns ausdrücklich daran, dass wir unsere tantrischen Verpflichtungen jederzeit gewissenhaft einhalten sollten. Zu dieser Praxis gehört, dass wir diejenigen, die denselben/dieselbe Guru haben wie wir, immer Respekt entgegenbringen. Diese Menschen sind deine Vajra-Brüder und -Schwestern, und es ist unsere Pflicht, alles uns Mögliche zu tun, um in Harmonie mit ihnen zu leben. Wenn ein Mitglied unserer Vajra-Familie in einer Weise handelt, die ihrer Schulung widerspricht oder aktiv gegen die Wünsche der/des Guru verstößt, sollten wir Schritte unternehmen, um dieser Person zu helfen, ihr Verhalten zu korrigieren. Dies sollte auf freundliche Weise aus einer Motivation der Liebe und des Mitgefühls heraus geschehen.

Wenn du aus gesundheitlichen Gründen körperlich [nicht in der Lage bist], dich vor deinem Guru zu verbeugen, und etwas tun musst, was normalerweise untersagt wäre, wird das auch ohne [seine ausdrückliche] Erlaubnis keine nachteiligen Folgen haben, wenn du einen tugendhaften Geist bewahrst.

Unter normalen Umständen sollten wir alle Handlungen der Hingabe nach besten Kräften ausführen. Die einzige Ausnahme von dieser Regel besteht, wenn wir krank sind und vorübergehend nicht mit unserem Körper praktizieren können. Erinnern Sie sich einfach daran, dass äußere Bezeugungen der Hingabe immer zweitrangig sind und die primäre Praxis im Geist stattfindet. Solange wir unsere Haltung des Respekts und der Hingabe gegenüber dem/der Guru beibehalten, sollten wir in der Lage sein, uns an jede auftretende Situation anzupassen.

Zusammenfassung der Praxis

Mehr muss dazu nicht gesagt werden. Tue alles, was deinem Guru gefällt, und vermeide alles, was ihm nicht gefallen könnte. Sei in beidem gewissenhaft.

Zusammenfassend lässt sich sagen, dass die Essenz von gelebter Hingabe darin besteht, den/die Guru glücklich zu machen, indem man Tugend praktiziert und Untugend vermeidet.

„Mächtige Errungenschaften entstehen, wenn man [das tut,] was dem Guru [gefällt]." So sagte [Buddha] Vajradhara selbst. In diesem Wissen solltest du versuchen, deinen Guru mit allen Handlungen [deines Körpers, deiner Rede und deines Geistes] vollkommen zu gefallen.

Indem Sie sich der Praxis der Tugend widmen, werden alle Verwirklichungen auf dem Pfad in Ihrem Geistesstrom heranreifen. Machen Sie dies daher zu Ihrer Herzenspraxis.

Nachdem die Schüler Zuflucht zum Dreifachen Juwel genommen und ein reines erleuchtetes Motiv entwickelt haben, sollte ihnen dieser [Text] gegeben werden, damit sie sich zu Herzen nehmen, [wie sie ihren überheblichen eigenen Willen aufgeben und] den Spuren ihres Gurus [auf dem Stufenpfad zur Erleuchtung] folgen können.

Ashvaghosha empfiehlt, diesen Text zu studieren, nachdem wir Zuflucht genommen und Bodhicitta erzeugt haben. Im Zusammenhang mit dem Kalachakra-Pfad bringen wir dieses Thema im Allgemeinen als Teil der vorbereitenden Übung des Guruyogas ein.

[Durch das Studium der vorausgesetzten Schulungen der Hingabe an den Guru und des Stufenpfades, den Sutra und Tantra gemeinsam haben,] wirst du ein [geeignetes] Gefäß [zur Bewahrung] des reinen Dharma. Dann können dir solche Lehren wie Tantra erteilt werden. [Nachdem du die geeigneten Ermächtigungen erhalten hast,] rezitiere laut die vierzehn Wurzelgelübde und nimm sie dir aufrichtig zu Herzen.

Sobald wir eine solide Grundlage in den Sutras geschaffen und uns in der Hingabe an den Guru geübt haben, sind wir bereit, den tantrischen Pfad zu betreten, indem wir eine Ermächtigung nehmen. Die tantrischen Gelübde und

Verpflichtungen erhalten wir dann während der Ermächtigungen.

Abschluss

Da ich beim Verfassen dieses Werkes nicht den Fehler gemacht habe, [meine persönliche Interpretation einzubringen,] möge es von unendlichem Nutzen für alle Schüler sein, die ihrem Guru folgen wollen. Mögen durch das grenzenlose Verdienst, das ich auf diese Weise gesammelt habe, alle fühlenden Wesen schnell den Zustand eines Buddha erlangen.

Ashvaghosha beendet seinen Text, indem er die Tugend, die er beim Schreiben des Textes erzeugt hat, der Erleuchtung aller fühlenden Wesen widmet.

ZUSAMMENFASSUNG

- Der Begriff Guru wird im Allgemeinen verwendet, um den/die spirituelle/n Mentor/in zu bezeichnen, der Sie den Dharma lehrt und Sie auf dem Pfad anleitet.

- Es gibt keine Begrenzung für die Anzahl der Gurus, die wir haben können. Ob wir eine/n oder viele haben, hängt von unseren persönlichen karmischen Verbindungen ab.

- Ihr/e Wurzelguru ist der/die Lehrer/in, der/die den größten Einfluss auf Ihren Geist hatte. Im Kontext des Vajrayana ist der/die Wurzelguru gewöhnlich der/die Vajrameister/in, der/die Ihnen die Ermächtigungen und Anweisungen für die tantrische Praxis erteilt hat.

- Die Hauptpraxis der Hingabe an eine/n Vajrameister/in besteht darin, die Haltung zu kultivieren, den/die Guru als untrennbar von Buddha zu betrachten. Diese reine Sicht schützt unseren Geist davor, falsche Vorstellungen über den/die Guru zu entwickeln, und ermöglicht es uns, den größten Nutzen aus der Beziehung zwischen Guru und Schüler/in zu ziehen.

- Wir können eine reine Sicht auf den/die Guru kultivieren, indem wir (1) unsere Aufmerksamkeit auf die tugendhaften Qualitäten richten, die wir wahrnehmen können, während wir (2) scheinbare Fehler in Qualitäten umwandeln.

- Hingabe ist die Wurzel aller tantrischen Verwirklichungen. Wenn sie aufrichtig ist, dringen die Segnungen der Linie in unseren Geist ein und wir erreichen eine direkte Verwirklichung der Soheit. Ohne Hingabe wird unsere Praxis langweilig sein, wenig Ergebnisse hervorbringen und von Hindernissen geplagt sein.

- Es gibt zwei Arten von Schulungen, um Hingabe gegenüber dem/der Guru zu entwickeln: (1) die äußere Schulung der Hingabe durch Handlung und (2) die innere Schulung der Hingabe durch Gedanken.

- Die äußere Schulung der Hingabe durch Handlung umfasst eine Reihe von Verhaltensweisen, die praktiziert werden können, um die Wertschätzung für den/die Guru zu erhöhen und die Achtsamkeit für die Gegenwart der/ des Guru zu vertiefen.

- Die wesentliche Praxis der Hingabe besteht darin, den/die eigene/n Guru mindestens dreimal täglich mit Körper, Rede und Geist zu ehren.

- Damit wir eine authentische Vajra-Beziehung aufrechterhalten können, sollten wir uns Zeit nehmen, uns selbst und den/die Guru zu überprüfen, um festzustellen, ob wir bereit sind, die Verpflichtungen der Beziehung einzugehen.

- Das tatsächliche Verhalten der Hingabe an eine/n Vajrameister/in wird in zwei Gruppen unterteilt: (1) Respektlosigkeit aufgeben und (2) Respekt kultivieren.

- Zwei Dinge sollten wir gänzlich unterlassen: (1) den/die Guru nicht zu respektieren, indem wir sein/ihr Verhalten kritisieren, und (2) auf eine Weise zu handeln, die seinem/ihrem Geist missfällt.

- Wir sollten acht Aktivitäten durchführen, um die Hingabe zum/zur Guru zu kultivieren: (1) materielle Unterstützung anbieten, (2) ihn/sie als Buddha wahrnehmen, (3) nach seinem/ihrem Wort handeln, (4) sich um seine/ ihre Besitztümer und Begleitung kümmern, (5) das weltliche Verhalten reinigen, (6) Körper, Rede und Geist darbringen, (7) Stolz aufgeben und (8) nicht nach den eigenen Wünschen handeln.

KAPITEL DREI

Guruyoga
Das Tor zur tantrischen Verwirklichung

Zu Beginn unseres Dharmastudiums war der/die Guru ein/e Dharma-Freund/in, der/die uns in die Lehren des Shakyamuni Buddha, des großen Wesens, einführte. Nachdem wir seine/ihre unglaubliche Weisheit und Qualitäten kennengelernt hatten, entwickelten wir Vertrauen in ihn/sie als eine gültige Quelle der Zuflucht. Zu diesem Zeitpunkt war der/die Guru eine Quelle weiser Informationen und der Buddha eine inspirierende Figur unserer Vergangenheit; die beiden wurden als getrennte Einheiten betrachtet.

Während unsere Beziehung zum/r Guru reifte, nahm er/sie eine immer wichtigere Rolle in unserem Leben ein und wurde unser/e spirituelle/r Mentor/in. Obwohl der Buddha und seine Geschichten inspirierend und motivierend waren, war er als großes historisches Wesen lediglich durch Texte, Statuen und heilige Gegenstände erfahrbar und erschien dadurch weit entfernt. Der/die Guru hingegen war eine Person, mit der wir direkt kommunizieren und interagieren konnten, und durch seine/ihre Aktivitäten wurden die Lehren des Buddha lebendig. Diese Unmittelbarkeit hat unsere Beziehung zum/r Guru zu einer der wichtigsten gemacht, die wir je haben werden.

Während wir uns dem tantrischen Pfad nähern, beginnen wir mit der Schulung, uns einem/r Vajrameister/in zu widmen. Indem wir lernen, den/die Guru als Buddha zu sehen, erkennen wir nach und nach, dass der/die Guru nichts anderes als eine Manifestation des Buddha ist. Dadurch, dass wir die beiden in unserem Geist untrennbar miteinander verbinden, lösen wir jedes Gefühl von Trennung auf. Nimmt der Buddha die Unmittelbarkeit der/des Guru an, bleibt er uns nicht mehr fern, sondern ist aktiv in unserem Leben präsent, leitet uns direkt und offenbart seine unglaublichen Qualitäten.

In vielerlei Hinsicht gleicht dieser Prozess dem Anblick eines Feuers in der Ferne. Während wir das Flackern seines Lichts leicht sehen können, spüren wir seine Wärme erst, wenn wir in die Nähe kommen. In ähnlicher Weise ist der Segen des Buddha schwer zu spüren, solange er von unserer unmittelbaren Erfahrung getrennt bleibt. Wenn er uns durch die Zusammenarbeit mit dem/der Guru nähergebracht wird, manifestiert sich dieser Segen deutlicher. Vielleicht erleben wir ein Gefühl von größerer Klarheit, wo wir früher verwirrt waren, oder wir stellen fest, dass es leichter ist, tugendhafte Eigenschaften wie Mitgefühl und Geduld zu entwickeln. Wie auch immer er sich manifestiert, wenn Segen vorhanden ist, hört der Dharma auf, eine bloße Sammlung von Konzepten zu sein und wird zu einer lebendigen Erfahrung.

Wir mögen zwar in der Lage sein zu erkennen, wann Segen in unserem Leben vorhanden ist, aber wie genau manifestiert er sich? Die Antwort liegt in der Beziehung zwischen unserem gewöhnlichen Geist und unserer innewohnenden Buddhanatur. Unser gewöhnlicher Geist ist wie eine Person, die draußen steht, und unsere Buddhanatur ist die Sonne am Himmel, verborgen hinter den Wolken. Segen ist die Erfahrung dieser Person, die warmen Sonnenstrahlen zu spüren, wenn sich die Wolken lichten. Sie sind die Manifestation unserer Buddhanatur aus der Perspektive unserer gewöhnlichen Erfahrung.

Segen ist besonders wichtig, weil wir durch ihn Aspekte unserer Natur direkt erfahren können und die Möglichkeit erhalten, diese Natur zu erkennen. Auf diese Weise ist Segen die Grundlage für das Erreichen von Verwirklichungen der letztendlichen Wahrheit. Je mehr Segen wir erhalten, desto mehr Verwirklichungen können wir erlangen. Gemäß dem Tantrayana ist der/die Guru die Quelle jeglichen Segens und daher ist die Hingabe an den/die Guru die Wurzel aller Realisationen.

SICH DEM FLUSS DES SEGENS ÖFFNEN

Um den Nutzen aus unserer Beziehung zum/zur Guru zu maximieren, müssen wir verstehen, wie der Geist auf den Fluss des Segens wirkt. Während die Verblendungen im Allgemeinen die Manifestation von Segen blockieren, sind die Haupthindernisse folgende:

1. **Greifen nach dem Selbst:** Dies ist der Geist, der die dualistischen Erscheinungen der fünf Aggregate als ein Selbst erfasst. Greifen wir nach diesen Erscheinungen, schaffen wir eine Trennung zwischen dem, was

wir zu sein scheinen, und unserer tatsächlichen Natur. Ist dieses Greifen stark, ist der metaphorische Abstand zwischen dem Selbst und seiner Natur groß und schwächt den Segen.

2. **Stolz:** In diesem Zusammenhang ist Stolz der Geist, der glaubt, dass die Art und Weise, wie wir die Wirklichkeit derzeit sehen, richtig ist und dass es daher keinen Grund gibt, das zu ändern. In Bezug auf Segen hält uns dieser Geist davon ab, unseren Fokus auf unsere wahre Natur zu richten, und verhindert, dass der Fluss des Segens zunimmt.

In der Praxis löst Tantra das Greifen nach dem Selbst auf, indem es unseren Stolz von einer groben Vorstellung des Selbst zu immer subtileren Vorstellungen verlagert. Mit jedem Schritt nähern wir uns unserer ursprünglichen Natur, wodurch wir immer größeren Segen erfahren können. Wenn wir schließlich das Selbst vollständig aufgeben, wird unsere Erfahrung mit dem erhabenen Segen erfüllt, der frei von allen Begrenzungen ist.

Dieser Prozess ist in der Schulung der Hingabe an den/die Guru enthalten, in der wir unsere Vorstellung vom/von der Guru so erweitern, dass sie zunehmend subtilere Schichten der Wirklichkeit abbildet. Indem wir uns vollständig dem/der Guru widmen, schwächen wir unser Greifen nach verschiedenen Aspekten der Realität und geben unseren Stolz auf, sodass wir den Segen unserer Buddhanatur erfahren können. Diese Methode arbeitet mit vier Arten einer/s Guru: (1) dem/der äußeren Guru, (2) dem/der inneren Guru, (3) dem/der geheimen Guru und (4) dem/der äußerst geheimen Guru. Wir werden nun jede Art im Detail ansehen.

Der/die äußere Guru

Der/die *äußere Guru* ist das physische Wesen, das wir gewöhnlich mit dem Wort Guru verbinden: der/die Lehrer/in, der/die uns den Pfad zeigt und uns in der Praxis anleitet. Im vorigen Kapitel haben wir ausführlich über die Praxis der Hingabe in Bezug auf die/den äußere/n Guru gesprochen. Im Wesentlichen geht es bei der Schulung darum, den/die Guru als untrennbar vom Buddha zu betrachten und in seiner/ihrer Gegenwart entsprechend zu handeln.

Ein zentrales Thema dieser Praxis ist es, sich dem/der Meister/in zu unterwerfen. Dadurch lernen wir, den Stolz aufzugeben, der immer Recht zu haben glaubt.

Im Rückblick auf unser Leben können wir feststellen, dass wir ständig auf unsere verblendete Sichtweise gehört und Entscheidungen auf der Grundlage von Unwissenheit getroffen haben. Solch ein Stolz schafft einen endlosen Strom von negativem Karma, der unser Leiden immer weiter fortsetzt. Indem wir uns dem/der äußeren Guru widmen, sagen wir uns im Grunde: „Genug ist genug", und statt auf unsere Unwissenheit zu hören, entscheiden wir uns, der Weisheit der/des Guru zu folgen.

Der Wurzelguru

Der Segen, den wir von dieser Art von Guru erhalten, äußert sich in erster Linie als Inspiration zur Praxis. Da wir den/die Guru als von uns selbst getrennt betrachten, beschränkt sich seine/ihre Funktion darauf, Qualitäten zu verdeutlichen und uns zu zeigen, wie wir sie durch das Lehren des Dharma entwickeln können. Solange diese Trennung besteht, können wir den/die Guru nicht als Mittel erkennen, uns mit den tieferen Schichten unserer Wirklichkeit zu verbinden.

Um die Kluft zwischen Guru und Selbst zu überbrücken, müssen wir erkennen, dass die Sinneseindrücke, die die Grundlage für das bilden, was wir „den/die äußere/n Guru" nennen, untrennbar mit dem Geist verbunden sind. Wenn wir diese Erscheinungen genau untersuchen, finden wir nichts, worauf wir hinweisen können, außer einer Ansammlung von sichtbaren Formen, Klängen und so weiter, die alle in unserem Bewusstsein entstehen. Mit dieser Erkenntnis hört der/die Guru auf, etwas „da draußen" zu sein und verwandelt sich in etwas „hier drinnen".

Der/die innere Guru

Dieser Übergang vom/von der äußeren zum/zur *inneren Guru* offenbart eine andere Art von Guru, die/den innere/n Guru. Aus der Perspektive dieser/s Guru ist der/die äußere Guru lediglich eine Sammlung von Erscheinungen, die wir nutzen, um die Manifestation erleuchteter Qualitäten zu erkennen. Vergleichen wir die Natur dieser Erscheinungen mit anderen Erscheinungen, die wir erleben, so können wir keinen wesentlichen Unterschied feststellen. Dieses Verständnis öffnet die Tür, um alle Erscheinungen als Grundlage für das Erkennen von Qualitäten zu nutzen.

In der tantrischen Praxis wird die Gesamtheit unserer Erfahrung symbolisch in Form eines erleuchteten Mandala dargestellt, voll von Meditationsgottheiten wie Kalachakra. Indem wir unseren Geist mit diesen Gottheiten vertraut machen, lernen wir, verschiedene Arten

Guru Kalachakra

von Erscheinungen als reine Manifestationen unserer eigenen Buddhanatur wahrzunehmen. Es ist im Prinzip dasselbe, wie die/den äußere/n Guru als Buddha zu sehen, nur dass es jetzt auf alle Erscheinungen ausgedehnt wird.

Das Üben mit dem/der inneren Guru hilft uns, den Stolz zu überwinden, der den/die Guru für rein und das Selbst für unrein hält. Anstatt sie als zwei getrennte Entitäten zu sehen, werden sie miteinander verbunden, um dann alles als rein zu erkennen. Dieser Prozess beseitigt unser Greifen nach gewöhnlichen Erscheinungen, wodurch wir uns mehr mit unserer erleuchteten Natur identifizieren können.

Der Segen der/des inneren Guru manifestiert sich in einer Fülle von inneren Qualitäten. Die Reinigung des Geistes von seinen groben Vorstellungen macht ihn zunehmend subtiler und flexibler. Ein solcher Geist kann verschiedene Zustände der Konzentration nutzen, um wundersame Fähigkeiten zu manifestieren. Obwohl diese Qualitäten außergewöhnlich sein können, sind sie immer noch durch die konzeptuelle Sichtweise bedingt, die sie hervorgebracht hat, und daher bleibt ihr Segen weiterhin begrenzt.

Der/die geheime Guru

Um die subtilen Konditionierungen unserer Natur zu beseitigen, müssen wir uns auf eine noch subtilere Art von Guru verlassen, die als *geheime/r Guru* bezeichnet wird. Anstatt direkt mit den Erscheinungen zu arbeiten, konzentrieren wir uns auf das Gewahrsein, das die Natur dieser Erscheinungen erfährt. In gewisser Weise können wir uns die/den innere/n Guru als den objektiven Aspekt unserer Natur vorstellen, während der/die geheime Guru der subjektive Aspekt des Geistes selbst ist.

Guru Vajradhara

Wenn das Gewahrsein aus der Perspektive eines dualistischen Bewusstseins arbeitet, werden Erscheinungen mit vielen Merkmalen wahrgenommen. Greift der Geist nach diesen Merkmalen als getrennten Entitäten, bilden sie die Grundlage für die subjektiven Erfahrungen von Samsara und Nirvana.

Bei der Untersuchung der Beziehung zwischen diesen beiden Extremen mit meditativen Techniken stellen wir fest, dass der Hauptunterschied im Grad des Greifens liegt. Wird der Geist vom Greifen beherrscht, entstehen eine Vielzahl von Konzepten und eine Erfahrung von Leiden. Lässt das Greifen nach, lösen sich die Konzepte auf, und der Geist kommt in seinen natürlichen Zustand zurück und manifestiert eine Erfahrung von Glückseligkeit. Aus dieser Beobachtung können wir schließen, dass die Natur des Geistes glückselig ist.

Die Schulung durch die/den geheime/n Guru besteht im Wesentlichen darin, mit dem Greifen zu arbeiten, um die Erfahrung der Glückseligkeit zu kultivieren, unabhängig davon, welche Erscheinungen auftreten. Anfänglich wird die Glückseligkeit nur erfahren, wenn man in die Stille der einsgerichteten Konzentration eintritt, aber durch den Einsatz geschickter Mittel können wir die gleiche glückselige Geschmeidigkeit entwickeln, auch wenn der Geist in Bewegung ist. Auf diese Weise beseitigen wir effektiv den Stolz, der das Extrem des Nirvana für das Höchste hält, indem wir die Erfahrung der Glückseligkeit mit den Erscheinungen von Samsara vereinen.

Die Segnungen, die wir vom/von der geheimen Guru erhalten, manifestieren sich in Form von glückseliger Versenkung. Wenn die Glückseligkeit all unsere

Erfahrungen durchdringt, nehmen die Erscheinungen einen einheitlichen Geschmack an, und es gibt keine Grundlage mehr, um subjektiv zwischen einem Phänomen und einem anderen zu unterscheiden. Dadurch gewinnt das Gewahrsein die Oberhand und ruht in einem natürlichen Zustand der Versenkung. An diesem Punkt sind die Segnungen wie ein Magnet, der uns näher zu unserer Buddhanatur zieht.

Der/die äußerst geheime Guru

Der/die letzte Guru repräsentiert den natürlichen Grund, auf dem die anderen drei Gurus entstehen. Es ist der/die ursprüngliche Buddha – die erhabene Leerheit, die mit allen erleuchteten Qualitäten ausgestattet und völlig frei von allen Formen konzeptueller Erfindung ist. Dies ist der/die *äußerst geheime Guru*, der/die die Grundlage für die vollständige Beseitigung aller karmischen Verdunkelungen und für die letztendliche Manifestation des Zustands eines/r vollständig erleuchteten Buddha ist.

Der ursprüngliche Buddha

Bis hierher haben wir mit den Gurus des Pfades gearbeitet, da sie vorläufige Methoden sind, um uns der direkten Verwirklichung unserer endgültigen Natur näherzubringen. Zusammenfassend können wir diesen Pfad in drei Schritten beschreiben: (1) der/die äußere Guru hilft uns, unser Greifen zwischen Äußerem und Innerem aufzulösen, (2) der/die innere Guru hilft uns, unser Greifen zwischen Unreinem und Reinem aufzulösen, und (3) der/die geheime Guru hilft uns, unser Greifen zwischen Samsara und Nirvana aufzulösen. Wenn die Praktiken aller drei Gurus gemeistert sind, manifestiert sich die endgültige Bedeutung der Wirklichkeit auf natürliche Weise, und es gibt nichts, was noch zusätzlich getan werden muss.

Die Schulung im äußerst geheimen Guru bedeutet, in Soheit zu verweilen. Aus dieser erleuchteten Perspektive erkennen wir, dass die Erfahrung der konventionellen Realität in Wirklichkeit nie mehr als bloße Illusion war. Durch das Praktizieren des Pfades etablieren wir eine ursprüngliche Weisheit, die niemals von ihrer Erkenntnis der endgültigen Bedeutung abweicht. Ein solcher Geist wird nie wieder die Täuschung der zyklischen Existenz erleben und frei sein, den fühlenden Wesen auf jede erforderliche Weise Nutzen zu bringen.

Auch wenn wir uns auf dem Pfad anstrengen müssen, um diesen höchsten Segen zu manifestieren, können wir dennoch unser Verständnis der/des äußerst geheimen Guru als Leitfaden nutzen. Hierzu müssen wir erkennen, dass die vier Gurus nicht voneinander getrennt sind. Der Urbuddha ist unsere innerste Wahrheit; diese Wahrheit ist die Grundlage für das glückselige Gewahrsein, das die Wirklichkeit so erkennt, wie sie ist – der erhabene Guru Vajradhara; die unendlichen Qualitäten von Vajradhara sind untrennbar mit dem erleuchteten Mandala von Kalachakra verbunden und Kalachakra ist untrennbar von unserem/r eigenen Wurzelguru. Auf diese Weise stellen die vier Gurus ein ununterbrochenes Kontinuum dar, das von der gröbsten Ebene der Wirklichkeit zur subtilsten führt.

DIE VORBEREITENDE ÜBUNG DES GURUYOGAS

Die innere Schulung der Hingabe gegenüber dem/der Guru wird *Guruyoga* genannt. Das Wort *Yoga* stammt aus dem Sanskrit und bedeutet „verbinden", sodass sich der Begriff Guruyoga wörtlich genommen auf den Prozess der Verbindung unseres Geistes mit dem der/des Guru bezieht. In der Praxis wird diese Methode vor allem dazu verwendet, uns über unsere rationalen Gedanken hinauszuführen und uns auf die authentische Praxis des Tantra vorzubereiten.

Bevor man sich auf die Praxis des Guruyogas einlässt, ist es wichtig, Zeit darauf zu verwenden, eine sinnvolle Motivation durch die vorbereitenden Übungen von Zuflucht und Bodhicitta zu entwickeln. Der einzig gültige Grund, den Pfad der Hingabe zu beschreiten, ist das Erreichen der Erleuchtung. Wenn wir es versäumen, diese Motivation zu kultivieren, laufen wir Gefahr, uns in unserem Wunsch nach Aufmerksamkeit, Einfluss, Prestige oder anderen emotionalen Anhaftungen zu verlieren. Allzu leicht kann unsere Hingabe entgleisen, wenn unsere Erwartungen nicht erfüllt werden. Wenn wir aber Samsara wahrhaft entsagen und uns mit ganzem Einsatz dem Erlangen der Buddhaschaft widmen, vertrauen wir diesem Prozess.

Menschen, die in sehr individualistischen Gesellschaften aufgewachsen sind, können eine Abneigung gegen die Idee empfinden, sich einem/r Guru hinzugeben. Dies kann die Versuchung hervorrufen, direkt zu höheren tantrischen Praktiken überzugehen, ohne vorher eine enge Verbindung mit dem/der Guru und der Überlieferungslinie zu entwickeln. Eine solche Haltung schafft jedoch nur Hindernisse auf dem Pfad; obgleich es gelegentlich zu meditativen Erfahrungen kommen kann, wird der Nutzen nur kurzfristig sein und schnell verblassen. Wenn wir dagegen echte Hingabe zu einem/r qualifizierten Lehrer/ in entwickeln, sind wir zweifelsohne auf einem guten Weg, unser letztendliches Ziel zu erreichen, auch wenn es nicht den Anschein hat, dass wir nennenswerte Fortschritte machen.

Entsprechend der frühen Jonang-Shambhala-Tradition des Kalachakra sollte jede Stufe der vorbereitenden Übungen bis zur Meisterschaft geübt werden, unabhängig von zeitlichen Vorgaben. Diese Herangehensweise gewährleistete das Erreichen aller erforderlichen Verwirklichungen, um die fortgeschrittenen Techniken der Sechs Vajrayogas authentisch zu praktizieren.

Seit dem 19. Jahrhundert wurde dieses System modifiziert, weil sich die Art und Weise, wie die Anweisungen empfangen werden, verändert hat. Gemäß dem neueren System werden die Praktizierenden im Laufe eines einzigen Dreijahres-Retreats in alle Praktiken des Kalachakra-Pfades eingeführt. Obwohl die meisten Praktizierenden in diesem Retreat nicht genügend Zeit finden, um alle Übungen zu beherrschen, machen sie sich mit den Techniken so weit vertraut, dass sie diese später im eigenen Tempo im Rahmen eines Einzelretreats vertiefen können. Dieser Ansatz ermöglicht es einer größeren Anzahl von Menschen, in den vollständigen Pfad eingeführt zu werden, und trägt daher maßgeblich dazu bei, die karmischen Grundlagen für die zukünftige Praxis dieses Pfades zu legen.

In einem solchen Dreijahres-Retreat konzentrieren sich die Praktizierenden etwa drei Wochen speziell auf die Praxis des Guruyogas. Seit dem 19. Jahrhundert stützt man sich auf drei traditionelle Texte: (1) *Ein Regen von Segen für die Sechs Yogas der Vajralinie* von Dolpopa Sherab Gyaltsen, (2) *Der Anker zum Ansammeln von Siddhis Guruyoga* von Jetsun Taranatha, und (3) *Der grundlegende Guruyoga*, der in Taranathas Praxishandbuch *Die göttliche Leiter* enthalten ist.

Jedem Text wird eine Woche gewidmet, was den Praktizierenden erlaubt, eine starke Verbindung mit Dolpopa, Taranatha und dem/der eigenen Wurzelguru aufzubauen. Durch die Praktiken des Guruyogas, die seit Jahrhunderten in der Jonang-Linie von Guru zu Schüler/in weitergegeben wurden, sind die Praktizierenden dann in der Lage, den erleuchteten Geist zu entdecken.

Sobald man mit jedem einzelnen Text vertraut ist, wird der Guruyoga als Vorbereitung für alle nachfolgenden Übungen der Kalachakra-Erzeugungs- bzw. Vollendungsstufe verwendet. Indem wir auf diese Weise praktizieren, erinnern wir uns an die verschiedenen Ebenen der/des Guru und an die Bedeutung, welche die Hingabe auf unserem Pfad spielt. Wird das als Vorbereitung praktiziert, wechselt man üblicherweise zwischen den Texten ab und nutzt einen pro Sitzung. Gewöhnlich beginnen wir mit dem Text von Dolpopa, gefolgt von Taranatha und schließlich dem Grundlegenden Guruyoga. Sobald ein Zyklus abgeschlossen ist, beginnen wir wieder mit Dolpopa.

Wenn der Guruyoga unsere Hauptpraxis ist, sollten wir kurz alle voran gegangenen vorbereitenden Übungen rezitieren, um den richtigen Geisteszustand herzustellen. Dazu gehören die äußeren vorbereitenden Übungen der Entsagung und der Hingabe an die Überlieferungslinie sowie die inneren vorbereitenden Übungen von Zuflucht, Bodhicitta, Vajrasattva-Reinigung und Mandala-Darbringung. Nachdem der Geist entsprechend ausgerichtet wurde, können wir die sechs Stufen der Praxis des Guruyogas durchführen: (1) Aufbau der Visualisierung, (2) Ansammlung von Verdienst mit einem siebenteiligen Gebet, (3) Rezitation von Bittgebeten, (4) Empfangen des Segens der vier Ermächtigungen, (5) Verschmelzen des Geistes mit dem des/der Guru und (6) Widmung des Verdienstes.

Aufbau der Visualisierung

Die erste Stufe der Praxis besteht darin, sich die Qualitäten der/des Guru ins Gedächtnis zu rufen, indem man ihn/sie im Raum vor sich visualisiert. Diese Visualisierung dient als Stütze, um Hingabe zu kultivieren und Segen zu empfangen.

Ähnlich wie bei unserer Vajrasattva-Praxis ist es wichtig, vor dem Aufbau einer Visualisierung das dualistische Greifen bewusst loszulassen, indem wir uns an die leere Natur der Erscheinungen erinnern. Dazu rezitieren wir ein Mantra, wie z. B.:

OM SVABHAVA SHUDDHA SARVA DHARMA SVABHAVA SHUDDHO HAM

Alle Phänomene, inklusive meiner selbst, treten in den natürlichen Zustand der Leerheit ein.

Alternativ können wir unseren Geist auch einfach einen Moment lang ruhen lassen, ohne Greifen, wie in einem leeren Raum. Stellen Sie sich vor, dass sich alle gewöhnlichen Erscheinungen auflösen und wir in der Mitte eines erhabenen Buddhafeldes sitzen.

Obwohl die Beschreibungen in den einzelnen Texten leicht variieren, besteht die Essenz darin, im Raum vor Ihnen einen mit Juwelen besetzten Thron zu visualisieren, der von acht Schneelöwen getragen wird. Auf diesem Thron befindet sich ein Lotossitz mit vier Kissen, die von einem weißen Mond, einer roten Sonne, einem schwarzen Rahu und einem gelben Kalagni gebildet werden. Diese repräsentieren die vier Zustände, die durch den Pfad gereinigt werden, und deren Ergebnisse, die vier Vajras von Körper, Rede, Geist und Weisheit.

Bei dieser Praxis erscheint unser/e Wurzelguru auf diesem Thron im Dharmakaya-Aspekt von Guru Vajradhara. Sein Körper ist von dunkelblauer Farbe, mit einem Gesicht und zwei Armen. Er sitzt mit gekreuzten Beinen in der Vajra-Haltung und hält einen Vajra und eine Glocke vor seinem Herzen gekreuzt. Sein Körper ist mit den zweiunddreißig Haupt- und achtzig Nebenmerkmalen eines Buddha sowie mit einer Reihe von juwelenbesetzten Ornamenten und Seidenstoffen geschmückt. Seine Stimme besitzt die sechzig melodischen Qualitäten der Erleuchtung: tief wie Donner, wohltuend und angenehm für das Ohr, gefällig, entzückend, klar, artikuliert, angemessen und beständig. Sein Geist besitzt die zehn Kräfte wie das Wissen um die Fähigkeiten und Veranlagungen der Wesen und den Pfad, durch den jedes befreit werden kann. Auf diese Weise besitzt Guru Vajradhara die glorreichen, majestätischen und vollkommenen Eigenschaften eines vollständig erleuchteten Buddha. Mit einem liebevollen Lächeln blickt er zu Ihnen.

Vom Herzen des Guru strahlt Licht aus, das sich im tiefgründigen Verdienstfeld der Linienmeister, Yidams, Buddhas, Bodhisattvas, Pratyekas, Shravakas, Dakinis und Dharmabeschützer manifestiert. Es ist wichtiger, die Gegenwart dieses Feldes zu spüren als eine klare Erscheinung der Visualisierung zu haben. Nachdem

Sie das Verdienstfeld erzeugt haben, erinnern Sie sich einen Moment lang daran, dass jedes dieser Wesen eine erleuchtete Manifestation der unendlichen Qualitäten von Guru Vajradhara ist. Sie sollten das Gefühl haben, dass sie alle von einer Wesenheit sind.

Auch wenn die Visualisierung unabhängig vom rezitierten Text dieselbe ist, sollten Sie bei der Praxis von Dolpopas Guruyoga versuchen, Vajradhara als untrennbar von Dolpopa zu sehen. Möchten Sie betonen, dass der äußere Guru eine Emanation des inneren Gurus ist, können Sie Dolpopa in menschlicher Form visualisieren und sich Vajradhara an seinem Herzen vorstellen. Für welche Visualisierungen Sie sich auch entscheiden, die Hauptsache ist, das Gefühl ihrer untrennbaren Natur zu haben. Dieselbe Technik kann bei der Rezitation von Taranathas Text oder dem Grundlegenden Guruyoga angewendet werden, bei dem wir Taranatha oder unseren Wurzelguru mit Guru Vajradhara in ihrem Herzen visualisieren.

Ansammlung von Verdienst mit einem siebenteiligen Gebet

Nachdem wir Guru Vajradhara als unser Verdienstfeld errichtet haben, gehen wir zur Hauptpraxis des Bittgebets über. Wie in den meisten Kulturen üblich, ist es glückbringend, zuerst eine Darbringung zu machen, bevor wir unsere/n Guru um Segen bitten. Da sich der/die Guru nichts mehr wünscht, als dass wir die Erleuchtung erreichen, und weil wir wissen, dass dies die Ansammlung von Verdienst und Weisheit erfordert, erzeugen wir aus Hingabe und dem Wunsch, ihn/sie zu erfreuen, Verdienst durch das Darbringen eines *siebenteiligen Gebets*.

Diese außerordentlich geschickte Praxis wurde ursprünglich im *Gebet von Samantabhadra* als ein Mittel zur Ansammlung großer Mengen von Verdienst beschrieben. Wie der Name schon sagt, besteht diese Praxis aus sieben Abschnitten: (1) Verehrung, (2) Darbringungen, (3) Bekennen, (4) Erfreuen, (5) Ersuchen um Unterweisungen, (6) den/die Guru bitten zu bleiben und (7) Widmung. Von diesen sieben sind Verehrung, Darbringungen, Ersuchen und Bitten darauf ausgerichtet, Verdienst zu erzeugen. Das Erfreuen wird verwendet, um dieses Verdienst zu vergrößern, während das Bekennen genutzt wird, um Negativitäten zu bereinigen. Die Widmung soll sicherstellen, dass das erzeugte Verdienst zu einer Ursache für die Erleuchtung wird. Während einige

Texte sich mehr auf bestimmte Teile konzentrieren, versuchen Sie, alle sieben in Ihre Praxis einzubeziehen.

Verehrung

Der erste Teil besteht darin, den erleuchteten Wesen des Zufluchtsfeldes, insbesondere dem/der Guru und den Meister/innen der Überlieferungslinie, Ehrerbietung zu erweisen. Dazu legen wir einfach die Handflächen zusammen und verneigen uns oder, ausführlicher, machen Niederwerfungen. Der Zweck der Ehrerbietung ist es, ein Gefühl der Verehrung und des Respekts gegenüber dem/der Guru und allen seinen/ihren Manifestationen zu erzeugen.

In einigen Texten nimmt dieser Teil die Form eines Gebets an die Überlieferungslinie oder einer Reihe von Versen an, die die erleuchteten Qualitäten der/des Guru hervorheben. Im *Regen von Segen* werden die folgenden Verse verwendet:

Kostbarer Lama, ich verneige mich vor deinem Körper, deiner Rede und deinem Geist.
Dein Körper ist mit unveränderlichen, vollkommenen Zeichen und Merkmalen geschmückt.
Deine ununterbrochene Brahma-gleiche Rede durchdringt die zehn Richtungen.
Du verweilst im fehlerlosen Geist des großen Siegels.

Ich werfe mich nieder vor dir, der Verkörperung der sechunddreißig Tathagatas, die entschleiert werden, wenn die sechunddreißig Aggregate durch die Sechs Vajrayogas, wie Zurückziehung usw., vollkommen gereinigt sind.

Während Sie diesen Abschnitt rezitieren, nehmen Sie die wunderbaren Qualitäten der/des Guru wahr und fühlen Sie, dass Ihr/e Guru das kostbarste Wesen in Ihrem Leben ist. Lassen Sie Ihr Herz mit Bewunderung und Respekt erfüllt werden. Damit das Verdienst dieser Praxis wirklich unermesslich wird, stellen Sie sich vor, wie Sie sich in unzählige weitere Körper vervielfachen, die sich alle gemeinsam niederwerfen, während Sie dem/der Guru Ihre Ehrerbietung erweisen.

Darbringungen

Mit Freude und reiner Absicht bringe ich einen unvorstellbaren Ozean von

Samantabhadra-Opfergaben dar,
Sowie alle Tugenden von Körper, Rede und Geist, die ich während der drei
Zeiten angesammelt habe!

Im zweiten Teil geht es darum, umfangreiche Opfergaben darzubringen. Prinzipiell ist gegen physische Opfergaben nichts einzuwenden, aber im Kontext des Guruyogas werden sie in der Regel visualisiert, damit der Praxisablauf nicht unterbrochen wird. Der Hauptzweck solcher Darbringungen besteht darin, durch die Übung von Großzügigkeit umfangreiche Mengen an Verdienst zu erzeugen, weil dies unsere Anhaftung an die Vergnügungen dieses Lebens verringert und unsere Hingabe stärkt, indem wir uns vorstellen, alles dem/der Guru zu geben.

Um Ihre Darbringungen wirklich umfangreich zu gestalten, können die *zwölf Opfergöttinnen* aus dem Universalen Mandala hilfreich sein (siehe Band Zwei):

Göttin	Farbe	Symbol
des duftenden Wassers	Dunkelblau	Vase
der Blumen	Dunkelblau	Blumengirlande
des Räucherwerks	Rot	Brennendes Räucherwerk
des Lichts	Rot	Kerzen
der Nahrung	Weiß	Opferkuchen (Torma)
der Früchte	Weiß	Schale mit Früchten
der verführerischen Schönheit	Gelb	Seidenbänder
des Lachens	Gelb	Krone
der Musik	Grün	Trommel
des Tanzes	Grün	Vajra
des Gesangs	Blau	Flöte
der Lust	Blau	Lotos

Tabelle 3-1: Die zwölf Darbringungsgöttinnen des Kalachakra

Stellen Sie sich vor, wie aus jeder Göttin eine einzelne Göttin ausströmt, die das entsprechende Symbol trägt. Diese strahlt aus ihrem Herzen zwei weitere Göttinnen aus, jede von ihnen wiederum zwei weitere und so fort, bis der gesamte Raum mit Göttinnen gefüllt ist. Dann lösen sich die Göttinnen in Licht auf und verschmelzen mit dem Guru und dem Verdienstfeld. Diese Art der Darbringung ist als das *Opfer von Samantabhadra* bekannt. Bei Zeitmangel kann trotzdem eine umfangreiche Darbringung erfolgen, indem man sich eine einzelne Gruppe von zwölf Göttinnen vorstellt, die sich vervielfältigen und den Raum ausfüllen.

Bekennen

Ich bekenne mich offen zu all meinen Negativitäten, die durch Körper,
Rede und Geist angesammelt wurden,
Und bete, dass sie gereinigt werden.

Der dritte Teil ist das Bekennen aller Negativitäten, um den Geist zu reinigen und Hindernisse für die Praxis zu beseitigen. Am einfachsten gelingt dies, wenn Sie sich die vier Kräfte (1) Bedauern, (2) Vertrauen, (3) Gegenmittel und (4) Entschlossenheit vergegenwärtigen. Da Sie bereits eine Vajrasattva-Reinigung als Teil Ihrer Vorbereitungen durchgeführt haben, genügt es, sich die vier Kräfte durch eine einfache Meditation ins Gedächtnis zu rufen.

Bedauern entwickelt sich zuerst, indem man über die Handlungen von Körper, Rede und Geist nachdenkt, die unter dem Einfluss von verblendeten Geisteshaltungen wie Hass, Anhaftung und Unwissenheit ausgeführt wurden. Wenn Sie sich nicht an bestimmte Handlungen erinnern können, versuchen Sie, Reue für die zahllosen Negativitäten zu empfinden, die Sie seit anfangsloser Zeit geschaffen haben, insbesondere jene, die Ihre Gelübde betreffen. Sobald Sie ein Gefühl aufrichtiger Reue entwickelt haben, vergegenwärtigen Sie sich Ihre/n Guru als die Quelle Ihrer Zuflucht und erneuern Sie Ihr Bestreben, die Weisheit der/des Guru in Ihrem Geist zu verwirklichen und sich von allen Verdunkelungen zu befreien. Denken Sie über die leere Natur der illusionären Handlungen nach, die Sie in einer illusionären Welt begangen haben, und stellen Sie sich vor, dass sich all Ihr negatives Karma auflöst und Ihr Geist vollständig rein wird. Entwickeln Sie die Entschlossenheit, immer im Einklang mit den Wünschen Ihrer/Ihres Guru zu handeln und zukünftig keine negativen Handlungen mehr zu begehen. Am Ende dieser Meditation ruhen Sie ein paar Augenblicke in der Gewissheit, dass Ihr Geist rein ist.

Erfreuen

Ich erfreue mich an jeglicher Tugend!

Der vierte Teil besteht darin, sich über die eigene Tugend und die Tugend anderer zu erfreuen, um die Stärke des Verdienstes im Geist zu erhöhen. Die Praxis des Erfreuens besteht einfach darin, ein Gefühl der Freude über jede tugendhafte Handlung zu entwickeln.

Um diese Praxis auszuweiten, denken Sie an das enorme Verdienst, das von den erleuchteten Wesen des Verdienstfeldes, insbesondere dem/der Guru, erzeugt wurde, sowie an das Verdienst, das von allen fühlenden Wesen und letztendlich auch von Ihnen erzeugt wurde. Indem Sie sich an den unglaublichen Nutzen erinnern, der sich aus diesen Handlungen ergibt, nähren Sie das Gefühl der Freude, das in Ihrem Geist aufsteigt.

Ersuchen um Unterweisungen

Von ganzem Herzen bitte ich dich, ohne Unterlass das Rad des Dharma zu drehen!

Im fünften Teil wird der/die Guru gebeten, weiterhin alle fühlenden Wesen während der drei Zeiten den Dharma zu lehren. Diese Bitte beruht auf der Erkenntnis der voneinander abhängigen Natur der Phänomene. Um Erleuchtung zu erlangen, müssen wir den Dharma praktizieren; um den Dharma zu praktizieren, müssen wir den Dharma gelehrt bekommen; damit der Dharma gelehrt werden kann, muss ein/e Guru ihn lehren, und damit ein/e Guru lehren kann, muss ein/e Schüler/in bereit sein, die Lehren zu empfangen, und muss sie daher erbitten. Indem wir also den/die Guru von Herzen darum bitten zu lehren, schaffen wir die Ursachen dafür, dass der Dharma gedeihen kann und die fühlenden Wesen schließlich Erleuchtung erlangen.

Wir sollten unsere Bitte vor allem deshalb vorbringen, weil wir den Wunsch hegen, dass die vollständigen Lehren des Kalachakra erblühen mögen. Entwickeln Sie den Wunsch, dass diese Welt immer von authentischen Linienhaltern erfüllt ist und dass alle fühlenden Wesen dem außergewöhnlichen Pfad der Sechs Vajrayogas begegnen.

Um das Verdienst dieser Bitte noch zu vermehren, stellen Sie sich vor, Ihren

Körper zu vervielfachen, um den Sie umgebenden Raum auszufüllen, und visualisieren Sie, wie diese dem/der Guru und dem Verdienstfeld ein goldenes Dharmarad darbringen. Stellen Sie sich vor, dass der/die Guru Ihre Darbringung freudig entgegennimmt und verspricht, das Rad des Dharma zum Wohle aller fühlenden Wesen zu drehen.

Den/die Guru bitten, zu bleiben

Ich bitte dich inständig, zum Wohle aller Wesen für immer in Samsara zu bleiben!

Mit dem sechsten Teil wird der/die Guru inständig gebeten, sich weiterhin in Samsara zum Wohle der fühlenden Wesen zu manifestieren. Dies erinnert uns daran, dass der/die Guru bereits über alles Leiden hinausgegangen ist, um in der ununterbrochenen Glückseligkeit des Dharmakaya-Wahrheitskörpers zu verweilen. Da wir nicht das Glück haben, diesen Zustand zu erfahren, müssen wir uns auf die Rupakaya-Emanationen der/des Guru stützen, um mit ihm/ihr zu interagieren. Obwohl diese Emanationen völlig frei von jeglichen Fehlern sind, erleben wir sie dennoch als gewöhnliche Wesen, die geboren werden, eine Zeit lang leben und dann dahinscheiden.

Theoretisch bräuchten wir den/die Guru nicht zu bitten, zu bleiben, weil er/sie sich aufgrund seiner/ihrer Vollkommenheit des Mitgefühls spontan zu unserem Nutzen manifestieren wird. Es geht also darum, unser Gewahrsein für den/die Guru in unserem Leben zu intensivieren und die unglaublich wertvolle Gelegenheit anzuerkennen, die seine/ihre Anwesenheit uns bietet. Vor allem geht es in diesem Teil darum, Wertschätzung für die Güte der/des Guru zu entwickeln und den starken Wunsch zu entwickeln, niemals von ihm/ihr getrennt zu werden.

Widmung

Wie es in *Der Anker zum Ansammeln von Siddhis* heißt:

Ich widme alle meine Tugend, damit mein Geist von deinem untrennbar werde, oh heiliger Lama.
Mögen alle Wesen die allerhöchste Erleuchtung erreichen!

Der letzte Teil widmet das Verdienst, das durch die Darbringung des siebenteiligen Gebets entsteht, der Erlangung der allerhöchsten Erleuchtung.

Wie bei jeder tugendhaften Praxis nutzen wir die Widmung, um eine karmische Beziehung zwischen unseren gegenwärtigen Handlungen und dem gewünschten Ergebnis herzustellen, die beide Aspekte miteinander verbindet und sicherstellt, dass die Tugend nicht verloren geht. Je mehr Verdienst wir derselben Absicht widmen, desto stärker wird diese Absicht und erhöht die Wirkung, die sie in unserem Leben hat.

Während wir die Widmung vollziehen, stellen wir uns vor, dass der/die Guru uns liebevoll anlächelt und mit unseren Handlungen sehr zufrieden ist. Obwohl wir nicht um die Anerkennung der/des Guru buhlen wollen, können wir uns dennoch an der Tatsache erfreuen, dass wir etwas sehr Heilsames getan haben.

Bittgebete sprechen

Nachdem wir durch die Ansammlung von Verdienst einen Geist geschaffen haben, der reif für Verwirklichungen ist, gehen wir nun dazu über, Bittgebete an den/die Guru zu richten, und ersuchen um seinen/ihren Segen. Wenn wir diese Bitte äußern, müssen wir ein inbrünstiges und aufrichtiges Gefühl der Hingabe gegenüber dem/der Guru erzeugen, das völlig frei von Selbstbezogenheit oder Greifen ist. Diese Haltung entspringt einer demütigen Einstellung und basiert auf der völligen Aufgabe dessen, was wir glauben, zu brauchen oder zu wollen. Wir sollten für alles, was der/die Guru uns an Segnungen erteilen will, so offen und empfänglich wie möglich sein.

Während Sie die Visualisierung der/des Guru im Geist halten, rezitieren Sie die Bittgebete, wie sie im Text stehen. Falls Guruyoga Ihre Hauptpraxis ist, wiederholen Sie jeden Vers immer wieder, bis er eine emotionale Reaktion hervorruft. Versuchen Sie, beim Rezitieren nichts künstlich zu erzeugen, sondern öffnen Sie sich einfach für alle Gefühle, die auftauchen.

So wie Ihr Finger nass wird, wenn er ins Wasser getaucht wird, oder brennt, wenn er ins Feuer gehalten wird, so wird sich auch Ihr Geist in den erleuchteten Geist des Buddha verwandeln, wenn Sie sich mit dem Segen der Überlieferungslinie verbinden. Durch diesen Prozess wird sich Ihr gewöhnlicher dualistischer Geist allmählich auflösen, während die ursprüngliche Natur Ihres Geistes zum Vorschein kommt.

Sie können die Gebete entweder einmal oder wiederholt rezitieren, bevor

Sie die vier Ermächtigungen erhalten. Auch wenn jede der drei Guruyoga-Praktiken unterschiedliche Gebete enthält, stammen die folgenden aus der Praxis des *grundlegenden Guruyogas*, bei der der/die eigene Wurzelguru als Guru Vajradhara visualisiert wird:

Ich bete zu meinem kostbaren, glorreichen Lama, dem Herrn des Dharma und der Verkörperung aller Buddhas.

Ich bete zu meinem kostbaren, glorreichen Lama, dem Herrn des Dharma, der die vier Buddha-Kayas besitzt.

Ich bete zu meinem kostbaren, glorreichen Lama, dem Herrn des Dharma, meiner unvergleichlichen, letztendlichen Zuflucht.

Ich bete zu meinem kostbaren, glorreichen Lama, dem Herrn des Dharma, meinem unvergleichlichen, letztendlichen Erretter.

Ich bete zu meinem kostbaren, glorreichen Lama, dem Herrn des Dharma, der den unübertrefflichen Pfad zur Befreiung lehrt.

Ich bete zu meinem kostbaren, glorreichen Lama, dem Herrn des Dharma, der Quelle aller erhabenen Errungenschaften.

Ich bete zu meinem kostbaren, glorreichen Lama, dem Herrn des Dharma, der die Dunkelheit der Unwissenheit beseitigt.

Bitte gewähre mir die Ermächtigung!
Bitte segne mich mit der Kraft, mich mit vollkommener Hingabe der Praxis zu widmen!

Mögen alle Hindernisse beseitigt werden, damit ich mein Leben der Praxis widmen kann!
Möge ich die Essenz der Praxis erfahren!
Möge meine Praxis die höchste Vollendung erreichen!
Möge ich ganz natürlich Liebe, Mitgefühl und Bodhicitta ausstrahlen!
Möge ich die vollkommene Konzentration und Einsicht vereinigen!
Möge ich die wahre Erfahrung und höchste Realisation des Dharma erreichen!
Möge ich die Praxis des tiefgründigen Vajrayoga-Pfades vervollkommnen!
Möge ich mit den Siddhis des Großen Siegels in diesem einen Leben ermächtigt werden!

Den Segen der vier Ermächtigungen erhalten

Die nächste Stufe der Praxis besteht darin, den Segen der vier Ermächtigungen zu erhalten, der die ursächlichen Samen für das Erreichen des erleuchteten Körpers, der Rede, des Geistes und der ursprünglichen Weisheit der/des Guru erzeugt. Die folgenden Visualisierungen sind nicht dasselbe wie die tatsächlichen Ermächtigungen, die wir in späteren Stadien des Pfades erhalten. Sie bereiten in einem Stadium des Anstrebens unseren Geist vor, indem sie eine starke Verbindung zwischen uns selbst und dem/der Guru, der Quelle der Ermächtigungen, herstellen. Es ist, als würden wir ein Stück Erde kultivieren, damit wir es eines Tages mit Samen bepflanzen können.

> *Möge ich die vier Silben an den Chakras am Körper des Lama als die vier Buddha-Kayas ansehen.*
> *Möge ich, indem ich mich auf sie konzentriere, die vier Ermächtigungen erhalten.*
> *Möge mich mein glorreicher Lama segnen, damit dies gelingt!*

Nachdem Sie diese Bittgebete rezitiert haben, visualisieren Sie Ihre/n Guru, der/die Sie mit großer Liebe und Mitgefühl anlächelt und bereit ist, Ihnen die Ermächtigungen zu geben. An seiner/ihrer Stirn visualisieren Sie die weiße Silbe OM (ༀ), die symbolisch für den Vajra-Körper steht; an der Kehle die rote Silbe AH (ཨཱཿ) als Symbol für die Vajra-Rede; am Herzen die dunkelblaue Silbe HUM (ཧཱུྂ), die den Vajra-Geist repräsentiert und am Nabel die gelbe Silbe HO (ཧོཿ), die ein Ausdruck der Vajra-Weisheit ist.

Der Segen der Vasen-Ermächtigung

> *Aus dem OM auf der Stirn meines Lama strömt ein weißes OM hervor und löst sich in mein eigenes Stirnchakra auf.*
> *Möge ich durch diese Kraft die Vasen-Ermächtigung erhalten.*
> *Möge mein glorreicher Lama mich segnen, damit dies gelingt!*

Der erste Segen wird durch die Silbe OM an der Stirn der/des Guru empfangen. Stellen Sie sich vor, dass weißes Licht von seiner/ihrer Stirn in Ihre eigene Stirn strömt und Ihren Körper vollständig mit strahlendem weißen Licht erfüllt. Während Sie diesen Segen empfangen, entwickeln Sie das Bestreben, die

Vasen-Ermächtigung zu erhalten, die alle Negativitäten und Verdunkelungen des Körpers sowie die Erscheinungen des Wachzustandes reinigen kann. Entwickeln Sie die Überzeugung, dass Sie durch diesen Segen die Ursache dafür geschaffen haben, eines Tages den Vajra-Körper der/des Guru zu verwirklichen und den Nirmanakaya-Emanationskörper eines Buddha zu manifestieren. Lassen Sie Ihr Gewahrsein frei von Konzepten und ohne Greifen in dieser Erfahrung ruhen.

Der Segen der geheimen Ermächtigung

Aus dem AH an der Kehle meines Lama strömt ein rotes AH hervor und löst sich in mein eigenes Kehlchakra auf.
Möge ich durch diese Kraft die geheime Ermächtigung erhalten.
Möge mein glorreicher Lama mich segnen, damit dies gelingt!

Den zweiten Segen erhält man durch die Silbe AH an der Kehle der/des Guru. Stellen Sie sich vor, dass Licht aus seiner/ihrer Kehle in Ihre eigene Kehle strömt und Ihren Körper vollständig mit strahlendem roten Licht ausfüllt. Diesmal entwickeln Sie das Bestreben, eines Tages die geheime Ermächtigung zu erhalten, die in der Lage ist, alle Negativitäten und Verdunkelungen der Rede sowie die Erscheinungen des Traumzustandes zu reinigen. Entwickeln Sie die Überzeugung, dass Sie durch diesen Segen die Ursache dafür geschaffen haben, eines Tages die Vajra-Rede der/des Guru zu verwirklichen und den Sambhogakaya-Freudenkörper eines Buddha zu manifestieren. Ruhen Sie auch hier eine Zeit lang in Ihrem Gewahrsein.

Der Segen der Weisheits-Ermächtigung

Aus dem HUM am Herzen meines Lama strömt ein schwarzes HUM hervor und löst sich in mein eigenes Herzchakra auf.
Möge ich durch diese Kraft die ursprüngliche Weisheits-Ermächtigung erhalten.
Möge mein glorreicher Lama mich segnen, damit dies gelingt!

Den dritten Segen erhält man von der Silbe HUM am Herzen der/des Guru. Stellen Sie sich vor, dass Licht aus seinem/ihrem Herzen in Ihr eigenes Herz strömt und Ihren Körper mit strahlendem dunkelblauen Licht erfüllt. Entwickeln Sie das Bestreben, eines Tages die Weisheits-Ermächtigung zu erhalten, die alle Negativitäten und Verdunkelungen des Geistes sowie die Erscheinungen des Zustandes des

Tiefschlafs reinigen kann. Stellen Sie sich vor, dass Sie durch diesen Segen die Ursachen geschaffen haben, um den Vajra-Geist der/des Guru zu verwirklichen und den Jñana-Dharmakaya, den Weisheits-Wahrheitskörper eines Buddha, zu manifestieren. Ruhen Sie wiederum eine Zeit lang in Ihrem Gewahrsein.

Der Segen der Wort-Ermächtigung

Aus dem HO am Nabel meines Lama strömt ein gelbes HO hervor und löst sich in mein eigenes Nabelchakra auf.
Möge ich durch diese Kraft die heilige vierte Ermächtigung erhalten.
Möge mein glorreicher Lama mich segnen, damit dies gelingt!

Den vierten und letzten Segen erhält man durch die Silbe HO am Nabel der/des Guru. Visualisieren Sie, dass Licht von seinem/ihrem Nabel in Ihren eigenen Nabel strömt und Ihren Körper mit strahlend gelbem Licht erfüllt. Entwickeln Sie den Wunsch, eines Tages die Wort-Ermächtigung zu erhalten, die alle latenten Spuren von Anhaftung und Konzeptualität sowie die Erscheinungen des Zustands der glückseligen Versenkung reinigen kann. Entwickeln Sie die Gewissheit, dass Sie durch diesen Segen die Ursachen dafür schaffen, die Vajra-Weisheit der/des Guru zu verwirklichen und den Svabhavikakaya-Naturkörper eines Buddha zu manifestieren. Ruhen Sie erneut eine Zeit lang in Ihrem Gewahrsein.

Ermächtigung	Silbe	Farbe	Ort	Reinigt	Erlangung
Vase	OM	Weiß	Stirn	Wachzustand	Nirmanakaya
Geheim	AH	Rot	Kehle	Traumzustand	Sambhogakaya
Weisheit	HUM	Dunkelblau	Herz	Zustand des Tiefschlafs	Dharmakaya
Wort	HO	Gelb	Nabel	Glückselige Versenkung	Svabhavikakaya

Tabelle 3-2: Die vier Ermächtigungen

Ihren Geist mit dem/der Guru verschmelzen

Der Lama auf meinem Scheitel schmilzt zu Licht und löst sich in mich auf.
Er verweilt in der Mitte eines achtblättrigen Lotos an meinem Herzen.
Möge mein glorreicher Lama mich segnen, damit dies gelingt!

Wenn man Guruyoga praktiziert, ist es entscheidend, ein unerschütterliches

Vertrauen zu haben und zu glauben, dass man tatsächlich den ursprünglichen Weisheitsgeist seines/r Vajrameisters/Vajrameisterin erhalten hat. Nachdem Sie die vier Ermächtigungen erhalten und wiederholt mit intensiver Hingabe zu Ihrem/Ihrer Guru gebetet haben, lösen Sie die Visualisierung auf und werden eins mit dem erleuchteten Geist der/des Guru.

Lösen Sie zunächst das Verdienstfeld in die zentrale Figur von Guru Vajradhara auf, einschließlich des Throns und der Kissen. Dann visualisieren Sie, wie Vajradhara zum Scheitel Ihres Kopfes kommt, zu glückseligem Nektar schmilzt und sich in Ihrem Zentralkanal auflöst. Stellen Sie sich vor, dass der Körper, die Rede und der Geist der/des Guru untrennbar mit Ihrem eigenen Körper, Ihrer Rede und Ihrem Geist verschmelzen. Lassen Sie Ihr Gewahrsein in der Gewissheit ruhen, dass Sie und Ihr/e Guru von einer Natur sind.

Halten Sie diesen nicht-begrifflichen Zustand so lange wie möglich. Wenn Sie durch Gedanken abgelenkt werden, können Sie entweder die Sitzung beenden oder die Praxis von Beginn an wiederholen, indem Sie die Visualisierung wiederherstellen, Bittgebete rezitieren und Ihren Geist erneut mit dem/der Guru verschmelzen.

Widmung der Verdienste

Wenn Sie bereit sind, die Übung zu beenden, achten Sie darauf, die Verdienste zu widmen:

Möge ich in all meinen zukünftigen Leben nie von meinem vollkommenen Guru und dem wahren Dharma getrennt sein. Möge ich nach und nach alle meine natürlichen Qualitäten entdecken und schließlich meinen wahren, natürlichen Geist, den Zustand von Vajradhara, erreichen.

Mögen ich und andere schließlich Körper wie ihr, Wurzel- und Linienlamas, erlangen. Mögen unsere Gefolgschaft, Lebensspanne und unser Verdienstfeld wie eure werden und mögen wir eurem edlen, erhabenen Ruf nacheifern. Mögen durch die Kraft meiner Gebete zu euch Krankheit und Armut gelindert sowie Konflikte beigelegt werden und mögen Dharma und Glück anwachsen, wo immer ich und andere uns aufhalten.

Gütiger und kostbarer Lama, alles Gute und Tugendhafte in Samsara und Nirvana ist aus der Stärke deines Mitgefühls entstanden. Mein Beschützer, Quelle jedes erdenklichen Nutzens, ich bete aus der Tiefe meines Herzens zu dir.

RATSCHLÄGE FÜR DIE PRAXIS DES GURUYOGAS

Guruyoga ist das Herzstück des tantrischen Pfades. Wenn er gemeistert wird, hat er die Fähigkeit, die Verbindung zu Ihrer Buddhanatur zu stärken, und eröffnet Ihnen die Möglichkeit, Hingabe zu nutzen, um Erleuchtung zu erlangen. Um den Nutzen dieser Praxis zu maximieren, möchte ich Ihnen die folgenden Ratschläge geben:

Jede tantrische Praxis ist eine Form von Guruyoga

Der Kern des Vajrayana besteht darin, durch den Einsatz vieler geschickter Methoden den resultierenden Zustand der Buddhanatur in unserer gegenwärtigen Erfahrung zu manifestieren. Die einzelnen Techniken mögen sich zwar ändern, aber der Zweck ist immer derselbe. Das bedeutet, dass alle tantrischen Praktiken dazu dienen, den Geist auf einen einzigen Punkt auszurichten – die erhabene Leerheit der Soheit.

Anstatt die Praktiken getrennt voneinander zu betrachten, empfehle ich, sie als Teil desselben wesentlichen Prozesses zu sehen. Denken Sie daran, dass jede einzelne eine Gelegenheit bietet, die Art und Weise zu erkennen, wie sich die Buddhanatur in Ihrem Leben manifestiert, und auch wenn sich der Fokus des Objekts und die Realitätsebene von Praxis zu Praxis ändern, müssen wir sie immer wieder mit der Buddhanatur verbinden.

Eine Möglichkeit, diesen Prozess in seiner Gesamtheit zu sehen, besteht darin, ihn in die Beziehung einzubetten, die wir zu unserem/r Guru haben. Wir können uns die Praktiken der Erzeugungs- und Vollendungsstufen als einen Weg vorstellen, Guruyoga mit den subtileren Ebenen der/des Guru zu praktizieren, wobei unser letztendliches Ziel darin besteht, unseren Geist untrennbar mit dem/der äußerst geheimen Guru zu vereinen. Die Hingabe wird dann zu einem Leitfaden, der alles miteinander verbindet und es uns ermöglicht, schnell zu unserer endgültigen Natur zu gelangen. Diese Wahrnehmung ermöglicht es uns, den Prozess des Tantra zu vereinfachen und unsere Handlungen zu integrieren, um zu vermeiden, dass wir uns ablenken lassen und zu viel Zeit mit vorläufigen Aktivitäten verbringen.

Bittgebete personalisieren

Bittgebete sind ein äußerst wichtiger Teil der Praxis des Guruyogas, da sie eine erfahrungsbasierte Methode sind, um das Greifen nach unserem Selbst durch den Akt der Hingabe zu lösen. Der Schlüssel zu einer wirklich effektiven Praxis liegt darin, dass wir unsere Bittgebete tief aus unserem Herzen schöpfen und die emotionale Verbindung dahinter pflegen, sodass sie nicht nur leere und nachgesprochene Worte sind.

Eine ideale Möglichkeit, tief empfundene Bittgebete zu sprechen, besteht darin, sie persönlich zu gestalten. Anstatt Worte zu rezitieren, die von jemand anderem geschrieben wurden, sollten Sie sich Ihre eigenen Bestrebungen oder Hindernisse vergegenwärtigen, denen Sie derzeit gegenüberstehen. Formulieren Sie in Gegenwart der/des Guru eine Bitte in Ihren eigenen Worten, die Ihren Wunsch nach Hilfe zum Ausdruck bringt. Je persönlicher Ihre Bitten sind, desto stärker wird die Wirkung auf Ihren Geist sein.

Falls es Ihnen schwerfällt, Ihre Gefühle oder Bedürfnisse in Worte zu fassen, können Sie sich natürlich auch auf die Vajra-Worte der großen Meister/innen verlassen. Versuchen Sie dabei, die Bittgebete mit Ihrer eigenen Erfahrung zu verbinden. Zudem ist es nicht notwendig, nur die Bittgebete aus dem jeweiligen Übungstext zu verwenden. Sollten Sie andere Verse finden, mit denen Sie sich besonders verbunden fühlen, können Sie diese durchaus in Ihre Praxis einbeziehen. Das Wichtigste ist, dass sie aus dem Herzen kommen.

Seien Sie sich der/des Guru jederzeit gewahr

Unabhängig davon, ob Guruyoga Ihre Hauptpraxis ist oder nicht, versuchen Sie so gut Sie können, das Gewahrsein der/des Guru in jeden Moment Ihres täglichen Lebens zu integrieren. Stellen Sie sich vor dem Einschlafen eine weiße, achtblättrige Lotosblume im Zentrum Ihres Herzens vor, in deren Mitte Ihr/e Guru in der Größe Ihrer Daumenkuppe sitzt und Sie mit großer Liebe und Zuneigung anlächelt. Konzentrieren Sie sich beim Einschlafen ganz auf dieses Bild, dann werden Sie schließlich klare, helle Träume haben. Wenn Sie morgens aufwachen, visualisieren Sie sofort Ihre/n Guru, wie er/sie sich von Ihrem Herzen entlang des Zentralkanals bis über Ihren Scheitel erhebt, wo er den ganzen Tag über verbleibt, um Sie zu führen und über Sie zu wachen.

Wenn Sie sitzen, denken Sie daran, dass sich der/die Guru über Ihrem Scheitel befindet, und wenn Sie gehen, visualisieren Sie ihn/sie über Ihrer rechten Schulter. Dies symbolisiert die Umrundung oder das Gehen im Uhrzeigersinn um den Guru, was sowohl ein Zeichen des Respekts wie auch ein Mittel zum Ansammeln von Verdienst ist. Beim Essen und Trinken versuchen Sie sich vorzustellen, wie sich Ihre Kehle weit ausdehnt, um die Anwesenheit der/des Guru einzubeziehen, und um ihm/ihr dabei Nahrung und Trank anzubieten.

Sollten Sie sich mit diesen Visualisierungen schwer tun, versuchen Sie einfach, sich diese Ereignisse als Opfergaben für den/die Guru vorzustellen, anstatt sich mit dem gedanklichen Bild zu beschäftigen. Allein das Gewahrsein seiner Anwesenheit ist schon eine wirksame Praxis. Denken Sie daran, dass die Konzentration auf das Gefühl oder die Bedeutung der Worte ein Aspekt ist, der nicht nur für Guruyoga gilt, sondern für jede Praxis, die Visualisierung beinhaltet. Es ist wichtig, sich nicht zu viele Sorgen zu machen und sich nicht in seinen Bemühungen entmutigen zu lassen, sondern sich seiner Fähigkeiten und Stärken bewusst zu sein und die Übung so durchzuführen, dass diese Fähigkeiten optimal genutzt werden.

Wiederholtes Verschmelzen mit dem/der Guru

Die Essenz des Guruyogas besteht darin, die untrennbare Natur der/des Guru mit unserem eigenen Geist zu erkennen. Es ist diese Erfahrung, die uns unserer endgültigen Natur näher bringen wird. Aus diesem Grund sollten wir den Prozess der Verschmelzung mit dem/der Guru sooft wie möglich wiederholen.

Nehmen Sie sich tagsüber, während der/die Guru über Ihrem Scheitel visualisiert wird, einen Moment Zeit, um sich vorzustellen, wie Sie den Segen der vier Ermächtigungen empfangen, und erlauben Sie dem/der Guru, sich in Ihr Herz hinein aufzulösen. Ruhen Sie so lange in Ihrem Gewahrsein, wie Sie möchten, und visualisieren Sie dann, wie sich der/die Guru in Ihrem Herzen manifestiert, den Zentralkanal hinaufsteigt und seinen/ihren Platz auf Ihrem Scheitel wieder einnimmt.

Wenn Sie keine Zeit für diese Visualisierung haben, erinnern Sie sich an die Gegenwart Ihrer/s Guru und ruhen Sie konzeptlos in dem Gewahrsein, dass er/sie untrennbar mit Ihrer Natur verbunden ist. Versuchen Sie, diese wesentlichen Meditationen über den Tag zu verteilen, damit Sie ständig an diese innere Wahrheit erinnert werden.

ZUSAMMENFASSUNG

- Die Praxis der Hingabe, den/die Guru als Buddha zu sehen, bringt uns Buddha so nahe, dass wir seinen Segen empfangen können. Dieser Segen ist die Manifestation unserer Buddhanatur aus der Perspektive unserer gewöhnlichen Erfahrung und bietet uns die Möglichkeit, diese Natur zu verwirklichen.

- Die Haupthindernisse für den Erhalt von Segen sind: (1) das Festhalten am Selbst, das unseren Geist von seiner Natur trennt, und (2) der Stolz, der uns daran hindert, unser Greifen aufzulösen, und der verhindert, dass dieser Segen zunimmt.

- Um das Greifen nach dem Selbst aufzulösen, verlagern wir unseren Stolz von groben zu subtilen Vorstellungen vom Selbst und nutzen dabei vier Arten von Gurus als Unterstützung: (1) die/den äußere/n Guru, die/der uns hilft, äußere Erscheinungen in innere Erscheinungen aufzulösen, (2) die/den innere/n Guru, die/der uns hilft, unreine Erscheinungen in reine Erscheinungen aufzulösen, (3) die/den geheime/n Guru, die/der uns hilft, das Leiden von Samsara in die Glückseligkeit von Nirvana aufzulösen, und (4) die/den äußerst geheime/n Guru, die/der uns hilft, den verblendeten Grund in das erleuchtete Ergebnis aufzulösen.

- Die vorbereitenden Übungen der Praxis des Guruyogas dienen dazu, uns über unsere rationalen Gedanken hinauszuführen und uns auf die authentische Praxis des Tantra vorzubereiten, indem wir unseren Geist mit dem Geist der/des Guru verbinden.

- Seit dem 19. Jahrhundert werden folgende drei Texte für die Übung des Guruyogas verwendet: (1) Ein Regen von Segen für die Sechs Yogas der Vajralinie von Dolpopa Sherab Gyaltsen, (2) Der Anker zum Ansammeln von Siddhis, ein Guruyoga von Jetsun Taranatha, und (3) Der Grundlegende Guruyoga, der in Taranathas Praxisanleitung Die göttliche Leiter enthalten ist.

- Die Praxis des Guruyogas umfasst sechs Stufen: (1) Aufbau der Visualisierung, (2) Ansammlung von Verdienst durch ein siebenteiliges Gebet, (3) Bittgebete, (4) Empfang des Segens der vier Ermächtigungen, (5) Verschmelzung des Geistes mit dem/der Guru und (6) Widmung des Verdienstes.

- Das siebenteilige Gebet besteht aus sieben Praktiken, die uns dabei helfen, Verdienst zu erzeugen, diesen Verdienst zu vermehren und Negativitäten zu beseitigen. Diese sind: (1) Verehrung, (2) Darbringungen, (3) Bekennen, (4) Erfreuen, (5) Ersuchen um Unterweisungen, (6) den/die Guru bitten zu bleiben und (7) Widmung.

- Es ist hilfreich, sich alle tantrischen Praktiken als verschiedene Formen des Guruyogas vorzustellen, die es uns ermöglichen, unseren Geist mit den verschiedenen Ebenen der/des Guru zu verschmelzen. Unser sollte Ziel sein, Guruyoga schließlich mit dem/der äußerst geheimen Guru zu praktizieren – der endgültigen Natur der Wirklichkeit.

- Damit Bittgebete wirklich wirksam sind, müssen sie von Herzen kommen. Bemühen Sie sich daher, sich mit den Bittgebeten auf einer emotionalen Ebene zu verbinden, damit sie bedeutsam und aufrichtig sind.

- Indem Sie den/die Guru an Ihrem Herzen oder über Ihrem Scheitel visualisieren, können Sie Achtsamkeit für die Gegenwart der/des Guru während des Tages und der Nacht entwickeln. Dieses Gefühl der ständigen Verbindung wird Ihnen helfen, Ihre Hingabe zu stärken und Ihr Gewahrsein der Buddhanatur zu vertiefen.

- Die Essenz des Guruyogas besteht darin, den eigenen Geist mit dem Geist der/des Guru zu verschmelzen. Aus diesem Grund sollten wir im Laufe des Tages jede Gelegenheit nutzen, um uns an unsere untrennbare Natur zu erinnern.

TEIL ZWEI

Das erleuchtete
Mandala erzeugen

KAPITEL VIER

Den Geist durch tantrische Ermächtigung reifen

Bevor wir die *Erzeugungsstufe des Kalachakra* praktizieren können, muss unser Geist von einem/r authentischen Vajrameister/in dazu ermächtigt werden. Die Teilnahme an einer Ermächtigungszeremonie gibt uns die Möglichkeit, eine enge Verbindung mit der Überlieferungslinie herzustellen, und befähigt uns, die Voraussetzungen für eine erfolgreiche Vajrayana-Praxis zu schaffen.

Um die Bedeutung der Ermächtigung zu verstehen, stellen Sie sich ein Stück Land vor, das wir für den Anbau von Pflanzen nutzen möchten. Wenn der Boden nicht fruchtbar ist, wird er keine Pflanzen hervorbringen können. Daher bedarf es geschickter Methoden, um den Boden zu düngen und ihm die Fähigkeit oder Kraft zu verleihen, eine reiche Ernte hervorzubringen.

In ähnlicher Weise befruchten wir durch verschiedene Arten von Ermächtigungen unseren Geist, so dass neue Ideen und Qualitäten in ihm entstehen können. Während es viele Möglichkeiten gibt, den Geist zu ermächtigen, werden speziell entwickelte Zeremonien verwendet, um bestimmte Wirkungen zu erzielen, die für den Pfad relevant sind. Diese Zeremonien tragen den Namen „Ermächtigungen".

Das Grundprinzip, das allen Formen der Vajrayana-Praxis gemeinsam ist, besteht darin, dass wir durch die Veränderung unseres inneren Geisteszustandes auch die Art und Weise verändern, wie wir unsere äußere Wirklichkeit wahrnehmen und erleben. Dieses Prinzip wird während einer Ermächtigung genutzt, um uns dabei zu helfen, unsere Erfahrung in etwas zu verwandeln, das sowohl einzigartig wie auch letztendlich bedeutungsvoll ist.

Dieses Prinzip kann in vielen Situationen angewandt werden und ist nicht auf den stark ritualisierten Rahmen einer Ermächtigungszeremonie beschränkt. Stellen Sie sich zum Beispiel vor, Sie würden in einer Höhle üben, frei von äußeren Ablenkungen. Wir mögen denken, dass dies eine fantastische Erfahrung wäre, aber wenn wir uns nach einiger Zeit langweilen, frustriert, unwohl oder deprimiert sind, werden wir herausgefordert. Mit Ausdauer und durch Konzentration auf die Praxis können wir uns ganz auf diese Wirklichkeit einlassen, und es entsteht ein echtes Gefühl der Hingabe und Liebe. All diese Bedingungen, sowohl die äußeren als auch die inneren Hindernisse, die auftauchen, tragen dazu bei, bestimmte Qualitäten hervorzubringen.

Die Veränderung oder Transformation, die diese Qualitäten entstehen lässt, ist die tatsächliche Ermächtigung. Unabhängig von den Bedingungen manifestieren sich die Erfahrungen der Ermächtigung im Allgemeinen auf drei Arten:

1. **Tatsächliche Erfahrung:** Die stärkste Form der Ermächtigung ist die direkte Erkenntnis des spezifischen Aspekts der Wirklichkeit, auf den die Ermächtigung hinweist. Diese Art von Erfahrung verändert die Art und Weise, wie wir die Realität wahrnehmen, und verhindert, dass verschiedene Formen der Unwissenheit in der Zukunft erneut auftreten.

2. **Erleben von Zeichen:** Abhängig von den karmischen Veranlagungen in unserem Geist kann eine Ermächtigung eine Vielzahl von Zeichen wie Visionen oder spontane Verhaltensweisen auslösen, die Sie sich nicht erklären können. Obwohl sie nicht so stark sind wie tatsächliche Erfahrungen, geben sie doch Hinweise darauf, dass die Ermächtigung eine gewisse Wirkung auf Ihren Geist hatte.

3. **Gefühl oder Verstehen:** Zumindest können wir eine Art von nicht-konzeptuellem Gefühl erleben, wie z. B. gesteigerte Freude, Zufriedenheit, Frieden oder Liebe. Dies kann auch als konzeptuelles Verständnis auftreten, wenn wir uns der Absicht der Ermächtigung gewahr sind.

In diesem Sinne kann eine Ermächtigung wirklich alles sein, was diese Arten von innerem Wandel auslöst. Es ist eine Verschiebung der eigenen Sichtweise, um die Dinge anders zu sehen, und obwohl dies manchmal eine intensive Erfahrung sein kann, muss das nicht unbedingt der Fall sein. Es handelt sich jedoch immer um eine Veränderung des Geistes. Das bedeutet, dass die Ermächtigung ein fortlaufender Prozess sein kann, der den ganzen Tag und die ganze Nacht hindurch stattfindet.

DIE ERMÄCHTIGUNGSZEREMONIEN DES KALACHAKRA

Eine Ermächtigungszeremonie ist im Wesentlichen ein sehr geschicktes Mittel, um angehende Praktizierende in die Geisteszustände einzuführen, die für die tantrische Praxis erforderlich sind. Sie sind wie geführte Meditationen, in denen der/die Vajrameister/in Sie in verschiedene Aspekte Ihrer Wirklichkeit einführt und die Bedingungen dafür schafft, dass spezifische Erfahrungen entstehen können. In der Jonang-Shambhala-Tradition gibt es zwei Zeremonien, die als Vorbereitung für den Eintritt in die Erzeugungs- und Vollendungsstufe des Kalachakra dienen:

1. **Die Sieben Ermächtigungen eines heranwachsenden Kindes:** Der Hauptzweck dieser Zeremonie ist die Verleihung der *tantrischen Gelübde und Verpflichtungen*, die die Grundlage für die gesamte Vajrayana-Praxis bilden. Im Rahmen dieser ethischen Disziplin werden wir auch in das *erleuchtete Mandala* eingeführt, das als Grundlage für die Reinigung des Geistes durch die Praxis der Erzeugungsstufe des Gottheiten-Yoga verwendet wird.

2. **Die Vier Höheren Ermächtigungen:** Der Zweck dieser Zeremonie ist es, uns *in die Natur unseres Geistes einzuführen* in Übereinstimmung mit dem Kalachakra-Tantra, indem gezeigt wird, wie man die Vereinigung von unveränderlicher Glückseligkeit und Leerer Form herstellt. Dies ist die Sichtweise, die bei der Praxis der nicht-begrifflichen Meditationen der Kalachakra-Vollendungsstufe verwendet wird.

Die erste Gruppe von Ermächtigungen wird in der Regel öffentlich gegeben, sodass Menschen aus allen Gesellschaftsschichten an der Zeremonie teilnehmen können und durch die Aufnahme in die Vajra-Familie des Kalachakra gesegnet werden. Die zweite Gruppe wird nur denjenigen gewährt, die ihren Geist durch die Praxis der Erzeugungsstufe reifen ließen und sich zur Praxis der Vollendungsstufe verpflichtet haben.

DIE SIEBEN ERMÄCHTIGUNGEN EINES HERANWACHSENDEN KINDES ERHALTEN

Um ein klares Verständnis der Zeremonie für die *Sieben Ermächtigungen eines heranwachsenden Kindes* zu entwickeln, werden wir uns zunächst einen allgemeinen Überblick über ihre besonderen Merkmale verschaffen. Die Zeremonie kann in sechs Teile unterteilt werden: (1) einleitende Rituale, (2) Erhalt der tantrischen Verpflichtungen, (3) Einführung in das erleuchtete Mandala, (4) die eigentlichen Ermächtigungen, (5) zusätzliche Übertragungen und Verpflichtungen und (6) der Abschluss.

Die ersten beiden befassen sich mit der Verleihung der verschiedenen Gelübde und Verpflichtungen, die die Grundlage für die Kalachakra-Praxis bilden; der dritte und vierte Teil beinhalten die Einführung, die uns die Erlaubnis erteilt, die Kalachakra-Erzeugungsstufe zu praktizieren; während der fünfte Teil zusätzliche Gelübde und Verpflichtungen enthält, die unsere Praxis stärken.

Einleitende Rituale

Die Zeremonie ist schrittweise aufgebaut, um zu gewährleisten, dass die Teilnehmer/innen angemessen auf die folgenden Abläufe vorbereitet sind. Es ist wichtig, eine förderliche Einstellung und Motivation zu entwickeln, bevor wir bereit sind, die tantrischen Gelübde und Verpflichtungen zu empfangen. Dies geschieht durch (1) die Beseitigung äußerer und innerer Hindernisse und (2) die Erzeugung von Zuflucht und Bodhicitta.

Hindernisse zum Erhalt der Ermächtigungen beseitigen

Während der Zeremonie führt uns der/die Vajrameister/in in Methoden ein, um uns mit den verschiedenen Aspekten unserer erleuchteten Natur vertraut zu machen. Da es sich bei vielen dieser Aspekte um subtile Phänomene handelt, kann dieser Prozess leicht zu Verwirrung führen. Um Vertrauen und Konzentration zu entwickeln, müssen wir die potenziellen Quellen für das Auftreten von Hindernissen beseitigen. Wir sollten dabei zwei Arten von Hindernissen berücksichtigen:

1. **Äußere Hindernisse:** Dazu gehören Hindernisse, die durch den negativen Einfluss der Umgebung oder der anwesenden Wesen entstehen. Dass wir uns der unsichtbaren Wesen, die einen bestimmten Ort bewohnen, nicht bewusst sind, bedeutet nicht, dass ihr Verhalten unseren Geist nicht beeinflussen kann. Wenn ihre Einstellungen nicht mit unseren eigenen übereinstimmen, können sie versuchen, unsere Praxis zu behindern. Um

dies zu vermeiden, führt der/die Vajrameister/in eine Reihe von Ritualen durch, die darauf abzielen, die Umgebung zu harmonisieren und alle Wesen, die eine Störung darstellen könnten, zu besänftigen.

2. **Innere Hindernisse:** Dazu gehören alle Hindernisse, die aus den negativen karmischen Neigungen in unserem Geist entstehen. Wenn unser Geist von leidbringenden Verdunkelungen beherrscht wird, wird es sehr schwierig sein, sich auf bedeutsame Weise mit unserer Buddhanatur zu verbinden. Aus diesem Grund führt uns der/die Vajrameister/in durch verschiedene Visualisierungen, die darauf ausgerichtet sind, unseren Geist zu reinigen und uns eine reine Arbeitsgrundlage zu bieten.

Als Ergebnis der bewussten Beseitigung dieser Hindernisse sollte unser Geist im Vertrauen auf den/die Vajrameister/in und unsere innewohnende Fähigkeit entspannt sein. Mit der Zuversicht, über die notwendige Unterstützung zu verfügen, fördern wir das Gefühl, frei von jeglichem Gefühl der Angst oder Sorge zu sein.

Zuflucht und Bodhicitta erzeugen

Sobald wir die Negativitäten beseitigt haben, besteht der nächste Schritt darin, eine bedeutsame Motivation zu entwickeln, die sicherstellt, dass unser erzeugtes Verdienst die Ursache für die Erleuchtung wird. Da das Kalachakra dem Vajrayana angehört, ist Bodhicitta die einzig gültige Motivation, um diesen Pfad zu beschreiten. Dieser Geist wird in zwei Schritten erzeugt:

1. **Die Zufluchtsgelöbnisse mit anstrebendem Bodhicitta nehmen:** Damit unser Streben nach Erleuchtung an Bedeutsamkeit gewinnt, müssen wir die feste Überzeugung entwickeln, dass es tatsächlich möglich ist, diese zu erlangen. Dies gelingt uns, indem wir unser Vertrauen in die Drei Juwelen stärken, die die Quelle unserer Zuflucht und das Mittel sind, durch das alle fühlenden Wesen Erleuchtung erlangen werden.

2. **Engagiertes Bodhicitta erzeugen:** Wir dürfen uns nicht mit einem bloßen Wunsch begnügen, sondern müssen bereit sein, auf das Erreichen unseres Ziels hinzuarbeiten. Nur indem wir alle Verdunkelungen beseitigen und alle erleuchteten Qualitäten verwirklichen, können wir den fühlenden Wesen wirklich Nutzen bringen. Aber darüber hinaus müssen wir auch

erkennen, dass die fühlenden Wesen umso länger leiden, je länger wir brauchen, um unser Ziel zu erreichen. Deshalb müssen wir die unglaublich geschickten Mittel des Tantra nutzen, um schnellstmöglich auf dem Pfad voranzukommen.

Im Rahmen der Ermächtigungszeremonie bieten uns die Zufluchtnahme und das Erzeugen von Bodhicitta nicht nur die Möglichkeit, unsere Motivation zu festigen, sondern auch unsere *Gelübde der individuellen Befreiung* und unsere *Bodhisattva-Gelübde* zu erneuern. Diese beiden Formen ethischen Verhaltens gelten als Voraussetzung für den Erhalt der *tantrischen Gelübde und Verpflichtungen*. Wenn wir diese Gelübde noch nie erhalten haben, werden sie in dieser Phase zum ersten Mal in unserem Geist errichtet.

Die tantrischen Verpflichtungen gemäß dem Kalachakra

Nachdem wir die Grundvoraussetzungen geschaffen haben, sind wir nun bereit, die tantrischen Verpflichtungen von unserem/r Vajrameister/in zu erhalten. Im Kalachakra-System gibt es drei Gruppen von Verpflichtungen, die die Essenz der Kalachakra-Schulung der ethischen Disziplin zusammenfassen: (1) die *allgemeinen Gelübde der fünf Buddhafamilien*, die die Sichtweise vermitteln, (2) die *besonderen Gelübde des Kalachakra*, die beschreiben, wie man meditiert, und (3) die *fünfundzwanzig Verhaltensweisen des Kalachakra*, die unser äußeres Verhalten bestimmen.

Wenn wir diese Gelöbnisse erhalten, verpflichten wir uns, die Richtlinien nach besten Kräften einzuhalten, bis wir die Erleuchtung erlangen. Es wird zwar nicht erwartet, dass wir sie fehlerlos einhalten, aber wir sollten dennoch ein starkes Bestreben entwickeln, sie so rein wie möglich einzuhalten. Das Verständnis der Essenz eines jeden Gelöbnisses hilft uns geschickt zu praktizieren, ohne zu befürchten, damit überfordert zu sein.

Unabhängig davon, welche Verpflichtungen wir hervorheben, kann die Essenz aller tantrischen Verpflichtungen durch die folgende Passage aus dem *Kalachakra-Wurzeltantra* zusammengefasst werden:

Vajra und Glocke haltend, mit höchstem Mitgefühl,
den höchsten Dharma lehrend.

Die Worte „Vajra und Glocke haltend" beziehen sich auf die Praxis, das Gewahrsein der eigenen reinen und endgültigen Natur aufrechtzuerhalten, „mit höchstem Mitgefühl" bezieht sich auf die Aufrechterhaltung der höchsten Motivation von Bodhicitta und „den höchsten Dharma lehrend" bezieht sich auf die beständige Arbeit zum Nutzen der fühlenden Wesen. Wenn wir diese drei Punkte immer im Auge behalten, können wir alle unsere Gelübde leicht einhalten, da alles andere einfach eine Erweiterung oder ein Aspekt dieser drei Grundübungen ist. Behalten Sie dies im Hinterkopf, wenn wir die besonderen Regeln, die mit jeder Reihe von Verpflichtungen verbunden sind, untersuchen.

Die allgemeinen Gelübde der fünf Buddhafamilien

Die Grundlage jeglicher tantrischen Praxis ist die reine Sichtweise, die die endgültige Natur gewöhnlicher Phänomene erkennt. Um diese Sichtweise zu etablieren, müssen wir in die verschiedenen Aspekte unserer Buddhanatur eingeführt werden, damit wir eine Vorstellung davon haben, worauf wir uns fokussieren sollen. Um uns mit diesen Aspekten vertraut zu machen, hat der Buddha neunzehn Gelübde definiert, die entsprechend den fünf Buddhafamilien gruppiert sind: (1) der Buddha-Familie, (2) der Vajra-Familie, (3) der Juwelen-Familie, (4) der Lotos-Familie und (5) der Handlungs-Familie. Indem wir mit diesen Gelübden arbeiten, stärken wir unsere Verbindung mit dieser Natur und bleiben uns ihrer dadurch jederzeit gewahr. Sie werden als allgemein in dem Sinne verstanden, dass sie in allen Systemen des Höchsten Yogatantra vorkommen.

Die Buddha-Familie

Die Buddha-Familie manifestiert sich als Buddha Vairochana, der die *ursprüngliche Weisheit des grundlegenden Raumes* verkörpert – den alles durchdringenden Aspekt der Buddhanatur, in dem alle Phänomene entstehen. In Übereinstimmung mit dieser Weisheit manifestiert sich alles in Abhängigkeit von der Buddhanatur, und daher kann alles als Grundlage für die Enthüllung dieser Natur genutzt werden.

Diese Familie lehrt uns, dass wir uns nicht mit einem oberflächlichen Verständnis der konventionellen Wahrheit eines Objekts zufriedengeben dürfen. Wir sollten stattdessen immer tiefer eindringen, um uns mit seiner endgültigen Bedeutung zu verbinden. Um dieses Verhalten zu veranschaulichen, geloben wir, die Praktiken der Zufluchtnahme und des Erzeugens von Bodhicitta aufrechtzuerhalten und gleichzeitig die Achtsamkeit für ihre letztendliche Natur zu bewahren. Diese Essenz wird durch sechs Gelübde ausgedrückt:

1. **Zuflucht zum Buddha nehmen:** Wir sollten immer daran denken, den Buddha als den reinen Grund der absoluten Wirklichkeit zu sehen – die erhabene Leerheit, die mit allen erleuchteten Qualitäten ausgestattet ist.

2. **Zuflucht zum Dharma nehmen:** Wir sollten die Lehren als die natürliche Manifestation von ursprünglicher Weisheit in unserem Geist betrachten – als tiefgreifende Erkenntnisse, die alle Verdunkelungen beseitigen.

3. **Zuflucht zum Sangha nehmen:** Wir sollten die unzähligen tantrischen Praktizierenden als die äußere Erscheinung unserer Buddhanatur betrachten, die sich manifestiert, um uns in unserer Praxis zu leiten und zu unterstützen – als erleuchtete Beispiele für unsere innewohnende Fähigkeit.

4. **Untugend aufgeben:** Von jetzt an, bis wir die Buddhaschaft erreichen, sollten wir das kostbare Bodhicitta bewahren, so wie es die Buddhas und Bodhisattvas vor uns getan haben, und uns von unethischem Verhalten fernhalten, indem wir die Gelübde einhalten, die wir abgelegt haben. Auch wenn die fühlenden Wesen aus der Perspektive der ursprünglichen Weisheit nie existiert haben, erkennen wir, dass aufgrund der zeitweiligen Verdunkelungen eines dualistischen Bewusstseins Leiden entstanden ist. Deshalb bemühen wir uns, dieses illusorische Leiden zu beseitigen, indem wir die leidbringenden Geisteszustände aufgeben.

5. **Tugend kultivieren:** Wir sollten uns sooft wie möglich mit heilsamen Aktivitäten beschäftigen, wie dem Studium des Dharma und der Meditation über seine Bedeutung. Indem wir in unserer Praxis danach streben, werden wir unsere erleuchteten Qualitäten manifestieren, die nicht neu erschaffen werden, sondern bereits im unendlichen Potenzial der Soheit vorhanden sind. Anstatt etwas zu entwickeln, beseitigen wir lediglich die Konditionierung, die verhindert, dass sich diese Qualitäten manifestieren.

6. **Anderen nützen:** Wir sollten den Bedürfnissen anderer fühlender Wesen entsprechend unseren Fähigkeit dienen. Die letztendliche Natur der Wirklichkeit ist die Verbindung von Liebe und Mitgefühl, und aus dieser

Perspektive gibt es keine Trennung zwischen dem Selbst und dem Anderen. Um unser eigenes Potenzial wahrhaft zu verwirklichen, müssen wir daher danach streben, anderen zu helfen, ihr eigenes Potenzial zu erreichen.

Diese sechs Gelübde umfassen alle Schulungen auf dem Bodhisattva-Pfad des Sutrayana. Dazu gehören die beiden ethischen Disziplinen der *Gelübde der persönlichen Befreiung* und der *Bodhisattva-Gelübde*. Das Tantrische an diesen Gelübden ist, dass sie im Kontext unseres Verständnisses der Buddhanatur praktiziert werden. Die Praktiken sind dieselben, aber die Sichtweise verschiebt sich von einem ursächlichen zu einem resultierenden Fokus.

Die Vajra-Familie

Die Vajra-Familie manifestiert sich als Buddha Akshobhya, der die *spiegelgleiche Weisheit des ursprünglichen Gewahrseins* verkörpert – die innewohnende Fähigkeit der Buddhanatur, eine unendliche Vielfalt von Erscheinungen ohne Begrenzung entstehen zu lassen. Dies ist der grenzenlose Aspekt, der es ermöglicht, dass sowohl Samsara als auch Nirvana innerhalb dieser Soheit entstehen können.

Diese Familie lehrt uns, bestimmte Erscheinungen als Symbole zu verwenden, um unsere Achtsamkeit gegenüber den Aspekten der Buddhanatur aufrechtzuerhalten, wie sie sich im Kalachakra manifestieren. Insgesamt gibt es vier Gelübde, die vier Symbolen entsprechen:

1. **Vajra:** Das Gelübde des *erleuchteten Geistes* besteht darin, einen Vajra als äußeres Symbol der unveränderlichen Glückseligkeit – des nicht-dualen Gewahrseins, das völlig frei von allem Greifen ist – zu besitzen. Dieser Geist liegt in der Natur der Methode und wird durch den männlichen Aspekt der Erleuchtung, Kalachakra, repräsentiert.

2. **Glocke:** Das Gelübde der *erleuchteten Rede* besteht darin, eine Glocke zu besitzen, die die Leere Form symbolisiert – die erhabene Leerheit, die mit allen erleuchteten Eigenschaften ausgestattet ist. Dieser Geist ist die Natur der Weisheit und wird durch den weiblichen Aspekt der Erleuchtung, Vishvamata, repräsentiert.

3. **Mudra:** Das Gelübde des *erleuchteten Körpers* besteht darin, sich selbst im Aspekt der Meditationsgottheit Kalachakra in Vereinigung mit seiner

Gefährtin Vishvamata zu visualisieren – der untrennbaren Vereinigung von Methode und Weisheit.

4. **Guru:** Das Gelübde des *Vajrameisters* besteht darin, immer Hingabe gegenüber dem/der Guru zu praktizieren, der/die uns die größte Güte erweist, indem er/sie uns den erleuchteten Geist offenbart. Er/Sie ist das Symbol des objektlosen Mitgefühls – die spontane Manifestation unserer eigenen erleuchteten Natur.

Das Einhalten dieser Gelübde schult uns darin, über unsere gewöhnlichen Sinneswahrnehmungen hinauszublicken und stattdessen diese Erscheinungen mit der endgültigen Bedeutung unserer inneren Wahrheit zu verbinden. Dies ist das Grundprinzip hinter der Praxis der reinen Wahrnehmung.

Die Juwelen-Familie

Die Juwelen-Familie manifestiert sich als Buddha Ratnasambhava, der die *ursprüngliche Weisheit der Gleichheit* verkörpert – den einen Geschmack aller Phänomene, völlig frei von Vorurteilen. Dies ist der einheitliche Aspekt der Buddhanatur, der auf die gemeinsame Reinheit aller Erscheinungen hinweist. Obwohl wir Phänomene vorübergehend als unterschiedlich wahrnehmen, gibt es letztlich keine Unterschiede, da alles auf der Grundlage von Soheit entsteht.

Diese Familie lehrt uns, unsere Voreingenommenheit durch die Praxis der Großzügigkeit loszulassen. Indem wir uns an die inhärente Reinheit der Phänomene erinnern, lösen wir die konzeptuellen Barrieren auf, die wir projizieren. Diese Auflösung öffnet uns und erlaubt unserer Buddhanatur, sich frei und ohne Begrenzungen zu manifestieren. Es gibt vier spezifische Gelübde im Zusammenhang mit dieser Familie:

1. **Materiellen Wohlstand geben:** Indem wir physische Objekte und materiellen Wohlstand hergeben, befreien wir uns von der Anhaftung an äußere Phänomene und schaffen die Bedingungen dafür, dass sich Ressourcen in unserer Erfahrung manifestieren können. Dies löst die Voreingenommenheit der Selbstbezogenheit auf, die versucht, alles für sich selbst zu beanspruchen.

2. **Furchtlosigkeit geben:** Indem wir denjenigen Schutz bieten, die

sich in Gefahren- oder Angstsituationen befinden, befreien wir uns selbst von der Angst, von anderen geschädigt zu werden. Dies löst die Voreingenommenheit der Selbstbezogenheit auf, die das Selbst vor äußeren Bedrohungen schützen muss.

3. **Dharma geben:** Indem wir das erhabene Geschenk des Dharma mit einer reinen Motivation anbieten, beseitigen wir die Unwissenheit und schaffen die Bedingungen für das Reifen von Weisheit. Dies löst die Voreingenommenheit auf, die nach dem Selbst greift, als ob es von Natur aus sich selbst heraus existieren würde.

4. **Liebevolle Güte geben:** Indem wir den Wunsch kultivieren, dass andere glücklich sind und die Ursachen des Glücks erlangen, befreien wir uns von Abneigung und Hass, die das Gegenteil unserer erhabenen Reinheit sind. Dies löst die Voreingenommenheit der Selbstbezogenheit auf, die fühlende Wesen ablehnt und uns letztendlich von unserer Natur trennt.

Diese vier Arten der Großzügigkeit sollten sechsmal am Tag praktiziert werden (dreimal morgens und dreimal abends). Da Großzügigkeit die Quelle der Freude für uns selbst und andere ist, wird sie mit einem wunscherfüllenden Juwel verglichen, aus dem alle erleuchteten Qualitäten ganz natürlich entstehen.

Die Lotos-Familie

Die Lotos-Familie manifestiert sich als Buddha Amitabha, der die *ursprüngliche Weisheit der Unterscheidung* verkörpert – das Gewahrsein, das auf einer konventionellen Ebene klar zwischen Phänomenen unterscheidet. Dies ist der vielfältige Aspekt der Buddhanatur, der erkennt, dass die Erscheinungen, obwohl sie in der Soheit verwurzelt sind, einem dualistischen Geist dennoch als eine Vielzahl verschiedener Phänomene erscheinen. Ein solches Gewahrsein wird niemals durch die Schleier der Unwissenheit verwirrt und kann daher jeden Aspekt mit Klarheit differenzieren.

Diese Familie lehrt uns, die vielen Lehren des Buddha zu nutzen. Einige Lehren werden für unsere persönliche spirituelle Entwicklung relevant sein, während andere uns erlauben, fühlende Wesen geschickt zu leiten. Indem wir alle Lehren unvoreingenommen aufrechterhalten, können wir klar unterscheiden, wie jede einzelne praktiziert werden sollte. Diese Essenz wird in drei Gelübden ausgedrückt:

1. **Sutrayana:** Die Lehren des Sutrayana aufrechterhalten und bewahren, wie sie im *Grundlagefahrzeug* der Hörer und im *Großen Fahrzeug* der Bodhisattvas dargestellt sind.

2. **Niedrigere Tantras:** Die Lehren der niedrigeren Tantras aufrechterhalten und bewahren, wie sie in den *Handlungs-, Ausführungs- und Yoga-Klassen* des Tantra präsentiert werden.

3. **Höchstes Yogatantra:** Die erhabenen Lehren des Höchsten Yogatantra aufrechterhalten und bewahren, wie sie in den Systemen der *Vater-, Mutter- und Nicht-dualen Tantras* dargestellt sind.

Es geht nicht darum, alle Lehren zu beherrschen, sondern ihre Unterschiede zu kennen und wie man sie in verschiedenen Situationen anwenden kann. Dies geschieht in der Erkenntnis, dass alle Phänomene untrennbar mit unserer erleuchteten Natur verbunden sind und sich in Übereinstimmung mit den karmischen Neigungen der fühlenden Wesen manifestieren.

Die Handlungs-Familie

Die Handlungs-Familie manifestiert sich als Buddha Amoghasiddhi, der die *alles vollendende Weisheit* verkörpert – den spontanen Aspekt der Buddhanatur, der sich in jeder Form manifestiert, die benötigt wird, um den fühlenden Wesen Nutzen zu bringen. Diese Weisheit ist die natürliche Vollkommenheit des Mitgefühls und die Grundlage für das Erreichen der beiden Ziele, der eigenen und der Ziele der anderen.

Diese Familie lehrt uns, achtsam mit unseren Handlungen umzugehen, damit wir sie vollständig in unsere Sichtweise der letztendlichen Natur der Wirklichkeit integrieren können. Die Schulung besteht darin, uns mit dem Verhalten vertraut zu machen, das das Erreichen der Erleuchtung unterstützt, denn je vertrauter wir damit sind, desto spontaner wird das Verhalten entstehen. Es gibt zwei spezifische Gelübde, die mit dieser Familie zusammenhängen:

1. **Die Disziplin der drei Gelübde aufrechterhalten:** Obwohl die drei Gelübde bereits in dem Versprechen enthalten sind, Untugend aufzugeben,

fassen wir in diesem Kontext den festen Entschluss, sie rein zu halten. Wir verpflichten uns damit, die Gelübde zu studieren, damit wir klar unterscheiden können, welche Handlungen wir in einer bestimmten Situation ausführen müssen.

2. **Ausführliche Opfergaben darbringen:** Die geschickteste Art, Verdienst anzusammeln, besteht darin, den Buddhas und Bodhisattvas Opfergaben darzubringen. Dazu konzentrieren wir uns auf die drei Arten von Darbringungen: (1) äußere Darbringungen verschiedener Opfer-substanzen, entweder real oder visualisiert, (2) innere Darbringungen unserer dualistischen Erfahrung der konventionellen Realität und (3) geheime Darbringungen unserer nicht-dualistischen Erfahrung der Soheit.

Durch diese Praktiken entwickeln wir unsere Fähigkeit, alles zu erreichen, was wir uns wünschen, indem wir die Weisheit, die weiß, was zu tun ist, mit dem Verdienst vereinen, das in der Lage ist, zu manifestieren, was immer benötigt wird.

Zusammengefasst bestehen die fünf Gruppen von Gelübden aus folgenden Punkten: (1) Zuflucht zur letztendlichen Natur der Wirklichkeit nehmen, (2) sich an ihre Aspekte erinnern, (3) die vorübergehenden Verdunkelungen beseitigen, die diese Wirklichkeit begrenzen, (4) klar unterscheiden, wie sie sich manifestiert, und (5) in Übereinstimmung mit dieser Wirklichkeit handeln. Wenn wir diese fünf Richtlinien befolgen, stärken wir unsere Verbindung mit unserer Buddhanatur und öffnen uns dafür, ihren unendlichen Segen zu erfahren.

Die besonderen Gelübde des Kalachakra

Während die Sichtweise der letztendlichen Natur der Wirklichkeit allen Systemen des Höchsten Yogatantra gemeinsam ist, verwenden sie unterschiedliche Methoden, um mit dieser Natur zu arbeiten. Im Kalachakra-System werden die besonderen Gelübde, die für das Kalachakra-Tantra spezifisch sind, in *sechs Buddhafamilien* eingeteilt: (1) die Akshobhya-Familie, (2) die Ratnasambhava-Familie, (3) die Vairochana-Familie, (4) die Amoghasiddhi-Familie, (5) die Amitabha-Familie und (6) die Vajrasattva-Familie. Diese sechsfache Gliederung unterstreicht die Art und Weise, wie Kalachakra speziell auf die Reinigung der sechs Chakras hinarbeitet und eine unveränderliche Erkenntnis der eigenen letztendlichen Natur herstellt. Innerhalb dieser sechs Familien wird Vajrasattva, der die nicht-duale Natur des Geistes repräsentiert, als König des Mandala betrachtet und bildet den Hauptfokus dieses Systems.

Die sechs Buddhafamilien können als ein Überblick über die spezifischen Methoden des Kalachakra-Systems gesehen werden, um das Ergebnis der Erleuchtung hervorzubringen. Für jede Gruppe von Gelübden gibt es zwei Ebenen, die zu berücksichtigen sind: eine vorläufige Ebene und eine endgültige Ebene. Die erste ist ein geschicktes Mittel, um den Geist auf die Arbeit mit der endgültigen Bedeutung auszurichten, während die zweite ein geschicktes Mittel ist, um mit dieser Natur zu arbeiten. Auf diese Weise entsprechen die vorläufigen Gelübde den Praktiken der Erzeugungsstufe und die endgültigen denen der Vollendungsstufe.

Die Essenz dieser Gelübde besteht darin, dass wir uns der Praxis des Kalachakra-Pfades verpflichten, ihn als unsere wichtigste Orientierung betrachten und uns bemühen, jede Stufe zu erreichen. Dabei versprechen wir nicht, alles sofort umzusetzen, sondern erkennen das starke Bestreben an, den Kalachakra-Pfad zu vollenden. Indem wir unseren spirituellen Entwicklungsstand zur Kenntnis nehmen, konzentrieren wir unsere Energie auf die Praktiken, die für unsere gegenwärtige Fähigkeit geeignet sind. In dem Maße, wie sich diese Fähigkeit entwickelt, werden unsere Bestrebungen verwirklicht und wir gelangen zur nächsten Stufe.

Die Akshobhya-Familie

Die Essenz des Buddha Akshobya besteht darin, eine reine Wahrnehmung der Wirklichkeit durch die Vereinigung von Körper, Rede und Geist zu entwickeln. Auf der vorläufigen Ebene wird dies durch die Meditation über das große Mitgefühl von Bodhicitta als Methode, die Natur der erhabenen Leerheit als Weisheit und das erleuchtete Kalachakra-Mandala als ihre Einheit erreicht. All diese Praktiken sind in den geschickten Mitteln des *Gottheiten-Yoga* enthalten.

Auf der endgültigen Ebene ist die reine Wahrnehmung, die es zu etablieren gilt, das sehr subtile Gewahrsein, das als Ergebnis des Praktizierens der *Sechs Vajrayogas* entsteht. Dieser nicht-duale Zustand wird erreicht, wenn die subtilen Winde und Essenzen zusammenfließen und an der unteren Öffnung des Zentralkanals gehalten werden, wodurch die letztendliche Mahamudra entsteht, welche die Vereinigung von unveränderlicher Glückseligkeit und Leerer Form ist. Aus dieser Perspektive kann die Reinheit aller Phänomene klar erkannt werden.

Die Ratnasambhava-Familie

Die Essenz des Buddha Ratnasambhava besteht darin, die Gleichheit aller Phänomene zu erkennen. Auf der vorläufigen Ebene wird dies durch die Praxis erreicht, den erleuchteten Wesen innerhalb des Kalachakra-Mandala ausführliche Opfergaben darzubringen. Traditionell werden hierzu zehn Objekte verwendet, darunter auch Dinge, an denen gewöhnliche Menschen hängen, wie materielle Besitztümer, geliebte Menschen und der eigene Körper. Wenn man erkennt, dass diese Dinge letztlich reiner Natur sind, können sie als geeignete Opfergaben für die Buddhas und Bodhisattvas betrachtet werden. Diese Praxis der Großzügigkeit wird in der Regel durch Opferrituale wie *Tsok-Festen* durchgeführt.

Auf der endgültigen Ebene kann diese Gleichheit direkt realisiert werden, indem Sie Ihre zehn subtilen Winde in den Zentralkanal bringen und sie dort verweilen lassen. Je mehr dieser Winde nach innen gezogen werden, desto mehr verringern sich Ihre dualistischen Wahrnehmungen. Sobald alle Winde zusammengebracht wurden, entstehen alle Erfahrungen als einziger Geschmack von Leerer Form.

Die Vairochana-Familie

Die Essenz des Buddha Vairochana besteht darin, die glückselige Natur aller Phänomene zu verwirklichen. Auf der vorläufigen Ebene wird dies durch die Arbeit mit zehn Substanzen erreicht, nämlich den fünf Arten von Fleisch und den fünf Arten von Nektar. Dies sind Substanzen, die normalerweise als ekelhaft und als Quelle des Leidens angesehen werden. Wenn man jedoch ihre zugrunde liegende Reinheit erkennt, werden sie zu einer wesentlichen Grundlage für die Erfahrung von Glückseligkeit. Da diese Praxis einen hohen Grad an Verwirklichung erfordert, arbeiten die meisten Praktizierenden auf symbolische Weise mit Fleisch und Alkohol, um sich an diese zugrunde liegende Reinheit zu erinnern.

Auf der endgültigen Ebene repräsentieren die zehn Substanzen jeweils die zehn Arten von subtilen Essenzen, die im gesamten subtilen Körper verteilt sind und die Grundlage für die Erfahrung großer Glückseligkeit bilden. Durch die Arbeit mit den Praktiken der Vollendungsstufe werden die Winde an Hauptpunkten innerhalb des Zentralkanals angehalten, was die entsprechenden Chakras aktiviert und die Essenzen wie ein Magnet in sie hineinzieht.

Die Amoghasiddhi-Familie

Die Essenz des Buddha Amoghasiddhi ist die Abwesenheit des Greifens nach der glückseligen Natur der Wirklichkeit. Auf der vorläufigen Ebene wird dies durch die Praxis erreicht, alles zu opfern, was Ihnen Freude bereitet. Hierbei geht es darum, die gewöhnliche Glückseligkeit als ein Zeichen der tiefgründigeren letztendlichen Natur der Glückseligkeit zu erkennen. Indem Sie sie dem erleuchteten Mandala darbringen, lassen Sie symbolisch Ihr Greifen nach der Erfahrung los.

Auf der endgültigen Ebene wird dieser Geist des Nicht-Greifens durch die Praxis des *Inneren Feuers* (Tummo) erreicht. Je vertrauter man mit dieser Praxis wird, desto intensiver wird die Glückseligkeit erfahren. Wenn man lernt, nicht auf dualistische Weise nach dieser Erfahrung zu greifen, ist man in der Lage, ständig in einem Zustand glückseligen, nicht-dualen Gewahrseins zu verweilen.

Die Amitabha-Familie

Die Essenz des Buddha Amitabha besteht darin, die vereinte Natur der Wirklichkeit klar zu erkennen, indem man sich auf eine/n Gefährtin/Gefährten stützt. Auf der vorläufigen Ebene können Praktizierende mit einem hohen Grad an Verwirklichung und der Fähigkeit, ihre reine Wahrnehmung jederzeit aufrechtzuerhalten, dies durch Eingehen einer sexuellen Vereinigung mit einer/m physischen Gefährtin/Gefährten ausüben. Die meisten Praktizierenden führen diese Praxis jedoch mit einer/m visualisierten Gefährtin/ Gefährten durch. In jedem Fall besteht der Zweck darin, die eigene Erfahrung der Glückseligkeit mit der Weisheit zu vereinen, die die erhabene Leerheit verwirklicht.

Auf der endgültigen Ebene wird diese Vereinigung erreicht, wenn alle subtilen Essenzen zusammengezogen und an der unteren Spitze des Zentralkanals gehalten werden, wodurch der hoch konzentrierte Geist der unveränderlichen großen Glückseligkeit entsteht. Wenn der Geist imstande ist, in dieser nicht-dualistischen Erfahrung zu verweilen, wird das die Vereinigung mit der Großen Gefährtin der Leeren Form genannt.

Die Vajrasattva-Familie

Die Essenz des Buddha Vajrasattva ist es, in der Vereinigung von unveränderlicher

Glückseligkeit und Leerer Form zu verweilen. Auf der vorläufigen Ebene bedeutet dies, die Achtsamkeit auf die Sexualorgane als Grundlage für die Glückseligkeit aufrechtzuerhalten, die wiederum die Grundlage für die Verwirklichung der erhabenen Leerheit ist, die die letztendliche Natur der Wirklichkeit darstellt. Daher entwickelt man mit dem Bestreben, alle fühlenden Wesen vom Leiden zu befreien, die starke Entschlossenheit, in dieser Vereinigung zu verweilen.

Auf der endgültigen Ebene wird die Erleuchtung durch das Verweilen im vajragleichen Samadhi erreicht, der durch die Vereinigung von unveränderlicher Glückseligkeit und Leerer Form entsteht. In jedem Moment, in dem man in diesem Zustand verweilt, lösen sich die karmischen Winde auf und die Konditionierung der zyklischen Existenz wird für immer durchtrennt.

Die sechs Buddhafamilien bestimmen zwölf Gelübde, sechs in Bezug auf die Erzeugungsstufe und sechs für die Vollendungsstufe. Die vorläufigen Gelübde der Erzeugungsstufe sind: (1) Körper, Rede und Geist durch die Praxis des Gottheiten-Yoga zu vereinen, (2) ausführliche Opfer durch die Praxis von Tsok-Festmählern darzubringen, (3) die Achtsamkeit auf die Reinheit der Phänomene aufrechtzuerhalten, indem man mit den zehn unreinen Substanzen arbeitet, (4) das Greifen nach gewöhnlicher Glückseligkeit verringern, indem man alle glückseligen Erfahrungen dem erleuchteten Mandala darbringt, (5) die Reinheit der Glückseligkeit erkennen, indem man mit einer/m visualisierten Gefährtin/Gefährten arbeitet, und (6) das Bestreben kultivieren, in der Vereinigung von unveränderlicher Glückseligkeit und Leerer Form zu verweilen, indem man die Achtsamkeit gegenüber dem heiligen Aspekt der Sexualität bewahrt.

Die endgültigen Gelübde der Vollendungsstufe sind: (1) Körper, Rede und Geist durch die Praxis der Sechs Vajrayogas zu vereinen, (2) alle Wahrnehmungen als Leere Formen zu erfahren, indem man die zehn Winde in den Zentralkanal bringt, (3) alle subtilen Essenzen im Zentralkanal zu sammeln, (4) das Greifen nach Glückseligkeit loszulassen, indem man mit der Praxis des Inneren Feuers arbeitet, (5) alle subtilen Essenzen an der unteren Spitze des Zentralkanals zu sammeln, indem man mit einer/m Gefährtin/Gefährten arbeitet, und (6) in der Vereinigung von unveränderlicher Glückseligkeit und Leerer Form zu verweilen.

Die fünfundzwanzig Verhaltensweisen des Kalachakra

Die *fünfundzwanzig Verhaltensweisen des Kalachakra* sind eine Gruppe zusätzlicher Gelübde, die speziell darauf ausgelegt sind, Ihnen zu helfen, Ihre tantrischen Verpflichtungen in Ihr tägliches Leben zu integrieren. Sie wurden ursprünglich eingeführt, um den falschen Ansichten entgegenzuwirken, die zur damaligen Zeit verbreitet waren. Obwohl der Kontext sich geändert hat, sind die Prinzipien dieser Verhaltensregeln weiterhin gültig und bieten eine kraftvolle Methode, um unsere Verbindung mit der Buddhanatur zu stärken.

Die fünfundzwanzig Verhaltensweisen sind in fünf Fünfergruppen aufgeteilt: (1) die fünf großen negativen Karmas, die es aufzugeben gilt, (2) die fünf kleinen negativen Karmas, die es zu vermeiden gilt, (3) die fünf verbotenen Arten des Tötens, (4) die fünf Haltungen der Geringschätzung und (5) die fünf Anhaftungen. Wenn Sie die essenzielle Natur jeder Gruppe verstehen können, wird es viel einfacher zu erkennen, wann sie bei Ihren täglichen Aktivitäten anzuwenden sind.

Die fünf großen negativen Karmas, die es aufzugeben gilt

Die erste Gruppe von Verhaltensregeln entspricht den *Wurzelgelübden der individuellen Befreiung* (Pratimoksha-Gelübde). Die Essenz dieser Gruppe ist *Gewaltlosigkeit*. Das bedeutet, dass wir unser Möglichstes tun, um zu vermeiden, mit unserem Körper oder unserer Rede anderen Schaden zuzufügen. Die spezifischen Handlungen, die aufgegeben werden sollen, sind folgende:

1. **Töten:** Im Allgemeinen bezieht sich dies darauf, einem Menschen oder Tier körperlichen oder geistigen Schaden zuzufügen. Diese Definition des Gelübdes ist viel umfassender als die übliche Definition in den Laiengelübden. Es mag schwierig sein, anderen nie wieder Leid zuzufügen, dennoch sollten wir bestrebt sein, unser Leben gewaltfrei zu gestalten.

2. **Lügen:** Wir sollten alle Formen von Lügen, die auf verblendeten Motivationen beruhen, aufgeben. Insbesondere müssen wir darauf achten, dass wir keine falschen Lehren verbreiten, die auf unseren eigenen falschen Vorstellungen beruhen. Wir sollten uns stets bemühen, unsere Wirklichkeit so zu vermitteln, wie sie ist, und jede Form der Verzerrung vermeiden.

3. **Nehmen, was nicht gegeben wurde:** Wann immer wir etwas benutzen, sollten wir sicher sein, dass wir die Erlaubnis der Person haben, der es gehört. Wie unbedeutend es auch sein mag, sofern wir es nicht besitzen, brauchen wir eine Erlaubnis. Dies gilt auch für Dinge wie die Verwendung von Geld, das zur Rückzahlung einer Schuld versprochen wurde.

4. **Sexuelles Fehlverhalten:** Wir sollten jegliches Verhalten vermeiden, das Sexualität als Mittel einsetzt, um Schaden zuzufügen oder verblendete Geisteszustände zu fördern. Grundsätzlich sollten Kalachakra-Praktizierende Sexualität als etwas ganz Besonderes respektieren.

5. **Einnahme von Rauschmitteln:** Wir sollten alle Arten von Alkohol oder Drogen vermeiden, die unser Urteilsvermögen trüben, unsere Selbstbeherrschung schwächen oder uns zu destruktivem Verhalten verleiten könnten. Dieses Gelübde verbietet nicht den Gebrauch von Alkohol als Teil unserer spirituellen Praxis, wie zum Beispiel bei einem Tsok-Festmahl oder einem anderen tantrischen Ritual. Das Entscheidende ist, dass Ihr Geist frei von Verblendungen ist und dass Sie in der Lage sind, Rauschzustände vermeiden zu können.

Diese fünf Verpflichtungen zu maßvollem Handeln sind von entscheidender Bedeutung, weil sie als Grundlage für alle anderen Verpflichtungen dienen.

Die fünf kleinen negativen Karmas, die es zu vermeiden gilt

Die nächste Gruppe von Verhaltensregeln konzentriert sich auf Aktivitäten, die verblendete Geisteszustände wie die drei Gifte der Anhaftung, Abneigung und Unwissenheit verstärken. Die folgenden Aktivitäten sollten möglichst vermieden werden:

1. **Glücksspiel:** Dazu gehören Aktivitäten wie Karten- oder Brettspiele, bei denen wir Zeit verschwenden, vor allem, wenn sie mit egozentrischen und wettbewerbsorientierten Absichten verbunden sind, die auf Kosten des Wohlergehens anderer einen Gewinn für sich selbst anstreben. Solche zeitraubenden Aktivitäten halten uns davon ab, unsere Energie konstruktiv zu nutzen. Es ist jedoch kein Fehler, wenn sie zu erzieherischen Zwecken verwendet werden, oder als Möglichkeit, eine Beziehung zu anderen

aufzubauen, sofern unsere Absicht altruistisch ist.

2. **Unstatthafter Fleischkonsum:** In manchen Glaubenssystemen wird es als tugendhaft angesehen, wenn die Menschen die Tiere, deren Fleisch sie verzehren, selbst töten. Aus buddhistischer Sicht allerdings ist diese Art von Aktivität nicht tugendhaft und „unstatthaft". Dieses Gelübde fordert uns auf, das Fleisch eines Tieres nicht zu essen, von dem wir wissen oder vermuten, dass es speziell für unseren Verzehr getötet wurde.

3. **Lesen verwerflicher Worte:** Dies bezieht sich auf das Lesen von Büchern, Artikeln oder das Betrachten von Fotos, Websites oder Videomaterial, das Wut oder starke Begierde hervorruft, wenn wir keine Kontrolle über diese Leid verursachenden Emotionen haben. Solche Handlungen sind unproduktiv, lenken uns ab und verschwenden unsere kostbare Zeit. Auf einer tieferen Ebene ermutigt uns dieses Gelübde, achtsam mit allem umzugehen, was unsere Aufmerksamkeit erregt, was Ärger hervorruft oder unsere Anhaftung vermehrt, sowie es zu unterlassen, über solche Themen zu sprechen.

4. **Geistern Opfer darbringen:** Die Anbetung von Geistern wird als falsch erachtet, wenn das Opfern eines Lebewesens, z. B. eines Tieres, damit verbunden ist. Dies gilt auch für Opfergaben an die Geister von Verstorbenen, Naturgeister oder andere unsichtbare Wesen, die mit Wohlstand, Glück und Ähnlichem verbunden sind. Darbringungen, die nicht die Opferung eines Lebewesens oder die Verwendung von gestohlenen Gegenständen beinhalten, sind angemessen, wenn wir in unserem Herzen den Wunsch hegen, ihr Leiden zu lindern oder unsere karmischen Schulden zu begleichen.

5. **Extremistische Praktiken ausüben:** Auch wenn extreme Formen von Ritualen heutzutage nur noch selten vorkommen, gibt es nach wie vor barbarische Bräuche oder irrationale Handlungen. Hierzu gehört beispielsweise die Einhaltung extremer Diäten, um spirituellen Nutzen zu erlangen, oder die Durchführung von Blutopfern. Ganz allgemein sollten wir immer darauf achten, ob unsere Handlungen das Wohlergehen von anderen zu unserem eigenen Nutzen opfern.

Die fünf verbotenen Arten des Tötens

Obwohl das Töten von Leben eines der *fünf großen negativen Karmas* ist, die es aufzugeben gilt, stellte der Buddha fünf spezifische Formen des Tötens heraus, die von falschen Ansichten begleitet werden, um den Akt des Tötens zu rechtfertigen. Der Schwerpunkt liegt darauf, den verblendeten Geist aufzugeben, der das Töten als eine tugendhafte Handlung ansieht. Entscheidend dabei ist, dass Sie sich Ihrer *Beweggründe für das Töten* stets bewusst sind und erkennen, wenn diese durch eines der drei Gifte ausgelöst werden.

1. **Das Töten von Tieren:** Auf das Töten von Lebewesen wurde bereits allgemein eingegangen, aber hier beziehen wir uns speziell auf das Töten von Tieren mit dem Ziel eines persönlichen, materiellen oder spirituellen Gewinns. Bestimmte Religionen mögen solches Töten gutheißen, aber im Buddhismus wird dies nicht unterstützt. Aus selbstbezogenen Gründen zu töten, ist gänzlich untugendhaft und wird schweres negatives Karma erzeugen. Heutzutage fällt es den Menschen relativ leicht, die Jagd, das Töten von Vieh oder das Fischen aufzugeben, aber es ist viel schwieriger, das Töten von Insekten zu vermeiden. Wenn unsere automatische Reaktion darin besteht, ein Insekt, das uns irritiert, zu zerquetschen, entwickeln wir die Gewohnheit, kleinen Ärgernissen mit Gewalt zu begegnen. Dies widerspricht der für die buddhistische Sichtweise so wichtigen Überzeugung, dass alle Wesen in ihrem Wunsch, glücklich zu sein und Leiden zu vermeiden, gleich sind. Sollte jedoch aus wirtschaftlichen oder gesundheitlichen Gründen ein Schädling entfernt werden müssen, ist es wichtig, dies ohne Wut oder Hass zu tun und eine Methode zu finden, die ihr Leben verschont. Dies gilt auch für die wissenschaftliche Forschung, bei der es wichtig ist, das Wohlergehen der Tiere zu berücksichtigen und sie nicht unnötig zu verletzen oder zu töten.

2. **Das Töten von Kindern:** Zwar ist die Tötung aller Lebewesen verboten, aber Kinder werden hier gesondert erwähnt, weil dies früher in einigen Glaubenssystemen als akzeptabel angesehen wurde, möglicherweise aus wirtschaftlichen oder gesundheitlichen Gründen. Diese Handlung ist besonders negativ, wenn unsere Motivation von Emotionen wie Wut oder

dem Gedanken an die eigene Bequemlichkeit bestimmt wird. In der heutigen Zeit bezieht sich dieses Gebot insbesondere auf Abtreibungen. Auch wenn es bestimmte gerechtfertigte Gründe wie z. B. den Gesundheitszustand geben kann, ist dies ein heikles Thema und hängt von den individuellen Umständen ab. Wenn wir einen Schwangerschaftsabbruch in Erwägung ziehen, sollten wir unsere Beweggründe und unser Handeln sehr sorgfältig analysieren und sicherstellen, dass es nicht nur unserem persönlichen Wohlbefinden oder unserer Bequemlichkeit dient.

3. **Das Töten von Frauen und Männern:** Diese beiden negativen Handlungen haben ihren Ursprung in der Praxis von Menschenopfern, die in vielen alten Religionen verbreitet waren. In der heutigen Zeit stellt sich die Frage der Euthanasie, sowohl bei Menschen als auch bei Tieren. Aus buddhistischer Sicht führt die Tötung eines anderen Lebewesens, wenn unsere Motivation rein ist, zu wesentlich geringeren karmischen Konsequenzen als das gewöhnliche Töten. Dennoch können wir nie gewiss sein, ob es von Vorteil ist, Sterbehilfe zu leisten, weil es das natürliche menschliche Leiden beendet, das das Ergebnis des eigenen individuellen Karma ist, und daher in zukünftigen Leben mehr Leiden auftreten kann. Eine Person, die im menschlichen Bereich auf die schlimmste denkbare Weise leidet, kann sehr wohl die Auswirkungen einer schnellen Reinigung erfahren, da sie andernfalls dazu bestimmt sein könnte, stattdessen das Leiden der niederen Bereiche zu erfahren. Handlungen, die ihrem Leiden in diesem Leben ein Ende setzen, könnten im nächsten Leben zu weitaus größerem Leiden führen, bis sich das Karma erschöpft hat.

4. **Die Zerstörung von Darstellungen des erleuchteten Körpers, der Rede und des Geistes:** Dies sind die Handlungen fehlgeleiteter Wesen, die fälschlicherweise glauben, das Verdienst heiliger Menschen oder Objekte würde auf sie übergehen, wenn sie sie zerstören. Heilige Objekte umfassen heilige Bilder, Texte oder Monumente wie Stupas. In einem modernen Kontext fordert uns dieses Gelübde auf, Dharmatexte und andere heilige Objekte mit Respekt und Dankbarkeit zu behandeln. Wenn wir uns aus irgendeinem Grund von Dharmatexten trennen müssen, ist es üblich, sie mit Respekt

zu verbrennen. Wir sollten es vermeiden, heiligen Objekten gegenüber respektlos zu sein und sie wie gewöhnliche Gegenstände zu behandeln.

Die fünf Haltungen der Geringschätzung

Diese fünf Verhaltensregeln sollen unsere Aufmerksamkeit auf fünf kraftvolle Beziehungen lenken, die die Schaffung von besonders kraftvollem Karma betreffen. Da es unsere Absicht ist, die Erleuchtung zum Nutzen aller fühlenden Wesen zu erlangen, führt eine schlechte Beziehung zu diesen Menschen zu Hindernissen bei der Erreichung unseres Ziels. Das Wesentliche ist, stattdessen Respekt und Wertschätzung für diejenigen zu kultivieren, die sich in Tugend üben oder die Bedingungen dafür schaffen, dass andere sich tugendhaft verhalten. Die fünf zu vermeidenden Geisteshaltungen sind folgende:

1. **Hass auf Freunde, die dem Dharma oder der Welt im Allgemeinen nützen:** Vielleicht sehen wir auf diejenigen herab, die versuchen, anderen zu helfen, halten ihre Handlungen für nicht sehr geschickt und leugnen sogar, dass sie überhaupt einen Nutzen bringen. Diese hochmütige Einstellung führt zu selbstbezogenen Gedanken wie: „Wir wissen, was das Beste ist." – Eine solche Haltung schränkt unsere Fähigkeit, anderen zu helfen, erheblich ein.

2. **Hass auf Führungspersonen oder Älteste, die Respekt verdienen:** Wir sollten darauf achten, dass unser Urteil über solche Menschen nicht von persönlichen Vorlieben beeinflusst wird, z. B. davon, ob wir ihre Persönlichkeit mögen oder nicht. Solche Bedenken können unser Unterscheidungsvermögen trüben und unsere Fähigkeit, etwas richtig zu erkennen, schwächen. Wir müssen daran denken, dass unsere Sichtweise begrenzt ist und dass es immer von Nutzen ist, andere zu respektieren.

3. **Hass auf spirituelle Lehrer/innen oder Buddhas:** Respekt vor spirituellen Lehrer/innen ist sehr nützlich. Das schließt nicht nur unsere eigenen spirituellen Lehrer/innen ein, sondern gilt auch für andere Lehrer/innen, selbst wenn sie nicht richtig qualifiziert zu sein scheinen. Ihre Fehler und Unzulänglichkeiten wahrzunehmen, verstößt nicht gegen dieses Gelübde, es sei denn, man hat eine negative Einstellung zu ihnen als Person.

4. **Hass auf Mitglieder des Sangha, insbesondere auf Arya-Wesen:** Obwohl

sich diese negative Handlung hauptsächlich gegen Arya-Wesen richtet (die Selbstlosigkeit direkt verwirklicht haben), wird der Sangha üblicherweise durch die Ordensgemeinschaft repräsentiert. Manche Menschen mögen aus weltlichen Motiven Mönche oder Nonnen werden, doch aufgrund dessen, was ihre Roben repräsentieren, ist es unangebracht, ihnen Verachtung entgegenzubringen. Heutzutage umfasst der Begriff Sangha im Westen auch die Mitglieder eines buddhistischen Zentrums. Feindschaft innerhalb solcher Gemeinschaften kann das spirituelle Wachstum nur gefährden.

5. **Hass auf diejenigen, die uns vertrauen:** Hierzu gehört auch, dass wir diejenigen, die auf unsere Hilfe angewiesen sind, im Stich lassen oder hintergehen und dass wir unsere Machtposition missbrauchen. Wenn sich Menschen auf uns verlassen, sollten wir alles in unserer Macht Stehende tun, um unser Wort zu halten und unsere Pflichten zu erfüllen.

Die fünf Anhaftungen

Die letzten fünf Verhaltensregeln beziehen sich auf die Anhaftung an die Erfahrungen der fünf Sinne. Um den konzeptuellen Geist zu transzendieren, ist es notwendig, sich aus der sinnlichen Welt zurückzuziehen. Dies ist jedoch nicht möglich, wenn unser Geist an Anblicken, Klängen und so weiter hängt. Daher ist es entscheidend, sich auf echtes Glück zu konzentrieren, indem wir ein gewisses Maß an Selbstbeherrschung kultivieren, das sich nicht im Streben nach sinnlichen Vergnügungen verfängt. Das bedeutet nicht, dass wir keinen Spaß haben dürfen, sondern lediglich, dass wir keine Motivation haben, gezielt danach zu suchen. Dies ist kein Versprechen, asketisch zu leben, sondern eher ein Gelübde, vernünftige Grenzen zu setzen und Selbstbeherrschung zu üben.

Um die fünfundzwanzig Verhaltensweisen zusammenzufassen, sollten wir: (1) jede Art von Gewalt gegenüber fühlenden Wesen vermeiden, (2) Handlungen vermeiden, die verblendete Geisteszustände auslösen, (3) falsche Motivationen zum Töten aufgeben, (4) Respekt und Wertschätzung gegenüber denjenigen kultivieren, die sich der Tugend widmen, und (5) uns auf echtes Glück konzentrieren, indem wir Selbstbeherrschung kultivieren.

Einführung in das erleuchtete Mandala

Nachdem wir die tantrischen Verpflichtungen in unserem Geist verankert haben, besteht die nächste Phase der Ermächtigungszeremonie darin, dass der/die Vajrameister/in uns in die symbolische Darstellung der Wirklichkeit einführt, die als das *erleuchtete Mandala des Kalachakra* bekannt ist. Durch die verschiedenen Merkmale dieses konzeptuellen Modells wird unsere Aufmerksamkeit auf Aspekte unserer Erfahrung gelenkt, damit wir ihre innewohnende Reinheit systematisch erkennen können.

Um zu verstehen, wie das funktioniert, müssen wir uns daran erinnern, dass in der Soheit alles von einer Natur ist. Obwohl ihre Natur unteilbar ist, können wir behaupten, dass die Buddhanatur zwei Aspekte besitzt: (1) einen Aspekt der Klarheit, der eine grenzenlose Vielfalt von leeren Erscheinungen entstehen lässt, und (2) einen erhellenden Aspekt, der das ursprüngliche Gewahrsein ist, das alles Entstehende kennt. Durch das Zusammenspiel dieser beiden gemeinsam entstehenden Qualitäten manifestieren sich die Erscheinungen auf vielfältige Weise.

Die beiden Aspekte der Klarheit und der Erhellung werden im erleuchteten Mandala als (1) die objektive Umwelt, die erfahren wird, und (2) die subjektiven Gottheiten, die diese Umwelt bewohnen, dargestellt. Da wir die ausführlichen Details dieses Mandala im nächsten Kapitel untersuchen werden, folgt nun eine kurze Zusammenfassung über die Hauptmerkmale, die während der Ermächtigungszeremonie vorgestellt werden.

Die erleuchtete Umgebung

Wenn wir uns auf die Umgebung beziehen, neigen wir dazu, nur an die äußere Welt der Berge, Städte, Ozeane, Wälder, Sterne und Planeten zu denken. In Bezug auf die erleuchtete Umwelt umfasst der Begriff ein viel breiteres Spektrum an Erfahrungen und beinhaltet alles, was der Geist potenziell wissen kann und was wir als objektive Erscheinungen bezeichnen. Diese werden als objektiv betrachtet, weil sie vom Geist als sein Objekt wahrgenommen werden.

Innerhalb der erleuchteten Umgebung werden diese Objekte in sechs Mandalas gruppiert, basierend auf ihrer Natur und dem unterschiedlichen Grad an Subtilität: (1) das universale Mandala, (2) das Mandala des Körpers, (3) das Mandala der Rede, (4) das Mandala des Geistes, (5) das Mandala der großen Glückseligkeit

Mönche streuen das erleuchtete Mandala mit farbigem Sand

und (6) das Essenz-Mandala. Während das erste die Reinheit der äußeren Welt darstellt, wie sie als Ergebnis des gemeinsamen Karma von fühlenden Wesen entstanden ist, beziehen sich die übrigen fünf auf die Aspekte der inneren Welt eines erleuchteten Wesens.

Die erleuchteten Gottheiten

Jedes Objekt, dem wir möglicherweise in unserer Erfahrung begegnen, können wir auf zwei Arten interpretieren. Wenn unser Geist aus einer dualistischen Perspektive der Unwissenheit heraus operiert, wird das Objekt als eine gewöhnliche Erscheinung, die von karmischen Bedingungen abhängig ist, wahrgenommen werden. Operiert unser Geist jedoch aus der nicht-dualen Perspektive der ursprünglichen Weisheit, erscheinen die Objekte als reine Manifestationen der Soheit. Diese reinen Manifestationen werden im erleuchteten Mandala als eine Vielzahl von Weisheitsgottheiten dargestellt.

Das erleuchtete Mandala des Kalachakra kennt die folgenden sechzehn Gruppen von Gottheiten: (1) die Hauptgottheit des Kalachakra Yab-Yum, (2) die zehn Shaktis, (3) die vier Embleme, (4) die zwölf Buddhas, (5) die zehn Vasen, (6) die zwölf Bodhisattvas, (7) die fünf Zornvollen, (8) die zwölf Darbringungsgöttinnen, (9) die acht weiblichen Gottheiten umgeben von Yoginis, (10) die sechsunddreißig Begierde-Göttinnen, (11) die zwölf männlichen Gottheiten der Mondmonate, (12) die sechs zornvollen Schützer, (13) die zehn Nagakönige, (14) die sechsunddreißig Göttinnen der Loslösung, (15) die zehn sehr zornvollen Gottheiten, und (16) die fünfunddreißig Millionen Gottheiten des Umkreises. In der Jonang-Tradition werden 636 dieser Gottheiten für die Praktiken der Erzeugungsstufe genutzt.

Die eigentlichen Ermächtigungen

Nach der Einführung in die allgemeine Struktur des erleuchteten Mandala verleiht der/die Vajrameister/in uns die eigentlichen Ermächtigungen unter Einbeziehung der Gottheiten der Mandalas des Geistes, der großen Glückseligkeit und des essenziellen Mandala. Zusammen repräsentieren diese Gottheiten den Dharmakaya-Geist des Buddha und sind die Quelle, aus der wir den Segen der Ermächtigungen erhalten.

Insgesamt gibt es sieben verschiedene Ermächtigungen, die den sieben Phasen entsprechen, die ein heranwachsendes Kind erlebt, bevor es in die Pubertät kommt. So wie ein Kind in die Welt hineingeboren wird, so werden auch wir in die erleuchtete Wirklichkeit von Kalachakra eingeführt. Genau wie ein Kind, das ein Gespür dafür entwickelt, wer es in Bezug auf die Welt ist, üben wir uns in den Praktiken der Erzeugungsstufe, damit wir aus der Perspektive unserer inneren Wahrheit eine reine Sicht darauf entwickeln können, wer wir sind.

Diese reine Sichtweise wird durch die Reinigung der vier Erfahrungszustände erreicht. Das geschieht, wenn die durch die vier Maras verursachten Verdunkelungen beseitigt werden. Sobald diese Verdunkelungen beseitigt sind, ist unsere endgültige Natur frei, sich als die vier Vajras eines voll erleuchteten Buddha zu manifestieren. Diese Entsprechungen lassen sich wie folgt zusammenfassen:

Zustand	Mara	Vajra
Wachzustand	Aggregate	Vajra-Körper
Traum	Verblendungen	Vajra-Rede
Tiefschlaf	Herr des Todes	Vajra-Geist
Glückselige Versenkung	Sohn der Götter	Vajra-Weisheit

Tabelle 4-1: Reinigung der vier Zustände

Jede Gruppe von Ermächtigungen wird einzeln untersucht, um herauszufinden, wie sie uns hilft, die Aspekte unserer Erfahrung zu reinigen. In dieser Phase sollte der Fokus darauf liegen, eine Verbindung zwischen den Ermächtigungsgottheiten und der spezifischen Reinheit, die sie repräsentieren, herzustellen.

Die Ermächtigungen zum Erlangen des Vajra-Körpers

Diese erste Gruppe transformiert unsere Erfahrung von groben Phänomenen aus einer äußeren und inneren Perspektive. Wir versuchen gezielt, unsere Wahrnehmung von der Welt „da draußen" und der Person „hier drinnen" zu verändern. Diese Art von Erfahrungen entspricht den Erscheinungen, die während des Wachzustandes auftreten.

Die Wasser-Ermächtigung

Wir beginnen mit den fünf Elementen Raum, Wind, Feuer, Wasser und Erde, die die Grundlage für unsere Erfahrung des äußeren Universums bilden. Wenn wir über die leere Natur dieser Phänomene meditieren, erkennen wir, dass sie die *fünf weiblichen Buddhas* sind. Diese Phase entspricht dem ersten Waschen eines neugeborenen Babys.

Weiblicher Buddha	Element
Vajradhatvishvari	Raum
Tara	Wind
Pandara	Feuer
Mamaki	Wasser
Lochana	Erde

Tabelle 4-2: Gottheiten der Wasser-Ermächtigung

Die Kronen-Ermächtigung

Nachdem wir das äußere Universum gereinigt haben, wenden wir uns nach innen zu den Bestandteilen, die unsere Wahrnehmung vom Selbst bestimmen. Bei dieser Ermächtigung konzentrieren wir uns auf die fünf Aggregate von Form, Wahrnehmung, Gefühl, geistige Formationen und Bewusstsein. Indem wir über die leere Natur der einzelnen Aggregate nachdenken, erkennen wir, dass sie die *fünf männlichen Buddhas* sind. Diese Phase entspricht dem Zeitpunkt, an dem das Kind seinen ersten Haarschnitt bekommt.

Männlicher Buddha	Aggregate
Vairochana	Form
Amitabha	Wahrnehmung
Ratnasambhava	Gefühl
Amoghasiddhi	Geistige Formationen
Akshobya	Bewusstsein

Tabelle 4-3: Gottheiten der Kronen-Ermächtigung

Die Ermächtigungen zum Erlangen der Vajra-Rede

Die nächste Gruppe von Ermächtigungen bewegt sich auf einer subtileren Ebene, insbesondere in der subtilen Struktur unserer Kanäle und Winde. Gemäß dem Kalachakra-System sind die Bewegungen der Winde in den Kanälen die unterstützende Bedingung für die Entstehung geistiger Verblendungen. Diese

Art von Erfahrungen entspricht den Erscheinungen des Traumzustands.

Die Kronenband-Ermächtigung

Jeden Tag zirkulieren zehn Arten von Winden durch den Körper und bilden die subtile Grundlage für seine zahlreichen Funktionen. Wir können sie uns als das energetische Hin und Her vorstellen, das den Körper am Leben erhält. Meditieren wir über die leere Natur dieser Winde, erkennen wir sie als die zehn *Shaktis*. Diese Phase entspricht dem Schmücken des Kindes mit Ornamenten.

Shakti	Wind
Krishnadipta	Feuerbegleitender
Raktadipta	Aufsteigender
Shvetadipta	Alles Durchdringender
Pitadipta	Naga
Dhuma	Schildkröte
Marici	Chamäleon
Khadyota	Devadatta
Pradipa	Dhanamjaya
Paramakala	Lebenserhaltender
Bindurupini	Absteigender

Tabelle 4-4: Gottheiten der Kronenband-Ermächtigung

Die Vajra-und-Glocke-Ermächtigung

Es gibt mehr als 72.000 subtile Kanäle, die durch den Körper verlaufen, wobei zwei Hauptkanäle links und rechts parallel zur Wirbelsäule verlaufen. Wenn sie von Winden durchströmt werden, erregen sie den Geist und lassen karmische Erscheinungen entstehen. Indem wir über die leere Natur dieser Kanäle meditieren, erkennen wir, dass sie untrennbar mit den Hauptgottheiten von *Kalachakra und Vishvamata* verbunden sind. Diese Phase entspricht dem Kind, das sich an der Erfahrung des Lachens erfreut.

Gottheit	Kanal
Kalachakra	Linker
Vishvamata	Rechter

Tabelle 4-5: Gottheiten der Vajra-und-Glocke-Ermächtigung

Die Ermächtigungen zum Erlangen des Vajra-Geistes

Während sich die letzten beiden Gruppen mit unserer physischen Wirklichkeit auf grober und subtiler Ebene beschäftigt haben, konzentrieren sich die beiden folgenden Gruppen auf unsere geistige Wirklichkeit. Diese besondere Gruppe befasst sich mit dem Bewusstsein auf der groben Ebene und der Art und Weise, wie dieses Bewusstsein unsere Aktivitäten motiviert. Diese Art von Erfahrungen entspricht den Erscheinungen, die während des Tiefschlafs auftreten.

Die Verhaltens-Ermächtigung

Es gibt sechs Arten des groben Bewusstseins, mit denen wir unsere Welt wahrnehmen: das Sehbewusstsein, das Hörbewusstsein, das Riechbewusstsein, das Geschmacksbewusstsein, das Berührungsbewusstsein und das geistige Bewusstsein. Diese Arten von Bewusstsein entstehen, wenn unsere Sinneskräfte mit den sechs Arten von Sinnesobjekten zusammentreffen, nämlich den Formen und Körpern, Klängen, Gerüchen, Geschmäckern, Berührungen und geistigen Ereignissen. Wenn wir die leere Natur dieser beiden Sechsergruppen betrachten, erkennen wir, dass die sechs Sinneskräfte die *sechs männlichen Bodhisattvas* und die sechs Sinnesobjekte die *sechs weiblichen Bodhisattvas* sind. Diese Phase entspricht dem Kind, das die sinnlichen Erfahrungen des Begierdebereichs genießt.

Männlicher Bodhisattva	Sinneskraft
Ksitigarbha	Augen
Vajrapani	Ohren
Khagarba	Nase
Lokeshvara	Zunge
Sarvanivarana	Körper
Samantabhadra	Geist

Weiblicher Bodhisattva	Sinnesobjekt
Rupavajra	Formen
Shabdavajra	Klänge
Gandhavajra	Gerüche
Rasavajra	Geschmäcker
Sparshavajra	Berührung
Dharmadhatuvajra	Geistige Phänomene

Tabelle 4-6: Gottheiten der Verhaltens-Ermächtigung

Die Namens-Ermächtigung

Auf der Grundlage der verschiedenen Arten des Bewusstseins, die im Geist entstehen, formen wir eine konzeptuelle Interpretation unserer Welt, und auf der Grundlage dieser Interpretation führen wir Handlungen aus. Mit dieser Ermächtigung reinigen wir diese Handlungen und die Fähigkeiten des Körpers, mit denen sie ausgeführt werden. Die fünf Fähigkeiten des Mundes, der Arme, der Beine, des Anus und die höchste Fähigkeit werden als die *fünf männlichen zornvollen Gottheiten* erkannt. Die dazugehörigen fünf Handlungen des Sprechens, des Nehmens, des Gehens, der Defäkation sowie des Urinierens und des Abgebens von regenerativen Flüssigkeiten werden als die *fünf weiblichen zornvollen Gottheiten* erkannt. Diese Phase entspricht der Namensgebung des Kindes.

Männliche zornvolle Gottheit	Fähigkeit
Vighnantaka	Mund
Prajñantaka	Arme
Padmantaka	Beine
Yamantaka	Anus
Ushnisha	Höchste

Weibliche zornvolle Gottheit	Handlung
Stambhaki	Sprechen
Manaki	Nehmen und Halten
Jambhaki	Kommen und Gehen

Anantavirya	Defäkation
Atinila	Urinieren und Emission regenerativer Flüssigkeiten

Tabelle 4-7: Gottheiten der Namens-Ermächtigung

Die Ermächtigungen zum Erlangen der Vajra-Weisheit

Diese letzte Gruppe von Ermächtigungen arbeitet mit der subtilsten Ebene des Geistes. Sie durchschneidet den grob-konzeptuellen Geist und konzentriert sich auf die Grundlage, aus der alle Erscheinungen entstehen. Diese Art von Erfahrungen entspricht den Erscheinungen, die während des Zustandes der glückseligen Versenkung entstehen.

Die Erlaubnis-Ermächtigung

Jedem Moment geistiger Aktivität liegt eine subtile Ebene oder Erkenntnis zugrunde; eine bloße Erscheinung und ein subtiles Gewahrsein. Innerhalb des dualistischen Geistes erscheinen sie als Subjekt und Objekt, aber letztendlich sind sie untrennbar. Wenn wir über die Natur des subjektiven Aspekts des Aggregats des ursprünglichen Gewahrseins und des objektiven Aspekts des Bewusstseinselements kontemplieren, läutern wir sie zur nicht-dualen ursprünglichen Weisheit von *Vajrasattva und Prajñaparamita* in Vereinigung. Diese Phase entspricht der Erziehung des Kindes.

Gottheit	Weisheit
Vajrasattva	Aggregat der ursprünglichen Weisheit
Prajñaparamita	Element der konventionellen Weisheit

Tabelle 4-8: Gottheiten der Erlaubnis-Ermächtigung

Ergänzende Übertragungen und Verpflichtungen

Nachdem wir alle sieben Ermächtigungen erhalten haben, wird uns die Erlaubnis erteilt, mit der Kalachakra-Erzeugungsstufe zu beginnen. Damit wir so effektiv wie möglich praktizieren können, gewährt uns der/die Vajrameister/in eine Reihe ergänzender Übertragungen und Verpflichtungen, die unsere Praxis bereichern und unterstützen. Die Essenz dieser Verpflichtungen ist bereits in den vorgestellten Gelübden enthalten, wird hier jedoch noch einmal aufgeführt, um unsere Achtsamkeit dafür zu stärken.

Übertragung des Kalachakra-Mantra

Wie wir in den kommenden Kapiteln sehen werden, konzentriert sich die Erzeugungsstufe hauptsächlich auf die Praxis des Gottheiten-Yoga. Teil dieser Praxis ist das Rezitieren von Mantras, die den verschiedenen Gottheiten im erleuchteten Mandala entsprechen. Diese Mantras werden verwendet, um die subtilen Winde zu reinigen und den Geist in einen subtileren Bewusstseinszustand zu bringen.

Traditionellerweise erhält man zuerst die Übertragung des Mantra durch eine/n Vajrameister/in, bevor wir es rezitieren. Diese Übertragung verleiht uns den Segen der Überlieferungslinie und macht uns mit dem Klang des Mantra vertraut. Während der Zeremonie erhalten wir die Essenz-Mantras, die die endgültige Natur des Mandala repräsentieren. Indem wir sie lernen, erhalten wir die Erlaubnis, mit allen Mantras zu arbeiten, die im Kalachakra-System verwendet werden.

Name	Mantra
Essenz-Mantra von Kalachakra	OM SHRI KALACHAKRA HUM HUM PHAT
Essenz-Mantra von Vishvamata	OM PHREM VISHVAMATA HUM HUM PHAT
Wurzelmantra des Universums	OM HA KSHA MA LA VA RA YAM SVAHA
Das friedvolle Mantra der sechs Buddhafamilien	OM AH HUM HO HAM KSHA
Das zornvolle Mantra der sechs Buddhafamilien	OM HRANG HRING HRING HRUNG HRLING HRAH SVAHA

Tabelle 4-9: Kalachakra-Mantras

Die geheime Bedeutung der sechs Vajra-Gelübde

Auch wenn wir noch nicht ermächtigt sind, Praktiken der Vollendungsstufe auszuüben, ist es wichtig, ein Verständnis dafür zu entwickeln, was dieser Prozess mit sich bringt. Zu verstehen, wie sich die Vollendungsstufe entfaltet, gibt uns Einblick in die Art und Weise, wie die Erzeugungsstufe uns auf fortgeschrittenere Praktiken vorbereitet. Dies trägt zur Effektivität unserer gegenwärtigen Praxis bei und stärkt unser Bestreben, die Erleuchtung durch die *Sechs Vajrayogas* zu erlangen.

Zu diesem Zweck führt uns der/die Vajrameister/in kurz in die *sechs Vajra-Gelübde* ein, die in den *besonderen Gelübden des Kalachakra* enthalten sind. Ihr Zweck ist es, die Essenz jedes Yogas der Vollendungsstufe hervorzuheben. Indem wir Vertrautheit mit diesen Gelübden entwickeln, schaffen wir die Voraussetzung, eines Tages das Endergebnis des Kalachakra-Pfades zu erreichen. Die sechs Gelübde lauten wie folgt:

1. Das Vajra-Gelübde der **Akshobya-Familie** ist es, zu „töten". Das bedeutet, das Gewahrsein am Scheitelchakra zu halten, um die groben Winde des konzeptuellen Geistes wirkungsvoll zu durchtrennen und die subtilen Winde in den Zentralkanal zu ziehen. Dieses Gelübde entspricht dem *Yoga des Rückzugs.*

2. Das Vajra-Gelübde der **Amoghasiddhi-Familie** ist es, „Lügen zu sprechen". Das bedeutet, die Winde im Zentralkanal zu halten, wo sie die konventionelle Wahrheit, wie sie vom dualistischen Geist wahrgenommen wird, nicht länger unterstützen. Auf diese Weise wird die verborgene Wirklichkeit unserer inneren Wahrheit enthüllt. Diese Wahrheit ist dem gewöhnlichen Bewusstsein nicht bekannt, was die Bedeutung des Sprechens von Unwahrheiten ist. Dieses Gelübde entspricht dem *Yoga der Stabilisierung.*

3. Das Vajra-Gelübde der **Ratnasambhava-Familie** ist es, zu „stehlen". Da Sie erkennen, dass die Buddhaschaft nichts ist, was durch jemanden anderen gegeben werden kann, kontrollieren Sie durch die Kraft des eigenen Vertrauens und Ihrer Entschlossenheit die subtilen Winde, sodass sie in Ihrem Nabelchakra verweilen. Dieses Gelübde entspricht dem *Yoga der Windkontrolle.*

4. Das Vajra-Gelübde der **Amitabha-Familie** ist es, „jemand anderes Partner zu nehmen". Das heißt, dass man sich auf die Vereinigung von unveränderlicher Glückseligkeit und Leerer Form stützen muss, um Erleuchtung zu erlangen. Daher verlässt man sich anfangs auf eine/n Gefährtin/Gefährten, die/der anders ist als man selbst, sei es physisch oder visualisiert. Letztendlich sind diese beiden Gefährten nur vorläufig und werden schließlich zugunsten der Großen Gefährtin der Leeren Form aufgegeben, die untrennbar eins mit Ihrer eigenen Natur ist. Dieses Gelübde entspricht dem *Yoga des Zurückhaltens.*

5. Das Vajra-Gelübde der **Vairochana-Familie** ist es, „Fleisch und Alkohol zu sich zu nehmen". Das bedeutet, sich auf die sechzehn Freuden zu

verlassen, die als Resultat der Tummo-Praxis entstehen. Durch diese Praxis entzündet man das innere Feuer und beginnt einen Schmelzprozess, in dem die subtilen Substanzen an die Spitze des Zentralkanals gebracht werden und zunehmende Erfahrungen der Glückseligkeit erzeugen. Diese Erfahrungen der Glückseligkeit werden als Fleisch und Alkohol bezeichnet. Dieses Gelübde entspricht dem *Yoga der Sammlung*.

6. Das Vajra-Gelübde der **Vajrasattva-Familie** ist es, „die Sexualorgane einer Frau nicht gering zu schätzen". Anstatt die vitalen Essenzen freizusetzen, hält man sie an der Spitze der unteren Öffnung fest. Hier wird der Akt des Freisetzens als „Geringschätzung" der unveränderlichen Glückseligkeit betrachtet, die aus der Vereinigung mit einer Großen Gefährtin der Leeren Form entsteht. Dieses Versprechen entspricht dem *Yoga der Absorption*.

Diese Gelübde sind metaphorischer Natur und sollten daher nicht wörtlich genommen werden. Wenn uns gesagt wird, dass wir „töten" sollen, ist die Bedeutung sehr spezifisch und deutet keineswegs darauf hin, dass wir das Leben von fühlenden Wesen nehmen sollen. Wenn es um unser äußeres Verhalten geht, müssen wir immer die *Fünfundzwanzig Verhaltensweisen des Kalachakra* befolgen, in denen uns das Töten, Stehlen usw. eindeutig verboten wird.

Überblick über die tantrischen Gelübde gemäß dem Kalachakra

Als Teil unserer Verpflichtung gegenüber der Handlungs-Familie von Amoghasiddhi verpflichten wir uns, die ethische Disziplin der drei Gelübde einzuhalten. Dazu gehören die Gelübde der individuellen Befreiung, die Gelübde eines/r Bodhisattva/s und die Gelübde eines/r tantrischen Praktizierenden. Während die Essenz der tantrischen Gelübde darin besteht, die gewöhnlichen Wahrnehmungen der Wirklichkeit aufzugeben, kann diese Praxis aufgrund des Ausmaßes der in unserem Geist vorhandenen Verdunkelungen schwierig werden. Um uns dabei zu helfen, unsere Disziplin aufrechtzuerhalten, definierte der Buddha *vierzehn Wurzelgelübde* und *acht Zweiggelübde*, die einen detaillierteren Rahmen dafür bieten, wie wir uns verhalten sollten.

Die vierzehn Wurzelgelübde

Die folgenden Verhaltensweisen sollten vollständig aufgegeben werden:

1. **Den Geist des/der eigenen Vajrameisters/meisterin stören:** Dieses Wurzelgelübde besteht darin, eine/n Lehrer/in, von dem/der wir eine Ermächtigung, eine Unterweisung oder eine Übertragung in einer der Tantra-Klassen erhalten haben, nicht herabzuwürdigen oder zu verachten. Wir sollten ihnen keine Geringschätzung, Respektlosigkeit oder Unhöflichkeit entgegenbringen und es vermeiden, Fehler an ihnen zu suchen oder anzunehmen, dass ihre Lehren nicht von Nutzen sind. Ein Verfall des Wurzelgelübdes tritt ein, wenn wir absichtlich in einer schädlichen Art und Weise handeln oder sprechen, wir während der Handlung nicht daran denken, dies zu unterlassen, und der/die Meister/in von unserem Verhalten erfährt und seinen/ihren Unmut zeigt.

2. **Die Worte des/der eigenen Vajrameisters/meisterin missachten:** Dieses Gelübde fordert uns auf, keine der zehn untugendhaften Handlungen zu begehen oder heimlich zu verrichten, die Lehren des/der Vajrameisters/meisterin nicht zu verachten oder ein Gelübde zu brechen, obwohl wir vom/von der Vajrameister/in gewarnt wurden, dies zu tun. Das Wurzelgelübde wird gebrochen, wenn wir trotz des Wissens, dass der/die Vajrameister/in ein heiliges Wesen ist und dass ein solches Verhalten ihm/ihr missfallen würde, die Handlung dennoch begehen, und wenn die Handlung durch eine negative Emotion motiviert ist.

3. **Die eigene Vajra-Familie verachten:** Dieses Wurzelgelübde mahnt uns, keinen Ärger gegenüber jenen zu zeigen, die Unterweisungen von dem/derselben tantrischen Meister/in erhalten haben und die unsere Vajra-Brüder und -Schwestern sind. Die Unterweisungen müssen nicht zur selben Zeit empfangen werden, und sie müssen auch nicht zur selben Tantraklasse gehören. Dieses Wurzelgelübde wird gebrochen, wenn wir beabsichtigen, ihnen mit Körper, Rede oder Geist zu schaden, indem wir sie zum Beispiel verbal wegen Fehlern, Irrtümern oder Übertretungen, die sie begangen haben oder auch nicht, beschimpfen. Die Motivation muss aus Feindseligkeit, Wut oder Hass bestehen. Das Gelübde ist gebrochen, wenn man nicht innerhalb von acht Stunden nach dem Verstoß ein Bekenntnis ablegt.

4. **Den Geist der Liebe aufgeben:** Dieses Wurzelgelübde erinnert uns daran, Liebe und Mitgefühl nicht aufzugeben. Dies ist der innige Wunsch, dass alle Wesen glücklich sein mögen und die Ursachen des Glücks erlangen, und der Wunsch, dass sie frei von Leiden und dessen Ursachen sein mögen. Wenn wir unsere Liebe zu einem fühlenden Wesen für mehr als einen Tag aufgeben, gilt dies als Bruch des Gelübdes. Dies gilt nicht, wenn wir die Liebe für einen kürzeren Zeitraum aufgeben.

5. **Das eigene Bodhicitta beschädigen:** In diesem Gelübde werden wir angewiesen, Bodhicitta nicht aufzugeben, weder in seiner anstrebenden noch in seiner engagierten Form. Im Zusammenhang mit dem Kalachakra-Pfad bezieht sich dieses Gelübde speziell darauf, die subtilen Essenzen nicht zu verlieren, die die Grundlage für die Verwirklichung der Erleuchtung durch das erhabene Gewahrsein der unveränderlichen Glückseligkeit sind. Wann immer ein Mann oder eine Frau die unkontrollierte Freisetzung von Energie erfährt, die eine gewöhnliche Orgasmuserfahrung begleitet, wird die Potenz unserer subtilen Essenzen reduziert. Daher konzentriert sich dieses Gelübde darauf, unsere Einstellung zur Sexualität zu ändern, um unsere subtile Energie zu schützen, damit sie in den Praktiken der Vollendungsstufe genutzt werden kann. Wir sollten es weitestgehend vermeiden, absichtlich den Verlust regenerativer Flüssigkeiten herbeizuführen.

6. **Philosophische Grundsätze kritisieren:** Dieses Gelübde weist uns an, die Voreingenommenheit zwischen den Lehren des Sutra und des Tantra aufzugeben. Wir begehen einen Verstoß, wenn wir aus Ärger oder Sektierertum nicht akzeptieren, dass die Sicht der erhabenen Leerheit, die in der dritten Drehung des Dharmarades dargestellt wird, dieselbe ist wie die in den Tantras beschriebene. Die wesentliche Bedeutung dieses Gelübdes besteht darin, immer einen nicht-sektiererischen Ansatz beizubehalten, der alle Lehren des Buddha in ein kohärentes System einbezieht, das frei von Widersprüchen ist.

7. **Den Unreifen Geheimnisse mitteilen:** Bei diesem Gelübde geht es darum, die geheimen und tiefgründigen Lehren nicht an diejenigen weiterzugeben,

die sie nur schwer verstehen können, wie z. B. die Lehren, die die Praktiken beschreiben, um das glückselige Gewahrsein der Vollendungsstufe zu erzeugen. Die wesentliche Bedeutung dieses Gelübdes besteht darin, immer darauf zu achten, wie die Informationen aufgenommen werden könnten, um keine Voraussetzungen für Missverständnisse zu schaffen.

8. **Die eigenen Aggregate verachten:** Missbrauch der fünf Aggregate (zu denen unser physischer Körper und die Faktoren gehören, aus denen unser Geistesstrom besteht) tritt auf, wenn wir Aktivitäten wie extremes Fasten oder Askese praktizieren oder uns übermäßigem geistigen Stress aussetzen. Wenn wir unsere Aggregate schädigen oder missbrauchen, schwächen wir unsere Fähigkeit, sie als Pfad zur Erleuchtung zu nutzen. Eine Wurzelverfehlung wird begangen, wenn wir unseren Körper oder Geist absichtlich schädigen, wohl wissend, dass unsere Handlungen uns daran hindern werden, die Vollendungsstufe zu praktizieren.

9. **Andere über den heiligen Dharma verunsichern:** Dieses Gelübde weist uns an, eine Ansicht zu vertreten, die mit den endgültigen Lehren des Mahayana, wie sie vom Buddha dargelegt wurden, übereinstimmt. Wir können zwar vorläufige Erklärungen verwenden, um fühlenden Wesen zu helfen, ein Verständnis der letztendlichen Wahrheit zu entwickeln, aber wir dürfen niemals aufhören zu versuchen, eine direkte Verwirklichung unserer Buddhanatur zu erreichen.

10. **Arglistige Liebe hegen:** Dieses Gelübde bezieht sich darauf, liebevolle Worte zu anderen zu sprechen, während wir Bosheit oder böse Absichten in unserem Geist kultivieren. Eine Wurzelverfehlung wird begangen, wenn wir in unserer Praxis heucheln, z. B. ohne aufrichtiges Vertrauen Texte rezitieren und an Ritualen teilnehmen und hinterlistig in einer Weise handeln, die unseren Verpflichtungen widerspricht.

11. **Selbst-erfundene Konzepte über die letztendliche Natur der Wirklichkeit entwickeln:** Bei diesem Wurzelgelübde geht es darum sicherzustellen, dass wir uns nicht auf ein dualistisches Verständnis der erhabenen Leerheit stützen. Wir sollten uns immer daran erinnern, dass wir zur direkten Erfahrung der

Soheit das Bewusstsein transzendieren und im nicht-dualen Gewahrsein der unveränderlichen Glückseligkeit verweilen müssen. Wir brechen dieses Gelübde, wenn wir glauben, dass unser begriffliches Verständnis der höchsten Wahrheit dasselbe ist wie die höchste Wahrheit selbst.

12. **Über die Fehler derjenigen sprechen, die rein sind:** Dieses Wurzelgelübde erinnert uns daran, Menschen nicht von tantrischen Praktiken abzubringen, an die sie glauben, solange sie entsprechend qualifiziert sind und die geeignete Ermächtigung erhalten haben. Wenn wir aus einem verblendeten Geist der Eifersucht heraus gezielt über die Fehler von Praktizierenden mit einigen Errungenschaften in der tantrischen Praxis spotten, urteilen oder lästern, brechen wir dieses Gelübde.

13. **Die heiligen Substanzen ablehnen:** Hier geloben wir, die speziell gesegneten Gaben einer tantrischen Handlung nicht aufgrund falscher Ansichten abzulehnen. Darüber hinaus geloben wir auch, uns nicht gierig an ihnen zu laben. Einige tantrische Praktiken beinhalten die Verkostung von eigens dafür gesegnetem Alkohol und Fleisch, Substanzen, die die Aggregate, Körperelemente und manchmal die Energiewinde symbolisieren. Betrachten wir diese Substanzen aufgrund extremer Ansichten, wie z. B. als Vegetarier, als ekelhaft und lehnen sie daher ab, brechen wir dieses Wurzelgelübde. Genauso verhält es sich, wenn wir dem Konsum dieser Substanzen übermäßig nachgehen.

14. **Frauen geringschätzen:** Dieses Wurzelgelübde weist uns an, Frauen nicht geringzuschätzen, weil sie im Tantra als die Natur der Weisheit angesehen werden. Das Ziel des Kalachakra ist es, unveränderliche Glückseligkeit zu erlangen, um die Hindernisse zur Erleuchtung zu beseitigen. Um dieses Ergebnis zu erreichen, ist die Arbeit mit einer Gefährtin unerlässlich. Dieses Gelübde wird gebrochen, wenn wir eine bestimmte Frau, Frauen im Allgemeinen oder eine weibliche Buddhagestalt in irgendeiner Weise geringschätzen oder als minderwertig betrachten. Ebenso gilt als Verfehlung, wenn wir einer Frau gegenüber eine geringe Meinung oder direkte Verachtung äußern mit der Absicht, sie oder Frauen im Allgemeinen abzuwerten.

Die acht Zweiggelübde

Die folgenden acht Verhaltensweisen sollten möglichst vermieden werden:

1. **Sich auf eine/n unqualifizierte/n Gefährtin/Gefährten stützen:** Das erste dieser Zweiggelübde fordert uns auf, nur mit einer/m Gefährtin/Gefährten zu praktizieren, die/der drei Qualitäten aufweist: Sie/Er muss eine Ermächtigung erhalten haben, tantrische Gelübde aufrechterhalten, sowie in tantrischen Praktiken geschult sein. Vor allem sollten sie gewöhnlichen Sex und orgasmische Befriedigung nicht als etwas Spirituelles oder als einen Pfad zur Erleuchtung betrachten. Das Gelübde wird gebrochen, wenn ein Partner entweder durch psychischen Druck wie Schmeicheleien oder durch Gewalt zu einer sexuellen Vereinigung gezwungen wurde, oder wenn die Umstände unangemessen sind, wie z. B. Krankheit oder Verpflichtungen zur Einhaltung anderer Gelübde, die ein solches Verhalten einschränken.

2. **Eine Vereinigung eingehen, ohne das Gewahrsein der Leerheit aufrechtzuerhalten:** Dieses Gelübde besagt, dass wir nur dann eine sexuelle Vereinigung eingehen sollten (unabhängig davon, ob es sich um eine/n physische/n oder visualisierte/n Gefährtin/Gefährten handelt), wenn wir uns an die drei Erkenntnisse halten können, unseren Körper als die Gottheit, unsere Rede als das Mantra der Gottheit und unseren Geist als ursprüngliche Weisheit zu betrachten, während wir das glückselige Gewahrsein der Leerheit aufrechterhalten. Das Gelübde wird gebrochen, wenn unsere reine Wahrnehmung ins Wanken gerät, insbesondere wenn wir absichtlich einen Orgasmus herbeiführen oder ihn unabsichtlich erleben.

3. **Tantrische Utensilien und Praktiken Personen vorführen, die dafür nicht geeignet sind:** Dazu gehört es, Bilder tantrischer Gottheiten, tantrische Texte, Mudras oder Objekte wie den eigenen Vajra und die eigene Glocke Menschen zu zeigen, die keine Ermächtigung erhalten haben, wenn dies dazu führt, dass sie mit einer negativen Einstellung gegenüber tantrischen Praktiken reagieren. Unsere eigene Praxis wird stark behindert, wenn wir zulassen, dass andere sich über die Praktiken lustig machen oder diese Objekte unsachgemäß verwenden. Daher ist

es immer besser, Missverständnisse wo immer möglich zu vermeiden.

4. **Während eines Opfermahls oder einer Zeremonie Konflikte verursachen:** Dieses Gelübde erinnert uns daran, während eines Opferfestmahls oder einer anderen tantrischen Zeremonie nicht zu streiten. Wir sollten uns darauf konzentrieren, uns selbst als Gottheiten zu visualisieren, die im glückseligen Gewahrsein der Leerheit ruhen, damit wir zum Nutzen aller Wesen Opfergaben darbringen können. Wenn wir uns während eines solchen Rituals gegenseitig aufregen, verlieren wir unsere Visualisierungen und kultivieren negative Geisteszustände, was unsere Teilnahme unwirksam und möglicherweise schädlich für unseren spirituellen Pfad macht. Am besten ist es, während eines Rituals überhaupt nicht zu sprechen, abgesehen vom Mantra und dem Rezitieren der Praxis.

5. **Diejenigen mit echtem Vertrauen in die Irre führen:** Dieses Gelübde mahnt uns, keine falschen Antworten auf Fragen zu geben, die aufrichtig oder von Menschen mit Vertrauen gestellt werden. Wir brechen dieses Gelübde, wenn wir geeigneten Personen mit der entsprechenden Ermächtigung auf Fragen zu tantrischen Praktiken ausweichen, das Thema wechseln, auf einer anderen Ebene antworten oder diese bewusst täuschen. Es ist jedoch kein Regelbruch, wenn wir aus Unwissenheit eine falsche Antwort geben.

6. **Sich über längere Zeit mit Menschen umgeben, die nicht an den Vajra-Pfad glauben:** Dies bezieht sich insbesondere auf diejenigen, die Tantra oder die tantrische Praxis verachten, oder sie als Zeitverschwendung abtun. Wenn wir uns über längere Zeit bei solchen Personen aufhalten, die nur auf die individuelle Befreiung ausgerichtet sind, kann uns das von unserem Pfad abbringen. Dieses Gelübde wird nicht gebrochen, wenn es wirklich notwendig ist, in der Wohnung einer solchen Person zu bleiben, wenn wir keine Wahl haben, mit wem wir zusammenleben, oder wenn wir beispielsweise längere Zeit in einem Krankenhaus bleiben müssen. In diesen Fällen sollten wir unsere tantrischen Praktiken einfach geheim halten.

7. **Mit den eigenen spirituellen Errungenschaften prahlen:** Dieses Gelübde

fordert uns auf, bescheiden zu sein und nicht damit zu prahlen, ein/e hoch qualifizierte/r Praktizierende/r zu sein, obwohl wir nur wenig tantrische Praxis geübt haben. Das Gelübde wird gebrochen, wenn wir uns für einen großen Yogi oder eine Yogini mit übernatürlichen Kräften, Einsichten und so weiter halten, und dies dann anderen Menschen kundtun.

8. **Denjenigen den Dharma lehren, die kein Vertrauen in die Lehren haben:** Dieses Gelübde bezieht sich insbesondere darauf, geheime tantrische Lehren und Unterweisungen an diejenigen weiterzugeben, die nicht über die entsprechende Ermächtigung verfügen oder denen es an Vertrauen und Respekt für die Lehren mangelt. Wir brechen dieses Gelübde, wenn wir Lehren an Personen weitergeben, die kein Interesse an den Lehren oder kein Vertrauen haben, oder sogar an Personen, die eine Ermächtigung erhalten, aber keinen echten Glauben haben.

Abschluss

Wir schließen die Ermächtigungszeremonie ab, indem wir unsere Verpflichtung bekräftigen, Hingabe an den/die Vajrameister/in zu praktizieren und die Gelübde und Versprechen aufrechtzuerhalten, die er/sie uns erteilt hat. Wir sollten das Gefühl haben, dass wir nun eine vollständige Vajra-Beziehung mit dem/der Meister/in eingegangen sind, und daher ab diesem Moment gemäß den Ratschlägen handeln, die zuvor in dem Text *Fünfzig Verse der Hingabe an den Guru* vorgestellt wurden.

AUFRECHTERHALTEN UND WIEDERHERSTELLEN VON GELÜBDEN

Die tantrischen Verpflichtungen, die wir während einer Ermächtigungszeremonie eingehen, sind das Lebenselixier unserer Vajrayana-Praxis. Durch sie erhalten wir die reine Wahrnehmung, die die geschickten Methoden des Tantra zu so wirksamen Ursachen für das Erreichen der Erleuchtung machen. Ohne die Gelübde wird unsere Praxis auf lange Sicht keinen Nutzen haben. Deshalb sollten wir, sobald wir die Gelübde erhalten haben, unser Bestes tun, um sie so gut wie möglich aufrechtzuerhalten. Dazu müssen wir wissen, wie wir (1) verhindern können, dass unsere Gelübde degenerieren, (2) den Grad der Verfehlung erkennen und (3) unsere Gelübde durch Reinigungspraktiken wiederherstellen.

Wie man verhindert, dass Gelübde gebrochen werden

Tantrische Gelübde sind leicht zu brechen, weil die meisten davon abhängen, stets eine reine Sichtweise beizubehalten. Sie beziehen sich nicht nur darauf, was wir tun und sagen, sondern auch darauf, wie sich unser Geist in jedem bestimmten Moment manifestiert, was es sehr schwierig macht, sie einzuhalten. Selbst der große tantrische Meister Atisha gestand, dass seine Verstöße gegen die tantrischen Gelübde so häufig vorkamen wie das Prasseln von Regentropfen, wohingegen er seine Bodhisattva-Gelübde nur selten und seine Pratimoksha-Gelübde niemals brach. Infolgedessen vergingen kein Tag und keine Nacht, ohne dass er Bekenntnis ablegte und Reinigung durchführte. Wir sollten daher erkennen, dass das Ablegen, Brechen und Wiederherstellen von Gelübden die Mittel sind, mit denen wir auf dem Pfad vorankommen.

Wie können wir uns also darin üben, die Gelübde nicht zu brechen? Wie der große Gelehrte und Yogi Ngari Panchen sagte, sollten wir uns bemühen, die Gelübde zu kennen und zu verstehen, Hingabe an den Guru zu entwickeln und alle Wesen zu respektieren, indem wir uns ihrer zugrunde liegenden erleuchteten Natur gewahr sind. Wir sollten uns besonders bemühen, ständige Achtsamkeit und wachsames Gewahrsein zu bewahren.

Insbesondere gibt es vier Tore, die zu Verfehlungen führen und sorgfältig überwacht werden sollten, so wie wir die Tore eines mit Gold gefüllten Raumes bewachen würden, um zu verhindern, dass Diebe es stehlen. Die vier Tore sind:

1. Das Tor der Respektlosigkeit
2. Das Tor der Unwissenheit
3. Das Tor der mangelnden Gewissenhaftigkeit
4. Das Tor der unkontrollierten geistigen Verblendungen

Um einen Dieb am Einbrechen zu hindern, müssen wir in der Lage sein, ihn zu erkennen. In ähnlicher Weise müssen wir, um das zweite Tor zu bewachen, wissen, was die Gelübde bedeuten. Um die übrigen Tore zu schützen, müssen wir erkennen, wann unser Geist von Respektlosigkeit, Unachtsamkeit oder geistigen Verblendungen beeinflusst wird, und wie wir diese leidbringenden Zustände bekämpfen können.

Es kann schwierig sein, sich an die Gelübde zu erinnern, vielmehr noch, sie aufrechtzuerhalten. Wir sollten uns jedoch nicht von der „Pflicht", die Gelübde zu befolgen, überwältigen lassen und stattdessen versuchen, uns ihre wesentlichen Punkte einzuprägen. Die Essenz der Gelübde der individuellen Befreiung besteht darin, andere nicht zu verletzen, während der Kern der Bodhisattva-Gelübde darin besteht, unser Bestes zu geben, um immer unterschiedslos Liebe und Mitgefühl für alle fühlenden Wesen zu haben. Gleichzeitig sollten wir erkennen, dass wir alle in unserer wahren Natur erleuchtet sind und alles, was wir wahrnehmen, eine Darstellung erleuchteter Form ist. Wir sollten immer versuchen, uns diese Art der reinen Wahrnehmung ins Gedächtnis zu rufen, besonders gegenüber dem/der tantrischen Meister/in. Dies ist die Essenz der tantrischen Gelübde.

Wie man verschiedene Grade von Verfehlungen erkennt

Die höheren tantrischen Gelübde zu beschädigen ist fast unvermeidlich und liegt in der Natur des Pfades. Deshalb müssen wir lernen, was es bedeutet, ein Gelübde zu übertreten, und wie wir es wiederherstellen können. Ein Bruch eines Gelübdes liegt vor, wenn folgende vier Faktoren zutreffen:

1. **Erkennen:** Sie handeln wissentlich im Widerspruch zu einem Gelübde.
2. **Absicht:** Sie brechen es vorsätzlich.
3. **Ausführung:** Sie führen die Handlung durch, sei es mit dem Körper, der Rede oder dem Geist.
4. **Beendigung:** Diese Handlung führt zu einem bestimmten Ergebnis.

Die Schwere des Verstoßes nimmt zu, wenn eine vorgeschriebene Frist für das Schuldbekenntnis verstrichen ist, in der Sie kein Gefühl des Bedauerns hinsichtlich der Handlung entwickelt haben. Alle vier Faktoren wären gegeben, wenn Sie beispielsweise ein Insekt töten mit der Absicht, es zu verletzen, obwohl Sie wissen, dass Sie ein Gelübde abgelegt haben, dies nicht zu tun, und dennoch kein schlechtes Gewissen dabei haben. Ob jedoch alle vier Faktoren vorhanden sein müssen, damit ein Gelübde gebrochen wird, hängt vom jeweiligen Gelübde ab.

Es gibt verschiedene Grade von Verstößen, wobei es am schlimmsten ist, wenn alle vier Faktoren vorhanden sind und eine bestimmte Zeitspanne ohne Reue verstrichen ist. Eine Wurzelverfehlung liegt vor, wenn die vier Faktoren gegeben sind und man es versäumt, vor Ablauf einer Zeitspanne von vier Stunden zu bekennen. Darüber hinaus gibt es größere und kleinere Fehler, wenn die vier Faktoren unvollständig sind.

Wie man gebrochene Gelübde wiederherstellt

Es gibt viele Methoden, um gebrochene Gelübde wiederherzustellen. Tantrische Reinigungsmethoden sind die wirkungsvollsten und können verwendet werden, um Verfehlungen in jeder der drei Kategorien von Gelübden zu bereinigen. Beispiele dafür finden sich in Ngari Panchens *Vollendetes Verhalten: Die Erklärung der Drei Gelübde*. Im Allgemeinen beziehen sie sich auf die Art der Ermächtigungen, die man erhalten hat, oder auf die Schwere der Übertretungen, die man begangen hat.

Wiederherstellung auf der Grundlage der vier Ermächtigungen

Die Art und Weise, wie man Gelübde wiederherstellt, hängt im Allgemeinen damit zusammen, welche der vier Ermächtigungen man erhalten hat. Dies ist besonders relevant, wenn wir die Ermächtigungen nach und nach erhalten, bevor wir uns auf einen bestimmten Teil der Praxis einlassen.

Sollte es schwerfallen, die Gelübde aufrechtzuerhalten, nachdem man die Vasen- oder die geheime Ermächtigung erhalten hat, können wir das Mantra der Kalachakra-Gottheit, das sich auf diese spezifischen Gelübde bezieht, 36.000 Mal rezitieren. Es gibt auch andere Methoden, die von der Fähigkeit und dem Niveau der Praxis des Einzelnen abhängen. Zudem sollten wir den Rat unserer/s Guru bezüglich der am besten geeigneten Reinigungspraxis befolgen.

Wenn nach der Weisheits- oder Wort-Ermächtigung eine Verschlechterung eintritt, sollten wir den Fehler eingestehen und uns mit der Reinigungspraxis beschäftigen, bis ein Zeichen der Reinigung auftritt, wie z. B. glückverheißende Träume, Visionen, verbesserte körperliche Geschmeidigkeit oder Klarheit des Geistes. Nur ein striktes Retreat, z. B. an einem abgelegenen Ort, und die Meditation über die Vereinigung der Erzeugungs- und Vollendungsstufe können dies beheben. Sobald sich Zeichen der Reinigung einstellen, sollten wir wieder in das Mandala eintreten und die Gelübde und Ermächtigungen entweder von unserem/r Guru oder durch Selbsteinweihung empfangen. Dabei sollten wir darauf achten, dass wir nicht mit erfahreneren Praktizierenden zusammensitzen und keine Gaben für uns selbst erhalten.

Wiederherstellung auf der Grundlage der Zeit

Die Bedingungen, die für die Wiederherstellung eines Gelübdes erforderlich sind, werden mit der Zeit immer aufwendiger. Ist inzwischen ein ganzer Tag vergangen, ist mehr als nur ein Bekenntnis erforderlich. Es muss ein spezielles tantrisches Reinigungsritual durchgeführt werden wie die Vajrasattva-Praxis oder eine Tsok-Darbringung. Eine aufrichtige Gabe, die ein erhebliches persönliches Opfer erfordert, finanzieller oder anderer Art, ist ebenfalls notwendig, um Reue für die Übertretung zu zeigen. Sollte bereits ein Monat vergangen sein, muss zusätzlich zum Reinigungsritual ein noch größeres persönliches Opfer dargebracht werden. Dies könnte bedeuten, dass wir unsere Besitztümer dem/der Guru oder den Drei Juwelen, repräsentiert durch die Sangha-Gemeinschaft, darbringen. Das Bekenntnis erfolgt durch die Darbringung.

Nach einem Jahr sind die Anforderungen umfangreicher und kostspieliger und man muss vielleicht etwas so Kostbares wie seinen Sohn oder seine Tochter symbolisch aufgeben oder den Gottheiten des Mandala und dem Guru darbringen. Sind bereits zwei Jahre vergangen, reichen selbst eigener Besitz und Familie nicht mehr aus, man muss sich dann ohne die geringste Rücksicht auf das eigene Leben in den Dienst der/des Guru und des Buddha-Dharma stellen. Nach einer Frist von drei Jahren ist eine vollständige Wiederherstellung des Gelübdes in diesem Leben nicht mehr möglich, d. h. man kann die tantrischen Gelübde in diesem Leben nicht mehr vollständig halten oder wiederherstellen. Jedoch kann man immer noch das negative Karma, das sich durch den Bruch des Gelübdes angesammelt hat, reinigen und so vermeiden, in Bereichen wie der Vajra-Hölle wiedergeboren zu werden.

Wiederherstellung durch andere Methoden

Im Text *Vollendetes Verhalten* werden verschiedene andere Methoden der Wiederherstellung detailliert beschrieben, z. B. die Verwendung der sechs Silben, die die Reinigung der sechs Bereiche der samsarischen Existenz symbolisieren.

Eine andere Methode besteht darin, die Silbe KHAM am Nabelzentrum zu visualisieren, während man sich seine Negativitäten und Verdunkelungen als eine fleischige Masse am Herzen vorstellt. Indem man das innere Feuer am Nabelchakra entzündet, wird sie verbrannt. Wir können auch Niederwerfungen ausführen und unsere Yidam-Gottheit anrufen, um unsere Negativitäten zu bekennen und zu reinigen.

Alternativ kann Vajrasattva angerufen werden, der die grundlegende Natur aller tantrischen Gottheiten repräsentiert. Sein Mantra sollte mit Vertrauen in Vajrasattva als Unterstützung für die Reinigung rezitiert werden, zusammen mit aufrichtigem Bedauern und dem Vorsatz, den Fehler nicht mehr zu begehen. Sie sollten mit dieser Praxis aus dem entsprechenden Kapitel in Band Zwei vertraut sein.

RATSCHLÄGE FÜR DEN ERHALT DER ERMÄCHTIGUNG

Die Teilnahme an einer *Kalachakra-Ermächtigungszeremonie* ist in dieser Welt eine äußerst seltene und kostbare Gelegenheit. Es erfordert ein enormes Maß an Anstrengung, die notwendigen karmischen Bedingungen zusammenzubringen, um diese Ermächtigungen auf eine authentische Weise zu gewähren. In Anbetracht dessen sollten wir alles in unserer Macht Stehende tun, um eine solch glückverheißende Gelegenheit wahrzunehmen und den vielfältigen Segen, den ein solches Ereignis bietet, nutzen. Um Ihnen zu helfen, das Beste aus dieser Erfahrung zu machen, möchte ich Ihnen die folgenden Ratschläge geben:

Gelübde sind keine Bürde

Bei der Teilnahme an einer Kalachakra-Ermächtigung haben mir viele westliche Schüler/innen gesagt, dass sie sich nicht „bereit" fühlen, die tantrischen Gelübde abzulegen. Sie haben Angst davor, sie zu erhalten und dann zu brechen, weil sie befürchten, dass sie dann immenses Leid ertragen müssen. Daher halten sie es für besser, die Gelübde abzulehnen, bis sie sicher sind, dass sie sie nicht beschädigen werden. Diese Denkweise ist jedoch in vielerlei Hinsicht unzutreffend.

Es ist zweifellos gut, seine ethische Disziplin ernst zu nehmen, dennoch sollten wir uns nicht aus Furcht der unglaublichen Möglichkeit berauben lassen, die sich aus den Gelübden ergibt. Durch die Fixierung auf die negativen Aspekte beim Bruch der Gelübde vergessen wir den grenzenlosen Nutzen, der sich aus ihrem

Einhalten ergibt. Selbst wenn wir die tantrischen Gelübde nur für die Dauer der Ermächtigungszeremonie aufrechterhalten können, sammelt das Nehmen dieser Gelübde in unserem Geistesstrom mehr Verdienst an als Milliarden von Lebenszeiten tugendhafter Aktivitäten, die ohne sie unternommen würden. Es ist ein Irrglaube anzunehmen, dass man sich selbst einen Gefallen tut, wenn man die Gelübde nicht ablegt.

Ein weiteres Problem ist, dass diese Entscheidung nicht realistisch ist. Die einzigen Menschen, die tantrische Gelübde rein halten können, ohne sie zu beschädigen, sind hochgradig verwirklichte Bodhisattvas, die in der Lage sind, ihren Geist jederzeit in einer direkten Erkenntnis der Soheit ruhen zu lassen. Das bedeutet, dass neunundneunzig Prozent aller tantrischen Praktizierenden mit Gelübden arbeiten, die immer wieder beschädigt werden. Der einzige Weg, authentisch reine Gelübde zu erlangen, besteht darin, zunächst das Bestreben zu entwickeln, unsere Gelübde rein zu halten, und uns zu bemühen, die Gelübde kontinuierlich zu reinigen und zu erneuern, bis wir unser Ziel erreichen. Solange unser Bestreben aufrichtig ist, spielt es keine Rolle, wie oft wir die Gelübde brechen. Nach jedem Fehltritt richten wir uns neu aus.

Auf diese Weise sind Gelübde keine Last, sondern ein Geschenk, das unsere Praxis unterstützt und uns hilft, unser größtes Potenzial zu verwirklichen. Anstatt Ihre ganze Aufmerksamkeit darauf zu richten, ob Sie ein Gelübde einhalten können oder nicht, konzentrieren Sie sich auf Ihr Bestreben, dies zu tun. Stärken Sie Ihre Entschlossenheit, indem Sie über die Vorteile der Einhaltung der Gelübde nachsinnen und die Nachteile erkennen, wenn Sie sie nicht einhalten. Sollte sich Ihnen dann die Gelegenheit bieten, die Gelübde abzulegen, zögern Sie nicht, sie zu ergreifen.

Ermächtigung ist eine private Angelegenheit

Kalachakra-Ermächtigungen sind dafür bekannt, dass sie viele Menschen anziehen. In einer besonders großen Versammlung vergisst man leicht, dass der Ermächtigungsprozess eine ganz individuelle Erfahrung zwischen Ihnen und dem/der Vajrameister/in ist. Obwohl möglicherweise zweihunderttausend Menschen in unmittelbarer Nähe sitzen, können wir sicher sein, dass sich zweihunderttausend verschiedene Erfahrungen entfalten.

Vor diesem Hintergrund müssen wir unbedingt vermeiden, unsere eigenen Vorstellungen darüber, was es bedeutet, die Ermächtigungen zu erhalten, auf andere zu projizieren. Anstatt sich darüber Gedanken zu machen, was die anderen um Sie herum tun, versuchen Sie, sich auf das zu konzentrieren, was in Ihrem eigenen Geist vor sich geht. Tun Sie Ihr Bestes, um eine reine Motivation zu kultivieren, und versuchen Sie, Ihr Gewahrsein für den/die Guru während des gesamten Prozesses aufrechtzuerhalten. Wenn Ihnen das gelingt, öffnen Sie sich für den Segen, den er/sie zu bieten hat.

Pflegen Sie eine kindliche Haltung

Schüler/innen, deren Geist intellektuell orientiert ist, stoßen normalerweise auf viele Hindernisse, wenn sie Ermächtigungen nehmen. Aus dem intensiven Wunsch heraus, alle Details zu verstehen, können sie sich unwohl fühlen, wenn sie das tantrische Ritual nicht genau kennen, und erfahren erhebliche Anspannung und Ängste.

Es ist sicherlich von Vorteil, die Struktur des Rituals im Vorfeld zu kennen, dennoch sollten wir uns daran erinnern, unser Möglichstes zu tun, um unsere konzeptuellen Fixierungen zu lösen, wenn der Zeitpunkt zum Erhalt der Ermächtigung gekommen ist. Versuchen Sie, eine fast kindliche Einstellung zu entwickeln, die frei von Erwartungen ist, und seien Sie offen für alles, was sich ergibt. Denken Sie an die Art und Weise, wie ein kleines Kind von Staunen und Aufregung erfüllt ist, wenn es etwas zum ersten Mal erlebt. Das ist die Art von Gefühl, die wir erzeugen wollen, wenn unser/e Guru uns die Natur unseres Geistes zeigt. Machen Sie sich keine Sorgen, wenn Sie Schwierigkeiten haben, jedem Detail zu folgen. Der wichtigste Aspekt ist, was Sie fühlen, nicht was Sie wissen.

Nehmen Sie die Ermächtigungen sooft wie möglich

Ein weiteres verbreitetes Missverständnis ist, dass eine Ermächtigung nur einmal genommen werden muss. Diese Vorstellung entsteht, wenn Menschen die Ermächtigungszeremonie lediglich als eine Initiation betrachten, die am Anfang des Pfades stattfindet, um die Erlaubnis zur Praxis zu erhalten. Dieses Missverständnis verkennt, dass das Wesen der Ermächtigung darin besteht, die Verbindung zwischen unserem gegenwärtigen Geist und der erleuchteten

Wirklichkeit unserer Buddhanatur zu stärken. Je mehr wir diese Verbindung stärken, desto näher kommen wir unserem Ziel. Aus diesem Grund sollten wir jede mögliche Gelegenheit nutzen, um die Ermächtigungen wiederholt von einem/r authentischen Vajrameister/in zu erhalten.

ZUSAMMENFASSUNG

- Bevor man die Kalachakra-Erzeugungsstufe praktiziert, ist es notwendig, den Geist zu ermächtigen. Eine Ermächtigung ist eine Veränderung oder Transformation der Erfahrung, die Qualitäten entstehen lässt. Sie werden auf drei Arten erfahren: (1) Verwirklichung, (2) Verständnis, oder (3) Gefühl.

- Ermächtigungszeremonien sollen die Bedingungen dafür schaffen, dass bestimmte Erfahrungen der Ermächtigung entstehen können. In der Jonang-Tradition gibt es zwei Zeremonien, die der Erzeugungs- bzw. Vollendungsstufe des Kalachakra entsprechen: (1) die Sieben Ermächtigungen eines heranwachsenden Kindes und (2) die Vier Höheren Ermächtigungen.

- Die Zeremonie für die Sieben Ermächtigungen eines heranwachsenden Kindes ist in sechs Teile gegliedert: (1) einleitende Rituale, (2) Erhalt der tantrischen Verpflichtungen, (3) Einführung in das erleuchtete Mandala, (4) die eigentlichen Ermächtigungen, (5) ergänzende Übertragungen und Verpflichtungen und (6) Abschluss.

- Die einleitenden Rituale sollen helfen, die richtige Einstellung und Motivation für den Erhalt der tantrischen Verpflichtungen zu entwickeln. Sie bestehen aus zwei Teilen: (1) Beseitigung äußerer und innerer Hindernisse und (2) Erzeugung von Zuflucht und Bodhicitta.

- Die Essenz der Ethik des Vajrayana besteht darin, (1) das Gewahrsein der eigenen reinen und endgültigen Natur aufrechtzuerhalten, (2) die höchste Motivation des Bodhicitta aufrechtzuerhalten und (3) immer zum Nutzen der fühlenden Wesen zu arbeiten.

- Die ethische Disziplin, die speziell im Kalachakra-Tantra dargelegt wird, wird durch drei Gruppen von Verpflichtungen repräsentiert: (1) die allgemeinen Gelübde der fünf Buddhafamilien, die unsere Sichtweise bestimmen, (2) die besonderen Gelübde des Kalachakra, die vorgeben, wie wir meditieren sollten, und (3) die fünfundzwanzig Verhaltensweisen des Kalachakra, die festlegen, wie wir uns verhalten sollten.

- Die neunzehn Gelübde, die sich auf die fünf Buddhafamilien beziehen, lassen sich wie folgt zusammenfassen: (1) Zuflucht nehmen zur letztendlichen Natur der Wirklichkeit, (2) sich an ihre Aspekte erinnern, (3) zeitweilige Verdunkelungen beseitigen, die diese Wirklichkeit begrenzen, (4) klar unterscheiden, wie sie sich manifestiert, und (5) in Übereinstimmung mit dieser Wirklichkeit handeln.

- Die vorläufigen Gelübde in Bezug auf die sechs Buddhafamilien des Kalachakra sind: (1) Körper, Rede und Geist durch die Praxis des Gottheiten-Yoga vereinen, (2) ausführliche Opfergaben durch die Praxis der Tsok-Festmähler darbringen, (3) die Achtsamkeit auf die Reinheit der Phänomene bewahren, wenn man mit den zehn unreinen Substanzen arbeitet, (4) das Greifen nach gewöhnlicher Glückseligkeit vermindern, indem man alle glückseligen Erfahrungen dem erleuchteten Mandala darbringt, (5) die Reinheit der Glückseligkeit erkennen, indem man mit einer/m visualisierten Gefährtin/Gefährten arbeitet, und (6) das Streben kultivieren, in der Vereinigung von unveränderlicher Glückseligkeit und Leerer Form zu verweilen, indem man die Achtsamkeit für den heiligen Aspekt der Sexualität aufrechterhält.

- Die endgültigen Gelübde der sechs Buddhafamilien sind: (1) Körper, Rede und Geist durch die Praxis der Sechs Vajrayogas vereinen, (2) alle Erfahrungen als Leere Formen erfahren, indem man die zehn Winde in den Zentralkanal bringt, (3) alle subtilen Essenzen im Zentralkanal sammeln, (4) das Greifen nach Glückseligkeit loslassen, indem man mit der Praxis des inneren Feuers arbeitet, (5) alle subtilen Essenzen an der unteren Spitze des Zentralkanals sammeln, indem man mit einer/m Gefährtin/ Gefährten praktiziert, und (6) in der Vereinigung von unveränderlicher Glückseligkeit und Leerer Form verweilen.

- Die fünfundzwanzig Verhaltensweisen des Kalachakra lassen sich wie folgt zusammenfassen: (1) jede Art von Gewalt gegenüber fühlenden Wesen vermeiden, (2) Handlungen einschränken, die leidbringende Geisteszustände fördern, (3) verblendete Motivationen für das Töten aufgeben, (4) Respekt und Wertschätzung für diejenigen kultivieren, die sich in Tugend üben und (5) sich auf wahres Glück konzentrieren, indem man Selbstbeherrschung kultiviert.

- Klarheit und Erhellung sind die beiden Aspekte der Buddhanatur. Sie werden im erleuchteten Mandala dargestellt als (1) die objektive Umgebung, die erfahren wird, und (2) die subjektiven Gottheiten, die diese Umgebung bewohnen.

- Es gibt sieben Ermächtigungen, die als Grundlage für die Reinigung der vier

Erfahrungszustände dienen und die Ursachen für das Erreichen der vier Vajras schaffen: (1) Wasser, (2) Krone, (3) Kronenband, (4) Vajra und Glocke, (5) Verhalten, (6) Name und (7) Erlaubnis. Die ersten beiden erzeugen den Vajra-Körper; die dritte und vierte erzeugen die Vajra-Rede; die fünfte und sechste erzeugen den Vajra-Geist und die siebte erzeugt die Vajra-Weisheit.

- Die sechs Vajra-Gelübde sind: (1) töten, (2) Lügen sprechen, (3) stehlen, (4) den/die Partner/in eines anderen nehmen, (5) Fleisch und Alkohol zu sich nehmen und (6) die Geschlechtsorgane einer Frau nicht gering schätzen.

- Die vierzehn Wurzelgelübde bestehen im Aufgeben folgender Verhaltensweisen: (1) den Geist des/der eigenen Vajrameisters/meisterin stören, (2) die Worte des/der eigenen Vajrameisters/meisterin missachten, (3) die eigene Vajrafamilie verachten, (4) den Geist der Liebe aufgeben, (5) das eigene Bodhicitta beschädigen, (6) philosophische Grundsätze kritisieren, (7) den Unreifen Geheimnisse mitteilen, (8) die eigenen Aggregate missachten, (9) andere über den Heiligen Dharma im Unklaren lassen, (10) arglistige Liebe hegen, (11) selbst-erfundene Konzepte über die letztendliche Natur der Wirklichkeit entwickeln, (12) über die Fehler derjenigen sprechen, die rein sind, (13) die heiligen Substanzen ablehnen und (14) Frauen gering schätzen.

- Die acht Zweiggelübde bestehen im Vermeiden folgender Handlungen: (1) sich auf eine/n unqualifizierte/n Gefährtin/Gefährten stützen, (2) eine Vereinigung eingehen, ohne das Gewahrsein der Leerheit aufrechtzuerhalten, (3) tantrische Utensilien und Praktiken Personen vorführen, die dafür nicht geeignet sind, (4) während eines Opferfestmahls oder einer Zeremonie Konflikte verursachen, (5) diejenigen mit echtem Vertrauen in die Irre führen, (6) sich über längere Zeit mit Menschen umgeben, die nicht an den Vajra-Pfad glauben, (7) mit seinen spirituellen Errungenschaften prahlen und (8) diejenigen den Dharma lehren, die kein Vertrauen in die Lehren haben.

- Nachdem Sie die tantrischen Gelübde und Verpflichtungen erhalten haben, sollten Sie wissen, wie Sie (1) verhindern können, dass Ihre Gelübde degenerieren, (2) den Grad der Verfehlung erkennen und (3) Ihre Gelübde durch Reinigungspraktiken wiederherstellen.

- Es gibt vier Tore, auf die wir achten sollten, um sicherzustellen, dass wir unsere Gelübde nicht brechen: (1) Respektlosigkeit, (2) Unwissenheit, (3) Mangel an Gewissenhaftigkeit und (4) unkontrollierte geistige Verblendung.

- Um ein tantrisches Wurzelgelübde zu brechen, müssen vier Bedingungen erfüllt sein: (1) Erkennen, (2) Absicht, (3) Ausführung und (4) Beendigung.

- Gelübde können wiederhergestellt werden durch: (1) Bekenntnis, (2) Darbringung von Opfergaben, (3) Rezitation von Mantras, (4) Praxis der Vajrasattva-Meditation oder (5) Erneuerung der Ermächtigungen.

KAPITEL FÜNF

Erscheinungen mit der Kalachakra-Erzeugungsstufe reinigen

Das buddhistische Tantra bietet eine Fülle von sehr speziellen Techniken. Dazu gehören die Visualisierung von Meditations-Gottheiten, das Rezitieren von Mantras und physische Yogas zur Arbeit mit dem feinstofflichen Körper. Viele dieser Praktiken sind nicht nur im Buddhismus verbreitet, denn die überwiegende Mehrheit findet sich auch in nicht-buddhistischen Tantra-Traditionen. Betrachtet man die Ähnlichkeiten nur oberflächlich, könnte man annehmen, dass es keinen Unterschied zwischen den beiden gibt, was jedoch nicht der Fall ist. Nicht-buddhistisches Tantra hat die Fähigkeit, unglaublich ausgereifte Samadhi-Zustände zu erzeugen, aber im Gegensatz zu den Praktiken des buddhistischen Tantra schaffen sie es nicht, den endgültigen Zustand der Erleuchtung zu erreichen.

Die Geisteshaltung beim Praktizieren ist das, was eine Praxis als buddhistisch definiert. Ohne spezifische und notwendige Voraussetzungen kann buddhistisches Tantra nicht authentisch praktiziert werden, folglich wird das Ergebnis der vollen Erleuchtung unerreichbar sein. Bevor wir uns an die besonderen Praktiken des Kalachakra-Pfades wagen, ist es daher wichtig, durch eine persönliche Überprüfung sicherzustellen, dass wir die richtigen Voraussetzungen angesammelt haben.

Unsere erste Voraussetzung ist die Schaffung einer authentischen buddhistischen Sichtweise durch Studium, Reflexion und Meditation über die mit der Sutra-Tradition gemeinsamen Lehren. Diese Grundlage schafft ein starkes Gefühl der *Entsagung* gegenüber der zyklischen Existenz, begleitet von einem starken Wunsch, das Leiden aufzugeben. Der Geist von *Bodhicitta* sollte so weit kultiviert werden, dass er zu Ihrer Hauptmotivation im Leben geworden ist, und die Lehren von *Leerheit* und *Buddhanatur* müssen Ihrem Geist sehr vertraut sein. Obwohl eine direkte Verwirklichung dieser beiden Aspekte nicht notwendig ist, müssen Sie ein tiefes Vertrauen in ihre genaue Beschreibung der konventionellen und endgültigen Wahrheit haben.

Die zweite Voraussetzung besteht darin, ein sehr starkes *Streben nach der tantrischen Praxis* zu kultivieren, mit dem Ziel, Erleuchtung zu erlangen. Die Intensität Ihres Strebens kommt aus der Reflexion über die einzigartigen Eigenschaften des Vajrayana und dem Verständnis, wie dieser Pfad innerhalb eines einzigen Lebens zur Erleuchtung führen kann.

Das Eingehen einer Vajra-Beziehung mit einem/r authentischen Vajrameister/in durch das Empfangen der *tantrischen Gelübde* und *Verpflichtungen* bildet die dritte Voraussetzung. Diese Verpflichtungen schaffen den Kontext für alle tantrischen Praktiken und gewährleisten, dass Ihr Verhalten Sie zu Ihrem gewünschten Ergebnis führen wird. Nur durch die reine Einhaltung dieser Gelübde kann die transformative Kraft dieser Techniken voll ausgeschöpft werden.

Als vierte und letzte Voraussetzung müssen Sie in das erleuchtete Mandala eingeführt werden und die Erlaubnis erhalten, Tantra zu praktizieren, indem Sie die *Ermächtigungen der Erzeugungsstufe* von Ihrem/r Vajrameister/in erhalten. Dieser Prozess bewirkt, dass Sie über alle notwendigen karmischen Veranlagungen verfügen, um auf dem tantrischen Pfad effektiv voranzukommen.

Wenn alle diese Bedingungen erfolgreich vorliegen, sind Sie qualifiziert, die Kalachakra-Erzeugungsstufe zu praktizieren. Haben Sie jedoch das Gefühl, dass Ihnen diese Voraussetzungen fehlen, empfehle ich Ihnen, sich auf die gemeinsamen vorbereitenden Übungen zu konzentrieren. In der Zwischenzeit ist es zwar ungefährlich, die Erzeugungsstufe zu studieren, um sich mit ihrer Struktur vertraut zu machen, aber man sollte sie erst dann in die Praxis umsetzen, wenn die vier Voraussetzungen erfüllt sind.

DIE ERZEUGUNGSSTUFE

Um einen Kontext für die im folgenden Kapitel vorgestellten spezifischen Praktiken zu schaffen, werden wir nun einige allgemeine Merkmale der Erzeugungsstufe betrachten. Da es sich um ein sehr umfangreiches Thema handelt, wird uns die Konzentration auf das Wesentliche helfen, ein Arbeitsmodell zu entwickeln und uns eine gute Ausgangsposition zu bieten. Wenn Sie sich genauer mit dieser Materie befassen möchten, bieten die ausführlichen Schriften von Meistern der Überlieferungslinie wie Khunkyen Dolpopa oder Jetsun Taranatha eine Fülle von Informationen.

Auch wenn die Erzeugungsstufe in der Jonang-Tradition nicht im Vordergrund steht, spielt sie in unserer Praxis dennoch eine wichtige Rolle. Der Grund hierfür wird verständlich, wenn man die Entwicklung unserer Sichtweise bis zu diesem Punkt betrachtet. Bevor wir den Guruyoga praktizierten, schaute unsere gewöhnliche Sichtweise auf das Zufluchtsfeld, um Hilfe und Orientierung zu erhalten. Wir strebten danach, ihren Errungenschaften nachzueifern und beteten mit Respekt und Hingabe zu ihnen.

Als wir zum Guruyoga übergingen, wurde diese Beziehung verinnerlicht und wir erkannten, dass der/die Guru letztlich untrennbar mit unserer eigenen Buddhanatur verbunden ist. Zwar suchten wir nicht mehr im Äußeren nach Erlösung, aber das Gefühl der Trennung zwischen unserem gewöhnlichen Selbst und dem Potenzial unserer innersten Wahrheit blieb. Mit unserer vorherrschenden Identität, die immer noch fest in Samsara verankert war, baten wir unsere/n höchste/n Guru, uns ihren/seinen Segen zu gewähren.

Jetzt, wo wir in die Erzeugungsstufe eintreten, zielt unsere Praxis darauf ab, die Lücke zwischen dem, was wir zu sein glauben, und dem, was wir tatsächlich sind, zu schließen. Unser Ziel ist es, unser Identitätsgefühl von dem illusorischen Selbst, das von unserer Unwissenheit projiziert wird, auf ein Konzept des Selbst zu verlagern, das aus der Weisheit erwächst. Um dies zu erreichen, verwenden wir die Methode der Arbeit mit der Kalachakra-Gottheit als unserem Yidam.

Der tibetische Begriff *Yidam* wird oft mit „Meditationsgottheit" übersetzt, während die eigentliche Bedeutung viel tiefgründiger ist. Der erste Teil ist abgeleitet von *yid*, was „Geist" bedeutet, und der zweite Teil *dam*, was „binden" bedeutet. Zusammengenommen vermitteln sie die Idee einer „Methode, den Geist zu binden". Indem wir über die Form von Kalachakra meditieren, machen wir unseren Geist mit den Qualitäten unserer Buddhanatur vertraut, und indem wir unsere Vorstellung von uns selbst auf diese Qualitäten übertragen, binden wir unseren Geist effektiv an diese Natur. Wir sehen uns nicht länger als minderwertige samsarische Wesen, sondern erkennen stattdessen, dass wir letztendlich Kalachakra *sind*.

Das folgende Kapitel wird die tatsächliche Praxis mit einem Yidam untersuchen, wobei wir vorerst nur immer daran denken müssen, dass es in einem Höchsten

Yogatantra wie Kalachakra keine Trennung zwischen dem Selbst und dem Yidam gibt; sie werden als untrennbar erfahren. Anstatt den Yidam im Raum vor uns oder über unserem Scheitel zu visualisieren, erzeugen wir uns selbst, wie wir im Aspekt des Yidam entstehen. Zu lernen, sich mit diesem Aspekt mehr zu identifizieren als mit unserer gewöhnlichen Erscheinung des Selbst und dieses Gewahrsein jederzeit aufrechtzuerhalten, ist die Hauptpraxis der Erzeugungsstufe.

Sich einfach nur in einer anderen Form zu visualisieren, bedeutet jedoch nicht unbedingt, dass man die Erzeugungsstufe praktiziert, und garantiert daher nicht, dass das Ergebnis zur Erleuchtung führt. Damit unsere Praxis authentisch ist, müssen fünf Bedingungen erfüllt sein: (1) die Praxis muss aus einer *authentischen Quelle* stammen, (2) sie muss durch eine *authentische Überlieferungslinie* übertragen werden, (3) unsere Sichtweise muss *in der Leerheit verwurzelt* sein, (4) die Praxis muss *dem Ergebnis ähnlich* sein und (5) wir müssen *Vertrauen in ihre Kraft* haben. Schauen wir uns nun jede dieser Bedingungen im Detail an.

Authentische Quelle

Unser Geist hat eine unglaubliche Fähigkeit, Erscheinungen zu erzeugen. Wenn ich Sie bitten würde, sich einen rosafarbenen Elefanten mit winzigen weißen Flügeln vorzustellen, könnten Sie dies ohne große Schwierigkeiten tun, aber diese Fähigkeit veranschaulicht lediglich einen Aspekt und hat ansonsten keinen besonderen Nutzen. Derselbe Geist kann uns jedoch zur Erleuchtung führen, wenn er durch die entsprechenden Praktiken richtig gelenkt wird. Da es aus unserer gegenwärtigen Perspektive unmöglich ist, das Potenzial einer bestimmten Praxis zu erkennen, ist es notwendig, die Quelle der Lehren zu betrachten. Wenn wir Tantra praktizieren, muss die Quelle immer ein/e vollständig erleuchtete/r Buddha sein, denn nur ein/e Buddha hat die letztendliche Wahrheit der Wirklichkeit erkannt und ist in der Lage, anderen zu zeigen, wie man sie erreichen kann.

Das bedeutet, dass wir unsere Energie auf die Methoden konzentrieren müssen, die eine schriftliche Grundlage haben – die Praktiken, die in den Lehren von verwirklichten Wesen speziell beschrieben werden. Dabei sollten wir auf Fehler achten, die im Laufe der Zeit entstanden sein könnten, und unser Bestes tun, um uns, wo immer möglich, auf die Wurzeltexte zu beziehen. Wenn wir uns genau an diese Texte halten, haben wir die größte Sicherheit, das gewünschte Ergebnis zu erreichen.

Authentische Überlieferungslinie

Zu wissen, dass eine Praxis den Worten eines erleuchteten Wesens entstammt, ist wichtig, aber das Verständnis der Schriften allein ist nicht genug. Wir müssen die Lehren auch von einem/r authentischen Linienmeister/in erhalten haben, der/die diese Lehren in seinem/ihrem eigenen Geistesstrom verwirklicht hat. Nur ein/e solche/r Lehrer/in hat die Fähigkeit, den Segen einer ungebrochenen Überlieferungslinie zu übertragen und uns mit der ursprünglichen Quelle zu verbinden. Dies ist der Segen, der die Bedingungen dafür schafft, dass Verwirklichungen in unserem eigenen Geist entstehen können.

Zusätzlich zu dem Segen, der uns zuteil wird, ist die Überlieferungslinie auch die Quelle der tiefgründigen Kernanweisungen, die genau beschreiben, *wie* wir praktizieren sollen. Da diese Anweisungen über Hunderte von Jahren hinweg immer wieder getestet wurden, können wir darauf vertrauen, dass sie unserem Geist Nutzen bringen. Wenn wir uns die Geschichte einer Überlieferungslinie anschauen, können wir die Ergebnisse sehen, die diese Tradition hervorbringt. Sollte es einer Praxis an dieser Art von Nachweis mangeln, dann sollten Sie weitere Nachforschungen anstellen, bevor Sie sie zu Ihrer Hauptpraxis machen.

In der Leerheit verwurzelt

Sich selbst als Yidam zu erzeugen ist erst möglich, wenn unsere konventionelle Sicht des Selbst vollständig aufgelöst ist. Dies geschieht, indem wir über die Leerheit meditieren, bevor wir uns im Aspekt des Kalachakra manifestieren. Dieser einzelne Schritt ist oft der entscheidende Faktor, der eine buddhistische Praxis von einer nicht-buddhistischen Praxis unterscheidet.

Der Versuch, Tantra zu praktizieren, ohne sich der Leerheit gewahr zu sein, bedeutet im Wesentlichen, eine verblendete Erscheinung durch eine andere zu ersetzen, so als ob man sich selbst als Hund oder Huhn vorstellt. Anstatt dass die Praxis die Ursachen für die Verwirklichung unserer inneren Wahrheit schafft, dient sie nur dazu, unser Greifen nach dem Selbst zu verstärken und unser Leiden in Samsara aufrechtzuerhalten.

Dem Ergebnis ähnlich

Wenn wir in Übereinstimmung mit den Sutras praktizieren, üben wir uns in Methoden, die sich von den Ergebnissen unterscheiden, die wir erreichen wollen. Um beispielsweise eine Fülle von Ressourcen zu erlangen, üben wir Großzügigkeit; um Schönheit zu erreichen, üben wir Geduld; und um eine menschliche Wiedergeburt zu erreichen, üben wir ethische Disziplin. Dies ist vergleichbar mit einem Landwirt, der Samen sät, um eines Tages eine reiche Ernte einzufahren.

Die Vorgehensweise im Tantra unterscheidet sich davon deutlich. Die authentische Praxis der Erzeugungsstufe ähnelt immer dem gewünschten Ergebnis. Das ist wie bei einem/r Schauspieler/in, der/die ein Stück probt, um sich auf eine Aufführung vorzubereiten. Die Probe mag nicht die volle Erfahrung der Vorstellung vermitteln, aber sie ahmt das Endergebnis nach und bietet eine Grundlage für die Entwicklung von Vertrautheit.

Um dieses Prinzip weiter zu veranschaulichen, können wir darüber nachdenken, wie das Vajrayana zu dem resultierenden Zustand eines vollständig erleuchteten Buddha führt. Während die Vollendungsstufe den Schwerpunkt auf die Erzeugung des Dharmakaya-Wahrheitskörpers legt, ist die Erzeugungsstufe insbesondere der Art und Weise nachempfunden, wie ein Buddha Emanationen erzeugt, und wirkt daher als Ursache für die Hervorbringung der Rupakaya-Formkörper. Dies geschieht durch die Reinigung von drei Arten von Erfahrungen:

1. **Geburt:** Dies bezieht sich auf die Art und Weise, wie sich ein Buddha im Geist der fühlenden Wesen manifestiert, und ist der Prozess, in dem eine Emanation Gestalt annimmt, um anderen Nutzen zu bringen. Bestimmt durch unsere karmische Konditionierung erleben wir diesen Prozess gegenwärtig ohne jegliche Kontrolle. Durch die Praktiken der Erzeugungsstufe reinigen wir die Geburt, indem wir lernen, wie wir unseren Geist in verschiedenen Aspekten wie z. B. Kalachakra Yab-Yum oder einer der anderen 636 Gottheiten des erleuchteten Mandala erzeugen können. Indem wir über diese Formen meditieren, gewöhnen wir unseren Geist daran, sich auf diese Weise zu manifestieren.

2. **Tod:** Die Formkörper eines/r Buddha sind von Natur aus unbeständig. Sie entstehen spontan in Abhängigkeit von den Bedürfnissen der fühlenden Wesen und lösen sich wieder in den erleuchteten Geist auf, wenn sie nicht mehr benötigt werden. Dieser Prozess ermöglicht es einem/r Buddha, sich ständig den Ursachen und Bedingungen anzupassen, um anderen den größtmöglichen Nutzen zu bringen. In unserer gegenwärtigen Erfahrung findet diese Art der Auflösung jede Nacht statt, wenn wir einschlafen, oder während des Sterbeprozesses am Ende unseres Lebens. Da uns jedoch das Gewahrsein fehlt, wenn dies geschieht, fallen wir in Unwissenheit und können unsere nachfolgende Manifestation nicht kontrollieren. Die Praktiken der Erzeugungsstufe reinigen den Tod, indem sie uns zeigen, wie wir Erscheinungen zurück in die Leerheit auflösen können. Das hilft uns, unser Greifen nach Erscheinungen zu reduzieren und erlaubt uns, unser Gewahrsein jederzeit aufrechtzuerhalten.

3. **Bardo:** Dies ist der Zeitraum zwischen der Entstehung einer Emanation und ihrer Auflösung. Während dieser Zeit übt eine Emanation erleuchtete Aktivitäten aus, wie z. B. das Erzeugen gröberer Emanationsformen oder das Ausführen der vier Handlungen der Befriedung, Vermehrung, Kontrolle und Unterwerfung. In den Praktiken der Erzeugungsstufe üben wir uns in diesen Handlungen, indem wir Lichtstrahlen aussenden, um die Bedürfnisse der fühlenden Wesen zu erfüllen. Dieser Prozess reinigt die verschiedenen Bardos und gewöhnt unseren Geist an die Tugend, wodurch wir große Mengen an Verdienst ansammeln.

Innerhalb einer einzigen Sitzung der Praxis der Erzeugungsstufe ist es üblich, den Prozess von Geburt, Tod und Bardo als ineinander verschachtelte Zyklen zu erfahren. Zum Beispiel lösen wir zu Beginn der Praxis unser gewöhnliches Selbst auf, um Leerheit zu etablieren und uns dann in Form der Hauptgottheit zu erzeugen. Diese Gottheit wiederum strahlt eine Reihe weiterer Gottheiten aus, von denen jede erleuchtete Aktivitäten ausübt. Wenn die Nebengottheiten ihre Aufgabe erfüllt haben, lösen wir sie wieder in die Hauptgottheit auf. Dieser Prozess kann innerhalb einer einzigen Sitzung viele Male wiederholt werden, bis wir schließlich die Hauptgottheit auflösen, bevor wir unseren gewöhnlichen

Aspekt manifestieren. Aufgrund dieses vielschichtigen Ansatzes können die Praktiken der Erzeugungsstufe sehr komplex sein, was dazu dient, den Zustand unseres Geistes zu verfeinern und uns mit der unermesslichen Fähigkeit auszustatten, anderen zu nützen.

Vertrauen in die Praxis

Die letzte Bedingung, die gegeben sein muss, damit Ihre Erzeugungsstufe authentisch ist, ist ein starkes Vertrauen in die Kraft der Praktiken, die zum Ergebnis der Erleuchtung führen. Ohne Vertrauen gleicht der Akt, sich selbst als Gottheit zu erzeugen, einer Tagträumerei. Auch wenn man vielleicht sehr geschickt darin wird, hat man kein wirkliches Vertrauen in den Prozess, und deshalb wird er keinen Einfluss auf Ihren Geist haben. Das wäre so, als würde ein/e Schauspieler/in verschiedene Rollen spielen. Auch wenn man eine Zeitlang verschiedene Rollen einnimmt, ist man sich dessen immer bewusst, sodass man sein gewöhnliches Identitätsgefühl nie wirklich aufgibt. Für eine Schauspielrolle ist das angemessen, aber es verfehlt den Zweck der tantrischen Praxis.

Aus diesem Grund ist es wichtig, die Theorien zu studieren und zu reflektieren, die der Praxis des Tantra zugrunde liegen. Ein tieferes Verständnis für die Hintergründe der Praktiken wird Ihnen helfen, das Vertrauen zu entwickeln, Ihre gewöhnliche Sichtweise vollständig loszulassen. Obwohl Sie sich möglicherweise weiterhin als Ihr gewöhnliches Selbst manifestieren, hören Sie auf, ein Realitätsempfinden darauf zu projizieren und sehen stattdessen Ihr normales Leben als von Natur aus illusionsgleich an, wie einen wiederkehrenden Traum. Nachdem Sie diese Stufe erreicht haben, ist Ihr Geist reif, Ihre erleuchtete Natur tatsächlich zu erfahren.

DAS ERLEUCHTETE MANDALA DES KALACHAKRA

Das Herzstück der Kalachakra-Erzeugungsstufe ist das erleuchtete Mandala, das die reinen Manifestationen des erleuchteten Geistes aus der Perspektive der konventionellen Wirklichkeit beschreibt. Indem wir uns mit den Details dieses Mandala vertraut machen, können wir jeden Aspekt unserer konventionellen Erfahrung in reine Wahrnehmung verwandeln. Da diese Sichtweise der tatsächlichen Natur der Wirklichkeit nachempfunden ist, funktioniert sie als

UNIVERSALES MANDALA

KÖRPER-MANDALA

REDE-MANDALA

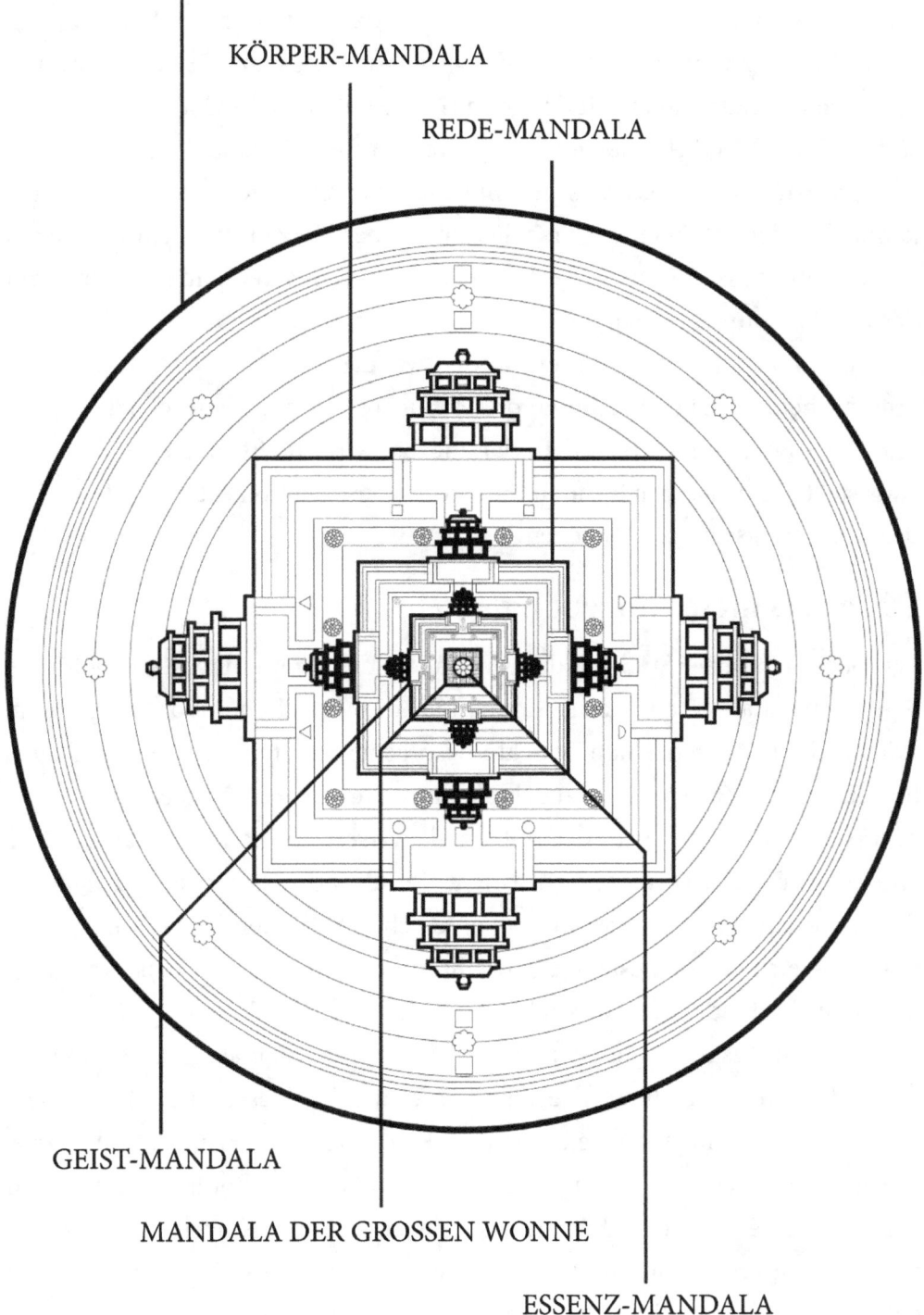

GEIST-MANDALA

MANDALA DER GROSSEN WONNE

ESSENZ-MANDALA

perfekter Übergang zwischen der illusionsgleichen Natur der konventionellen Wahrheit und der wahrhaft etablierten Natur der letztendlichen Wahrheit.

Im Vergleich zu anderen Systemen des Höchsten Yogatantra ist das erleuchtete Mandala des Kalachakra mit der gewaltigen Zahl von 636 Gottheiten, die auf sechs ineinander geschachtelte Mandalas verteilt sind, das komplexeste Mandala. Es ist verständlich, dass diese Komplexität für Anfänger entmutigend sein kann, aber der Schlüssel zur Erschließung seines Nutzens liegt darin, sich auf die wesentliche Bedeutung jedes Bereichs zu konzentrieren und die Details mit der Zeit langsam aufzubauen.

In den folgenden Abschnitten werden wir das Mandala Schritt für Schritt untersuchen. Da es den Rahmen dieses Buches sprengen würde, jedes Detail und seine Bedeutung ausführlich darzulegen, wird die Essenz jedes Elements vorgestellt. Das liefert genügend Informationen, um den Kontext für die Praktiken der Erzeugungsstufe zu verstehen.

Die erleuchtete Umgebung

Wir beginnen unser Studium des Mandala, indem wir zunächst die objektive Umgebung analysieren, die als Rahmen für die Vielzahl der Gottheiten dient. Während wir die einzelnen Aspekte besprechen, sollten wir uns vor Augen halten, dass das Kalachakra-Mandala als Ganzes die *Gesamtheit aller Erfahrungen* repräsentiert – alles, was wir potenziell wissen können, ist ausnahmslos enthalten. Diese Gesamtheit entspricht der alles durchdringenden Qualität der Buddhanatur, und obwohl wir eine scheinbar unendliche Vielfalt von illusionsgleichen Manifestationen erfahren können, gibt es nichts, was nicht auf dieser letztendlichen Wirklichkeit beruht.

In diesem Zusammenhang kann das erleuchtete Mandala in zwei Bereiche unterteilt werden: (1) die äußere Stütze der fühlenden Wesen und (2) die innere Stütze der erleuchteten Wesen. Auf dem Pfad verlassen wir uns auf die erste, um großes Mitgefühl zu erzeugen, das die Grundlage von Bodhicitta ist. Sobald wir den Geist entwickelt haben, der die Erleuchtung zum Nutzen anderer sucht, verlassen wir uns auf die zweite Stütze, die uns hilft, unsere Verdunkelungen zu entfernen und unser Streben zu verwirklichen. Diese beiden Stützen werden durch das universale Mandala und die erleuchtete Residenz repräsentiert.

Das universale Mandala

Aus dem alles durchdringenden Element des Raumes entspringt das dunkelblaue Windelement, gefolgt vom roten Feuerelement, dem weißen Wasserelement und schließlich dem gelben Erdelement. Diese sind als übereinander gestapelte Scheiben angeordnet. Auf dem Fundament der goldenen Erde erhebt sich der Berg Meru, der vier Farben aufweist: dunkelblau im Osten, rot im Süden, gelb im Westen und weiß im Norden. Der obere Teil des Berges Meru ist von der himmlischen Sphäre umgeben, durch die die zehn Planeten kreisen. Eine genauere Beschreibung dieses Universums finden Sie im Kapitel *Die Praxis, das universale Mandala darzubringen*, das in Band Zwei vorgestellt wurde.

Aus der Perspektive eines fühlenden Wesens scheint dieses äußere Universum objektiv, aus sich heraus, zu existieren und ist mit unzähligen Arten von Phänomenen gefüllt. Aus der Sicht eines erleuchteten Wesens jedoch hat keines dieser Phänomene jemals als etwas anderes als eine erhabene Leerheit existiert. Wenn man die beiden Wahrheiten auf diese Weise klar unterscheidet, gibt es zwei Arten von Phänomenen – konventionelle und endgültige.

Aus konventioneller Sicht gibt es getrennte Phänomene wie Berge und Flüsse, die von einem erleuchteten Geist letztlich als Soheit wahrgenommen werden. Um auf diese untrennbare Natur hinzuweisen, können wir sie *endgültige Phänomene* nennen, zum Beispiel endgültige Berge oder endgültige Flüsse. Diese Art der Bezeichnung wird als geschicktes Mittel eingesetzt, um die Präsenz der beiden Wahrheiten in allem, was wir erleben, hervorzuheben.

Wenn wir diese Denkweise in unsere Praxis einbeziehen, werden alle Phänomene zu einer Grundlage für die Entwicklung der Achtsamkeit gegenüber den zwei Wahrheiten. Wenn wir einen Baum betrachten, können wir den konventionellen Baum wahrnehmen, der unserem getäuschten Bewusstsein erscheint, und zugleich an den endgültigen Baum denken, der seine wahre Natur ist. Diese Sammlung von endgültigen Phänomenen ist im erleuchteten Mandala des Kalachakra enthalten.

Die erleuchtete Residenz

An der Spitze des Berges Meru, auf dem zentralen Gipfel ruhend, befindet sich ein vielfarbiger Lotos, der 25.000 Yojanas groß ist. Die Mitte dieses Lotos beträgt ein Drittel der Gesamtfläche und weist vier Scheiben auf, die dem Mond, der Sonne, Rahu und Kalagni entsprechen. Auf diesem Lotossitz ruht die Vajra-Erde mit einem Durchmesser von 50.000 Yojanas. Dieser Boden repräsentiert den Zustand der Versenkung eines vollständig gereiften Bodhisattvas, in dem die Sambhogakaya-Manifestation des erleuchteten Mandala tatsächlich erfahren wird. Dieser Boden ist wie der Berg Meru in vier Quadranten unterteilt, und da dieses Farbschema im gesamten Mandala verwendet wird, lohnt es, sich die mit jeder Richtung verbundene Farbe einzuprägen:

Richtung	Farbe	Buddhafamilie
Ost	Dunkelblau	Handlung
Süd	Rot	Juwel
Nord	Weiß	Lotos
West	Gelb	Buddha
Mitte-oben	Grün	Vajra
Mitte-unten	Blau	Vajra

Tabelle 5-1: Farbschema im Mandala

Sie haben vielleicht bemerkt, dass die Richtungen nicht in der Reihenfolge dargestellt werden, an die viele Menschen gewöhnt sind. Das ist auf die symbolische Natur des erleuchteten Mandala zurückzuführen. Während des Prozesses der Erzeugung der Gottheiten tritt dieses Muster von Osten, Süden, Norden und dann Westen häufig auf. Da jede Gottheit eine Entsprechung innerhalb des subtilen Energiekörpers hat, hat die Reihenfolge, in der sie erzeugt werden, eine sehr subtile Auswirkung auf die Art und Weise, wie unsere Energie fließt. So kann die Erzeugung des Mandala unsere subtilen Körper auf die Praxis der Erzeugungsstufe vorbereiten, daher sollten wir uns mit dieser Reihenfolge vertraut machen.

Innerhalb der Begrenzung des Vajra-Grundes steht die *erleuchtete Residenz des Kalachakra*. Dieses prächtige Bauwerk besteht aus vielfarbigem Licht und beherbergt die meisten der erleuchteten Gottheiten, die im Mandala enthalten sind. Das Gebäude selbst ist in vier Etagen unterteilt, die die Reinigung der vier Erfahrungszustände darstellen. Wenn man sich vom Erdgeschoss, der ersten Etage, nach oben und von außen nach innen bewegt, entspricht dies dem Erreichen immer subtilerer Erfahrungszustände. Die folgende Tabelle fasst einige der allgemeinen Korrelationen der erleuchteten Residenz zusammen:

Juwel	Etage	Zustand	Dimension	Mandala
Sangha	Erste	Wachzustand	Nirmanakaya	Körper
Dharma	Zweite	Traumzustand		Rede
Buddha	Dritte	Tiefschlaf	Sambhogakaya	Geist
	Vierte	Glückselige Versenkung	Jñana-Dharmakaya	Große Glückseligkeit
			Svabhavikakaya	Essenz

Tabelle 5-2: Bedeutungen der erleuchteten Residenz

Zur Unterstützung der Praxis kann die erleuchtete Residenz so verstanden werden, dass sie die Drei Juwelen von Buddha, Dharma und Sangha repräsentiert, die dem erleuchteten Körper, der Rede und dem Geist eines Buddha entsprechen. Unterteilt man den erleuchteten Geist in drei weitere Aspekte, erhält man insgesamt fünf Mandalas von Gottheiten: (1) das Körper-Mandala, (2) das Rede-Mandala, (3) das Geist-Mandala, (4) das Mandala der großen Glückseligkeit und (5) das Essenz-Mandala. Wir werden zunächst die Merkmale der Umgebung für jedes Mandala besprechen, bevor wir mit der Vorstellung der Gottheiten fortfahren, die in diesen Bereichen verweilen.

Das Körper-Mandala

Die unterste Etage der erleuchteten Residenz beherbergt die Gottheiten des Körper-Mandala die die spirituelle Gemeinschaft repräsentieren, die Ihre Praxis unterstützt und dabei hilft, Ihre erhabene Natur zu enthüllen. Sie hat die Form eines Würfels, der auf jeder Seite 50.000 Yojanas misst, und die Wände bestehen aus fünffarbigem Licht: gelb, weiß, rot, dunkelblau und grün. Das Dach hat die gleiche Farbe wie der Boden, den es bedeckt.

Auf jeder Seite des Gebäudes befindet sich ein großes, verziertes Tor, und die äußeren Gesimse sind mit schönen Ornamenten und Siegesbannern geschmückt. In jedem Tor befindet sich ein Wagen mit einem Lotos darauf, der von einem der sieben Tiere gezogen wird.

Tier	Richtung	Farbe
Schweine	Ost	Dunkelblau
Pferde	Süd	Rot
Schneelöwen	Nord	Weiß
Elefanten	West	Gelb
Garuda	Oben	Grün
Achtbeinige Löwen	Unten	Blau

Tabelle 5-3: Position der Tor-Wagen

Innerhalb der Mauern befindet sich ein Gottheiten-Sockel mit zwölf Lotosblüten, die auf zwölf Reittieren als Träger ruhen. Jeder Lotos hat achtundzwanzig Blütenblätter, die in drei konzentrischen Kreisen angeordnet sind. Der innerste Kreis hat vier Blütenblätter, der mittlere acht und der äußere Kreis sechzehn.

Reittier	Richtung	Farbe des Lotos
Hungergeist	Rechts von Osten	Rot
Garuda	Links von Osten	Rot
Reh	Südost	Weiß
Schaf	Rechts von Süden	Rot
Büffel	Links von Süden	Rot
Pfau	Südwest	Weiß
Meeresungeheuer	Rechts von Norden	Rot
Stier	Links von Norden	Rot
Ratte	Nordost	Weiß
Elefant	Rechts von Westen	Rot
Elefant	Links von Westen	Rot
Gans	Nordwest	Weiß

Tabelle 5-4: Position der Reittiere im Körper-Mandala

Auf dem Sockel direkt vor den Mauern des Gebäudes befinden sich acht Element-Mandalas rechts und links von den vier Toren:

Element	Richtung	Form
Wind	Ost	Halbkreis
Feuer	Süd	Dreieck
Wasser	Nord	Kreis
Erde	West	Quadrat

Tabelle 5-5: Position der Element-Mandalas

Außerhalb des Körper-Mandala liegen die *acht großen Friedhöfe*. Diese Leichenstätten befinden sich in den acht Haupt- und Zwischenhimmelsrichtungen, wobei zwei zusätzliche Stätten das Oben und Unten repräsentieren. Für jeden dieser Orte gibt es ein Reittier, auf dem ein achtspeichiges Rad ruht.

Name	Richtung	Reittier
Durchbohrt	Ost	Nashorn
Überrest	Südost	Verundra-Vogel
Lodernd	Süd	Bär
Endloser Krieg	Südwest	Kranich
Fäulnis	Nord	Weibliches Yak
Tod der Törichten	Nordost	Fledermaus
Geruch von Eiter	West	Löwe
Magische Nahrung	Nordwest	Nilika-Vogel
Leerheit-Oben	Jenseits des Westens	Garuda
Leerheit-Unten	Jenseits des Ostens	Achtbeiniger Löwe

Tabelle 5-6: Position der Friedhöfe

Das Rede-Mandala

Die zweite Etage des Gebäudes beherbergt die Gottheiten des Rede-Mandala, welche die Lehren des Kalachakra darstellen, die den yogischen Weg zur Erleuchtung enthüllen. Diese Etage ist mit 25.000 Yojanas halb so groß wie die erste und weist fast die gleichen Merkmale auf, einschließlich der vier Tore, der Verzierungen und der Wände aus fünffarbigem Licht. Im Gegensatz zu einem gewöhnlichen Gebäude reicht das untere Ende dieses Stockwerks bis zur Erde hinunter und bildet eine zentrale Säule, auf der das Gebäude ruht, was ihm eine

Gesamthöhe von 75.000 Yojanas verleiht. Innerhalb der Mauern befindet sich ein Gottheiten-Sockel mit acht Lotos-Sitzen, die auf acht Reittieren aufliegen. Jeder Lotos hat acht Blütenblätter.

Reittier	Richtung	Farbe des Lotos
Hungergeist	Ost	Rot
Garuda	Südost	Weiß
Büffel	Süd	Rot
Pfau	Südwest	Weiß
Stier	Nord	Rot
Löwe	Nordost	Weiß
Elefant	West	Rot
Gans	Nordwest	Weiß

Tabelle 5-7: Position der Reittiere im Rede-Mandala

Das Geist-Mandala

Die dritte Etage beherbergt die Gottheiten des Geist-Mandala und repräsentiert die Sambhogakaya-Freudenkörper, die vom erleuchteten Geist des Buddha zum Nutzen der voll gereiften Bodhisattvas manifestiert wurden. Der Boden ist wiederum halb so groß wie die vorherige Ebene und misst 12.500 Yojanas, und seine Basis reicht bis zum Boden der vorherigen Ebene, was ihm eine Höhe von 37.500 Yojanas verleiht. Die Wände bestehen aus dreifarbigem Licht: dunkelblau, rot und weiß.

In diesem Mandala sind eine Vielzahl von Lotos-Sitzen verteilt, um die verschiedenen Gottheiten des Geist-Mandala zu empfangen. Sechs befinden sich in den Toren und zwölf auf dem Gottheiten-Sockel innerhalb der Wände. Drei der Lotos-Sitze in den Toren sind weiß mit einer roten Sonnenscheibe und drei sind rot mit einer weißen Mondscheibe. In ähnlicher Weise sind sechs der inneren Lotosblumen weiß mit einer Sonnenscheibe und sechs rot mit einer Mondscheibe. Die Platzierung der einzelnen Lotosblumen wird in dem Abschnitt über die Gottheiten erläutert.

Das Mandala der großen Glückseligkeit

Auf der vierten Etage des Gebäudes befindet sich ein offener Pavillon, der halb so groß ist wie die vorherige Etage und 6.250 Yojanas misst. Die Basis dieses Pavillons reicht bis zum Boden des vorherigen Stockwerks, was eine Gesamthöhe von 18.750 Yojanas ergibt. Der äußere Rand des Pavillons ist von zwanzig Säulen umgeben, sechzehn Säulen bilden einen inneren Ring, der sich in der Mitte zu einem Innenhof öffnet. Der äußere Ring des Pavillons hat ein vierfarbiges Dach, ähnlich wie die anderen Ebenen. Er beherbergt die Gottheiten des Mandala der großen Glückseligkeit und repräsentiert die ursprüngliche Weisheit des erleuchteten Geistes des Buddha.

Innerhalb des äußeren Rings dieses Pavillons befinden sich acht Lotos-Sitze. In den Haupthimmelsrichtungen befinden sich vier weiße Lotosblumen mit roten Sonnenscheiben, während in den Zwischenhimmelsrichtungen vier rote Lotosblumen mit weißen Mondscheiben stehen.

Das Essenz-Mandala

Die inneren Säulen des Pavillons erstrecken sich über weitere 3.125 Yojanas und sind von einem wunderschönen goldenen Dach in Form einer Pagode bedeckt. Mitten im Innenhof des Pavillons steht ein großer grüner, achtblättriger Lotos, in dessen Mitte vier übereinanderliegende Scheiben zu sehen sind: weißer Mond, rote Sonne, dunkelblauer Rahu und gelber Kalagni.

Dieser Innenhof beherbergt die Gottheiten des Essenz-Mandala und gilt als das Zentrum des gesamten Mandala. Er repräsentiert die nicht-duale Natur des erleuchteten Geistes des Buddha – die vollkommene Vereinigung von unveränderlicher Glückseligkeit und Leerer Form, die die Grundlage für den Rest des Mandala ist.

Die erleuchteten Gottheiten

Sobald Sie sich mit dem allgemeinen Aufbau des erleuchteten Mandala vertraut gemacht haben, können Sie sich mit den einzelnen Gottheiten befassen, die jeden Bereich bewohnen. Für jede Gruppe von Gottheiten gibt es viele Bedeutungsebenen, die den einzelnen Details entsprechen. Da es den Rahmen dieses Buches sprengen würde, alle Bedeutungen aufzuzählen, werden wir uns stattdessen auf einige wesentliche Konzepte konzentrieren, um ein allgemeines Gefühl für ihre Zusammenhänge zu vermitteln.

Die Jonang-Tradition zählt insgesamt 636 Gottheiten. Das ergibt sich aus der Zahl der Gottheiten, die aus dem Schoß von Vishvamata entspringend visualisiert werden. Sie teilen sich wie folgt auf:

Mandala	Gruppe	Anzahl
Essenz (10)	Kalachakra Yab-Yum	2
	Shaktis	8
Große Glückseligkeit (18)	Buddhas mit Gefährtinnen	18
Geist (44)	Bodhisattvas mit Gefährtinnen	24
	Die Zornvollen mit Gefährtinnen	8
	Darbringungsgöttinnen	12
Rede (116)	Weibliche Gottheiten mit Gefährten	16
	Umgebende Yoginis	64
	Begierde-Göttinnen	36
Körper (428)	Männliche Gottheiten der Mondmonate	360
	Sechs zornvolle Schützer mit Gefährtinnen	12
	Nagas mit Gefährtinnen	20
	Göttinnen der Begierdelosigkeit	36
Universal (20)	Sehr Zornvolle mit Gefährten	20
	Gesamt	**636**

Tabelle 5-8: Zählung der Gottheiten in der Jonang Tradition

Die Gottheiten des Essenz-Mandala

Das Essenz-Mandala besteht aus drei Gruppen: (1) der Hauptgottheit Kalachakra Yab-Yum, (2) den zehn Shaktis und (3) den vier Emblemen.

Die Hauptgottheit Kalachakra Yab-Yum

In voll manifestierter Form erscheint Kalachakra als eine Gottheit mit vierundzwanzig Armen und vier Gesichtern, jedes mit drei Augen, drei Nacken, einem Körper und zwei Beinen. Seine Gesichter entsprechen den Farben und Richtungen des Bodens – dunkelblau, rot, gelb und weiß – während seine drei Nacken dunkelblau, rot und weiß sind.

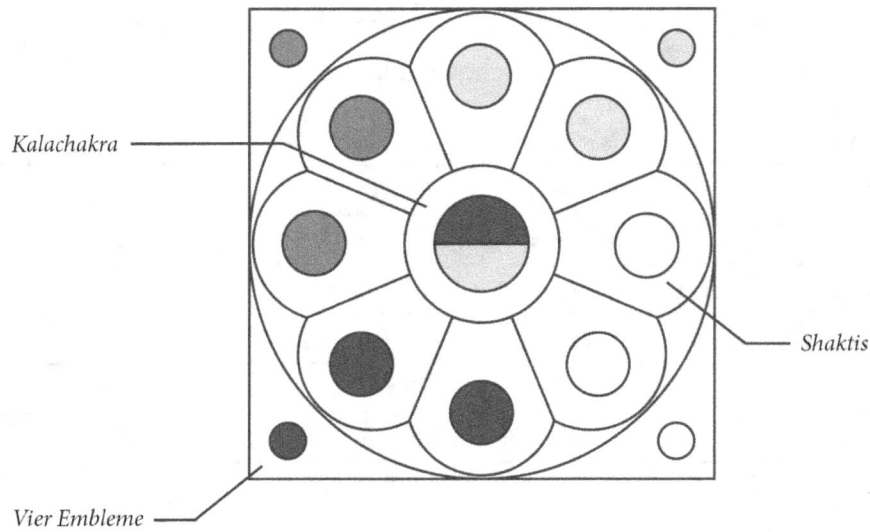

Kalachakra

Shaktis

Vier Embleme

Er trägt eine Vajrasattva-Krone, sein Haar ist zu einem Knoten hochgebunden und mit einem Doppelvajra und Juwelenschmuck verziert. Sein Körper wird von einem Vajra-Schal und einer Vielzahl von Vajra-Schmuckstücken umspielt, und seine Taille ist in ein Lendentuch und einen Vajra-Schurz aus Tigerfell gehüllt.

Er hat drei Schultern auf jeder Seite seines dunkelblauen Körpers. Die vorderen Schultern sind dunkelblau, die mittleren Schultern sind rot und die hinteren Schultern sind weiß. Jede Schulter teilt sich in zwei, wodurch zwölf Oberarme entstehen, und diese Oberarme teilen sich am Ellbogen in zwei, wodurch vierundzwanzig Unterarme entstehen. Jeder Arm hat die Farbe der Schulter, von der er kommt. Die Außenseite jedes Fingers hat eine andere Farbe, beginnend mit dem Daumen: gelb, weiß, rot, dunkelblau und grün. Die Innenseiten der Fingerglieder sind vom Grundgelenk aufwärts blau, rot und weiß.

Jede Hand hält einen besonderen Gegenstand, der dazu dient, die Verblendungen der fühlenden Wesen zu bändigen. Beginnend mit der rechten Seite, hält er in den dunkelblauen Händen (1) einen Vajra, (2) ein Schwert, (3) einen Dreizack und (4) ein gebogenes Messer. In den roten Händen hält er (5) einen Pfeil, (6) einen Vajra-Haken, (7) eine Damaru-Trommel und (8) einen Hammer. In den weißen Händen hält er (9) ein Rad, (10) einen Speer, (11) einen Stab und (12) eine Axt. Auf der linken Seite hält er in den dunkelblauen Händen (13) eine Glocke, (14) ein

Schild, (15) ein Khatvanga und (16) eine Schädelschale. In den roten Händen hält er (17) einen Bogen, (18) eine Vajra-Schlinge, (19) ein Juwel und (20) einen weißen Lotos. In den weißen Händen schließlich hält er (21) eine Muschel, (22) einen Spiegel, (23) eine Vajra-Kette und (24) den Kopf von Brahma.

Er steht auf den vier Scheiben des zentralen Lotos. Mit seinem roten, ausgestreckten rechten Bein zertritt er das Herz des Begierde-Gottes Kamadeva, während sein weißes linkes Bein angewinkelt ist und das Herz von Rudra zertritt. Die Frauen dieser weltlichen Götter klammern sich an die Füße von Kalachakra.

Kalachakra wird von seiner goldgelben Gefährtin Vishvamata umarmt. Sie hat vier Gesichter – gelb, weiß, dunkelblau und rot – mit jeweils drei Augen. Sie hat acht Arme, die sich von ihrem Rumpf aus verzweigen. In den rechten Händen hält sie (1) ein gebogenes Messer, (2) einen Haken, (3) eine Damaru-Trommel und (4) eine Mala. In den linken Händen hält sie (5) eine Schädelschale, (6) eine Schlinge, (7) einen weißblättrigen Lotos und (8) ein Juwel. Sie trägt eine Vajrasattva-Krone, die Hälfte ihrer Haare ist zu einem Knoten hochgebunden, der Rest fällt offen. Ihr nackter Körper ist mit einem Seidenschal und einer Vielzahl von Knochenornamenten geschmückt. Ihr linkes Bein ist ausgestreckt und das rechte angewinkelt.

Name	Richtung	Farbe	Keimsilbe	Emblem
Kalachakra	Zentrum	Dunkelblau	HUM	Vajra
Vishvamata	Zentrum	Gelb	PHREM	Gebogenes Messer

Tabelle 5-9: Die Hauptgottheiten

Von allen Gottheiten im Mandala hat die Hauptgottheit die meisten Ebenen an symbolischer Bedeutung. In ihrer wesentlichsten Form repräsentiert Kalachakra das höchste Gewahrsein unveränderlicher Glückseligkeit, und Vishvamata steht für die Vielfalt der Leeren Formen, die sich auf der Grundlage der erhabenen, mit allen erleuchteten Qualitäten ausgestatteten Leerheit manifestieren. Ihre Vereinigung repräsentiert die untrennbare Natur dieser beiden Aspekte.

Visualisiert man eine Gottheit in Vereinigung mit einer Gefährtin, so bedeutet dies immer die Vereinigung von Methode und Weisheit. Überwiegt der Aspekt der Methode, wird die männliche Gottheit als Hauptperson visualisiert und man spricht von *Yab-Yum*. Das tibetische Wort *yab* bedeutet „Vater", während *yum* „Mutter" bedeutet. Wenn der Aspekt der Weisheit vorherrscht, wird die weibliche Gottheit als Hauptperson visualisiert und man spricht von *Yum-Yab*.

Diese Vereinigungen werden auch verwendet, um das Gleichgewicht zwischen gegensätzlichen Energien zu verdeutlichen. Dies kann sich auf das Gleichgewicht zwischen männlichen und weiblichen Energien oder auf die elementaren Gegensätze wie Feuer und Wasser, Erde und Wind oder Raum und Bewusstsein beziehen. Indem wir die Gottheiten auf diese Weise visualisieren, harmonisieren wir unseren Körper und unseren Geist und bringen das gesamte System ins Gleichgewicht. Aus diesem Grund sieht man oft die folgenden Farbkombinationen:

Farbe	Gegenteil
Dunkelblau	Gelb
Rot	Weiß
Weiß	Rot
Gelb	Dunkelblau
Grün	Blau
Blau	Grün

Tabelle 5-10: Farbkombinationen

Die beiden weltlichen Gottheiten, die unter den Füßen von Kalachakra visualisiert werden, stehen für die Reinigung verschiedener Verdunkelungen. Rudra und seine Frau repräsentieren die vier Geistesgifte: Unwissenheit, Anhaftung, Abneigung und Stolz. Kamadeva und seine Frau hingegen repräsentieren die vier Maras: den Mara der Aggregate, den Mara der Verblendungen, den Mara des Herrn des Todes und den Mara des Sohnes der Götter.

Die zehn Shaktis

Auf den acht Blütenblättern des zentralen Lotos stehen acht Göttinnen der Weisheit, die als Shaktis bekannt sind. Alle diese Gottheiten stehen mit geschlossenen Beinen, haben acht Arme und vier Gesichter mit drei Augen. Sie halten eine Vielzahl von Utensilien in der Hand, die in der Regel Variationen des Emblems sind, mit dem sie sich manifestieren, und ihre Körper sind ähnlich wie Vishvamata mit Knochenornamenten geschmückt. Obwohl es zehn Shaktis gibt, werden zwei von ihnen als untrennbar von Vishvamata selbst visualisiert, weshalb nur acht tatsächlich gezählt werden.

Name	Richtung	Farbe	Keimsilbe	Emblem
Krishnadipta	Ost	Dunkelblau	A	Räuchergefäß
Raktadipta	Süd	Rot	AH	Lampe
Shvetadipta	Nord	Weiß	AM	Nahrung
Pitadipta	West	Gelb	AA	Dharma-Muschel
Dhuma	Südost	Dunkelblau	HA	Yak-Wedel
Marichi	Südwest	Rot	HAH	Yak-Wedel
Khadyota	Nordost	Weiß	HAM	Yak-Wedel
Pradipa	Nordwest	Gelb	HAA	Yak-Wedel

Tabelle 5-11: Die acht Shaktis

Die acht Shaktis stehen für die Reinigung der acht Kanäle, die vom Herzchakra ausgehen. Von diesem Chakra gehen die feinstofflichen Winde aus und verteilen sich, um den feinstofflichen Körper zu bilden. Als zehn betrachtet, stellen die Shaktis die subtilen Winde selbst dar.

Die vier Embleme

In den vier Ecken des quadratischen Hofes des Essenz-Mandala befinden sich vier Embleme, die die vier Vajras darstellen, die das Ergebnis der Reinigung der vier Erfahrungszustände sind. Da sie technisch gesehen keine Gottheiten sind, werden sie nicht zur Gesamtzahl gezählt. Sie entsprechen auch der Reinigung der vier Kanäle, die vom Scheitelchakra abzweigen.

Emblem	Richtung	Farbe	Keimsilbe	Vajra
Dharma-Muschel	Nordost	Weiß	OM	Vajra-Körper
Hölzerner Gong	Südwest	Rot	AH	Vajra-Rede
Wunscherfüllendes Juwel	Südost	Dunkelblau	HUM	Vajra-Geist
Wunscherfüllender Baum	Nordwest	Gelb	HO	Vajra-Weisheit

Tabelle 5-12: Die vier Embleme

Die Gottheiten des Mandala der großen Glückseligkeit

Um den zentralen Lotos herum befindet sich der Säulenpavillon, in dem sich sechzehn Nischen befinden, in denen zwei Gruppen von Gottheiten residieren: (1) die zwölf Buddhas und (2) die zehn Vasen.

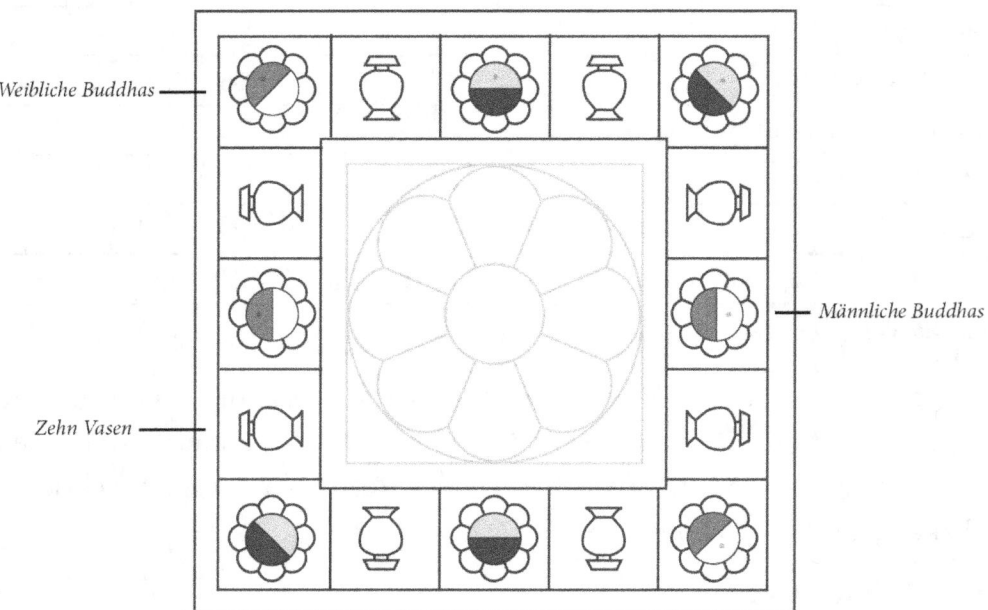

Weibliche Buddhas —

Zehn Vasen —

— *Männliche Buddhas*

Die zwölf Buddhas

Es gibt zwei Gruppen von sechs Buddhas – männliche und weibliche – von denen zwei als untrennbar von Kalachakra und zwei als untrennbar von Vishvamata angesehen werden. Somit bleiben acht, die in den Nischen des Pavillons platziert sind. Die männlichen Buddhas sind in den Haupthimmelsrichtungen platziert und sitzen auf weißen Lotosblumen mit roten Sonnenscheiben, während die weiblichen Buddhas in den Zwischenhimmelsrichtungen auf roten Lotosblumen mit weißen Mondscheiben sitzen.

Jede/r Buddha hat drei Gesichter mit drei Augen und sechs Armen. Die männlichen sitzen in der Vajra-Haltung, die weiblichen in der Lotos-Haltung. Alle Gottheiten sitzen in Vereinigung mit ihrer/m entsprechenden Gefährtin/ Gefährten, was bedeutet, dass es eigentlich zwei Gruppen von jeder Gottheit gibt – einmal als Hauptgottheit und einmal als Gefährtin/Gefährte.

Name	Richtung	Farbe	Keimsilbe	Emblem	Gefährtin/Gefährte
Akshobhya	Kalachakra	Grün	A	Vajra	Prajñaparamita
[Vajradhatvishvari]	Vishvamata	Grün	AA	Vajra	Vajrasattva
[Vajrasattva]	Kalachakra	Blau	A	Vajra	Vajradhatvishvari
Prajñaparamita	Vishvamata	Blau	AA	Vajra	Akshobhya
Amoghasiddhi	Ost	Dunkelblau	I	Schwert	Lochana
Tara	Südost	Dunkelblau	II	Blaue Utpala	Vairochana
Ratnasambhava	Süd	Rot	RI	Juwel	Mamaki
Pandara	Südwest	Rot	RII	Juwel	Amitabha
Amitabha	Nord	Weiß	U	Lotos	Pandara
Mamaki	Nordost	Weiß	UU	Utpala	Ratnasambhava
Vairochana	West	Gelb	LI	Rad	Tara
Lochana	Nordwest	Gelb	LII	Rad	Amoghasiddhi

Tabelle 5-13: Die zwölf Buddhas

Die fünf männlichen Buddhas (die vier dargestellten plus Akshobhya) repräsentieren die Reinigung der fünf Aggregate, während die fünf weiblichen Buddhas (die vier dargestellten plus Prajñaparamita) die Reinigung der fünf Elemente darstellen. Wenn wir nur den äußeren Ring der männlichen und weiblichen Buddhas betrachten, einschließlich ihrer Weisheits-Gefährtinnen/ Gefährten, zählen wir sechzehn Buddhas, die die sechzehn Kanäle des Stirnchakra repräsentieren.

Die zehn Vasen

Zwischen den Buddhas steht jeweils eine Opfervase, die den Nektar einer gereinigten Substanz enthält. Diese Vasen werden als die Gefährten der Shaktis betrachtet. Zwei Vasen werden rechts und links von jedem männlichen Buddha platziert, und die restlichen zwei werden im östlichen bzw. westlichen Tor des Geist-Mandala aufgestellt. Obwohl diese Vasen visualisiert werden, werden sie nicht zur Gesamtzahl der Gottheiten gezählt.

Substanz	Richtung	Keimsilben
Knochenmark	Ost	HI und HII
Blut	Süd	HRI und HRII
Urin	Nord	HU und HUU
Exkremente	West	HLI und HLII
Samen	Oben	HAM
Blut	Unten	HAH

Tabelle 5-14: Die zehn Vasen

Diese Vasen repräsentieren die glückselige Natur aller Phänomene. Indem die ursprüngliche Weisheit der Buddhas auf diese Substanzen einwirkt, werden sie in Nektar verwandelt und zur Grundlage für die Erfahrung von Glückseligkeit. Auf diese Weise repräsentieren die Buddhas die Weisheit, während die Vasen die Methode darstellen.

Die Gottheiten des Geist-Mandala

Wenn wir zur dritten Etage des Gebäudes hinuntergehen, finden wir die Gottheiten des Geist-Mandala, das aus drei Gruppen besteht: (1) den zwölf Bodhisattvas, (2) den fünf Zornvollen und (3) den zwölf Darbringungsgöttinnen.

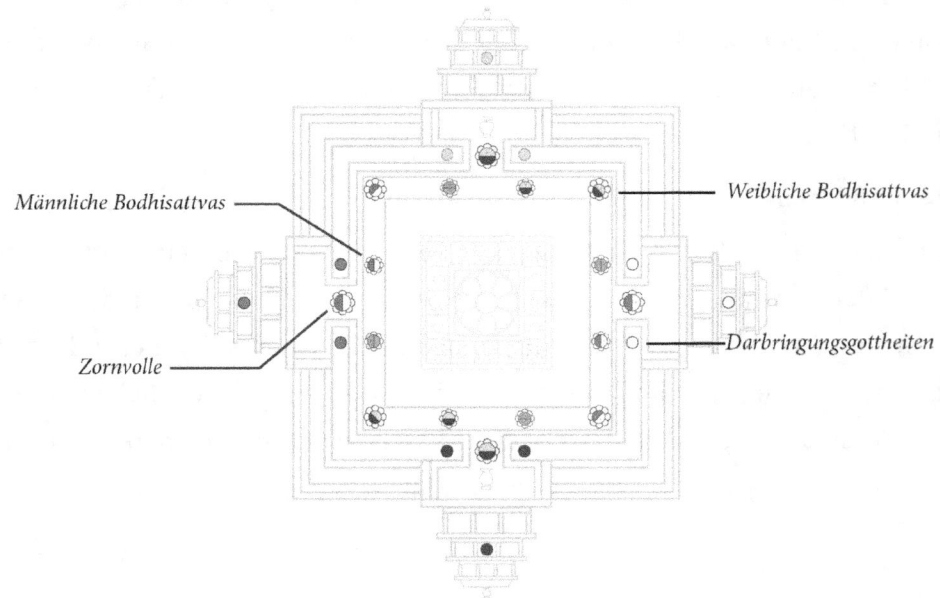

Die zwölf Bodhisattvas

Wie bei den Buddhas gibt es zwei Gruppen von sechs Bodhisattvas – männliche und weibliche. Die Bodhisattvas haben ebenfalls drei Gesichter mit drei Augen, sechs Arme und sitzen in der Vajra- bzw. Lotoshaltung. Vier der männlichen Bodhisattvas befinden sich rechts von jedem Tor auf dem Gottheiten-Sockel innerhalb der Mauern. Die beiden verbleibenden männlichen Bodhisattvas befinden sich links vom östlichen bzw. südlichen Eingangstor. Sie sitzen auf weißen Lotosblumen mit Sonnenscheiben. Die weiblichen Bodhisattvas befinden sich in den Richtungen dazwischen sowie links vom nördlichen bzw. westlichen Tor. Alle Gottheiten sitzen in Vereinigung mit ihren jeweiligen Gefährten/Gefährtinnen, was zwei Gruppen von insgesamt vierundzwanzig Gottheiten ergibt.

Name	Richtung	Farbe	Keimsilbe	Emblem	Gefährtin/Gefährte
Kagarbha	Rechts von Osten	Dunkelblau	E	Schwert	Gandhavajra
Sparshavajra	Südost	Dunkelblau	AI	Tuch	Nivaranaviskambhin
Ksitigarbha	Rechts von Süden	Rot	AR	Juwel	Rupavajra
Rasavajra	Südwest	Rot	AAR	Geschmack	Akshobhya
Lokeshvara	Rechts von Norden	Weiß	O	Lotos	Rasavajra
Rupavajra	Nordost	Weiß	AU	Spiegel	Ksitigarbha
Nivarana-viskambhin	Rechts von Westen	Gelb	AL	Rad	Sparshavajra
Gandhavajra	Nordwest	Gelb	AAL	Duftstoffe	Kagarbha
Vajrapani	Links von Süden	Grün	A	Vajra	Shabdavajra
Dharmadhatu-vajra	Links von Westen	Grün	AA	Dharmodaya	Samantabhadra
Samantabhadra	Links von Osten	Blau	AM	Vajra	Dharmadhatuvajra
Shabdavajra	Links von Norden	Blau	AH	Vina	Vajrapani

Tabelle 5-15: Die zwölf Bodhisattvas

Die männlichen Bodhisattvas repräsentieren die Reinigung der sechs Sinneskräfte von Auge, Ohr, Nase und so weiter, während die weiblichen Bodhisattvas die Reinigung der sechs Sinnesobjekte von Form, Klang, Geruch und so weiter darstellen. Die Vereinigung dieser Gottheiten steht für die Reinigung des Moments des Kontakts, in dem die Ursachen und Bedingungen zusammenkommen und die Erfahrung eines dualistischen Bewusstseins entsteht, wie z. B. dem visuellen Bewusstsein.

Die fünf Zornvollen

Vier der fünf Zornvollen sind auf Lotossitzen in den vier Toren platziert, während einer nicht sichtbar ist. Jeder von ihnen steht, mit dem rechten Bein ausgestreckt und dem linken Bein angewinkelt, in Umarmung mit seiner Gefährtin und ihre Körper sind in strahlende Flammen gehüllt. Sie haben drei Gesichter mit jeweils drei hervortretenden Augen, sechs Arme, kräftige Körper und sind mit furchterregenden Ornamenten geschmückt. Die Gottheiten des östlichen und nördlichen Tors stehen auf weißen Lotosblumen mit Sonnenscheiben, während die Gottheiten des südlichen und westlichen Tors auf roten Lotosblumen mit Mondscheiben stehen.

Name	Richtung	Farbe	Keimsilbe	Emblem	Gefährtin/Gefährte
Vighnantaka	Ost	Dunkelblau	YAM	Schwert	Stambhaki
Prajñantaka	Süd	Rot	RAM	Knüppel	Manaki
Padmantaka	Nord	Weiß	VAM	Lotos	Jambhaki
Yamantaka	West	Gelb	LAM	Hammer	Anantavirya
[Ushnisha]	Oben	Grün	HAM	Vajra	Atinila

Tabelle 5-16: Die fünf Zornvollen

Die Zornvollen des Geist-Mandala repräsentieren die fünf Kräfte – die Kraft der Konzentration, die Kraft der Aufmerksamkeit, die Kraft der Anstrengung, die Kraft des Vertrauens und die Kraft des Verständnisses. Wenn die vier Zornvollen mit den zwölf Bodhisattvas kombiniert werden, haben wir sechzehn Gottheiten. Da jede/r von ihnen eine/n Gefährten/in hat, ergibt das zweiunddreißig Gottheiten, die die zweiunddreißig Kanäle des Halschakras repräsentieren.

Die zwölf Darbringungsgöttinnen

Die zwölf Darbringungsgöttinnen befinden sich auf dem Sockel außerhalb der Mauern, zwei Göttinnen links und rechts der Tore und eine Göttin über jedem

Tor. Jede Göttin steht in einer tanzenden Haltung, mit einem Gesicht und zwei Armen, die die entsprechende Opfersubstanz halten. Diese Gottheiten stehen für die Reinigung der Aktivität der Darbringungen.

Name	Richtung	Farbe	Keimsilbe	Emblem
Gandha	Links von Osten	Dunkelblau	CA-CHA-JA-JHA-NYA	Duftstoffe
Mala	Rechts von Osten	Dunkelblau	CAA-CHAA-JAA-JHAA-NYAA	Blumengirlande
Dhupa	Links von Süden	Rot	TA-THA-DA-DHA-NA	Räuchergefäß
Dipa	Rechts von Süden	Rot	TAA-THAA-DAA-DHAA-NAA	Lampe
Naivedya	Links von Norden	Weiß	PA-PHA-BA-BHA-MA	Gefäß mit Nektar
Amritaphala	Rechts von Norden	Weiß	PAA-PHAA-BAA-BHAA-MAA	Schale mit Früchten
Lasya	Links von Westen	Gelb	TA-THA-DA-DHA-NA	Kronenschmuck
Hasya	Rechts von Westen	Gelb	TAA-THAA-DAA-DHAA-NAA	Juwelenkette
Vadya	West-Oben	Grün	KA-KHA-GA-GHA-NYA	Trommel
Nritya	Ost-Oben	Grün	KAA-KHAA-GAA-GHAA-NYAA	Schal
Gita	Nord	Blau	SA-HPA-SA-SHA-HKA	Vajra
Kama	Süd	Blau	SAA-HPAA-SAA-SHAA-HKAA	Lotos

Tabelle 5-17: Die zwölf Darbringungsgöttinnen

Die Gottheiten des Rede-Mandala

Wenn wir zur zweiten Etage hinuntergehen, finden wir dort die Gottheiten des Rede-Mandala in zwei Gruppen unterteilt: (1) die acht weiblichen Gottheiten mit Yoginis sowie (2) die sechsunddreißig Begierde-Göttinnen.

Die acht weiblichen Gottheiten mit Yoginis

Die Hauptgottheiten des Rede-Mandala sind acht weibliche Gottheiten, die in der Mitte eines achtblättrigen Lotos stehen, der auf einem Reittier liegt. Jede

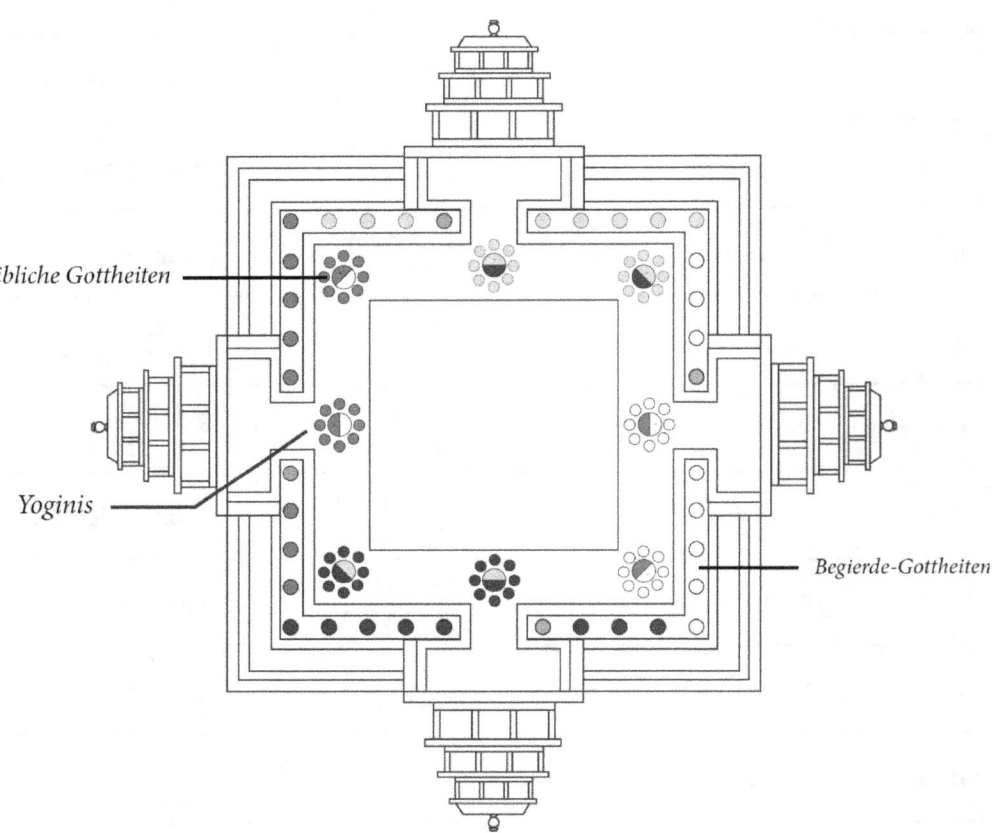

'bliche Gottheiten

Yoginis

Begierde-Gottheiten

Gottheit hat ein Gesicht, drei Augen, vier Arme und steht in Vereinigung mit einem Gefährten, umgeben von acht Yoginis. Die Yoginis gleichen den weiblichen Gottheiten, nur dass sie in einer tanzenden Haltung stehen. Abgesehen von Knochen- und Juwelenschmuck sind ihre Körper nackt.

Name	Richtung	Farbe	Keimsilbe	Emblem	Gefährte	Reittier
Charchika	Ost	Dunkelblau	HA	Gebogenes Messer	Indra	Hungergeist

Name	Keimsilbe
Bhima	HI
Ugra	YA
Kaladamshtra	YI
Jvaladanalamukha	YRI
Vayuvega	HII
Prachanda	YU
Raudrakshi	YLI
Sthulanasa	YAM

Tabelle 5-18: Yoginis des östlichen Lotos

Name	Richtung	Farbe	Keimsilbe	Emblem	Gefährte	Reittier
Vaishnavi	Südost	Dunkelblau	KSHA	Rad	Brahma	Garuda

Name	Keimsilbe
Shri	KSHI
Maya	YAA
Kirti	YII
Lakshmi	YRII
Suparamavijaya	KSHII
Shrijaya	YUU
Shrijayanti	YLII
Shrichakri	YAH

Tabelle 5-19: Yoginis des südöstlichen Lotos

Name	Richtung	Farbe	Keimsilbe	Emblem	Gefährte	Reittier
Varahi	Süd	Rot	HAH	Knüppel	Rudra	Büffel

Name	Keimsilbe
Kangkali	HRI
Kalaratri	RA
Prakupitavadana	RI
Kalajihva	RRI
Karali	HRII
Kali	RU
Ghora	RLI
Virupa	RAM

Tabelle 5-20: Yoginis des südlichen Lotos

Name	Richtung	Farbe	Keimsilbe	Emblem	Gefährte	Reittier
Kaumari	Südwest	Rot	KSHAH	Speer	Ganapati	Pfau

Name	Keimsilbe
Padma	KSHRI
Ananga	RAA
Kaumari	RI
Mrigapatigamana	RRII
Ratnamala	KSHRII
Sunetra	RUU
Lina	RLII
Subadra	RAH

Tabelle 5-21: Yoginis des südwestlichen Lotos

Name	Richtung	Farbe	Keimsilbe	Emblem	Gefährte	Reittier
Raudri	Nord	Weiß	HAM	Dreizack	Yama	Stier

Name	Keimsilbe
Gauri	HU
Ganga	VA
Nitya	VI
Paramatvarita	VRI
Totala	HUU
Lakshana	VU
Pingala	VLI
Krishna	VAM

Tabelle 5-22: Yoginis des nördlichen Lotos

Name	Richtung	Farbe	Keimsilbe	Emblem	Gefährte	Reittier
Mahalakshmi	Nordost	Weiß	KSHAM	Lotos	Sangmukha	Löwe

Name	Keimsilbe
Shrisveta	KSHU
Chandralekha	VAA
Sasadharavadana	VII
Hamsavarna	VRII
Dhriti	KSHUU
Padmesha	VUU
Taranetra	VLII
Vimalasasadhara	VAH

Tabelle 5-23: Yoginis des nordöstlichen Lotos

Name	Richtung	Farbe	Keimsilbe	Emblem	Gefährte	Reittier
Aindri	West	Gelb	HA	Vajra	Nairitya	Elefant

Name	Keimsilbe
Vajrabha	HLI
Vajragatra	LA
Varakanakavati	LI
Urvashi	LRI
Chitralekha	HLII
Rambha	LU
Ahalya	LLI
Sutara	LAM

Tabelle 5-24: Yoginis des westlichen Lotos

Name	Richtung	Farbe	Keimsilbe	Emblem	Gefährte	Reittier
Brahmani	Nordwest	Gelb	KSHAA	Keule	Vishnu	Gans

Name	Keimsilbe
Savitri	KSHLI
Padmanetra	LAA
Jalajavati	LII
Buddhi	LRII
Vagisvari	KSHLII
Gayatri	LUU
Vidyut	LLII
Smirti	LAH

Tabelle 5-25: Yoginis des nordwestlichen Lotos

Die acht weiblichen Gottheiten und ihre Gefährten stehen für die sechzehn mittleren Kanäle des Nabelchakras und für die acht Perioden eines Tages, die jeweils etwa vier Stunden dauern. Die vierundsechzig Yoginis, die auf den Blütenblättern stehen, repräsentieren die vierundsechzig äußeren Kanäle des Nabelchakras.

Die sechsunddreißig Begierde-Göttinnen

Auf dem Sockel außerhalb der Mauern stehen sechsunddreißig Begierde-Göttinnen mit einer unterschiedlichen Zahl von Gesichtern und Armen. Jede dieser Gottheiten steht für die Bereinigung des Wunsches, eine von sechsunddreißig Handlungen auszuführen. Um unsere Untersuchung zu vereinfachen, können wir sie in zwei Gruppen für die jeweilige Richtung, rechts und links von jedem Tor, aufteilen, sodass wir insgesamt acht Gruppen erhalten.

Ausgehend vom östlichen Tor gibt es fünf Göttinnen, die das Verlangen (1) nach Spaltung, (2) nach Kleidung, (3) nach Kratzen, (4) nach Spucken und (5) nach Ausstoßen repräsentieren.

Name	Richtung	Farbe	Keimsilbe	Emblem
Vidveseccha	Rechts von Osten	Dunkelblau	CAH	Utpala
Amshukeccha	Rechts von Osten	Dunkelblau	CHAH	Kleidung
Kanduyaneccha	Rechts von Osten	Dunkelblau	JAH	Gebogenes Messer
Kaphotsarjaneccha	Rechts von Osten	Dunkelblau	JHAH	Rad
Uccataneccha	Rechts von Osten	Dunkelblau	NYAH	Khatvanga

Tabelle 5-26: Begierde-Göttinnen rechts von Osten

Links von diesem Tor befinden sich vier Göttinnen, die das Verlangen (6) nach Qualen, (7) nach Berührung, (8) nach dem Schütteln der Gliedmaßen und (9) nach dem Verzehr von Resten darstellen.

Name	Richtung	Farbe	Keimsilbe	Emblem
Samtapeccha	Links von Osten	Blau	HKAH	Gebogenes Messer
Sparshaneccha	Links von Osten	Dunkelblau	SHAH	Schwert
Sarvangakshodaneccha	Links von Osten	Dunkelblau	SAH	Gebogenes Messer
Ucchistabhakteccha	Links von Osten	Dunkelblau	HPAH	Gebogenes Messer

Tabelle 5-27: Begierde-Göttinnen links von Osten

Rechts vom südlichen Tor befinden sich fünf Göttinnen, die das Verlangen (10) nach Bewegung, (11) nach Essen, (12) nach Körpergeruch, (13) nach Tanz und (14) nach Schlankheit verkörpern.

Name	Richtung	Farbe	Keimsilbe	Emblem
Stobhaneccha	Rechts von Süden	Rot	TAH	Lotos
Bhojaneccha	Rechts von Süden	Rot	THAH	Schale mit Nahrung
Maleccha	Rechts von Süden	Rot	DAH	Knüppel
Nrityeccha	Rechts von Süden	Rot	DHAH	Speer
Shosaneccha	Rechts von Süden	Rot	NAH	Lotos

Tabelle 5-28: Begierde-Göttinnen rechts von Süden

Links von diesem Tor befinden sich vier Göttinnen, die das Verlangen (15) zu rufen, (16) zu laufen, (17) auszuscheiden und (18) zu kämpfen repräsentieren.

Name	Richtung	Farbe	Keimsilbe	Emblem
Akristiccha	Links von Süden	Grün	NGAH	Pfeil
Dhavaneccha	Links von Süden	Rot	GHAH	Axt
Mutravitsravaneccha	Links von Süden	Rot	GAH	Gebogenes Messer
Samgrameccha	Links von Süden	Rot	KHAH	Gebogenes Messer

Tabelle 5-29: Begierde-Göttinnen links von Süden

Rechts vom nördlichen Tor befinden sich fünf Göttinnen, die das Verlangen (19) nach Vermehrung, (20) nach Schmuck, (21) nach einem Sitz, (22) nach Herrschaft und (23) nach Sprechen symbolisieren.

Name	Richtung	Farbe	Keimsilbe	Emblem
Paustikeccha	Rechts von Norden	Weiß	PAH	Utpala
Bhusaneccha	Rechts von Norden	Weiß	PHAH	Spiegel
Asaneccha	Rechts von Norden	Weiß	BAH	Dreizack
Rajyeccha	Rechts von Norden	Weiß	BHAH	Lotos
Mriduvacaneccha	Rechts von Norden	Weiß	MAH	Utpala

Tabelle 5-30: Begierde-Göttinnen rechts von Norden

Links von diesem Tor befinden sich vier Göttinnen, die das Verlangen (24) nach Musik, (25) zu binden, (26) zu debattieren, und (27) nach Zorn zum Ausdruck bringen.

Name	Richtung	Farbe	Keimsilbe	Emblem
Vadyeccha	Links von Norden	Blau	HAH	Vinya
Bandhaneccha	Links von Norden	Weiß	YAH	Hammer
Bahukalaheccha	Links von Norden	Weiß	RAH	Gebogenes Messer
Darakakroshaneccha	Links von Norden	Weiß	VAH	Gebogenes Messer

Tabelle 5-31: Begierde-Göttinnen links von Norden

Rechts vom westlichen Tor befinden sich fünf Göttinnen, die das Verlangen (28) nach Erstarrung, (29) nach Duftstoffen, (30) nach Ausruhen, (31) nach Schwimmen und (32) das Verlangen, zu binden, symbolisieren.

Name	Richtung	Farbe	Keimsilbe	Emblem
Stambhaneccha	Rechts von Westen	Gelb	TAH	Rad
Gandheccha	Rechts von Westen	Gelb	THAH	Muschel mit Duftstoffen
Majjaneccha	Rechts von Westen	Gelb	DAH	Vajra
Plavaneccha	Rechts von Westen	Gelb	DHAH	Nadel
Bandhaneccha	Rechts von Westen	Gelb	NAH	Rad

Tabelle 5-32: Begierde-Göttinnen rechts von Westen

Links von diesem Tor befinden sich vier Göttinnen, die das Verlangen (33) nach Sex, (34) nach Erstechen, (35) nach Täuschung und (36) nach dem Ergreifen von Schlangen darstellen.

Name	Richtung	Farbe	Keimsilbe	Emblem
Maithuneccha	Links von Westen	Grün	KSHAH	Dharmodaya
Kilaneccha	Links von Westen	Gelb	SAH	Rad
Vanyacaneccha	Links von Westen	Gelb	KAH	Gebogenes Messer
Ahibandhaneccha	Links von Westen	Gelb	LAH	Gebogenes Messer

Tabelle 5-33: Begierde-Göttinnen links von Westen

Die Gottheiten des Körper-Mandala

Auf der untersten Etage der erleuchteten Residenz finden wir die Gottheiten des Körper-Mandala. Wenn wir uns auf die Gottheiten konzentrieren, die im Gebäude selbst verweilen, können wir von vier Gruppen sprechen: (1) den zwölf männlichen Gottheiten der Mondmonate, (2) den sechs zornvollen Schützern, (3) den zehn Naga-Königen und (4) den sechsunddreißig Göttinnen der Begierdelosigkeit.

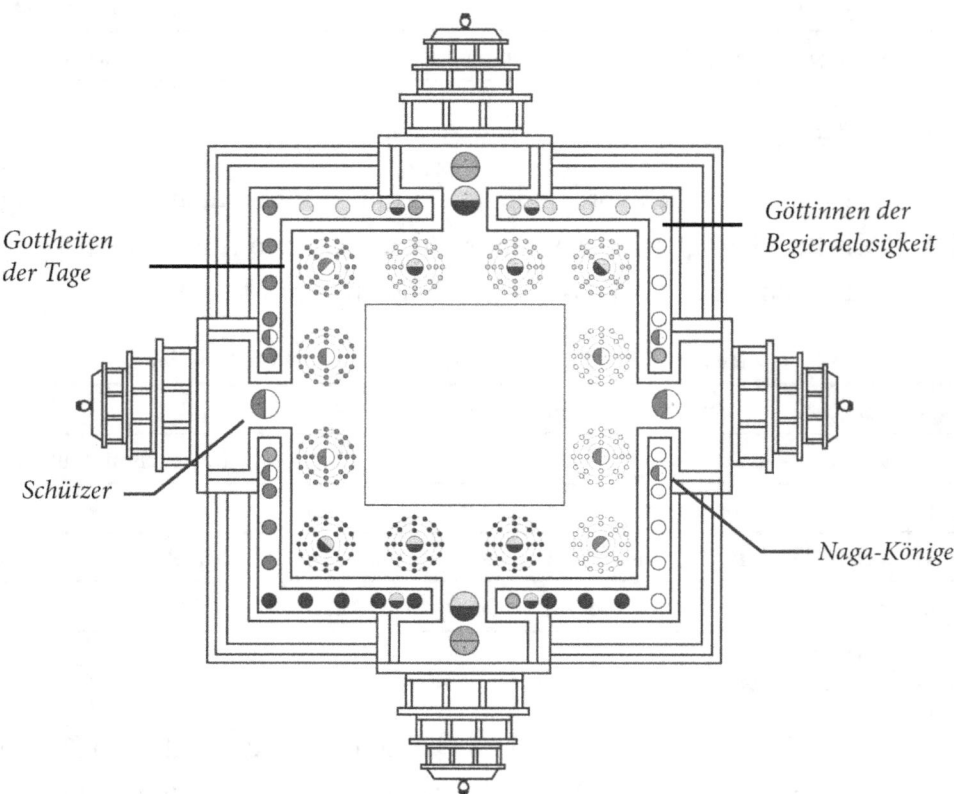

Gottheiten der Tage

Göttinnen der Begierdelosigkeit

Schützer

Naga-Könige

Die zwölf männlichen Gottheiten der Mondmonate

Ähnlich wie beim Rede-Mandala gibt es zwölf männliche Gottheiten, die von achtundzwanzig Yoginis umgeben sind. Die zentrale Gottheit sitzt in Vereinigung mit ihrer Gefährtin in der Mitte eines achtundzwanzigblättrigen Lotos, der auf einem Reittier ruht. Diese Gottheiten haben unterschiedlich viele Gesichter und Arme.

Alle Yoginis haben ein Gesicht und vier Arme und stehen in tanzender Haltung auf den jeweiligen Lotosblütenblättern. Ihre Farbe entspricht der Farbe der zentralen Gottheit, die sie umgeben. Die Yoginis werden im Uhrzeigersinn auf dem Lotos platziert, ausgehend von der dem Zentrum des Mandala zugewandten Seite. Der Lotos selbst ist in drei Gruppen von Blütenblättern unterteilt – innere, mittlere und äußere. Wir beginnen mit den inneren Blütenblättern und arbeiten uns nach außen vor.

Name	Richtung	Farbe	Keimsilbe	Emblem	Gefährtin	Reittier
Rakshasa	Rechts von Osten	Dunkelblau	CAM	Schwert	Rakshasi	Hungergeist

Gruppe	Keimsilbe
Innere Blätter	NYA, NYI, NRI, NYU
Mittlere Blätter	NYLI, NYAM, JHA, JHI, JHRI, JHU, JHLI, JHAM
Äußere Blätter	JA, JI, JU, JLI, JAM, CHA, CHI, CHRI, CHU, CHLI, CHAM, CA, CI, CRI, CU, CLI

Tabelle 5-34: Gottheiten des Monats Caitra (Widder)

Name	Richtung	Farbe	Keimsilbe	Emblem	Gefährtin	Reittier
Vayu	Südost	Dunkelblau	NYAH	Wunscherfüllender Baum	Prachanda	Reh

Gruppe	Keimsilbe
Innere Blätter	CAA, CII, CRII, CUU
Mittlere Blätter	CLII, CAH, CHAA, CHII, CHRII, CHUU, CHLII, CHAH
Äußere Blätter	JAA, JII, JUU, JLII, JAH, JHAA, JHII, JHRII, JHUU, JHLII, JHAH, NYAA, NYII, NYRII, NYUU, NYLII

Tabelle 5-35: Gottheiten des Monats Vaishakha (Stier)

Name	Richtung	Farbe	Keimsilbe	Emblem	Gefährtin	Reittier
Agni	Rechts von Süden	Rot	TAM	Lanze	Varuni	Schaf

Gruppe	Keimsilbe
Innere Blätter	NA, NI, NRI, NU
Mittlere Blätter	NLI, NAM, DHA, DHI, DHRI, DHU, DHLI, DHAM
Äußere Blätter	DA, DI, DU, DLI, DAM, THA, THI, THRI, THU, THLI, TAM, TA, TI, TRI, TU, TLI

Tabelle 5-36: Gottheiten des Monats Jyaista (Zwillinge)

Name	Richtung	Farbe	Keimsilbe	Emblem	Gefährtin	Reittier
Sanmukha	Südwest	Rot	NAH	Speer	Lakshmi	Pfau

Gruppe	Keimsilbe
Innere Blätter	TAA, TII, TRII, TUU
Mittlere Blätter	TLII, TAH, THAA, THII, THRII, THUU, THLII, THAH
Äußere Blätter	DAA, DII, DUU, DLII, DAH, DHAA, DHII, DHRII, DHUU, DHLII, DHAH, NAA, NII, NRII, NUU, NLII

Tabelle 5-37: Gottheiten des Monats Asadha (Krebs)

Name	Richtung	Farbe	Keimsilbe	Emblem	Gefährtin	Reittier
Varuna	Rechts von Norden	Weiß	PAM	Schlinge	Varahi	Meeresungeheuer

Gruppe	Keimsilbe
Innere Blätter	MA, MI, MRI, MU
Mittlere Blätter	MLI, MAM, BHA, BHI, BHRI, BHU, BHLI, BHAM
Äußere Blätter	BA, BI, BU, BLI, BAM, PHA, PHI, PHRI, PHU, PHLI, PHAM, PA, PI, PRI, PU, PLI

Tabelle 5-38: Gottheiten des Monats Shravana (Löwe)

Name	Richtung	Farbe	Keimsilbe	Emblem	Gefährtin	Reittier
Ganapati	Nordost	Weiß	MAH	Axt	Kaumari	Löwe

Gruppe	Keimsilbe
Innere Blätter	PAA, PII, PRII, PUU
Mittlere Blätter	PLII, PAH, PHAA, PHII, PHRII, PHUU, PHLII, PHAH
Äußere Blätter	BAA, BII, BUU, BLII, BAH, BHAA, BHII, BHRII, BHUU, BHLII, BHAH, MAA, MII, MRII, MUU, MLII

Tabelle 5-39: Gottheiten des Monats Bhadrapada (Jungfrau)

Name	Richtung	Farbe	Keimsilbe	Emblem	Gefährtin	Reittier
Indra	Rechts von Westen	Gelb	TAM	Vajra	Vayavi	Elefant

Gruppe	Keimsilbe
Innere Blätter	NA, NI, NRI, NU
Mittlere Blätter	NLI, NAM, DHA, DHI, DHRI, DHU, DHLI, DHAM
Äußere Blätter	DA, DI, DU, DLI, DAM, THA, THI, THRI, THU, THLI, THAM, TA, TI, TRI, TU, TLI

Tabelle 5-40: Gottheiten des Monats Ashvina (Waage)

Name	Richtung	Farbe	Keimsilbe	Emblem	Gefährtin	Reittier
Brahma	Nordwest	Gelb	NAH	Nadel	Vidyut	Gans

Gruppe	Keimsilbe
Innere Blätter	TAA, TII, TRII, TUU
Mittlere Blätter	TLII, TAH, THAA, THII, THRII, THUU, THLII, THAH
Äußere Blätter	DAA, DII, DUU, DLII, DAH, DHAA, DHII, DHRII, DHUU, DHLII, DHAH, NAA, NII, NRII, NUU, NLII

Tabelle 5-41: Gottheiten des Monats Kartikka (Skorpion)

Name	Richtung	Farbe	Keimsilbe	Emblem	Gefährtin	Reittier
Rudra	Links von Norden	White	SAM	Dreizack	Gauri	Stier

Gruppe	Keimsilbe
Innere Blätter	HKA, HKI, HKRI, HKU
Mittlere Blätter	HKLI, HKAM, SHA, SHI, SHRI, SHU, SHLI, SHAM
Äußere Blätter	SA, SI, SU, SLI, SAM, HPA, HPI, HPRI, HPU, HPLI, HPAM, SA, SI, SRI, SU, SLI

Tabelle 5-42: Gottheiten des Monats Margashira (Schütze)

Name	Richtung	Farbe	Keimsilbe	Emblem	Gefährtin	Reittier
Kubera	Links von Westen	Gelb	HKAH	Keule	Dhanesha	Elefant

Gruppe	Keimsilbe
Innere Blätter	SAA, SII, SRII, SUU
Mittlere Blätter	SLII, SAH, HPAA, HPII, HPRII, HPUU, HPLII, HPAH
Äußere Blätter	SAA, SII, SUU, SLII, SAH, SHAA, SHII, SHRII, SHUU, SHLII, SHAH, HKAA, HKII, HKRII, HKUU, HKLII

Tabelle 5-43: Gottheiten des Monats Pausa (Steinbock)

Name	Richtung	Farbe	Keimsilbe	Emblem	Gefährtin	Reittier
Vishnu	Links von Osten	Dunkelblau	KAM	Rad	Shri	Garuda

Gruppe	Keimsilbe
Innere Blätter	NGA, NGI, NGRI, NGU
Mittlere Blätter	NGLI, NGAM, GHA, GHI, GRI, GHU, GHLI, GHAM
Äußere Blätter	GA, GI, GU, GLI, GAM, KHA, KHI, KHRI, KHU, KHLI, KHAM, KA, KI, KRI, KU, KLI

Tabelle 5-44: Gottheiten des Monats Magha (Wassermann)

Name	Richtung	Farbe	Keimsilbe	Emblem	Gefährtin	Reittier
Yama	Links von Süden	Rot	NGAH	Vajra-Keule	Nairitya	Büffel

Gruppe	Keimsilbe
Innere Blätter	KAA, KII, KRII, KUU
Mittlere Blätter	KLII, KAH, KHAA, KHII, KHRII, KHUU, KHLII, KHAH
Äußere Blätter	GAA, GII, GUU, GLII, GAH, GHAA, GHII, GHRII, GHUU, GHLII, GHAH, NGAA, NGII, NGRII, NGUU, NGLII

Tabelle 5-45: Gottheiten des Monats Phalguna (Fische)

Die zwölf zentralen Gottheiten und ihre Gefährtinnen bilden zusammen mit ihrem Gefolge von Yoginis insgesamt dreihundertsechzig Gottheiten, die die Anzahl der Tage in einem Mondjahr darstellen. Unterteilt in zwölf Gruppen zu je dreißig, entsprechen sie den Mondmonaten, wobei die männliche Gottheit den Neumond und die weibliche Gefährtin den Vollmond repräsentiert.

Entsprechend dem Sonnentag repräsentieren die zwölf Gottheiten auch die zwölf Häuser des Tierkreises, die die Sonne im Laufe eines Tages durchläuft. In jeder zweistündigen Periode zirkulieren die subtilen Winde durch fünf Kanäle des Nabelchakras, was insgesamt sechzig Kanäle ergibt. Die Winde durchlaufen jeden Kanal für die Dauer von sechs „Atemzügen" (jeweils etwa vier Sekunden). Dadurch ergeben sich dreihundertundsechzig Atemzüge, die den dreihundertsechzig Gottheiten entsprechen.

Die zwölf Gottheiten repräsentieren auch die zwölf Aktivitäts-Chakras, die sich in den Gelenken der Arme und Beine befinden. Die Kanäle, die sich von diesen Knotenpunkten aus verzweigen, entsprechen den Blütenblättern der Lotossitze im Mandala.

Die sechs zornvollen Schützer

Die nächste Gruppe von Gottheiten sind die zornvollen Schützer, die in den vier Toren der untersten Etage auf Wagen stehen, die von verschiedenen Tieren gezogen werden. Vier Gottheiten stehen in den Haupthimmelsrichtungen und haben je ein Gesicht, drei hervortretende Augen und vier Arme. Die übrigen zwei Gottheiten haben drei Gesichter und sechs Arme und werden in der Regel direkt vor dem westlichen bzw. östlichen Tor visualisiert, die die Richtungen oben und unten repräsentieren.

Name	Richtung	Farbe	Keimsilbe	Emblem	Gefährtin	Wagen
Niladanda	Ost	Dunkelblau	YA	Knüppel	Marichi	Wildschweine
Takkiraja	Süd	Rot	RA	Pfeil	Chunda	Pferde
Achala	Nord	Weiß	VA	Stößel	Bhrikuti	Löwen
Mahabala	West	Gelb	LA	Keule	Shringkhala	Elefanten
Ushnisha	Oben	Grün	HAM	Vajra	Atinila	Garudas
Sumbha	Unten	Blau	HA	Dreizack	Raudrakshi	Achtbeinige Löwen

Tabelle 5-46: Die sechs zornvollen Schützer

Wenn sie als die sechs Zornvollen dargestellt werden, repräsentieren diese Gottheiten die Reinigung der sechs Fähigkeiten des Mundes, der Arme und so weiter, während ihre Gefährtinnen die Reinigung der sechs Handlungen des Sprechens, des Nehmens und so weiter darstellen. In diesem Fall repräsentieren sowohl Ushnisha als auch Sumbha die höchste Fähigkeit, während ihre Gefährtinnen die beiden Handlungen des Urinierens bzw. des Abgebens von regenerativen Flüssigkeiten darstellen.

Die zehn Naga-Könige

Die Naga-Könige stehen auf dem Sockel außerhalb der Mauern des Gebäudes im Erdgeschoss. Sie stehen auf den Mandala-Symbolen der Elemente, die sich rechts und links von den vier Toren befinden. Die beiden Nagas, die die Elemente des Raums und des Bewusstseins darstellen, befinden sich jenseits des westlichen bzw. östlichen Tors. Jeder Naga hat ein Gesicht mit vier Armen und wird von einer der sehr zornvollen weiblichen Gottheiten als seiner Gefährtin umarmt. Sie sind durch die Schlangenhaube, die sich hinter ihren Köpfen erhebt, von anderen Gottheiten zu unterscheiden.

Name	Richtung	Farbe	Keimsilbe	Emblem	Gefährtin
Karkotaka	Links von Osten	Dunkelblau	HYA	Siegesbanner	Jambukasya
Padma	Rechts von Osten	Dunkelblau	HYAA	Siegesbanner	Garudasya
Vasuki	Links von Süden	Rot	HRA	Svastika	Vyaghrasya
Shangkhapala	Rechts von Süden	Rot	HRAA	Svastika	Ulukasya
Ananta	Links von Norden	Weiß	HVA	Lotos	Shukarasya
Kulika	Rechts von Norden	Weiß	HVAA	Lotos	Gridhrasya
Takshaka	Links von Westen	Gelb	HLA	Vajra	Shvanasya
Mahapadma	Rechts von Westen	Gelb	HLAA	Vajra	Kakasya
Jaya	Oben	Grün	HUM	Vase	Nila
Vijaya	Unten	Blau	KSHUM	Vase	Vajrakshi

Tabelle 5-47: Die zehn Naga-Könige

Die sechsunddreißig Göttinnen der Begierdelosigkeit

Den äußeren Sockel teilen sich die Nagas mit den sechsunddreißig Göttinnen der Begierdelosigkeit, deren Erscheinungsbild mit dem der Begierde-Göttinnen des Rede-Mandala identisch ist. In diesem Fall repräsentieren die Göttinnen die Reinigung der Abwesenheit des Verlangens, den sechsunddreißig Aktivitäten nachzugehen. Der Vollständigkeit halber können wir wieder acht Gruppen beschreiben.

Rechts vom östlichen Tor befinden sich fünf Göttinnen, die die Abwesenheit des Verlangens nach (1) Spaltung, (2) Kleidung, (3) Kratzen, (4) Spucken und (5) nach Ausstoßen symbolisieren.

Name	Richtung	Farbe	Keimsilbe	Emblem
Vidvesapraticcha	Rechts von Osten	Dunkelblau	CAM	Utpala
Amshukapraticcha	Rechts von Osten	Dunkelblau	CHAM	Kleidung
Kanduyanapraticcha	Rechts von Osten	Dunkelblau	JAM	Gebogenes Messer
Kaphotsarjanapraticcha	Rechts von Osten	Dunkelblau	JHAM	Rad
Uccatanapraticcha	Rechts von Osten	Dunkelblau	NYAM	Khatvanga

Tabelle 5-48: Göttinnen der Begierdelosigkeit rechts von Osten

Links von diesem Tor befinden sich vier Göttinnen, die die Abwesenheit des Verlangens (6) nach Qualen, (7) nach Berührung, (8) nach Schütteln der Gliedmaßen und (9) nach dem Verzehr von Resten repräsentieren.

Name	Richtung	Farbe	Keimsilbe	Emblem
Samtapapraticcha	Links von Osten	Blau	HKAM	Gebogenes Messer
Sparshanapraticcha	Links von Osten	Dunkelblau	SHAM	Schwert
Sarvangakshodanapraticcha	Links von Osten	Dunkelblau	SAM	Gebogenes Messer
Ucchistabhaktapraticcha	Links von Osten	Dunkelblau	HPAM	Gebogenes Messer

Tabelle 5-49: Göttinnen der Begierdelosigkeit links von Osten

Rechts vom südlichen Tor befinden sich fünf Göttinnen, die die Abwesenheit des Verlangens (10) nach Bewegung, (11) nach Essen, (12) nach Körpergeruch, (13) nach Tanz und (14) nach Schlankheit repräsentieren.

Name	Richtung	Farbe	Keimsilbe	Emblem
Stobhanapraticcha	Rechts von Süden	Rot	TAM	Lotos
Bhojanapraticcha	Rechts von Süden	Rot	THAM	Schale mit Nahrung
Malapraticcha	Rechts von Süden	Rot	DAM	Knüppel
Nrityapraticcha	Rechts von Süden	Rot	DHAM	Speer
Shosanapraticcha	Rechts von Süden	Rot	NAM	Lotos

Tabelle 5-50: Göttinnen der Begierdelosigkeit rechts von Süden

Links von diesem Tor befinden sich vier Göttinnen, die für die Abwesenheit des Verlangens (15) zu rufen, (16) zu laufen, (17) auszuscheiden und (18) zu kämpfen stehen.

Name	Richtung	Farbe	Keimsilbe	Emblem
Akristapraticcha	Links von Süden	Grün	NGAM	Pfeil
Dhavanapraticcha	Links von Süden	Rot	GHAM	Axt
Mutravitsravanapraticcha	Links von Süden	Rot	GAM	Gebogenes Messer
Samgramapraticcha	Links von Süden	Rot	KHAM	Gebogenes Messer

Tabelle 5-51: Göttinnen der Begierdelosigkeit links von Süden

Rechts vom nördlichen Tor befinden sich fünf Göttinnen, die die Abwesenheit des Verlangens (19) nach Vermehrung, (20) nach Schmuck, (21) nach einem Sitz, (22) nach Herrschaft und (23) nach Sprechen darstellen.

Name	Richtung	Farbe	Keimsilbe	Emblem
Paustikapraticcha	Rechts von Norden	Weiß	PAM	Utpala
Bhusanapraticcha	Rechts von Norden	Weiß	PHAM	Spiegel
Asanapraticcha	Rechts von Norden	Weiß	BAM	Dreizack
Rajyapraticcha	Rechts von Norden	Weiß	BHAM	Lotos
Mriduvacanapraticcha	Rechts von Norden	Weiß	MAM	Utpala

Tabelle 5-52: Göttinnen der Begierdelosigkeit rechts von Norden

Links von diesem Tor befinden sich vier Göttinnen, die für die Abwesenheit des (24) Verlangens nach Musik, (25) des Verlangens, zu binden, (26) zu debattieren und (27) des Verlangens nach Zorn stehen.

Name	Richtung	Farbe	Keimsilbe	Emblem
Vadyapraticcha	Links von Norden	Blau	HAM	Vinya
Bandhanapraticcha	Links von Norden	Weiß	YAM	Hammer
Bahukalahapraticcha	Links von Norden	Weiß	RAM	Gebogenes Messer
Darakakroshanapraticcha	Links von Norden	Weiß	VAM	Gebogenes Messer

Tabelle 5-53: Göttinnen der Begierdelosigkeit links von Norden

Rechts vom westlichen Tor befinden sich fünf Göttinnen, die die Abwesenheit des Verlangens (28) nach Erstarrung, (29) nach Duftstoffen, (30) nach Ausruhen, (31) nach Schwimmen und (32) des Verlangens, zu binden, ausdrücken.

Name	Richtung	Farbe	Keimsilbe	Emblem
Stambhanapraticcha	Rechts von Westen	Gelb	TAM	Rad
Gandhapraticcha	Rechts von Westen	Gelb	THAM	Muschel mit Duftstoffen
Majjanapraticcha	Rechts von Westen	Gelb	DAM	Vajra
Plavanapraticcha	Rechts von Westen	Gelb	DHAM	Nadel
Bandhanapraticcha	Rechts von Westen	Gelb	NAM	Rad

Tabelle 5-54: Göttinnen der Begierdelosigkeit rechts von Westen

Links von diesem Tor befinden sich vier Göttinnen, die für die Abwesenheit des Verlangens (33) nach Sex, (34) nach Erstechen, (35) nach Täuschung und (36) nach dem Ergreifen von Schlangen stehen.

Name	Richtung	Farbe	Keimsilbe	Emblem
Maithunapraticcha	Links von Westen	Grün	KSHAM	Dharmodaya
Kilanapraticcha	Links von Westen	Gelb	SAM	Rad
Vanyacanapraticcha	Links von Westen	Gelb	KAM	Gebogenes Messer
Ahibandhanapraticcha	Links von Westen	Gelb	LAM	Gebogenes Messer

Tabelle 5-55: Göttinnen der Begierdelosigkeit links von Westen

Die Gottheiten des universalen Mandala

Das universale Mandala wird im erleuchteten Mandala gewöhnlich durch eine Reihe konzentrischer Kreise dargestellt, die die Elemente Erde, Wasser, Feuer, Wind und Raum repräsentieren. Innerhalb dieser Umgebung gibt es zwei Gruppen von Gottheiten: (1) die zehn sehr zornvollen Göttinnen und (2) die fünfunddreißig Millionen Umkreis-Gottheiten. Von diesen gehören die ersten genau genommen zum Körper-Mandala und die zweiten sind zu zahlreich, um in die Gesamtzahl der Gottheiten aufgenommen zu werden.

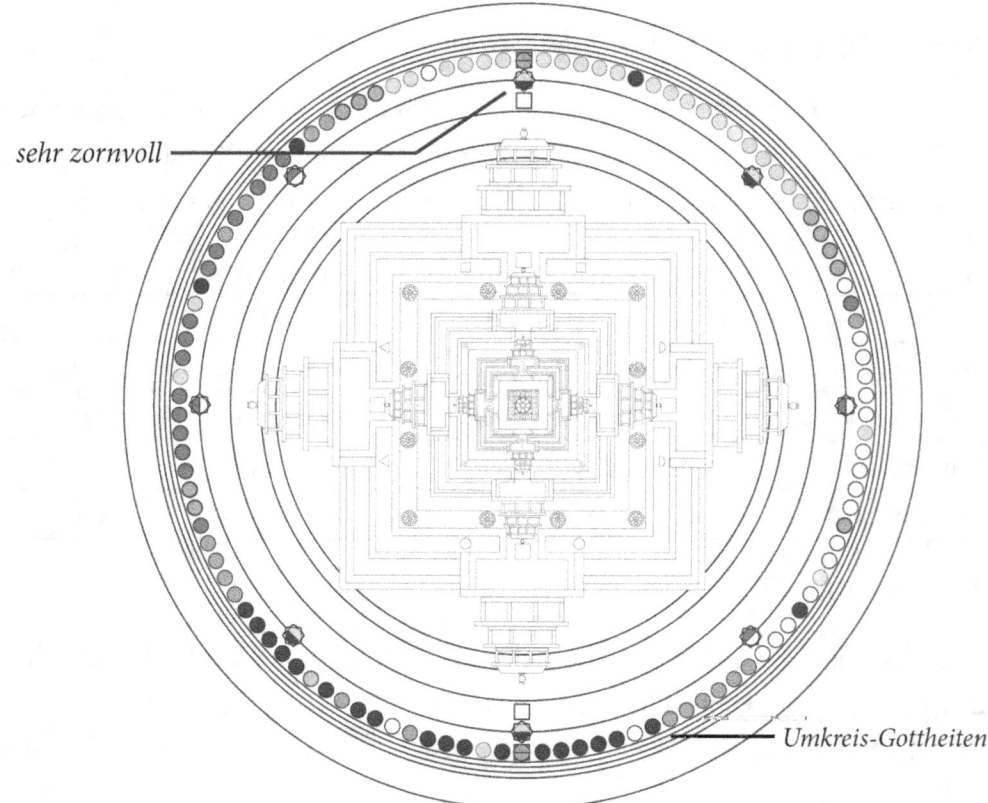

sehr zornvoll

Umkreis-Gottheiten

Die zehn sehr zornvollen Göttinnen

Die sehr zornvollen Göttinnen befinden sich in jeweils einem der zehn Friedhöfe, die an den Grenzen der Feuer- und Windscheiben liegen. Jede hat ein Gesicht und zwei Arme, den Kopf eines Tieres und den Körper eines Menschen. Sie stehen in Vereinigung mit den Naga-Königen als Gefährten.

Name	Richtung	Farbe	Keimsilben	Gefährte	Reittier
Shvanasya	Ost	Dunkelblau	KA-KHA-GA-GHA-NGA	Takshaka	Nashorn
Kakasya	Südost	Dunkelblau	NYA-JHA-JA-CHA-CA	Mahapadma	Verundra-Vogel
Shukarasya	Süd	Rot	KSHA-YA-RA-VA-LA	Ananta	Bär
Gridhrasya	Südwest	Rot	NA-DHA-DA-THA-TA	Kulika	Kranich
Vyaghrasya	Nord	Weiß	HA-YA-RA-VA-LA	Vasuki	Weibliches Yak
Ulukasya	Nordost	Weiß	MA-BHA-BA-PHA-PA	Shangkhapala	Fledermaus
Jambukasya	West	Gelb	HKA-SHA-SHA-HPA-SA	Karkotaka	Löwe
Garudasya	Nordwest	Gelb	NA-DHA-DA-THA-TA	Padma	Nilika-Vogel
Vajrakshi	Oben	Grün	HA	Vijaya	Garuda
Nila	Unten	Blau	HAH	Jaya	Achtbeiniger Löwe

Tabelle 5-56: Die zehn sehr zornvollen Göttinnen

Zählt man die acht sehr zornvollen Göttinnen und ihre Gefährten mit den acht Naga-Königen und ihren Gefährtinnen (aus dem Körper-Mandala) zusammen, ohne die Richtungen oben und unten einzubeziehen, kommen wir auf zweiunddreißig Gottheiten. Diese zweiunddreißig repräsentieren die Kanäle des geheimen Chakras und auch die Aktivitäts-Chakras, die sich in den Gelenken der Füße und Hände befinden. Die ersten dreißig Gottheiten repräsentieren die dreißig Gelenke der Hände, während die letzten beiden sehr zornvollen Gottheiten sämtliche Gelenke des linken bzw. rechten Fußes darstellen.

Die fünfunddreißig Millionen Umkreis-Gottheiten

Die letzte Gruppe von Gottheiten steht für die Reinigung der unendlichen Manifestationen, die durch gewöhnliche Erfahrungen entstehen. In der Jonang-Tradition sind diese Gottheiten optional und können je nach persönlicher Vorliebe in das Mandala aufgenommen werden. Wenn sie einbezogen werden, befinden sie sich normalerweise in der äußeren Hälfte der Windscheibe. Im Folgenden finden Sie eine Liste der bekannteren Gottheiten, die häufig abgebildet werden:

1. Die zehn Planeten
2. Die achtundzwanzig Mondhäuser
3. Die zwölf Zeichen des Tierkreises
4. Die sechzehn Mondphasen
5. Die weltlichen Beschützer der zehn Richtungen
6. Verschiedene Weltenschützer
7. Himmlische Boten
8. Menschliche Mahasiddhas

DIE SADHANA-PRAXIS IN DER JONANG-TRADITION

Auf der Grundlage dieser vorläufigen Darstellung des Kalachakra-Mandala sind wir nun bereit, mit den Praktiken der Kalachakra-Erzeugungsstufe zu beginnen. Dies geschieht durch die Verwendung eines *Sadhana* – das ist ein Sanskrit-Begriff, der wörtlich übersetzt „Mittel zur Verwirklichung" bedeutet. In diesem Fall verwenden wir das Sadhana, um die Gottheit zu „verwirklichen", d. h. um die Gottheit in unserer Erfahrung zu erzeugen.

In der Praxis verwenden wir den Begriff, um uns auf eine Meditationsanleitung zu beziehen, die für die Arbeit mit verschiedenen Aspekten des Mandala verwendet wird. Diese Texte enthalten Gebete, Visualisierungen und Mantras, die uns Schritt für Schritt durch den Prozess führen, was die Praxis erleichtert.

Je nachdem, welcher Tradition man folgt, gibt es viele Sadhanas, um unterschiedliche Grade der Vertrautheit mit dem erleuchteten Mandala zu entwickeln. Während einige sehr knapp gehalten sind und nur aus ein paar Seiten bestehen, können die komplexeren Sadhanas viele hundert Seiten umfassen. Diese Unterschiede in der Komplexität bedeuten, dass einige Texte für die tägliche Rezitation verwendet werden können, während andere eher für die Praxis während eines Retreats geeignet sind. Diese Unterschiede haben zu drei verschiedenen Ansätzen geführt:

1. **Komprimierte Version:** Dieser Ansatz konzentriert sich auf die

Hauptgottheiten Kalachakra und Vishvamata, entweder in der vollständig manifestierten Form des *vierundzwanzigarmigen Kalachakra* oder in der grundlegenden Form des *Innewohnenden Kalachakra*. Beide Sadhanas eignen sich für die tägliche Rezitation und stellen ein effizientes Mittel dar, um die Subtilität des Geistes zu entwickeln, die für das Voranschreiten auf dem Pfad erforderlich ist.

2. **Mittellange Version:** Eine etwas komplexere Variante besteht darin, sich auf die neun Gottheiten des *Essenz-Mandala* zu konzentrieren und so die subtilen Kanäle und Winde des Herzchakras zu reinigen. Diese Praxis kann auf das *Geist-Mandala* ausgeweitet werden, indem man mit insgesamt zweiundsiebzig Gottheiten arbeitet. Die erste Methode kann leicht als tägliche Praxis durchgeführt werden, und die zweite eignet sich für den Kontext eines Retreats.

3. **Ausführliche Version:** Schließlich haben wir die ausführlichste Praxis, die das komplette *Körper-, Rede- und Geist-Mandala* von 636 Gottheiten umfasst. Diese Sadhana-Praxis kann viele Stunden in Anspruch nehmen und ist daher nur für diejenigen geeignet, die sich in einem Vollzeit-Retreat befinden. Sie beinhaltet ausführliche Meditationen über das, was als die *vier Zweige der Annäherung und Vollendung* bezeichnet wird: (1) das höchst siegreiche Mandala, das die klare Erscheinung der Umgebung und der Gottheiten hervorbringt, (2) die höchst siegreichen Handlungen, die Verdienst ansammeln und die Ursachen für die Erzeugung der Formkörper eines Buddha schaffen, (3) der Yoga des Tropfens, der den Geist verfeinert und die subtile Erzeugungsstufe vervollkommnet, und (4) der subtile Yoga, der den Geist weiter konzentriert, um uns auf die Arbeit mit Glückseligkeit in der Vollendungsstufe vorzubereiten.

In der Jonang-Tradition werden die Praktiken der Erzeugungsstufe als einzigartige vorbereitende Übungen für die Praktiken der Vollendungsstufe der Sechs Vajrayogas betrachtet. Als solche konzentrieren sich die meisten Praktizierenden zunächst auf die komprimierte Version, um ihre gewöhnliche Sichtweise zu reinigen und ihren Geist auf die nicht-begriffliche Meditation vorzubereiten. Sobald sie einige Erfahrung in den Sechs Vajrayogas gesammelt haben, werden die mittellangen und ausführlichen Versionen als ergänzende Praktiken verwendet, um den Geist zu verfeinern und Verdienst anzusammeln.

ZUSAMMENFASSUNG

- Um buddhistisches Tantra authentisch zu praktizieren, sollten Sie vier Bedingungen erfüllen: (1) eine buddhistische Sichtweise entwickeln, die auf Entsagung, Bodhicitta und einem klaren Verständnis der Lehren über Leerheit und Buddhanatur basiert, (2) ein starkes Bestreben entwickeln, Tantra zu praktizieren, (3) die tantrischen Gelübde und Verpflichtungen von einem/r authentischen Vajrameister/in erhalten und (4) die Erlaubnis erhalten, die Erzeugungsstufe aufgrund der Sieben Ermächtigungen eines heranwachsenden Kindes zu praktizieren.

- Der Hauptzweck der Erzeugungsstufe besteht darin, unser gewöhnliches Selbstgefühl aufzugeben und unsere Identität auf eine reine Vorstellung des Selbst zu verlagern. Das erreichen wir durch die Praxis, uns im erleuchteten Aspekt des Kalachakra als unserem Yidam zu erzeugen.

- Die authentische Praxis der Erzeugungsstufe erfordert fünf Bedingungen: (1) die Praxis muss aus einer authentischen Quelle stammen, (2) sie muss durch eine authentische Überlieferungslinie übertragen werden, (3) unsere Sichtweise muss in der Leerheit verwurzelt sein, (4) die Praxis muss dem Ergebnis ähnlich sein und (5) wir müssen Vertrauen in ihre Kraft haben.

- Die Erzeugungsstufe schafft die Ursachen für die Manifestation der Rupakaya-Formkörper eines Buddha, indem sie uns auf eine Weise schult, die den Prozess von Geburt, Tod und Bardo reinigt.

- Das erleuchtete Mandala kann in zwei Teile unterteilt werden: (1) die erleuchtete Umgebung, die als Gefäß dient, und (2) die Gottheiten, die in dieser Umgebung wohnen.

- In Bezug auf die Umgebung unterscheidet man zwei Bereiche: (1) das Universale Mandala, das die äußere Stütze bietet, und (2) die erleuchtete Residenz, die die innere Stütze bietet.

- Die erleuchtete Residenz ist in vier Ebenen unterteilt, die die Reinigung von (1) Körper, (2) Rede, (3) Geist und (4) ursprünglicher Weisheit darstellen.

- In der Residenz liegen fünf Mandalas von Gottheiten. In den ersten drei

Etagen befinden sich die Mandalas von (1) Körper, (2) Rede und (3) Geist. Die vierte Etage enthält die beiden Mandalas der (4) großen Glückseligkeit und der (5) essenziellen Natur.

- Das Essenz-Mandala besteht aus drei Gruppen von Gottheiten: (1) der Hauptgottheit des Kalachakra Yab-Yum, (2) den zehn Shaktis und (3) den vier Emblemen.

- Das Mandala der großen Glückseligkeit besteht aus zwei Gruppen von Gottheiten: (1) den zwölf Buddhas und (2) den zehn Vasen.

- Das Geist-Mandala besteht aus drei Gruppen von Gottheiten: (1) den zwölf Bodhisattvas, (2) den fünf Zornvollen und (3) den zwölf Darbringungsgöttinnen.

- Das Rede-Mandala besteht aus zwei Gruppen von Gottheiten: (1) den acht weiblichen Gottheiten mit Yoginis sowie (2) den sechsunddreißig Begierde-Göttinnen.

- Das Körper-Mandala besteht aus vier Gruppen von Gottheiten: (1) den zwölf männlichen Gottheiten der Mondmonate, (2) den sechs zornvollen Schützern, (3) den zehn Naga-Königen und (4) den sechsunddreißig Göttinnen der Begierdelosigkeit.

- Das universale Mandala besteht aus zwei Gruppen von Gottheiten: (1) den zehn sehr zornvollen Göttinnen und (2) den fünfunddreißig Millionen Umkreis-Gottheiten.

- In der Jonang-Tradition praktizieren die meisten Menschen die Erzeugungsstufe, indem sie ein komprimiertes Sadhana als einzigartige vorbereitende Übung verwenden. Sobald sie Erfahrung in den Praktiken der Vollendungsstufe entwickelt haben, praktizieren sie mittellange oder ausführliche Sadhanas als Ergänzung zu ihrer Hauptpraxis.

KAPITEL SECHS

Gottheiten-Yoga
Das komprimierte Sadhana
des Innewohnenden Kalachakra

Nachdem wir die allgemeinen Merkmale der Erzeugungsstufe des Kalachakra besprochen haben, gehen wir nun zu den spezifischen Anweisungen für die wesentliche Praxis des Gottheiten-Yogas über. Diese tiefgründige Technik stellt ein geschicktes Mittel dar, um das Verdienst zu kultivieren, die erleuchtete Natur des unbelebten Universums und der dort lebenden Wesen zu betrachten. Dadurch werden die gewöhnlichen Erscheinungen des äußeren und inneren Kalachakra aufgelöst und die reinen Manifestationen des erleuchteten Kalachakra enthüllt.

Die Wurzel dieser Praxis besteht in der Technik, sich selbst im Aspekt der erleuchteten Gottheit Kalachakra zu visualisieren. Aufgrund unseres starken Greifens nach der gewöhnlichen Wahrnehmung unseres Selbst können sich unsere Visualisierungen zunächst gekünstelt anfühlen, nur eine bunte Fantasie, die wir in unserer Vorstellung heraufbeschwören. Im Gegensatz zu gewöhnlichen Tagträumen sind diese Visualisierungen jedoch der letztendlichen Natur der Wirklichkeit nachempfunden und bieten daher einen Weg zur Entdeckung einer tieferen Dimension dessen, was wir sind. Je mehr wir mit ihnen arbeiten, desto mehr Schichten tragen wir ab und desto mehr erfahren wir über unser Wesen. Mit der Zeit sehen wir uns selbst nicht mehr in einer begrenzten Weise, und unser Geist öffnet sich für die unendlichen Fähigkeiten, die wir alle besitzen. Was einst so real für uns schien, erhält eine trügerische Natur und die erleuchtete Wirklichkeit des Kalachakra fühlt sich wie ein Zuhause an.

Dieser Prozess wird oft als *Annäherung und Verwirklichung* bezeichnet. Durch die formale Praxis des Rezitierens eines Sadhana nutzen wir die Visualisierung, um uns an die Qualitäten des Yidams zu erinnern, dann reinigen wir durch die Mantra-Rezitation unsere Winde und verfeinern die Subtilität unseres Geistes. Diese Kombination bringt uns näher an unsere letztendliche Natur und ist als „Annäherung an die Gottheit" bekannt. Je näher wir der Gottheit kommen, desto leichter wird es,

eine direkte Realisation ihrer Natur zu erfahren, die als „Verwirklichung der Gottheit"
bekannt ist. Mit dieser Errungenschaft sehen wir die Welt aus der Perspektive der
Gottheit und sind bereit, die nächste Stufe des Pfades zu betreten.

DIE DREI ELEMENTE DES GOTTHEITEN-YOGAS

Wenn wir Gottheiten-Yoga praktizieren, gibt es drei Elemente, die wir in den
Vordergrund stellen müssen, denn ohne sie wird unsere Praxis nicht zu einer
Ursache für die Verwirklichung der Gottheit. Diese sind: (1) klare Erscheinung,
(2) Rückbesinnung auf die Reinheit und (3) göttlicher Stolz. Die ersten beiden
Elemente sind wichtig, aber letzteres ist entscheidend.

Klare Erscheinung

Dieses Element bezieht sich auf die Erzeugung einer klaren Erscheinung der
Gottheit im Geist. Im Zusammenhang damit wird oft der Begriff *Visualisierung*
verwendet, der zwar nicht falsch ist, aber nicht vollständig ausdrückt, was eine
klare Erscheinung sein sollte. Wenn wir etwas visualisieren, gilt die Vorstellung von
real oder unreal nicht. Man könnte sich genauso gut eine Blume im Himmel oder
einen Hasen mit Hörnern vorstellen, die beide nicht einmal im konventionellen
Sinne existieren. Ein weiteres Problem mit diesem Begriff ist, dass er den Prozess
zu sehr vereinfacht, weil er nur den sichtbaren Aspekt der Gottheit hervorhebt.

Aus diesen Gründen ist der Begriff *Erzeugung* angemessener. Wenn wir
von der Erzeugung der Gottheit sprechen, beziehen wir uns auf den Akt der
Vergegenwärtigung der Eigenschaften der Gottheit in unserer eigenen Erfahrung.
Dazu gehört nicht nur die optische Komponente, sondern auch das Gefühl, diese
Qualitäten zu verkörpern. Es ist eine gelebte Erfahrung, die multidimensionaler
Natur ist und daher eine größere Kraft hat als eine bloße Visualisierung.

Letztendlich brauchen wir natürlich nichts zu erzeugen, weil unsere Natur
bereits Kalachakra ist. Indem wir uns darin üben, uns selbst auf diese Weise zu
„erzeugen", beenden wir vorübergehend unsere getäuschte Vorstellung eines
Selbst und erlauben unserer wahren Natur, sich zu manifestieren. Daher ist es
richtiger zu sagen, dass wir unsere heilige Wahrheit *enthüllen*.

Unabhängig von den Begriffen, die wir verwenden, bleibt die Praxis dieselbe.
Zuerst lösen wir unsere gewöhnliche Erscheinung auf und erzeugen uns bewusst

im Aspekt der Gottheit. Dieser Prozess findet im geistigen Bewusstsein statt, ähnlich wie ein Traum, der sich im Schlaf manifestiert. Da es sich um einen mentalen Prozess handelt, sollten Sie nicht erwarten, dass die Gottheit in einer sichtbaren Form erscheint. Der Geist arbeitet mit abstrakten Konzepten und Verallgemeinerungen, daher braucht es Zeit, bis Klarheit entsteht.

Zu Beginn erscheint die Gottheit nur bruchstückhaft als eine Ansammlung von spezifischen Merkmalen. Ihr Geist wird wahrscheinlich von einem Detail zum nächsten springen, ohne ein Gesamtbild zu haben, so als würden Sie einen Stapel von Fotos durchsehen. Auf einem sehen Sie vielleicht ein Auge, auf einem anderen ein Vajra-Ornament und auf wieder einem anderen eine Silbe. Es erfordert Anstrengung, sich an jedes Detail zu erinnern, und Sie werden Ihre Achtsamkeit ständig erneuern müssen.

Nachdem Sie eine Zeit lang mit einzelnen Details gearbeitet haben, werden Sie Gruppen von Merkmalen erstellen, z. B. das gesamte Gesicht, die Krone oder die Hände. Vielleicht gelingt es Ihnen sogar, einen Eindruck des gesamten Körpers zu gewinnen. In diesem Stadium ist die Erscheinung noch vage und unscharf. Obwohl Sie vielleicht ein Gefühl für alles zusammen haben, sind die Details verschwommen, wie ein Echo oder etwas Entferntes. Wenn man versucht, ein Detail zu schärfen, verliert man das Gefühl für das Ganze.

Sobald Sie Stabilität in der Praxis entwickeln, werden Sie feststellen, dass es möglich ist, Ihr Gewahrsein für bestimmte Details zu schärfen und trotzdem das Gesamtbild beizubehalten, so wie man den Fokus an einer Kamera einstellt. Indem Sie Ihren Geist in der Meditation entspannen, werden die Details auf natürliche Weise lebendiger und klarer. Wenn die wichtigsten Details klar und deutlich erscheinen, und zwar alle gleichzeitig, haben Sie eine erste Verwirklichung der klaren Erscheinung erreicht.

Das ständige Verweilen in dieser Erkenntnis wird schließlich zur Meisterschaft über den Erzeugungsprozess selbst führen. Die Fähigkeit, die Gottheit augenblicklich und jederzeit zu manifestieren sowie die Erscheinung einsgerichtet zu halten, ähnelt dem Qualitätsunterschied zwischen Standard- und hochauflösendem Fernsehen. Die Erscheinung kann so detailgenau sein, dass sie von allem, was Sie mit Ihren Sinnen wahrnehmen, nicht mehr zu unterscheiden ist.

Rückbesinnung auf die Reinheit

Auf einer groben Ebene bedeutet die Rückbesinnung auf die Reinheit, dass wir auf die symbolische Bedeutung jedes Details der Gottheit achten. Wenn wir zum Beispiel die Hände von Kalachakra visualisieren, die hinter dem Rücken von Vishvamata gekreuzt sind und einen Vajra und eine Glocke halten, können wir uns daran erinnern, dass dies die Vereinigung von Methode und Weisheit oder unveränderlicher Glückseligkeit und Leerer Form darstellt. Indem wir die Erscheinungen immer wieder mit ihrer endgültigen Bedeutung in Verbindung bringen, stärken wir unser Gewahrsein für das Höchste und schwächen unser Greifen nach dem Konventionellen. Dieses Element ermöglicht es, dass die begriffliche Erscheinung einer Gottheit als eine Methode funktioniert, die uns unserer Buddhanatur näher bringt.

Auf einer subtileren Ebene bedeutet die Rückbesinnung auf die Reinheit, sich der leeren Natur der im Geist entstehenden Erscheinungen bewusst zu bleiben. Anstatt nach der Gottheit als etwas substanziell Existierendem zu greifen, sollten wir versuchen, ihre trügerische Natur zu betonen, indem wir sie wie einen Regenbogen oder ein Hologramm betrachten, das lebendig erscheint, aber keinen wirklichen Wesenskern besitzt. Von den beiden Ebenen ist diese zweite Form der Reinheit viel wichtiger, weil sie uns befähigt, mit Erscheinungen zu arbeiten, ohne dabei in unserer Unwissenheit verhaftet zu bleiben.

Indem wir uns auf die Reinheit der Gottheit besinnen, erinnern wir uns außerdem an die vorläufige Natur der Erzeugungsstufe als Ganzes. Auch wenn wir Konzepte verwenden, um unsere Erfahrung zu gestalten und Tugend zu kultivieren, geben wir uns nicht der Illusion hin. Wie ein luzider Träumer wissen wir, dass wir letztlich aufwachen müssen, um den konzeptuellen Geist vollständig zu transzendieren und die Wirklichkeit der Gottheit direkt zu erfahren.

Göttlicher Stolz

Das dritte und wichtigste der drei Elemente ist die Entwicklung der stabilen Überzeugung, die Gottheit zu sein. Diesen Gedanken „Ich bin Kalachakra" aufrechtzuerhalten, wird als *göttlicher Stolz* bezeichnet. Dieser Geist ist das direkte Gegenmittel zu unserem gewöhnlichen Konzept des Selbst, das sich mit der Erscheinung eines inhärent existierenden Selbst identifiziert. Indem wir uns mit den Qualitäten eines erleuchteten Geistes vertraut machen und uns mit diesen Qualitäten identifizieren, verändern wir unsere Perspektive und durchtrennen die Wurzel unserer leidbringenden Verdunkelungen.

Diese Denkweise ist vergleichbar mit der Art und Weise, wie wir Filme ansehen. Die Lichter im Kino gehen aus, der Projektor wird eingeschaltet und auf der Leinwand erscheint ein ständiger Strom von Bildern. Obwohl wir wissen, dass der Film nicht real ist, hält uns diese Tatsache nicht davon ab, uns vom Erleben mitreißen zu lassen. Irgendwann lässt das kritische Betrachten nach und unser Geist akzeptiert die Geschichte als Wirklichkeit. Wenn dies geschieht, kann der Film Gefühle von Glück und Leid auslösen. Wenn wir uns jedoch die Natur des Films vor Augen führen, hat seine Realität keine Macht mehr über uns.

Auch wenn es nie ein inhärent existierendes Selbst gegeben hat oder jemals geben wird, glauben wir dennoch, dass es so existiert, wie es erscheint. Aufgrund dieser Sichtweise halten wir einen endlosen Strom von Leiden und Qualen aufrecht. Sobald wir aufhören, an die Wirklichkeit dieses Selbst zu glauben, hört es auf, irgendeinen Einfluss auf unsere Erfahrung zu haben. Wenn wir denken: „Ich bin Kalachakra", bekräftigen wir, dass das gewöhnliche Selbst nicht das ist, was wir „wirklich" sind. Wir erinnern uns selbst an die Illusion und entscheiden uns, stattdessen an unsere tiefere und tiefgründigere Natur zu glauben. Dies ist die eigentliche Essenz der Praxis der Erzeugungsstufe.

Ein Bereich dieser Praxis, der besonders herausfordernd sein kann, ist die Frage nach dem Geschlecht. Für viele Praktizierende basiert ein großer Teil ihres gewöhnlichen Selbstkonzepts darauf, dass sie sich entweder als männlich oder weiblich identifizieren. Da diese Eigenschaft des Selbst oft als wichtig angesehen wird, besteht die Tendenz, unser gegenwärtiges Geschlecht auf die Visualisierung zu projizieren, wenn es darum geht, sich selbst als Kalachakra und Vishvamata zu erzeugen. In diesen Fällen haben weibliche Praktizierende Probleme, sich als männliche Gottheit zu visualisieren, und männliche Praktizierende haben Probleme, sich als weiblich zu visualisieren. Beides sind Anzeichen für starkes Greifen und müssen aufgelöst werden, um in der Praxis voranzukommen.

Wenn wir zu Beginn der Praxis unser Selbst in die Leerheit auflösen, sollten wir alle Aspekte unseres Selbst auflösen, einschließlich unseres Geschlechts. Dies ermöglicht uns, im nicht-dualen Aspekt von Kalachakra Yab-Yum zu entstehen, der weder ausschließlich männlich noch ausschließlich weiblich ist. Obwohl es traditionell üblich ist, die Gottheit mit dem männlichen Namen zu bezeichnen, müssen wir uns immer daran erinnern, dass Kalachakra alle diese Unterscheidungen transzendiert.

Unabhängig davon, wie klar Ihnen die Gottheit erscheint, sollten Sie sich immer die Zeit nehmen, das Gefühl zu entwickeln, Kalachakra zu sein. Denn es ist dieses Gefühl, das die Praxis lebendig macht und sie zu einer wahrhaft transformativen Erfahrung werden lässt. Wie bei den meisten Qualitäten manifestiert sich der göttliche Stolz stufenweise. Am Anfang konzentrieren wir uns darauf, die begriffliche *Überzeugung* zu etablieren, dass wir Kalachakra sind. Indem wir über die Natur der Wirklichkeit nachdenken, erkennen wir die trügerische Natur unserer gewöhnlichen Erfahrung und entwickeln das Vertrauen in eine tiefere Ebene der Existenz. Vielleicht haben wir diese tiefere Ebene nie erfahren, aber wir glauben dennoch, dass sie realer ist als unsere gegenwärtige Erfahrung.

Auf der Grundlage unseres Vertrauens bilden wir eine *Haltung*, die unser Verhalten beeinflusst. Wir glauben nicht nur, dass wir Kalachakra sind, sondern wir handeln auch in Übereinstimmung mit dieser Überzeugung. Das bedeutet, dass wir uns vorstellen, dass wir uns in der gleichen Weise wie ein voll erleuchtetes Wesen verhalten. Genau wie die Buddhas manifestieren wir unzählige Emanationen und bringen den fühlenden Wesen grenzenlosen Nutzen. Dies ist vergleichbar mit der Identifikation mit unserer Arbeit, bei der unsere Handlungen Teil unserer Identität werden.

Wenn Sie denken, dass Sie Kalachakra sind, und Sie sich vorstellen, wie Kalachakra zu handeln, wird es möglich, sich selbst als Kalachakra zu sehen. In diesem Stadium ist Ihre *reine Wahrnehmung* so stark geworden, dass es sich nicht mehr um einen konzeptuellen Prozess handelt und Sie tatsächlich die Perspektive der Gottheit als Ihre primäre Sichtweise annehmen. Dies ist vergleichbar mit einem/r Schauspieler/in, der/die sich so vollständig mit seiner/ihrer Rolle identifiziert, dass er/sie die Welt mit den Augen dieser Figur sieht. Um zu gewährleisten, dass diese Ebene der Wahrnehmung nützlich ist, müssen wir sicherstellen, dass wir nicht einfach eine Täuschung gegen eine andere austauschen. Deshalb müssen wir unsere Identität immer in den Kontext eines klaren Verständnisses der Leerheit stellen.

Die letzte Stufe eines authentischen göttlichen Stolzes ist erreicht, wenn wir mit der Erfahrung der Gottheit so vertraut werden, dass wir uns bei der Erzeugung des Mandala wie wir selbst *fühlen.* Dies ist vergleichbar mit dem Gefühl, nach einem längeren Auslandsaufenthalt nach Hause zurückzukehren. Es gibt ein Gefühl der Nähe, mit dem man sich identifiziert, und wenn es auftritt, ist die Gottheit zum Standardzustand Ihres Seins geworden. Auch wenn Sie sich manifestieren, um weltliche Aufgaben zu erfüllen, verlieren Sie nie das Gefühl dafür, wer Sie wirklich sind.

WIE MAN DAS KOMPRIMIERTE SADHANA PRAKTIZIERT

In der Jonang-Tradition wird die Meditation in der Erzeugungsstufe als eine einzigartige Vorbereitung für die Praktiken der Sechs Vajrayogas des Kalachakra angesehen. Der Schwerpunkt liegt dabei auf der Herstellung eines subtilen Zustands reiner Wahrnehmung, der unsere Aufmerksamkeit auf die endgültige Wahrheit unserer Erfahrung lenkt. Dieser Geist dient als Grundlage für die nicht-begriffliche Meditation der Drei Isolationen. Die Methode, um dieses Ergebnis zu erreichen, ist die Rezitation des *komprimierten Sadhana des Innewohnenden Kalachakra*, der die nicht-duale Weisheit der erhabenen Leerheit als Grundlage dafür hervorhebt, anderen größten Nutzen zu bringen.

Auflösung des Selbst

Die Praxis beginnt damit, zunächst das folgende Mantra zu rezitieren:

OM SHUNYATA JÑANA VAJRA SVABHAVA ATMAKO HAM

Während Sie dieses Mantra sprechen, stellen Sie sich vor, wie Sie selbst und alle Phänomene sich in Leerheit auflösen. Dies sollte nicht eine bloße Leerheit von inhärenter Existenz sein, sondern eine erhabene Leerheit, die mit unendlichen erleuchteten Qualitäten ausgestattet ist. Erkennen Sie, dass die konventionelle Wahrheit von Samsara nicht wirklich existiert; dass sie nichts weiter als eine trügerische Wirklichkeit ist, die vom Geist über die Grundlage unserer Buddhanatur projiziert wird. Dies ist die Leerheit, wie sie in der Tradition des Zhentong-Madhyamaka verstanden wird.

Verbleiben Sie eine Zeit lang in einem nicht-konzeptuellen Zustand, völlig offen und frei von allen Gedanken. Mit absoluter Zuversicht denken Sie: „Ich verweile im ursprünglichen Zustand der vollständig etablierten Natur, jenseits aller Vorstellungen von Subjekt und Objekt." Diese Erfahrung der erhabenen Leerheit ist die tatsächliche Erscheinung des Innewohnenden Kalachakra, eines Geistes, der völlig frei von konventionellen Phänomenen und der Ihre wahre Natur ist. Wenn Sie dies erkennen, werden Sie zur erleuchteten Gottheit.

Visualisierung der Innewohnenden Kalachakra-Gottheit

Aus diesem Geist des Innewohnenden Kalachakra erscheint ein riesiges Wind-Mandala, gefolgt von Mandalas aus Feuer, Wasser und Erde. Aus dem Zentrum des Erd-Mandala erhebt sich der vielfarbige Berg Meru mit den fünf Gipfeln an seiner Spitze. Auf dem zentralen Gipfel ruht ein vielfarbiger Lotos. In seiner Mitte befinden sich eine weiße Mondscheibe, eine rote Sonnenscheibe, eine schwarze Rahu-Scheibe und eine gelbe Kalagni-Scheibe, die Bodhicitta, Leerheit, unveränderliche Glückseligkeit bzw. die Leere Form symbolisieren.

Visualisieren Sie sich auf diesem Sitz in der reinen Form des Innewohnenden Kalachakra. Ihr Körper ist von dunkelblauer Farbe und symbolisiert die höchste Reinheit des Zentralkanals. Ihr eines Gesicht symbolisiert die letztendliche Wahrheit aller Phänomene, die beiden Arme stehen für Methode und Weisheit oder die Untrennbarkeit von unveränderlicher Glückseligkeit und Leerer Form. Die drei Augen symbolisieren die direkte Wahrnehmung von Vergangenheit, Gegenwart und Zukunft. Stehend umarmen Sie Ihre Gefährtin mit hinter ihrem Rücken gekreuzten Händen; dabei halten Sie einen Vajra in Ihrer rechten und eine Glocke in Ihrer linken Hand. Dies symbolisiert die untrennbare Vereinigung der männlichen und weiblichen Aspekte der Erleuchtung: Der Vajra steht für unzerstörbare männliche Energie, Methode, Mitgefühl und unveränderliche Glückseligkeit, während die Glocke die weibliche Energie, Weisheit und unzerstörbare Leere Form symbolisiert.

Ihr Nacken hat drei Farben: Die Mitte ist schwarz, die rechte Seite ist rot und die linke Seite weiß. Dies symbolisiert die Beseitigung von Rhythmus (Sattva), Aktivität (Rajas) und Trägheit (Tamas). Diese Begriffe wurden von der hinduistischen Samkhya-Schule übernommen, um die Eigenschaften der Substanz (Prakrti) zu beschreiben. In diesem Zusammenhang beziehen sie sich auf die Reinigung von

Die essenzielle Natur des ursprünglichen Buddha –
Der Innewohnende Kalachakra

den drei Giften der Unwissenheit, der Anhaftung und der Abneigung. Dies ist ein Beispiel dafür, wie die Kalachakra-Lehren geschickt entwickelt wurden, um diejenigen, die solche Glaubenssysteme vertreten, auf den richtigen Pfad zu führen.

Ihre beiden Beine stehen auf zwei weltlichen Göttern und symbolisieren die Freiheit vom Greifen nach Samsara und Nirvana. Das linke Bein ist weiß, leicht angewinkelt und zerdrückt die Brust eines weißen Rudra. Er hat ein Gesicht und drei Augen, trägt ein Tigerfell und ein Schlangenornament und liegt ohnmächtig, mit dem Gesicht nach oben. Dies symbolisiert die Reinheit der Vollendung, die Transformation des linken Kanals (Lalana) sowie die Beseitigung der vier Verblendungen – Greifen, Hass, Unwissenheit und Stolz. Ihr rechtes Bein ist rot, ausgestreckt und zerdrückt die Brust des roten Kamadeva. Er hat ein friedliches Gesicht, zwei Arme mit juwelenbesetzten Schmuck und liegt ebenfalls ohnmächtig, mit dem Gesicht nach oben. Dies symbolisiert die Transformation des rechten Kanals (Rasana) und die Beseitigung der vier Maras der Aggregate, der Verblendungen, des Todes und der Genussobjekte.

Ihr dichtes Haar ist am Scheitel zu einem Knoten gebunden, von dem lange, geflochtene Locken den Rücken hinabfallen. Darauf befindet sich ein kostbares wunscherfüllendes Juwel, in Seide gehüllt, das Vajrasattva symbolisiert, die Wurzel dieses Mandala. Vor dem Haarknoten befindet sich ein Doppelvajra mit den vier Farben des Berges Meru – dunkelblau, rot, weiß und gelb. Diese Farben symbolisieren die vier Buddha-Aktivitäten, die die Wesen befreien – befrieden, vermehren, kontrollieren und unterwerfen. Direkt über Ihrem Scheitel befindet sich eine Mondsichel, die das Erlangen der unveränderlichen Glückseligkeit symbolisiert. Sie sind mit zahlreichen Vajra-Ornamenten aus unzerstörbaren Vajras wie Ohrringen, Halsketten, Armbändern, Gürtel, Fußkettchen und Malas geschmückt. Seidenschals umhüllen auch Ihren Körper und symbolisieren die unzerstörbare, unveränderliche Glückseligkeit des erleuchteten Geistes. Als Untergewand tragen Sie ein Tigerfell, das die Beseitigung von Stolz und Arroganz symbolisiert.

Ihre Finger sind fünffarbig: gelbe Daumen, weiße Zeigefinger, rote Mittelfinger, schwarze Ringfinger und grüne kleine Finger. Diese symbolisieren die Reinigung der fünf Elemente sowie die fünf Qualitäten des linken Kanals und die Erlangung der fünf Weisheiten. Ihre Fingerglieder zeigen drei verschiedene Farben: die ersten (der Handfläche am nächsten) sind schwarz, die mittleren Glieder sind rot und die dritten (der Fingerspitze am nächsten) sind weiß. Dies symbolisiert die Reinheit des rechten Kanals sowie die Erlangung des unzerstörbaren Vajra-Körpers, der Vajra-Rede und des Vajra-Geistes eines Buddha.

Fünffarbiges Licht strahlt eine Körperlänge weit von Ihrem Körper aus und wird dann von einem lodernden Feuerring umgeben. Ihre Zähne sind leicht sichtbar und enthüllen vier halb-zornvolle Reißzähne. Ihre drei runden Augen sind leicht blutunterlaufen, und Ihr Gesichtsausdruck drückt eine Mischung aus Zorn und Leidenschaft aus. Diese Merkmale symbolisieren nicht-begriffliches Mitgefühl und unveränderliche Glückseligkeit.

Kalachakra umarmt die Gefährtin Vishvamata. Es ist wichtig, sich die beiden untrennbar vereint vorzustellen, sodass sie die eine Gottheit Kalachakra Yab-Yum bilden. Vishvamata hat einen goldgelben Körper mit einem Gesicht, zwei Armen und drei Augen. Ihre rechte Hand umarmt Kalachakra und hält ein gebogenes Messer, während ihre linke Hand eine Schädelschale mit Nektar darbringt. Mit angewinkeltem rechtem und ausgestrecktem linken Bein steht sie mit Kalachakra in sexueller Vereinigung. Nackt und mit Knochenornamenten geschmückt trägt sie auf ihrem Scheitel ein Dharmarad, sowie Ohrringe, Armbänder, Armreifen, Fußkettchen, Gürtel und Halsketten aus Knochen. Die Hälfte ihres Haares ist zu einer Krone geknotet, die andere Hälfte fällt lose über ihren Rücken hinunter und symbolisiert die Natur aller Phänomene als Leere Form.

Beide Gottheiten tragen die sechs Silben, die die sechs Elemente und die sechs Buddhas symbolisieren. In der Mitte des Stirnchakras befindet sich die weiße Silbe OM, die die reine Natur des Wasserelements und Amitabha, den Körper aller Buddhas, darstellt. Im Kehlchakra befindet sich ein rotes AH, das die reine Natur des Feuerelements und Ratnasambhava, die Rede aller Buddhas, darstellt. Im Herzchakra befindet sich ein schwarzes HUM, das die reine Natur des Luftelements und Amoghasiddhi, den Geist aller Buddhas, symbolisiert. Im Nabelchakra befindet sich ein gelbes HO, das die reine Natur des Erdelements und Vairochana, die unzerstörbare ursprüngliche Weisheit aller Buddhas, symbolisiert. Im geheimen Chakra befindet sich ein blaues SVA, das die reine Natur des ursprünglichen Geistelements und Vajrasattva, die unzerstörbare Reinheit des ursprünglichen Geistes, darstellt. Im Scheitelchakra schließlich befindet sich ein grünes HA, das die reine Natur des Raumelements und

Akshobya, die Aktivität aller Buddhas, darstellt.

Der Zweck der Visualisierung der sechs Silben ist nicht, diese Stellen an Ihrem Körper zu segnen oder zu transformieren, sondern zu verstehen, dass Kalachakra und Vishvamata die reine Verkörperung der sechs Bereiche der samsarischen Existenz sind und dass sich ihre Natur nicht von Ihrer eigenen ursprünglichen Natur unterscheidet.

Von diesen sechs Silben strömt ihr farbiges Licht aus und durchdringt das gesamte Universum, sodass die sechs Bereiche zu einer unvorstellbar großen Residenz werden, die den Körper, die Rede und den Geist von Kalachakra repräsentiert. Das Licht verwandelt dann alle Wesen in die Versammlung der Gottheiten des Kalachakra-Mandala. Obwohl es nicht notwendig ist, jedes Detail des Mandala in Ihre Visualisierung einzubeziehen, sollten Sie das Gefühl haben, dass Sie auf dem zentralen Lotos des Essenz-Mandala stehen und dass alle Gottheiten um Sie herum versammelt sind.

Denken Sie mit großer Zuversicht daran, dass Sie Kalachakra und Vishvamata in Vereinigung sind. Versuchen Sie, die Visualisierung klar und durchscheinend entstehen zu lassen, wie das Licht eines Regenbogens und nicht wie ein festes Abbild oder ein Gemälde. Sobald Sie diese Visualisierung aufgebaut haben, bleiben Sie einsgerichtet in diesem Zustand.

Visualisierung des Kalachakra-Symbols

Visualisieren Sie an Ihrem Herzen einen vielfarbigen Lotos mit den vier Scheiben von Mond, Sonne, Rahu und Kalagni. Über diesen Scheiben erscheint das *zehnfache Machtsymbol des Kalachakra* (*namchu* auf Tibetisch). Die einzigartige Form dieser Keimsilbe repräsentiert das Essenz-Mantra des Kalachakra und besteht aus zehn Komponenten: (1) Nada, (2) Bindu, (3) Visarga, (4) HA, (5) KSHA, (6) MA, (7) LA, (8) VA, (9) RA und (10) YA. Bei den ersten drei handelt es sich um Bestandteile von Buchstaben aus der Sanskrit-Grammatik, die die Aussprache modifizieren, während die restlichen sieben Komponenten tatsächliche Silben sind.

Je nachdem, welcher Tradition Sie folgen, wird das Symbol etwas anders dargestellt. In der Jonang-Tradition wird ein spezielles, von Jetsun Taranatha geschaffenes Motiv verwendet, das aus vier senkrechten Strichen besteht, im Gegensatz zu den zehn verflochtenen Strichen, die in anderen Traditionen üblich sind.

Das zehnfache mächtige Kalachakra Symbol

Keines dieser Farbschemata stellt die endgültige Farbgebung dieses Symbols dar, die einzelnen Komponenten werden je nach hervorgehobener Bedeutung andersfarbig dargestellt. Im Allgemeinen gibt es drei Deutungsebenen, entsprechend den drei Ebenen der Wirklichkeit: (1) die äußere, (2) die innere und (3) die erleuchtete andere.

Symbolik entsprechend dem äußeren Kalachakra

Das äußere Kalachakra konzentriert sich auf das unbelebte Universum, das aus den fünf Elementen Raum, Wind, Feuer, Wasser und Erde entsteht. Diese Version des Symbols ist nützlich, um Achtsamkeit auf die allgemeine Struktur des physischen Universums zu entwickeln.

Komponente	Farbe	Bedeutung
YA	Dunkelblau	Die Scheibe des Wind-Elements
RA	Rot	Die Scheibe des Feuer-Elements
VA	Weiß	Die Scheibe des Wasser-Elements
LA	Gelb	Die Scheibe des Erd-Elements
MA	Mehrfarbig	Berg Meru und der restliche Begierdebereich
KSHA	Grün	Der Formbereich
HA	Blau	Der formlose Bereich
Visarga	Rot	Sonne
Bindu	Weiß	Mond
Nada	Dunkelblau	Rahu und Kalagni

Tabelle 6-1: Das äußere Universum

Symbolik entsprechend dem inneren Kalachakra

Das innere Kalachakra befasst sich mit der Struktur der lebenden Wesen, die im physischen Universum leben. Die beiden Varianten dieser Interpretation basieren auf: (1) der allgemeinen Struktur eines menschlichen Wesens und (2) der spezifischen Struktur des subtilen Körpers.

Die Struktur eines menschlichen Wesens

Diese Variante stellt die Struktur des Menschen als ein Produkt der sechs Elemente dar: der fünf physischen Elemente plus des Bewusstseins. Sie bietet ein Mittel, um Achtsamkeit auf die Zusammenhänge zwischen dem Äußeren und dem Inneren zu entwickeln.

Komponente	Farbe	Bedeutung
YA	Dunkelblau	Fußsohlen (Wind)
RA	Rot	Schienbeine (Feuer)
VA	Weiß	Knie (Wasser)
LA	Gelb	Hüften (Erde)
MA	Mehrfarbig	Wirbelsäule und Rumpf (alle fünf Elemente)
KSHA	Blau	Kehle und Stirn (Bewusstsein)
HA	Grün	Scheitel (Raum)
Visarga	Rot	Rechter Kanal und rote Essenzen
Bindu	Weiß	Linker Kanal und weiße Essenzen
Nada	Dunkelblau	Zentralkanal und subtile Winde

Tabelle 6-2: Der grobstoffliche Körper

Die Struktur des subtilen Körpers

Diese Variante bezieht sich auf die Struktur des subtilen Energiesystems und ist nützlich, um Achtsamkeit für das System der Kanäle zu entwickeln, das in fortgeschrittenen yogischen Techniken verwendet wird.

Komponente	Farbe	Bedeutung
YA	Weiß	Stirnchakra
RA	Rot	Kehlchakra
VA	Schwarz	Herzchakra
LA	Gelb	Nabelchakra
MA	Mehrfarbig	Aktivitäts-Chakras (in den Gelenken)
KSHA	Blau	Geheimes Chakra
HA	Grün	Scheitelchakra
Visarga	Rot	Rechter Kanal
Bindu	Weiß	Linker Kanal
Nada	Dunkelblau	Zentralkanal

Tabelle 6-3: Der feinstoffliche Körper

Symbolik entsprechend dem erleuchteten Kalachakra

Während sich das äußere und das innere Kalachakra mit dem konventionellen Grund befassen, der gereinigt werden muss, konzentriert sich das erleuchtete Kalachakra auf den Pfad, der zur Reinigung dieses Grundes verwendet wird, und auf das Ergebnis, das sich manifestiert. Insgesamt gibt es auf dieser Ebene fünf Variationen, basierend auf: (1) der Erzeugung des erleuchteten Universums, (2) der Erzeugung der erleuchteten Residenz, (3) der Erzeugung der erleuchteten Gottheiten, (4) der Praxis der Sechs Vajrayogas und (5) dem resultierenden Zustand der Erleuchtung.

Die Erzeugung des erleuchteten Universums

Diese Variante repräsentiert die Reinheit des letztendlichen Universums, wie es im Mandala des erleuchteten Universums dargestellt ist. Das Symbol auf diese Weise zu visualisieren ist nützlich, um Achtsamkeit auf die Grundlage zu entwickeln, auf der die erleuchtete Residenz errichtet wird.

Komponente	Farbe	Bedeutung
YA	Dunkelblau	Die Reinheit des Wind-Elements
RA	Rot	Die Reinheit des Feuer-Elements
VA	Weiß	Die Reinheit des Wasser-Elements
LA	Gelb	Die Reinheit des Erd-Elements
MA	Mehrfarbig	Die Reinheit des Berges Meru
KSHA	Grün	Die Reinheit der Geburt, die sich als Lotos manifestiert
HA	Weiß	Die Reinheit des Mondes in Form einer Scheibe
Visarga	Rot	Die Reinheit der Sonne in Form einer Scheibe
Bindu	Blau	Die Reinheit von Rahu und Kalagni in Form von Scheiben
Nada	Grün	Die Reinheit des Raum-Elements

Tabelle 6-4: Das erleuchtete Universum

Die Erzeugung der erleuchteten Residenz

Diese Variante stellt den Vajra-Grund dar, der in Bildern des erleuchteten Mandala dargestellt wird. Sie ist nützlich, um Achtsamkeit auf die verschiedenen Merkmale der erleuchteten Residenz zu entwickeln, die die Umgebung der erleuchteten Gottheiten darstellt.

Kompon.	Farbe	Bedeutung
YA	Dunkelblau	Der Kreis des Windes, der aus der alles verwirklichenden Weisheit entsteht.
RA	Rot	Der Kreis des Feuers, der aus der Weisheit der Gleichheit entsteht
VA	Weiß	Der Kreis des Wassers, der aus der Weisheit der Unterscheidung entsteht
LA	Gelb	Der Kreis der Erde, der aus der Weisheit des ursprünglichen Raums entsteht
HA	Grün	Der Kreis des Raums, der aus der spiegelgleichen Weisheit entsteht
MA	Mehrfarbig	Der Vajra-Grund und die fünffachen Mauern der erleuchteten Residenz
KSHA	Blau	Die Lotos-Sitze, die aus der Vajra-Weisheit entstehen
Bindu	Weiß	Die unterste Etage des Gebäudes, die aus dem Vajra-Körper entsteht
Visarga	Rot	Die zweite Etage des Gebäudes, die aus der Vajra-Rede entsteht
Nada	Dunkelblau	Die dritte und vierte Etage des Gebäudes, die aus dem Vajra-Geist entstehen

Tabelle 6-5: Die erleuchtete Residenz

Die Erzeugung der erleuchteten Gottheiten

Die letzte Variante, die sich auf die Erzeugungsstufe des Kalachakra bezieht, konzentriert sich auf die verschiedenen Gottheiten, die in der erleuchteten Residenz verweilen. Dies ist nützlich, um Achtsamkeit auf die Gruppen von Gottheiten zu entwickeln, die die 636 Gottheiten bilden, die in der Jonang-Tradition verwendet werden.

Komponente	Farbe	Bedeutung
YA	Dunkelblau	Die 20 Gottheiten des Universalen Mandala
RA	Rot	Die 428 Gottheiten des Körper-Mandala
VA	Weiß	Die 116 Gottheiten des Rede-Mandala
LA	Gelb	Die 44 Gottheiten des Geist-Mandala
KSHA	Grün	Die 18 Gottheiten des Mandala der großen Glückseligkeit
HA	Blau	Die 10 Gottheiten des Essenz-Mandala
MA	Mehrfarbig	Kalachakra Yab-Yum, das alle Gottheiten durchdringt
Bindu	Weiß	Der Vajra-Körper von Kalachakra
Visarga	Rot	Die Vajra-Rede von Kalachakra
Nada	Dunkelblau	Der Vajra-Geist von Kalachakra

Tabelle 6-6: Die erleuchteten Gottheiten

Die Praxis der Sechs Vajrayogas

Diese Variante konzentriert sich auf die Kalachakra-Vollendungsstufe und ist nützlich, um Achtsamkeit auf die im Vajrayoga-Pfad verwendeten Praktiken zu entwickeln.

Komponente	Farbe	Bedeutung
KSHA	Blau	Essenz des Yogas des Rückzugs
HA	Grün	Essenz des Yogas der Stabilisierung
YA	Dunkelblau	Essenz des Yogas der Lebenskraft
RA	Rot	Essenz des Yogas des Zurückhaltens
VA	Weiß	Essenz des Yogas der Sammlung
LA	Gelb	Essenz des Yogas der Versenkung
MA	Mehrfarbig	Essenz der fünf ursprünglichen Weisheiten
Bindu	Weiß	Essenz des Vajra-Körpers – Leere Form
Visarga	Rot	Essenz der Vajra-Rede – unveränderliche Glückseligkeit
Nada	Dunkelblau	Essenz des Vajra-Geistes – die Vereinigung von unveränderlicher Glückseligkeit und Leerer Form

Tabelle 6-7: Kalachakra-Vollendungsstufe

Der resultierende Zustand der Erleuchtung

Die letzte Variante beschreibt die Ergebnisse der Erzeugungs- und Vollendungsstufe. Sie ist nützlich für die Entwicklung der Achtsamkeit gegenüber den sechs Buddhafamilien und den vier Körpern des Kalachakra.

Komponente	Farbe	Bedeutung
YA	Dunkelblau	Reinheit des Aggregats der Vorstellungen – Amoghasiddhi
RA	Rot	Reinheit des Aggregats des Gefühls – Ratnasambhava
VA	Weiß	Reinheit des Aggregats der Wahrnehmung – Amitabha
LA	Gelb	Reinheit des Aggregats der Form – Vairochana
KSHA	Grün	Reinheit des Aggregats des Bewusstseins – Akshobhya
HA	Blau	Reinheit des Aggregats des Gewahrseins – Vajrasattva
MA	Mehrfarbig	Kalachakra – Allgegenwärtiges Oberhaupt aller Familien
Bindu	Weiß	Emanationskörper des Kalachakra – Nirmanakaya

Visarga	Rot	Freudenkörper des Kalachakra – Sambhogakaya
Nada	Dunkelblau	Wahrheitskörper des Kalachakra – Jñana-Dharmakaya und Svabhavikakaya

Tabelle 6-8: Die Resultate des Pfades

Es lohnt sich, mit jeder dieser Varianten vertraut zu sein. Wenn man in einem Retreat praktiziert, sind sie besonders hilfreich, um sich mit den verschiedenen Aspekten des Pfades vertraut zu machen. Falls es Ihnen schwerfällt, die Details zu visualisieren, empfiehlt Jetsun Taranatha, das gesamte Symbol in Grün zu visualisieren, weil das alle Farben durchdringt, so wie der Raum alle Phänomene durchdringt.

Richten Sie Ihr Gewahrsein auf das Symbol in Ihrem Herzen, ohne dabei den göttlichen Stolz des Kalachakra Yab-Yum zu verlieren. Visualisieren Sie es nicht größer als eine Erbse, die sechsfarbiges Licht in die zehn Richtungen ausstrahlt. Je kleiner Sie die Visualisierung machen, desto konzentrierter wird Ihre Aufmerksamkeit werden. Sobald Sie eine klare Erscheinung des Symbols erlangt haben, können Sie zur nächsten Phase der Praxis übergehen.

Mantra-Rezitation

Während Sie die Visualisierung halten, rezitieren Sie das Kalachakra-Mantra:

OM HA KSHA MA LA VA RA YAM SVAHA

Wenn die Erzeugungsstufe Ihre Hauptpraxis ist, ist es üblich, eine Million Rezitationen des Mantras zu vollenden, bevor man als qualifiziert gilt, die Praktiken der Vollendungsstufe auszuüben. Die geübtesten Praktizierenden können eine klare Visualisierung von Kalachakra Yab-Yum zusammen mit den Gottheiten des Mandalas aufrechterhalten. In der Jonang-Tradition ist es jedoch nicht üblich, die Erzeugungsstufe so ausgiebig für sich allein zu praktizieren. Die Praktizierenden werden stattdessen ermutigt, ihre Praktiken der Erzeugungs- und der Vollendungsstufe so weit wie möglich zu kombinieren.

Wie man das Mantra rezitiert

Die beste Grundlage für die Praxis der Mantra-Rezitation ist es, zuerst die Einweihung zu erhalten und die verschiedenen Bedeutungsebenen der einzelnen Silben zu kennen, z. B. was es in den jeweiligen Phasen zu reinigen gilt und was das

Ergebnis davon ist. Versuchen Sie, bei der Rezitation des Mantras die Praxis der Erzeugungsstufe so detailliert wie möglich durchzuführen oder zumindest eine Art von Visualisierung zu erzeugen. Das Mantra kann laut oder leise rezitiert werden. Ideal ist es, das Mantra mit einem hörbaren Ton zu rezitieren, und sei es nur ein leises Flüstern, wobei darauf zu achten ist, dass es nicht zu laut ist. In jedem Fall muss für jede Silbe ein deutlicher Klang vorhanden sein. Die Rezitation sollte so lange durchgeführt werden, bis Anzeichen dafür auftreten, dass die Praxis vollendet ist, wie z. B. die Fähigkeit, bestimmte Krankheiten zu heilen. Traditionellerweise wird am Anfang des Mantras OM und am Ende SVAHA rezitiert, weil dies das lange Leben, das Verdienst und den spirituellen Fortschritt fördert.

Zur Beseitigung von Hindernissen kann man das Mantra zornvoller formulieren, indem man SVAHA durch PHAT ersetzt. Möchte man die Buddhas und Bodhisattvas anrufen, kann man nach dem Hauptmantra HUM hinzufügen. Gleichermaßen kann man, um Negativitäten zu reinigen, BEKATA hinzufügen; um einen friedvollen Geist zu erzeugen, kann NAMA hinzugefügt werden und um die Yidam-Gottheiten zu erfreuen, können Sie WANATA hinzufügen.

Der Nutzen der Mantra-Rezitation

Der Nutzen des Rezitierens dieses Mantras entspricht dem Verdienst des Rezitierens aller Lehren des Buddha, weil es die Essenz sowohl der Sutras wie auch der Tantras ist. Wenn wir das unreine Universum als das reine Kalachakra-Mandala visualisieren, erlaubt uns die Mantra-Rezitation, nach und nach den reinen Zustand der Kalachakra-Buddhaschaft zu enthüllen. Die folgende Tabelle enthält einige Beispiele für den Nutzen, den das Mantra in Bezug auf den physischen Körper haben kann:

Silbe	Wirkung
YA	Beseitigt alle Hindernisse, die mit dem Wind-Element verbunden sind, insbesondere Krankheiten, die mit einem Ungleichgewicht des inneren Windes zusammenhängen.
RA	Beseitigt alle äußeren Hindernisse, die mit Feuer verbunden sind, sowie Krankheiten im Zusammenhang mit übermäßiger Hitze des Körpers.
VA	Beseitigt äußere Hindernisse in Verbindung mit Wasser und Krankheiten im Zusammenhang mit dem Blut.

LA	Beseitigt Hindernisse, die mit dem Erd-Element und Krankheiten des Bewegungsapparates verbunden sind.
MA	Beseitigt äußere Hindernisse, die mit allen Elementen in Verbindung stehen, sowie alle Krankheiten, die durch ein Ungleichgewicht der Elemente verursacht werden.
KSHA	Beseitigt die Hindernisse, die dem Erkennen der wahren Natur des Begehrens als Aspekt des reinen, ursprünglichen Gewahrseins im Wege stehen.
HA	Beseitigt alle äußeren und inneren negativen Energien.
Visarga	Beseitigt Negativitäten, die mit der weiblichen Energie und Anhaftung verbunden sind, sowie Krankheiten, die auf ein Ungleichgewicht des inneren Windes zurückzuführen sind.
Bindu	Beseitigt Negativitäten der männlichen Energie und Ärger sowie Gallenkrankheiten.
Nada	Beseitigt die Negativität der kombinierten männlichen und weiblichen Energien und Unwissenheit sowie Schleimkrankheiten.

Tabelle 6-9: Äußere Wirkungen der Rezitation des Kalachakra-Mantras

Während der Praxis der Erzeugungsstufe bringt uns die Rezitation dieses Mantras unserem Yidam Kalachakra näher und ermöglicht uns, seinen Segen zu empfangen. Nach intensiver Praxis ist es möglich, Visionen der Gottheit zu haben und Prophezeiungen von ihr zu erhalten. Erfahrene Praktizierende erlangen oft die Kraft, die vier erhabenen Handlungen des Befriedens, Vermehrens, Kontrollierens und Unterwerfens zu verwirklichen. Auf diese Weise können übernatürliche Kräfte erlangt werden, sodass die Auswirkungen von Naturkatastrophen und negativen Kräften überwunden werden können und, was noch wichtiger ist, innere negative Emotionen oder dysfunktionale Energien besiegt werden können. Allmählich wird dies dazu führen, den Zustand von Vajradhara zu erlangen.

Weitere Visualisierungen

Damit die Praxis des Gottheiten-Yogas den Geist erfolgreich verfeinern kann, müssen wir ständig Achtsamkeit und Wachsamkeit walten lassen. Wenn wir nicht aufpassen, kann unser Geist leicht abgelenkt werden, wodurch wir den potenziellen Nutzen verlieren. Um dies zu vermeiden, können wir die folgenden Meditationen nutzen, um während der Rezitation von Mantras Verdienst anzusammeln. Während das Mantra unsere Sprache reinigt, beschäftigen die Visualisierungen unseren Geist und legen die Neigungen für unsere zukünftige

Erleuchtung fest.

Während einer einzelnen Sitzung können Sie sich je nach Vorliebe auf eine oder mehrere dieser Visualisierungen konzentrieren. Sie können abwechselnd eine Visualisierung erzeugen und das Mantra rezitieren oder Sie können mit den Visualisierungen und dem Mantra gleichzeitig arbeiten.

Achtsamkeit gegenüber dem Kalachakra-Mandala

Ausgehend vom Kalachakra-Mantra, das Sie an Ihrem Herzen visualisieren, breiten sich unendliche Lichtstrahlen in die Sambhogakaya-Buddhabereiche aus und rufen alle 636 Kalachakra-Gottheiten sowie alle anderen Yidam-Gottheiten der vier Tantra-Klassen an. Kalachakra Yab-Yum absorbiert alle diese Gottheiten, sodass Sie zur Verkörperung dieser Gottheiten werden. Während Sie das Mantra rezitieren, halten Sie den Geist in diesem Zustand fokussiert.

Achtsamkeit gegenüber dem/der Wurzel-Guru

Visualisieren Sie sich weiterhin als Kalachakra Yab-Yum und strahlen Sie aus dem Mantra an Ihrem Herzen Licht in alle Richtungen aus, indem Sie Ihren/Ihre Wurzelguru im Raum vor sich anrufen. Nachdem Sie die vier Ermächtigungen von ihm/ihr erhalten haben, löst er/sie sich in das Juwelenornament an Ihrem Scheitel auf und wird untrennbar von Ihnen. Halten Sie Ihren Geist auf diesen Zustand ausgerichtet und fahren Sie fort, das Mantra zu rezitieren.

Achtsamkeit gegenüber den Dharma-Lehrer/innen

Visualisieren Sie sich weiterhin als Kalachakra in Vereinigung mit Vishvamata. Vom Mantra an Ihrem Herzen strahlt Licht in alle Richtungen und ruft alle Dharma-Lehrer/innen an, mit denen Sie eine Verbindung haben. Sie alle lösen sich in Ihrem/r Wurzelguru auf, der Verkörperung Ihrer spirituellen Lehrer/innen, die auf Ihrem Scheitel untrennbar mit Vajrasattva verbunden ist. Halten Sie Ihren Geist auf diesen Zustand ausgerichtet, während Sie das Mantra rezitieren.

Den erleuchteten Wesen Opfergaben darbringen

Visualisieren Sie sich als Kalachakra Yab-Yum und senden Sie vom Kalachakra-Mantra an Ihrem Herzen unendliche Lichtstrahlen in alle Buddhabereiche aus. Die Strahlen verwandeln sich in zahllose Opfergaben, äußere, innere und geheime, die den reinen Geist der Buddhas befriedigen und erfreuen. Gleichzeitig seien

Sie gewiss, dass alle Wesen Ozeane von Verdienst ansammeln. Die Lichtstrahlen kehren dann zurück und tragen die Segnungen des Körpers, der Rede und des Geistes der Buddhas in Form von Bildern, Mantras und Symbolen, die sich im Kalachakra Yab-Yum auflösen. Sie empfangen die Kräfte von Körper, Rede und Geist der Buddhas. Halten Sie Ihren Geist auf diesen Zustand ausgerichtet, während Sie das Mantra rezitieren.

Reinigung aller unreinen Bereiche

Während Sie sich weiterhin als Kalachakra Yab-Yum visualisieren, breiten sich unendliche Lichtstrahlen vom Mantra an Ihrem Herzen in alle unreinen Universen aus. Sobald das Licht die jeweiligen Universen berührt, werden diese augenblicklich zu einem reinen Buddhabereich, in dem sich große Paläste befinden und die Bewohner/innen zu Kalachakra-Gottheiten werden. Die Lichtstrahlen kehren zurück und lösen sich in Kalachakra Yab-Yum auf. Dies wird als Reinigung der unreinen Universen bezeichnet und ist gleichbedeutend mit der Bodhisattva-Praxis, die als Schulung der Reinen Länder bekannt ist. Auf diese Weise werden alle Wurzeln der Tugend in ein Mittel zur Errichtung eines Buddhabereichs transformiert, in dem der Zustand der Erleuchtung erlangt werden kann. Für Mahayana-Sutra-Praktizierende erstreckt sich diese Praxis über viele Äonen, doch ein/e wahre/r Vajrayana-Praktizierende/r kann sie in sehr kurzer Zeit vollenden.

Das Mantra-Feuerrad

Während Sie sich als Kalachakra Yab-Yum mit dem Kalachakra-Symbol an Ihrem Herzen visualisieren, denken Sie daran, dass Ihre wahre natürliche Wirklichkeit leer von täuschenden Phänomenen ist. Alle samsarischen und erleuchteten Phänomene sind eine Manifestation von Kalachakra Yab-Yum. Voller Zuversicht sehen Sie, wie die Silben des Kalachakra-Mantras – HA KSHA MA LA VA RA YAM – von seinem Herzchakra ausstrahlen, den Zentralkanal hinunter zu seinem geheimen Vajra-Juwel wandern und mit einem lauten Klang der Glückseligkeit in den geheimen Lotos von Vishvamati strömen. Der Strom der Silben bewegt sich dann durch ihren Zentralkanal nach oben, fließt aus ihrem Mund in den Mund von Kalachakra, wo er zum Scheitelchakra aufsteigt und zum Herzen zurückkehrt. Auf diese Weise bildet das Mantra eine ununterbrochene Kette von Silben, die durch den Zentralkanal sowohl von Kalachakra wie auch von

Vishvamata zirkulieren. Halten Sie Ihren Geist auf diesen Zustand ausgerichtet, während Sie das Mantra rezitieren.

Das umgekehrte Mantra-Feuerrad

Visualisieren Sie sich wie zuvor als Kalachakra Yab-Yum mit dem Kalachakra-Mantra an Ihrem Herzen. Denken Sie daran, dass Ihre wahre natürliche Wirklichkeit leer von täuschenden Phänomenen ist und dass alle samsarischen und erleuchteten Phänomene eine Manifestation von Kalachakra Yab-Yum sind. Voller Zuversicht sehen Sie, wie die Silben des Kalachakra-Mantras – HA KSHA MA LA VA RA YAM – von seinem Herzen ausstrahlen und den Zentralkanal hinaufsteigen, am Scheitelchakra nach vorne umbiegen und durch den Mund des Kalachakra in den von Vishvamata eintreten. Die Mantra-Kette bewegt sich in ihrem Zentralkanal durch ihren geheimen Lotos fort und strömt mit einem lauten Klang der Glückseligkeit in das geheime Vajra-Juwel von Kalachakra. Sie wandert dann durch seinen Zentralkanal nach oben und löst sich in das Kalachakra-Symbol an seinem Herzen auf. Die Silben zirkulieren auf diese Weise weiter, während Sie das Mantra rezitieren.

Die Rezitation wie das Summen von Bienen

Führen Sie die Visualisierung als Kalachakra Yab-Yum mit dem Mantra an Ihrem Herzen fort. Denken Sie an die erleuchteten und fühlenden Wesen in den zehn Richtungen, die sich augenblicklich in der Form von Kalachakra manifestieren. Während sie alle mit Ihnen das Kalachakra-Mantra rezitieren, ist der einzig hörbare Klang der Klang des Mantras. Lassen Sie Ihren Geist vollständig in diesen Klang eintauchen, und halten Sie Ihren Geist fokussiert, während Sie das Mantra einsgerichtet rezitieren.

Die vier außergewöhnlichen Aktivitäten

Visualisieren Sie sich erneut als Kalachakra in Vereinigung mit Vishvamata, mit dem Kalachakra-Symbol an Ihrem Herzen. Farbige Lichtstrahlen gehen von dem Symbol aus, die sich bis in die entlegensten Winkel des Weltraums erstrecken. An der Spitze jedes Strahls erscheint eine Vielzahl von Gottheiten, um grenzenlose Aktivitäten zum Nutzen der fühlenden Wesen durchzuführen.

Von Ihrem Herzen gehen Strahlen weißen Lichts und die Silbe AH aus, die unzählige weiße Gottheiten erschaffen, die Konflikte *befrieden*, indem sie Krankheiten, Verblendungen und Hindernisse vertreiben. Stellen Sie sich vor, dass alle fühlenden Wesen echten Frieden und Harmonie in ihrem Leben erfahren.

Von Ihrem Herzen gehen Strahlen gelben Lichts und die Silbe RI aus, die unzählige gelbe Gottheiten erschaffen, die die tugendhaften Qualitäten der fühlenden Wesen *vermehren*, indem sie ihren Geist segnen und sie im Dharma anleiten. Stellen Sie sich vor, dass alle fühlenden Wesen eine Zunahme von Langlebigkeit, Verdienst, Wohlstand und Qualitäten erfahren.

Von Ihrem Herzen gehen Strahlen roten Lichts und die Silbe OO aus, die zahllose rote Gottheiten erschaffen, die fühlende Wesen *kontrolliert* zum Dharma *hinziehen*, indem sie ihre Kraft und Energie nutzen, um ihr Leben positiv zu beeinflussen und sie zu Tugendhaftigkeit zu inspirieren. Stellen Sie sich vor, dass durch Ihren Einfluss alle fühlenden Wesen die Glückseligkeit des Dharma erfahren und die Ursachen dafür schaffen, dass sie die vollständige und vollkommene Erleuchtung erlangen.

Von Ihrem Herzen gehen Strahlen dunkelblauen Lichts und die Silbe LI aus, die zahllose dunkelblaue Gottheiten erschaffen, die alle mächtigen negativen Kräfte *unterwerfen*, die als Hindernisse für fühlende Wesen wirken, Tugend zu praktizieren. Stellen Sie sich mit einer starken, zornvollen Energie vor, dass die Gottheiten alle Maras und Hindernisse besiegen, die den Fortschritt der fühlenden Wesen zur Erleuchtung behindern. Stellen Sie sich vor, dass die fühlenden Wesen fest in ihrer Praxis verankert sind und infolgedessen in der Lage sind, grenzenlose Qualitäten zu manifestieren.

Die Lichtstrahlen und Gottheiten kehren zurück und lösen sich in Ihnen auf, wobei sie Ihre Verblendungen und Verdunkelungen auf dem Weg zur Erleuchtung auslöschen. Ihre Verwirklichungen werden gestärkt und Sie erlangen die Fähigkeit, Ihre inneren Winde und subtilen Essenzen zu kontrollieren; all Ihre Unwissenheit und Täuschungen werden beseitigt. Halten Sie Ihren Geist auf diesen Zustand ausgerichtet, während Sie das Mantra rezitieren.

Auflösen der Visualisierung

Zum Abschluss einer Praxissitzung sollten Sie die von Ihnen erzeugten Visualisierungen auflösen, einschließlich der Umgebung und der Gottheiten des

Mandala. Beginnen Sie von außen und arbeiten Sie sich nach innen vor, indem Sie jede Schicht in sich selbst auflösen und sie mit Ihrem Wesen verschmelzen lassen, so wie Wasser in Wasser gegossen wird. Während dieser Visualisierung sollten Sie ein klares Verständnis dafür haben, dass Sie in der Natur von Kalachakra Yab-Yum verweilen. Vishvamata löst sich dann in Kalachakra auf, gefolgt von Kalachakra, der sich von den Rändern her in das Mantra-Symbol an Ihrem Herzen auflöst.

Das Mantra-Symbol löst sich von der Basis nach oben zum Nada hin auf. Das Nada an der Spitze des Symbols verschwindet dann allmählich in Leerheit, wie eine Haarsträhne, die vom Feuer verzehrt wird. Bleiben Sie so lange wie möglich in einem Zustand des offenen Gewahrseins.

Unmittelbar danach visualisieren Sie sich erneut als Kalachakra Yab-Yum. Es ist wichtig, die Achtsamkeit gegenüber sich selbst als Kalachakra jederzeit aufrechtzuerhalten, und zwar nicht nur während der Praxissitzungen, weil alle Übungen der Sechs Vajrayogas auf einer klaren Visualisierung dieser Gottheiten in Vereinigung aufbauen.

Das Verdienst widmen

Nach Beendigung der Auflösung sollten Sie das Verdienst zum Nutzen aller Wesen widmen, damit diese ihren natürlichen erleuchteten Zustand entdecken können:

Möge ich durch diese Tugend schnell den Zustand von Kalachakra verwirklichen und alle Wesen ohne Ausnahme zur vollständigen Erleuchtung führen.

Wenn die Erzeugungsstufe Ihre Hauptpraxis ist, möchten Sie vielleicht auch dieses ausführliche Bittgebet rezitieren, um Ihr Gewahrsein für das erleuchtete Mandala zu stärken:

Ich erweise dem Feindzerstörer die Ehre, der alle Qualitäten der vollständigen Erleuchtung besitzt, dem glorreichen Kalachakra, der Verkörperung der sechs Buddhafamilien.

Möge ich den Grund enthüllen, den dauerhaften, ewigen und höchsten Frieden, das unveränderliche, nicht-duale Gewahrsein, das alle erleuchteten Qualitäten und die 636 erhabenen Gottheiten umfasst.

Möge ich mich voll und ganz dem Pfad widmen, der reinen, inspirierten Praxis, die alle gewöhnlichen Phänomene mit dem großen Yoga von Körper und Geist reinigt.

Möge ich mich dem unzerstörbaren Pfad der sechs Yogas widmen mit dem inneren Vajra-Körper, den subtilen Kanälen, Winden und Essenzen, die gereinigt und befreit werden.

Möge ich das Ergebnis der Beseitigung der Verblendungen erreichen, die alles durchdringende Erleuchtung, die durch die sechs Buddhafamilien verkörpert wird.

Möge ich den Zustand des äußeren Kalachakra erlangen, vollständige Freiheit von den Aggregaten und Elementen des Universums.

Möge ich imstande sein, all die Aggregate und äußeren Elemente zu kontrollieren. Möge ich die inneren Kanäle, Winde und Tropfen befreien und reinigen.

Möge ich den Zustand des inneren Kalachakra erlangen, vollständige Freiheit von den groben Kanälen, Winden und Tropfen.

Möge ich den reinen Zustand von grenzenloser Leerer Form und erleuchteten Aktivitäten erlangen.

Möge ich den Zustand des erleuchteten anderen Kalachakra erlangen, mit der Verwirklichung des ursprünglichen Zustands der Kalachakra-Buddhaschaft.

Möge ich alle Krankheiten, Hindernisse und jegliches Unglück befrieden, indem ich dem Pfad folge.
Möge ich mein langes Leben, Gesundheit, Wohlstand und spirituelle Entwicklung vermehren.

Möge ich das Gute in den drei Bereichen von Samsara und jenseits von Samsara kontrollieren.

Möge ich alle äußeren, hindernden Kräfte und alle inneren Verdunkelungen auf dem Weg zur Erleuchtung überwinden und beseitigen.

Möge ich die gewöhnlichen Siddhis der fünf Wunderkräfte und die erleuchteten Kräfte der fünf Pfade und zehn Bhumis erlangen.
Möge ich zumindest das Glück haben, in das Goldene Zeitalter von Shambhala einzutreten.

Möge ich unermessliche Liebe, unermessliches Mitgefühl und den unvergleichlichen Geist von Bodhicitta erlangen.

Möge ich mit aufrichtiger Hingabe, Fleiß, großer Konzentration und Weisheit ausgestattet sein.
Möge ich der/die unübertroffene Retter/in aller fühlender Wesen aus Samsara sein.

Möge ich in diesem Leben die Kalachakra-Buddhaschaft erreichen, den unveränderlichen Zustand der erleuchteten Leeren Form.
Möge ich ewig im Zustand der unveränderlichen großen Glückseligkeit verweilen.

RATSCHLÄGE FÜR DIE PRAXIS DES GOTTHEITEN-YOGAS

Bei richtiger Ausführung kann die Praxis des Gottheiten-Yogas wirklich außergewöhnlichen Nutzen bringen. Es wird nicht nur Ihren Geist enger mit dem Yidam verbinden, sondern auch die Ursachen dafür schaffen, dass alle fühlenden Wesen Erleuchtung erlangen können. Um Ihnen zu helfen, Ihr Potenzial zu verwirklichen, möchte ich Ihnen die folgenden Ratschläge geben:

Aufbau Ihrer Visualisation

Während der Sadhana-Praxis des Innewohnenden Kalachakra sollten Sie sich augenblicklich im Aspekt von Kalachakra Yab-Yum manifestieren. Um dies zu tun, müssen Sie zunächst mit der Erscheinungsform von Kalachakra vertraut sein. Zu Beginn lohnt es sich, den größten Teil der Meditation darauf zu verwenden, die Details dieser Visualisation aufzubauen. Sobald Sie eine klare und stabile Erscheinung erreicht haben, können Sie sich der Rezitation des Mantras und den nachfolgenden Visualisierungen widmen.

Um sich damit vertraut zu machen, betrachten Sie zunächst aufmerksam eine geeignete Darstellung, z. B. ein Thangka-Gemälde oder eine Statue. Während Sie vor dem Objekt sitzen, betrachten Sie eine Zeit lang jedes Detail, schließen Sie dann die Augen und versuchen Sie, das Bild in Ihrem Geist zu reproduzieren. Beginnen Sie mit dem Gesicht, gehen Sie zu Kopf und Körper, dann zu den Armen und schließlich zu den Beinen über. Wenn Sie das Gefühl haben, dass Sie einen guten Überblick über die Merkmale von Kalachakra haben, wiederholen Sie die Sequenz mit Vishvamata.

Lassen Sie sich nicht entmutigen, wenn Ihre Visualisierung unklar oder instabil ist und sich ständig verändert. Konzentrieren Sie sich geduldig und behutsam auf ein bestimmtes Detail, bis es klar wird, und gehen Sie dann zum nächsten Detail über. Wenn Sie sich mit einer Gruppe von Details vertraut gemacht haben, versuchen Sie, sie als Ganzes zu sehen. Mit der Zeit werden Sie in der Lage sein, das Erscheinungsbild der gesamten Gottheit ohne große Schwierigkeit zu erzeugen. Wenn dies der Fall ist, können Sie Ihren Schwerpunkt auf die anderen Stufen der Praxis verlagern.

Im Dunkeln praktizieren

Die Visualisierungspraxis ist wie das Malen eines Bildes. Wenn die Leinwand Ihres Geistes bereits mit gewöhnlichen Erscheinungen gefüllt ist, wird es schwer sein, ein klares Bild zu malen und in das Gefühl des erleuchteten Mandala, das Sie manifestieren, einzutauchen. Darum ist es empfehlenswert, in einem dunklen Raum zu praktizieren, in dem es nur wenige äußere Ablenkungen gibt. Dies kann erreicht werden, indem man nachts übt oder einfach die Augen schließt.

Das Praktizieren im Dunkeln erfordert, dass Sie das Sadhana auswendig lernen, was verhindert, dass Sie durch den Blick auf die Seiten abgelenkt werden. Wenn Sie sich die Visualisierungen einprägen, können Sie sich auch besser an die Details erinnern und eine größere Klarheit schaffen. Glücklicherweise ist das komprimierte Sadhana des Innewohnenden Kalachakra recht kurz, sodass dies nicht allzu schwierig sein sollte.

Den göttlichen Stolz aufrechterhalten

Die Praxis der Erzeugungsstufe ist nicht auf formale Meditationssitzungen beschränkt. Von dem Moment an, in dem Sie die tantrischen Verpflichtungen eingehen, versprechen Sie Ihr Bestes zu tun, um ständig Ihrer erleuchteten Natur gewahr zu sein. Das bedeutet, dass Sie, wenn Sie sich am Ende Ihrer Praxis als Kalachakra erheben, versuchen sollten, Ihren göttlichen Stolz ohne Ablenkung oder Nachlässigkeit aufrechtzuerhalten.

Um diese Achtsamkeit zu entwickeln, nutzen Sie die Erscheinungen, denen

Sie im Leben begegnen, um sich an das erleuchtete Mandala zu erinnern. Stellen Sie sich zum Beispiel die Umwelt als das universale Mandala vor und nehmen Sie Ihren Körper als die erleuchtete Residenz wahr. Betrachten Sie alle Wesen als Gottheiten, alle Klänge als Mantra und sehen Sie alle Gedanken, die in ihrem Geist auftauchen, als die ursprüngliche Weisheit von Kalachakra und Vishvamata an – die untrennbare Vereinigung von unveränderlicher Glückseligkeit und Leerer Form. Auf diese Weise können Sie sich jederzeit auf die reine Natur Ihrer Erfahrung konzentrieren.

Alltägliche Tätigkeiten wie Essen, Baden und Schlafen in Gelegenheiten umzuwandeln, sich an Ihre wahre Natur zu erinnern, ist eine weitere gute Möglichkeit, Ihre Achtsamkeit gegenüber dem erleuchteten Mandala zu stärken und gleichzeitig große Mengen an Verdienst anzusammeln. Geschickt eingesetzt schaffen diese einfachen Visualisierungen eine Kontinuität der Praxis, die es Ihnen ermöglicht, in Ihren formellen Sitzungen wesentlich tiefer vorzudringen.

Was man beim Essen tun sollte

Diese erste Übung kann vor einer Mahlzeit durchgeführt werden. Wenn es anderen unangenehm ist, Gebete laut zu rezitieren, können Sie diese problemlos gedanklich im Stillen sprechen. Beginnen Sie damit, das folgende Mantra dreimal zu rezitieren:

OM AH HUM HO

Wenn Sie OM rezitieren, denken Sie an die innewohnende Reinheit der Nahrung. Wenn Sie AH aussprechen, stellen Sie sich vor, dass sich die Nahrung vermehrt und reichlich wird. Beim Rezitieren von HUM stellen Sie sich vor, dass die Nahrung einen perfekten Aspekt von Farbe, Geschmack, Geruch und nahrhafter Eigenschaft annimmt, und bei HO stellen Sie sich vor, dass sich die Nahrung in reinen erleuchteten Nektar verwandelt. Während Sie die Achtsamkeit auf diese Reinheit aufrechterhalten, rezitieren Sie die folgenden Verse und bringen Sie die Nahrung den Gottheiten des erleuchteten Mandala dar.

Denjenigen, die die vier unzerstörbaren Körper besitzen,
Den unendlichen Beispielen der Dharma-Sammlungen,
Der edlen Versammlung, die diesen Dharma verkörpert,
Den Drei Juwelen – der Quelle meiner Zuflucht – bringe ich Opfergaben dar.

Kalachakra, Vajrasattva und Shakyamuni Buddha,
Den Shaktis, den zehn Vasen und den vier Vajras,
Den Buddhas, den Bodhisattvas und den Zornvollen,
All diesen und den Göttinnen bringe ich Opfergaben dar.

Den weiblichen Gottheiten – den zentralen Gestalten, mit den umgebenden
Yoginis,
Den Göttern der Tage, den Nagas und den Göttinnen der Begierdelosigkeit,
Den sehr Zornvollen, den Sternen und Planeten und den Wächtern aller
Richtungen und Bereiche,
Den fünfunddreißig Millionen Manifestationen bringe ich Opfergaben dar.

Dem Guru, dem Yidam und der Versammlung der Dakinis
Bringe ich Ozeane von erhabenen Opfergaben dar.
Mögen alle Wesen die große Glückseligkeit
Dieses Ozeans von Weisheitsnektar genießen.

Bringen Sie den erleuchteten Nektar den Drei Juwelen dar, im Gewahrsein, ein erleuchtetes Wesen zu sein, das anderen erleuchteten Wesen Opfergaben darbringt. Während Sie essen, spüren Sie, wie Wärme aus Ihrem Nabelzentrum aufsteigt, während die Nahrung schmilzt und glückselige Empfindungen hervorruft. Bringen Sie diese Glückseligkeit den 636 Kalachakra-Gottheiten dar, die sich in Ihrem Körper befinden, und erfreuen Sie sie alle.

Abschließend reinigen und transformieren Sie die nicht verzehrten Speisen, sodass sie die Bedürfnisse aller Lebewesen stillen, und widmen Sie den Nutzen dieser Reste den Wesen der sechs Bereiche, indem Sie das Mantra verwenden:

OM SAMBHARA SAMBHARA BIMANA SARA MAHA JAVA HUM
OM SMARA SMARA BIMANA SKARA MAHA JAVA HUM

Was man beim Baden tun sollte

Wann immer Sie sich waschen, duschen oder baden, visualisieren Sie sich als Kalachakra mit Ihrem/r Wurzelguru in der Gestalt von Vajradhara über Ihrem Kopf. Stellen Sie sich vor, wie er/sie Nektar von oben auf Sie gießt, Ihre Verdunkelungen reinigt und Ihnen den Segen der vier Ermächtigungen erteilt. Während Sie sich vorstellen, dass Ihr Körper mit dem Nektar gefüllt wird, stärken

Sie den göttlichen Stolz, dass Sie Kalachakra Yab-Yum sind.

Was man beim Einschlafen tun sollte

Halten Sie beim Einschlafen die Erkenntnis aufrecht, dass Sie Kalachakra Yab-Yum sind, und geloben Sie, dieses Gewahrsein beizubehalten, wenn Sie erwachen. Wenn man ohne Verlust dieses Gewahrseins einschläft, erhöht sich die Möglichkeit, luzide zu träumen. In diesem Fall kann der Traum als Gelegenheit genutzt werden, das Sadhana zu praktizieren. Nach dem Aufwachen erzeugen Sie sich augenblicklich als Kalachakra Yab-Yum und etablieren Sie Ihren göttlichen Stolz.

ZUSAMMENFASSUNG

- Gottheiten-Yoga ist eine Meditationspraxis, bei der durch eine Kombination aus Visualisierung und Mantra-Rezitation die Erfahrung einer Gottheit in unserem Geist erzeugt wird. Diese Erfahrung wird zur Grundlage für ein reines Selbstkonzept, das der Wirklichkeit entspricht.

- Es gibt drei Elemente, auf die wir uns konzentrieren sollten, wenn wir Gottheiten-Yoga praktizieren: (1) eine klare Erscheinung der Gottheit zu erzeugen, (2) uns auf die Reinheit der Natur der Gottheit zu besinnen, und (3) einen göttlichen Stolz zu etablieren, der die Gottheit als das eigene wahre Selbst betrachtet.

- Wenn die Erzeugungsstufe als Vorbereitung zu den Sechs Vajrayogas praktiziert wird, konzentrieren wir uns auf das komprimierte Sadhana des Innewohnenden Kalachakra. Dieses Sadhana ist in fünf Hauptteile gegliedert: (1) Auflösung des Selbst, (2) Visualisierung der Innewohnenden Kalachakra-Gottheit, (3) Visualisierung des Kalachakra-Symbols, (4) Mantra-Rezitation, (5) nachfolgende Visualisierungen, (6) Auflösung der Visualisierung und (7) Widmung des Verdienstes.

- Das zehnfache mächtige Symbol des Kalachakra besteht aus zehn Komponenten: (1) Nada, (2) Bindu, (3) Visarga, (4) HA, (5) KSHA, (6) MA, (7) LA, (8) VA, (9) RA und (10) YA. Jeder Komponente werden unterschiedliche Bedeutungen zugeordnet, je nachdem, auf welchen Aspekt des Pfades Sie sich konzentrieren. Auch die Farben der einzelnen

Komponenten ändern sich je nach Kontext.

- Es gibt neun nachfolgende Visualisierungen, die Sie durchführen können, während Sie das Mantra rezitieren: (1) Achtsamkeit auf das erleuchtete Mandala, (2) Achtsamkeit auf den/die Wurzelguru, (3) Achtsamkeit auf die Dharma-Lehrer/innen, (4) Darbringung von Opfergaben an die erleuchteten Wesen, (5) Reinigung aller unreinen Bereiche, (6) das Mantra-Feuerrad, (7) das umgekehrte Mantra-Feuerrad, (8) die Rezitation wie das Summen von Bienen und (9) die vier außergewöhnlichen Aktivitäten.

- Wenn Sie mit dieser Praxis beginnen, konzentrieren Sie sich darauf, eine klare Erscheinung der Gottheit zu erzeugen. Mit Hilfe eines Thangka oder einer Statue können Sie sich mit den vielen Details der Form des Kalachakra vertraut machen. Konzentrieren Sie sich auf Gruppen von Einzelheiten und versuchen Sie, sie im Geist nachzubilden.

- Es ist am besten, das komprimierte Sadhana auswendig zu lernen, damit Sie im Dunkeln üben können. Das hilft Ihnen, sich in das Gefühl der Visualisierung zu vertiefen.

- Halten Sie Ihren göttlichen Stolz aufrecht, indem Sie alle Formen als erleuchtete Gottheiten, alle Klänge als erleuchtetes Mantra und alle Gedanken als ursprüngliche Weisheit betrachten. Sie können auch alltägliche Aktivitäten wie Essen, Baden oder Schlafen in Gelegenheiten verwandeln, sich an die erleuchtete Wirklichkeit des Kalachakra zu erinnern.

TEIL DREI

Den Zustand des Kalachakra verwirklichen

KAPITEL SIEBEN

Die Natur des Geistes aufzeigen

Der Kalachakra-Pfad kann mit dem Lebenszyklus eines menschlichen Wesens verglichen werden. Das Praktizieren der *äußeren vorbereitenden Übungen* ähnelt der Phase, in der ein Bardo-Wesen nach seiner nächsten Wiedergeburt sucht. Voller Verwirrung nimmt es verschiedene Formen an, bis es schließlich in den Schoß einer neuen Mutter gezogen wird. In ähnlicher Weise stoßen wir auf der Suche nach dem Sinn unseres Lebens auf unterschiedliche Sichtweisen und werden nach viel Unentschlossenheit und Unsicherheit schließlich zu einem spirituellen Weg wie dem Buddhismus hingezogen, wo wir Zuflucht zu den Drei Juwelen nehmen.

Nach dem Eintritt in den Mutterleib beginnt der Prozess der Inkubation und des Wachstums. Langsam nimmt der Körper des Wesens Gestalt an und entwickelt die notwendigen Fähigkeiten, um die Welt als Mensch zu erfahren. Ebenso schaffen wir durch die Praxis der *inneren vorbereitenden Übungen* die Grundlagen, damit die Lehren des Buddha unseren Geist reifen lassen, um uns auf den daraus resultierenden Pfad des Kalachakra-Tantra vorzubereiten.

Durch den Empfang der *Sieben Ermächtigungen eines heranwachsenden Kindes* werden wir tatsächlich aus dem Mutterleib geboren und in die Welt des erleuchteten Mandala eingeführt. Indem wir die *Erzeugungsstufe des Kalachakra* praktizieren, reinigen wir unseren Geistesstrom von gewöhnlichen Wahrnehmungen und etablieren eine Sichtweise, die die innewohnende Reinheit dessen sieht, was wir wirklich sind. Dieser Prozess kann mit einem Kind verglichen werden, dessen Identität durch die Erfahrungen geformt wird, denen es beim Aufwachsen in der Welt begegnet.

Mit der Zeit reift das Kind zum Jugendlichen heran und beginnt den Übergang ins Erwachsenenalter, der durch den Beginn der Pubertät gekennzeichnet ist. Angetrieben durch den Transformationsprozess in ihrem Körper verändert sich die Weltsicht der Teenager drastisch, da die Sexualität eine zunehmend dominante Rolle in ihrem Leben einnimmt. Dieser Fokus treibt sie zu ihrer ersten sexuellen Begegnung, die sie in eine ganz andere, ihnen bisher unbekannte Erfahrungsebene einführt.

Nachdem das Kind die Bandbreite der möglichen Erfahrungszustände, die sein menschliches Leben zu bieten hat, ausprobiert hat, wird es nun als Erwachsener bezeichnet. Auch wenn es ihm noch an Reife fehlen mag, so hat es doch zumindest einige Bezugspunkte für jeden der vier Zustände von Wachsein, Traum, Tiefschlaf und glückseliger Versenkung. Die restliche Zeit seines Erwachsenenlebens wird es damit verbringen, sich mit diesen Zuständen vertraut zu machen, Einsicht in sein Wesen zu entwickeln und hoffentlich Weisheit aus seinen Erfahrungen zu gewinnen.

Auf dem Kalachakra-Pfad ist unser Übergang ins spirituelle Erwachsensein durch unsere erste direkte Erfahrung mit der Natur unseres Geistes gekennzeichnet. Genau wie bei unserer ersten sexuellen Begegnung verändert diese Erfahrung unsere Perspektive völlig, da sie uns einen ersten Einblick in unsere tiefere Fähigkeit gibt. Aufgrund dieser Fähigkeit können wir nach und nach den stufenweisen Prozess der *Kalachakra-Vollendungsstufe* praktizieren.

Bevor sich diese Natur jedoch in unserer Erfahrung manifestieren kann, müssen wir unsere Herangehensweise ändern. Bis hierher war die Verwendung konzeptueller Methoden hilfreich bei der Beseitigung unserer vielen Schichten falscher Vorstellungen. Da sie aber in den dualistischen Verstand eingebettet sind, wirken diese Methoden als subtiles Hindernis für die Erfahrung unserer endgültigen Natur. Aus diesem Grund müssen wir sie zugunsten einer direkten Herangehensweise aufgeben, die ohne begriffliche Konstruktionen auskommt.

Wir können diese Transformation vom Konzeptuellen zum Nicht-Konzeptuellen in zwei Schritten erreichen. Zunächst werden wir in die Kalachakra-Sichtweise eingeführt, indem wir die *Vier Höheren Ermächtigungen* empfangen. Zweitens, nach Etablierung dieser Sichtweise, verwenden wir die besondere Meditationstechnik der *Drei Isolationen*, um die Ausbreitung der Gedanken zu unterbinden und in der Natur des Geistes zu verweilen. In diesem Kapitel wird der anfängliche Prozess der Ermächtigung untersucht, während das folgende Kapitel die Grundlagen der meditativen Praxis beleuchtet.

DIE NOTWENDIGKEIT FÜR
ERKLÄRENDE ANWEISUNGEN

Unter den verschiedenen Arten von Phänomenen, denen wir potenziell begegnen können, gibt es solche, die offensichtlich sind, und solche, die im Verborgenen liegen. Ein offensichtliches Phänomen ist etwas, das wir mit einem unserer sechs Sinne direkt wahrnehmen können, z. B. ein Tisch oder ein Auto. Verborgene Phänomene sind für unsere Sinne nicht unmittelbar erkennbar; dazu gehören die subtile Vergänglichkeit oder die leere Natur abhängiger Phänomene. Aufgrund dieser Subtilität bleiben sie verborgen, solange man uns nicht zeigt, wonach wir suchen sollen. Deshalb benötigen wir die Unterstützung einer externen Referenz, um unsere Aufmerksamkeit auf sie zu lenken.

Wenn es um die Natur des Geistes geht, stehen wir vor einem zusätzlichen Problem. Der Geist ist das Medium, durch das wir alle Phänomene erkennen. Damit der Geist die Natur des Geistes erkennen kann, muss er in der Lage sein, sich selbst zu sehen. Das ist so ähnlich, als würde man das Auge benutzen, um dessen eigene Farbe zu erkennen. Solange man sich nicht auf einen Spiegel verlässt, ist dies eine unmögliche Aufgabe. Nur wenn man ein Spiegelbild des Auges betrachtet, ist es möglich, die Eigenschaften dieses Auges zu erkennen; ein Prinzip, das auch für unseren Geist gilt. Um ein direktes Gewahrsein der Natur des Geistes zu entwickeln, ist es notwendig, dem Geist einen Spiegel vorzuhalten. Dieser Spiegel besteht aus der Art unserer Sichtweise.

Bisher haben wir unsere philosophische Sichtweise vor allem als Methode benutzt, um unseren Handlungen einen Sinn zu geben. In Band Zwei wurden wir zum Beispiel in die Sichtweise des *Zhentong-Madhyamaka* eingeführt, die uns einen Weg zum Verständnis der Entwicklung von Weisheit auf dem Bodhisattva-Pfad bot. Wir erforschten Konzepte wie die fünf Dharmas, die drei Naturen und die sieben Arten der Leerheit. Durch das Verständnis dieser Konzepte waren wir in der Lage, unserer Dharma-Praxis einen Kontext zu geben.

Die Rolle unserer Sichtweise nimmt nun einen ganz bestimmten Zweck an, bei dem es nicht mehr ausreicht, lediglich zu beschreiben oder zu verstehen, wie die Wirklichkeit funktioniert. In diesem neuen Kontext dient unsere Sichtweise als Grundlage, um die verschiedenen Aspekte unseres Geistes aufzuzeigen, damit wir sein Wesen tatsächlich erfahren können. Dabei handelt es sich nicht um einen begrifflichen Prozess, der auf Logik oder Argumentation beruht, sondern um einen direkten Ansatz, der deutlich macht, worauf wir unsere Aufmerksamkeit richten sollten. Eine solche Sichtweise ist erfahrungsbezogen, nicht begrifflich.

Im Kalachakra entwickeln wir eine solche Sichtweise durch die Ermächtigungszeremonie der *Vier Höheren Ermächtigungen*. In diesem Prozess führt der/die Vajrameister/in Sie durch vier verschiedene Meditationen, von denen jede darauf abzielt, eine bestimmte Ebene der Erfahrung zu enthüllen. Indem man die Visualisierungen erzeugt und sich auf die Erfahrungen konzentriert, die sie hervorbringen, kann sich die nicht-begriffliche Natur des Geistes klarer manifestieren. Unser Ziel sollte es sein, uns so weit wie möglich mit dieser Natur vertraut zu machen, damit wir sie als Grundlage für unsere Praxis nutzen können.

GLÜCKSELIGKEIT ALS PFAD NEHMEN

Eines der ersten Dinge, die wir bemerken können, wenn wir in die Vollendungsstufe eintreten, ist die wichtige Rolle, die die Erfahrung von Glückseligkeit spielt. In den Ermächtigungen selbst gibt es eine beträchtliche Anzahl sexueller Symbole, die verwendet werden, um Gefühle der Glückseligkeit als Unterstützung für die Entwicklung von Verwirklichungen zu erwecken. Da diese Art von Symbolik in vielen Kulturen leicht missverstanden werden kann, ist es notwendig, die Gründe für diesen Ansatz zu erörtern.

Betrachtet man die vier Erfahrungszustände, so arbeiten der Wachzustand, der Traumzustand und der Zustand des Tiefschlafs alle auf die eine oder andere Weise mit einem konzeptuellen Geist. Der Zustand der glückseligen Versenkung ist der einzige, in dem der konzeptuelle Geist ruht und der daher die geringsten Schleier von Verdunkelung aufweist. Dieser Zustand bietet uns die direkteste Möglichkeit, die letztendliche Natur unseres Geistes zu erkennen.

In Bezug auf die Art und Weise, wie sich die Erfahrung der glückseligen Versenkung normalerweise manifestiert, erfolgt ein schnelles Einströmen von Energie in den Zentralkanal, gefolgt von einer explosiven Freisetzung dieser Energie. Ein Beispiel dafür ist, wenn wir niesen. Zuerst gibt es eine Aufnahme, dann einen Moment, in dem die konzeptuelle Bewegung des Geistes aufhört, gefolgt von einer kraftvollen Freisetzung. Wenn die Aufnahme oder Freisetzung besonders stark und schnell ist, können wir völlig weggetreten sein, was bei Ohnmachtsanfällen, beim Einschlafen oder während des Sterbevorgangs vorkommt. Der einzige andere Zeitpunkt, an dem sich diese Art von Geist manifestiert, ist der Moment des Orgasmus.

Aufgrund der Geschwindigkeit, mit der Ohnmacht und Niesen auftreten, ist es sehr schwierig, diese Momente als Unterstützung für unsere Praxis zu nutzen. Der Geschlechtsverkehr bietet jedoch die Möglichkeit eines längeren Energieaufbaus, der es einem geübten Praktizierenden erlaubt, sich der Erfahrung der Nicht-Konzeptualität auf eine kontrolliertere Weise zu nähern. Jedoch ist die Erfahrung der Glückseligkeit, die diese Aktivität begleitet, so intensiv, dass es für alle außer die fortgeschrittensten Yogis und Yoginis schwierig ist, sie zu transformieren.

In der Erkenntnis, dass verschiedene Praktizierende unterschiedliche Stufen spiritueller Reife besitzen, verwendeten die großen Mahasiddhas eine Vielzahl von Hilfsmitteln, um ihre Schüler/innen in den Zustand der glückseligen Versenkung einzuführen.

1. **Frühere Schulung:** Bei Praktizierenden, die besonders reif waren, wandte ein/e erfahrene/r Vajrameister/in oft unorthodoxe Methoden an, wie z. B. dem/der Schüler/in auf den Kopf zu schlagen oder ihn/sie mit einem plötzlichen oder lauten Geräusch zu erschrecken. Manchmal genügte dies, um die Energie der Schüler/innen dazu zu bringen, in den Zentralkanal zu fließen und ein nicht-begriffliches Gewahrsein entstehen zu lassen. Diese Vorgehensweise hing stark davon ab, wie die Schüler/innen in ihrem vorherigen Leben sich in der Natur des Geistes geschult hatten. Da diese Neigungen bereits fest etabliert waren, konnte der Meister eine Vielzahl von Methoden anwenden, um sie auf geschickte Weise wiederzuerwecken. In der Jonang-Tradition ist es üblich, dass Teilnehmer/innen an höheren Einweihungen plötzlich hoch in die Luft springen oder spontane Laute von sich geben. Diese Phänomene werden Paryo genannt und treten auf, wenn der Geist eines Praktizierenden spontan in einen nicht-konzep-tuellen Zustand gleitet.

2. **Physische/r Gefährtin/Gefährte:** Für diejenigen, denen die karmischen Bedingungen für eine sofortige Ermächtigung fehlten, entwarf der Buddha

einen Ermächtigungsprozess, der es dem/der Vajrameister/in erlaubt, die Schüler/innen schrittweise in die Natur ihres Geistes einzuführen. Ursprünglich waren diese höheren Ermächtigungen nur denjenigen Praktizierenden vorbehalten, die die Praktiken der Erzeugungsstufe gemeistert hatten. Das bedeutete, dass die Schüler/innen ihre reine Wahrnehmung vollständig stabilisiert hatten und in der Lage waren, in subtileren Zuständen meditativer Konzentration zu verweilen. Ohne die Gefahr, nach gewöhnlicher Glückseligkeit zu greifen, empfingen solche Praktizierende die Ermächtigungen gestützt auf eine/n physische/n Gefährtin/Gefährten. Aufgrund der nicht-begrifflichen Natur dieses Ansatzes war es ihnen möglich, Gedanken schnell zu durchtrennen und eine direkte Erfahrung des nicht-begrifflichen Gewahrseins zu erlangen.

3. **Visualisierte/r Gefährtin/Gefährte:** Für diejenigen, die ihre reine Wahrnehmung noch nicht stabilisiert hatten, würde die Arbeit mit einer/m physischen Gefährtin/Gefährten nur ihr Greifen anfachen und daher war dies keine geeignete Methode, um in die Natur des Geistes einzuführen. In diesen Situationen würde der/die Vajrameister/in die Ermächtigungen auf der Grundlage einer/s visualisierten Gefährtin/ Gefährten erteilen. Die Einschränkung dieses Ansatzes besteht darin, dass er sich auf die Verwendung begrifflicher Konstruktionen stützt, um eine indirekte Erfahrung des Zustandes der glückseligen Versenkung zu erzeugen. Diese Indirektheit reduziert die Kraft der Ermächtigungen, wodurch es für die Schüler/innen schwieriger ist, einen wahrhaft nicht-begrifflichen Geist zu erlangen.

Aufgrund der Degeneration des Dharma findet man nur selten Praktizierende, die qualifiziert sind, die Ermächtigungen der ersten beiden Ansätze zu empfangen. Der dritte Ansatz ist daher im Allgemeinen der gängigste Weg, die Ermächtigungen im gegenwärtigen Zeitalter zu erhalten. Die Zeremonie betont immer noch die sexuelle Symbolik des Textes, aber zu keinem Zeitpunkt findet tatsächlich eine sexuelle Vereinigung statt. Selbst wenn Sie nicht in der Lage sind, sich mit der verwendeten Symbolik zu verbinden, legt der Prozess dennoch kraftvolle Neigungen für Sie fest, damit Sie Ihre letztendliche Natur in der Zukunft verwirklichen können. Wenn sich Ihnen die Gelegenheit bietet, an einer solchen Zeremonie teilzunehmen, sollten Sie daher Ihr Bestes tun, um sie in vollem Umfang zu nützen, ohne Gefühle der Besorgnis oder Angst zu haben.

DIE SICHTWEISE DER VIER HÖHEREN ERMÄCHTIGUNGEN

Die Vier Höheren Ermächtigungen sollen Ihnen dabei helfen, das Gefühl zu erleben, wie sich Ihr begrifflicher Geist auflöst. Obwohl dieser Prozess nicht-konzeptueller Natur sein soll, können wir dennoch davon profitieren, konzeptuelle Klarheit über die Bedeutung hinter den verschiedenen Stufen der Zeremonie zu entwickeln.

Wie die Zeremonie für die Sieben Ermächtigungen eines heranwachsenden Kindes sind auch die Vier Höheren Ermächtigungen in drei Hauptabschnitte unterteilt: (1) Vorbereitung, (2) die tatsächlichen Ermächtigungen und (3) abschließende Aktivitäten. Da der erste und der letzte Abschnitt praktisch identisch mit den Ermächtigungen der Erzeugungsstufe sind, werden wir uns hier auf die Einzelheiten der tatsächlichen Ermächtigungen konzentrieren.

Zusammenfassend kann man sagen, dass die vier Ermächtigungen folgende sind: (1) die Vasen-Ermächtigung, (2) die geheime Ermächtigung, (3) die Weisheits-Ermächtigung und (4) die Wort-Ermächtigung. Von diesen vier Ermächtigungen werden die ersten drei als weltliche Ermächtigungen betrachtet, weil sie die letztendliche Wahrheit aus der Perspektive der konventionellen Wirklichkeit beschreiben. Die vierte Ermächtigung ist die einzige, die als transzendent angesehen wird, weil sie die Möglichkeit bietet, die letztendliche Wahrheit zu erfahren. Die ersten drei sind daher vorläufige Ermächtigungen, um Ihren Geist auf die Erfahrung der vierten und endgültigen Ermächtigung vorzubereiten.

Jede Ermächtigung konzentriert sich auf einen bestimmten Aspekt der letztendlichen Wahrheit. Indem wir uns mit diesen Aspekten vertraut machen, gewinnen wir Einsicht in den spezifischen Ansatz, den die *Sechs Vajrayoga*s anwenden, um den Zustand der Erleuchtung zu ermöglichen. Auf diese Weise können die vier Ermächtigungen als ein wichtiger Plan für die Struktur der Kalachakra-Vollendungsstufe betrachtet werden. Die folgende Tabelle fasst einige der wichtigen Entsprechungen zusammen, die man bei dieser Diskussion im Auge behalten sollte:

Wahrheit	Ermächtigung	Schwerpunkt	Grundlage	Reinigt
Konventionell	Vase	Leere Form	Körper	Wachzustand
	Geheim	Unveränderliche Glückseligkeit	Bhaga	Traumzustand
	Weisheit	Untrennbare Vereinigung	Relatives Bodhicitta	Zustand des Tiefschlafs
Letztendlich	Wort	Nicht-duales Gewahrsein	Letztendliches Bodhicitta	Glückselige Versenkung

Tabelle 7-1: Die vier Höheren Ermächtigungen

Die Vasen-Ermächtigung

Die erste Ermächtigung ist die *Vasen-Ermächtigung* und ist speziell darauf ausgerichtet, uns mit der leeren Natur der Erscheinungen vertraut zu machen. Aufgrund unseres intensiven Greifens projiziert unser Geist eine Ebene der Wirklichkeit auf die Erscheinungen, die sie nicht besitzen. Indem wir ihnen Zuschreibungen beifügen, beschränken wir die Realität darauf, einfach dies oder das zu sein. Wenn wir jedoch die letztendliche Natur dieser Erscheinungen untersuchen, stellen wir fest, dass sie völlig leer von diesen Zuschreibungen sind. Obwohl das Letztendliche leer ist, ist es gleichzeitig mit unendlichen Qualitäten gefüllt und wird deshalb als die *erhabene Leerheit, die mit allen Aspekten ausgestattet ist*, bezeichnet. Dies ist der *Weisheitsaspekt* unserer Buddhanatur. Er ist mit der weiblichen Energie von Vishvamata verbunden und wird oft als Mutter bezeichnet, weil er die Grundlage für alle entstehenden Erfahrungen ist.

Bei den Arten von Erscheinungen, denen wir begegnen, können wir zwei Kategorien unterscheiden:

1. **Karmische Erscheinungen:** Diese Erscheinungen manifestieren sich als Ergebnis der subtilen Winde, die im linken und rechten Kanal zirkulieren, und sind direkt durch die gewohnheitsmäßigen Neigungen unseres Karma bedingt. Da Karma auf der Unwissenheit des Greifens nach einem Selbst basiert, sind diese Erscheinungen dualistischer Natur und werden daher als konventionelle Wahrheiten betrachtet.

2. **Leere Formen:** Wenn die subtilen Winde in den Zentralkanal eintreten, ruht der konzeptuelle Geist, der von diesen Winden unterstützt wird. Das ermöglicht den natürlichen Qualitäten der Buddhanatur, sich zu manifestieren. Diese reinen Erscheinungen sind nicht-physischer Natur und hängen nicht von der Konditionierung der physischen Energie ab. Da Leere Formen die spontane Entfaltung unserer Buddhanatur sind, werden sie als letztendliche Wahrheiten betrachtet.

Um zu verstehen, wie sich Leere Formen manifestieren, kann es hilfreich sein, unser Sonnenlicht-Beispiel zu verwenden. Die Buddhanatur ist die Sonne, die ständig hell leuchtet, und die Wolken sind die karmischen Erscheinungen, die durch die konzeptuellen Bewegungen des dualistischen Geistes hervorgerufen werden. Beginnt sich dieser Geist aufzulösen, ist es, als ob sich eine Lücke in den Wolken öffnet und Sonnenstrahlen hindurchströmen, was der Erfahrung von Leeren Formen entspricht. Wenn wir fortfahren, unsere Konzepte aufzulösen, erscheinen weitere Lücken, durch die weitere Lichtstrahlen eindringen können. Aus unserer Perspektive scheinen sich die Leeren Formen zu vermehren, während wir in Wirklichkeit nur unsere Fähigkeit erweitern, die Fülle dessen zu erfahren, was in unserer Buddhanatur bereits vorhanden war.

Während wir auf dem Pfad voranschreiten, erleben wir verschiedene Arten von Leeren Formen, und obwohl sie alle ihrer Natur nach gleich sind, werden sie je nach dem Grad der Unwissenheit, die noch aufgelöst werden muss, unterschiedlich erlebt.

1. **Objektive Leere Formen:** Diese Leeren Formen erscheinen getrennt von dem Gewahrsein, das sie erfährt. Obwohl der Geist nicht nach ihnen greift, als ob sie inhärent, von ihrer eigenen Seite aus, existieren würden, erscheinen sie ihm dennoch von objektiver Natur zu sein.

2. **Subjektive Leere Formen:** Wenn wir objektive Leere Formen als untrennbar von unserem eigenen subjektiven Gewahrsein erfahren, hören sie auf, als objektiv betrachtet zu werden, und sie werden stattdessen als spontane Manifestation unserer vollständig etablierten Natur erkannt.

3. **Große Gefährtin der Leeren Form:** Indem wir alle Leeren Formen in

unser Gewahrsein einbeziehen, können selbst die subtilsten Formen des begrifflichen Greifens aufgelöst werden. Wenn die letzte verblendete Verdunkelung beseitigt ist, erfahren wir eine erhabene Leerheit, die mit allen Aspekten ausgestattet ist. Diese vollständig etablierte Art der Leerheit ist völlig frei von konventionellen Fabrikationen und wird die *Große Gefährtin der Leeren Form* genannt.

Auf diese Weise wird die erhabene Leerheit nicht in einem einzigen Moment verwirklicht, sondern sie offenbart sich allmählich durch die Arbeit mit der großen Vielfalt der Aspekte der Leeren Form, die in einem nicht-begrifflichen Geist erfahren werden. Diese Verwirklichung ist wie der zunehmende Mond, der als Sichel beginnt und sich mit der Zeit langsam zu einem Vollmond ausdehnt.

Wahrheit	Art	Geist	Erscheint
Konventionell	Karmische Erscheinungen	Konzeptuell	Dualistisch
Letztendlich	Objektive Leere Formen	Nicht-konzeptuell	
	Subjektive Leere Formen		
	Große Gefährtin der Leeren Form		Nicht-dualistisch

Tabelle 7-2: Arten Leerer Formen

Während der Zeremonie werden wir gebeten, uns selbst beim sexuellen Vorspiel mit einer/m Gefährtin/Gefährten zu visualisieren. Der Körper der/des Gefährtin/Gefährten stellt das Objekt unserer Wahrnehmung dar, und die Handlungen des Streichelns und Liebkosens sind die Bedingungen für das Entstehen von Glückseligkeit. Wenn der Geist erregt ist, nutzen wir die Erscheinung der Glückseligkeit als Grundlage, um über ihre leere Natur zu reflektieren. Wir versuchen, die Glückseligkeit als eine natürliche Manifestation unserer Buddhanatur zu sehen – eine Leere Form, völlig frei von jeder konventionellen Existenz.

Durch die Vasen-Ermächtigung reinigen wir die sensorischen Erscheinungen des Wachzustandes, während wir die Neigungen entwickeln, die Glückseligkeit der Freude zu erfahren und schließlich den Vajra-Körper von Kalachakra zu erlangen. Da diese Ermächtigung den Körper der/des Gefährtin/Gefährten als Grundlage benutzt, wird sie die *Ermächtigung des Körper-Mandala* genannt.

Die geheime Ermächtigung

Die zweite Ermächtigung ist die *geheime Ermächtigung* und dient dazu, unsere Aufmerksamkeit auf die glückselige Natur unseres Gewahrseins zu richten, die die höchste Form des Mitgefühls ist. Auf der konventionellen Ebene ist es das Ziel des Mitgefühls, dass die fühlenden Wesen frei von Leiden sind. Letztlich wird der Geschmack dieser Freiheit als Glückseligkeit erfahren. Je mehr Verdunkelungen beseitigt werden, desto stärker und durchdringender wird diese Erfahrung der Glückseligkeit. So zeigt sich, dass Glückseligkeit ein grundlegender Aspekt unserer letztendlichen Natur ist. Wenn die Glückseligkeit vervollkommnet ist, sind alle Ursachen für Leiden beseitigt. Dies ist der *Methoden-Aspekt* unserer Buddhanatur. Er ist mit der männlichen Energie des Kalachakra verbunden und wird oft als Vater bezeichnet.

Sehen wir uns an, wie sich Glückseligkeit manifestiert, stellen wir fest, dass sie eng mit dem Grad des Greifens im Geist verbunden ist. Wenn das Greifen reduziert ist, entsteht Glückseligkeit, und wenn es stark ist, wird die Glückseligkeit unterdrückt. Dies führt zu drei Ebenen der Glückseligkeit, die wir beim Praktizieren des Pfades erfahren können:

1. **Gewöhnliches Vergnügen:** Wird der Geist vom Greifen nach dem Selbst beherrscht, sieht er die Welt durch die Brille des Verlangens und versucht, diese Wünsche durch die Manipulation von Bedingungen zu erfüllen. Wenn ein Wunsch vorübergehend befriedigt wird, erleben wir angenehme Empfindungen, die eine vorübergehende Beendigung unseres manifesten Leidens darstellen. Es gibt viele Grade des Vergnügens, die wir empfinden können, abhängig vom Abstand zwischen unserem aktuellen Zustand und dem Zustand, den wir uns wünschen. Wenn wir zum Beispiel gerade unter intensiver Kälte leiden, wird jede Wärme als angenehm empfunden, und dieses Gefühl wird immer intensiver, je mehr wir uns unserer Wunschtemperatur nähern. Sobald wir diese jedoch erreicht haben, kann sich jede zusätzliche Wärme schnell in Leiden verwandeln. Das liegt in der Natur des gewöhnlichen Vergnügens, denn wir können immer nur eine bestimmte Menge davon ertragen.

2. **Veränderliche Glückseligkeit:** Tatsächliche Glückseligkeit entsteht, wenn begriffliches Greifen aufgelöst wird. Ist der Geist in einem tiefen Zustand von Samadhi versunken, so kann er diesen subjektiven Aspekt unserer Buddhanatur erfahren. Wenn sich der Geist aus dem Begierdebereich zurückzieht, gibt er vorübergehend sein Greifen nach groben Phänomenen auf und ruht in einem Zustand glückseliger Gelassenheit. Je subtiler der Geist wird, desto intensiver ist das Gefühl der Glückseligkeit. Solange wir jedoch aus der Perspektive eines dualistischen Geistes agieren, wird die erfahrene Glückseligkeit ungeachtet der Subtilität auf Phasen der meditativen Versenkung beschränkt sein. Da die Wurzel von Samsara nicht vollständig durchtrennt ist, ist die Glückseligkeit unbeständig und immer noch durch Karma bedingt.

3. **Unveränderliche Glückseligkeit:** Letztendlich ist die Buddhanatur immer glückselig. Sie ist die vollständige Abwesenheit jeglicher Art von Leiden, manifestiert sich permanent in jedem Moment und durchdringt alle Erfahrungen. Nur aufgrund unseres Greifens erfahren wir diese Natur nicht ständig. Indem wir unsere Verwirklichung der Leeren Formen vervollkommnen, können wir die Hauptursache selbst für die subtilsten Formen des Greifens durchtrennen und dadurch dauerhaft alle Verdunkelungen beseitigen, die unsere Erfahrung der Glückseligkeit einschränken. Wenn der Geist in einem solchen Zustand völlig frei von Greifen verweilt, wird dieser als *unveränderliche Glückseligkeit* bezeichnet.

Da sich die tatsächliche Glückseligkeit nur dann manifestiert, wenn der begriffliche Geist ruht, können wir nur durch nicht-konzeptuelle Methoden mit ihr arbeiten. Aus diesem Grund liegt der Schwerpunkt der Vollendungsstufe auf dem Praktizieren mit dem subtilen Energiesystem der Kanäle, Winde und Tropfen. Auf der Grundlage der gegenseitigen Abhängigkeit zwischen dem dualistischen Geist und dem subtilen Körper ist es möglich, zunehmend verfeinerte Zustände der Versenkung zu erreichen und dadurch intensivere Formen der Glückseligkeit zu erfahren. Wenn wir das Greifen, das in Bezug auf diese Glückseligkeit entsteht, kontinuierlich auflösen, entfernen wir die subtilsten Schichten der Verdunkelung.

Dieser Prozess ist wie die Annäherung an ein Feuer. Aus der Ferne kann man seine Wärme auf der Haut spüren, und je näher man den Flammen kommt, desto heller wird ihr Licht und desto stärker ihre Hitze. Wenn Sie sich in diesen Flammen aufhielten, würde das Feuer alles verzehren, alle Unreinheiten verbrennen und nur die Natur des Feuers selbst zurücklassen. Unsere Buddhanatur ist ähnlich diesem Feuer und das Gefühl der Glückseligkeit ist wie seine Wärme. Verfeinern wir unsere Erfahrung von Glückseligkeit durch die Arbeit mit dem subtilen Körper, kommen wir unserer letztendlichen Natur näher. Wenn wir in dieser Natur verweilen können, werden all unsere karmischen Konditionierungen effektiv verbrannt und es bleibt nur die Glückseligkeit des erleuchteten Geistes zurück.

Wahrheit	Ebene	Geist	Erscheint
Konventionell	Gewöhnliches Vergnügen	Begrifflich	Dualistisch
Letztendlich	Veränderliche Glückseligkeit	Nicht-begrifflich	
	Unveränderliche Glückseligkeit		Nicht-dualistisch

Tabelle 7-3: Arten der Glückseligkeit

Während der Ermächtigung werden Sie gebeten, Ihre/n Vajrameister/in im Aspekt von Kalachakra zu visualisieren, der mit einer visualisierten Gefährtin im Aspekt von Vishvamata eine sexuelle Vereinigung eingeht. Dieses Kalachakra Yab-Yum strahlt Licht aus und zieht unzählige erleuchtete Wesen an, die sich im Scheitel der/des Guru auflösen. Sie verwandeln sich in subtile Essenzen, die den Zentralkanal der/des Guru hinunterwandern und sich an deren/dessen unterer Öffnung sammeln. Indem er/sie die Essenzen dort hält, erfährt der/die Guru unveränderliche Glückseligkeit. Dieser Geist manifestiert sich in Form eines einzigen Tropfens einer subtilen Flüssigkeit, die Ihnen zum Verkosten angeboten wird.

Diese Visualisierung stellt unsere gewöhnliche Sichtweise absichtlich in Frage, um unsere reine Wahrnehmung zu stärken. In diesem Szenario repräsentieren Kalachakra und Vishvamata die Vereinigung von unveränderlicher Glückseligkeit und Leerer Form, was als primäre Methode verwendet wird, um Erleuchtung zu erlangen. Die Verschmelzung der subtilen Essenzen mit erleuchteten Wesen zeigt, dass diese Essenzen die Stütze sind, auf die wir uns verlassen müssen. Durch die sexuelle Vereinigung werden die Essenzen zum Schmelzen gebracht und unterstützen dadurch die Erzeugung immer subtilerer Ebenen der Glückseligkeit. Wenn sich die Essenzen an der unteren Öffnung des Zentralkanals sammeln, erzeugen sie die Erfahrung von unveränderlicher Glückseligkeit.

Es ist diese potenzielle Verwirklichung der unveränderlichen Glückseligkeit, die uns der/die Vajrameister/in in Form der subtilen Flüssigkeit anbietet. Wenn wir die Flüssigkeit auf unsere Zunge nehmen, erkennen wir, dass auch wir mit den notwendigen Kanälen, Winden und subtilen Essenzen ausgestattet sind und daher auch die Fähigkeit haben, den Geist der unveränderlichen Glückseligkeit zu erzeugen und Erleuchtung zu erlangen. Diese Erkenntnis ist die geheimste Form der Zuflucht für einen tantrischen Praktizierenden.

Normalerweise werden Substanzen wie Sperma und Blut als gewöhnlich und oft als ekelhaft empfunden. Tantrayana fordert uns auf, über diesen Geist der Abneigung hinauszusehen und die außergewöhnliche Natur dieser Erscheinungen zu erkennen. Im Vertrauen auf diese zugrunde liegende Reinheit stellen wir uns vor, wie wir die subtile Flüssigkeit schmecken, und lassen zu, dass diese Erfahrung ein starkes Gefühl der Glückseligkeit im Geist auslöst. Diese Glückseligkeit dient dann als Grundlage für das Erkennen der leeren Natur des Tropfens. Während der tatsächlichen Zeremonie wird uns in der Regel eine Kostprobe von Alkohol gegeben, um die subtile Flüssigkeit zu symbolisieren.

Durch die geheime Ermächtigung reinigen wir die konzeptuellen Erscheinungen des Traumzustands, während wir die Neigungen entwickeln, die Glückseligkeit der höchsten Freude zu erfahren und schließlich die Vajra-Rede des Kalachakra zu erlangen. Da unveränderliche Glückseligkeit nur auf der Grundlage von Leeren Formen entstehen kann, wird gesagt, dass sie aus der Quelle der Glückseligkeit – dem *Bhaga* – entsteht. Dieser Sanskrit-Begriff wird als Symbol verwendet, um den Weisheitsaspekt der Buddhanatur darzustellen, der mit weiblicher Energie verbunden ist. Aus diesem Grund wird die Ermächtigung als die *Ermächtigung des Bhaga-Mandala* bezeichnet.

Die Weisheits-Ermächtigung

Die dritte Ermächtigung ist die *Vereinigung von Großer Glückseligkeit und Weisheit* oder einfach die Weisheits-Ermächtigung. Durch die ersten beiden Ermächtigungen werden wir getrennt in die Aspekte der Leeren Form und der Glückseligkeit eingeführt. Dies hilft uns, ihre Eigenschaften klar zu unterscheiden, sodass wir sie in unserer Erfahrung identifizieren können. In der Weisheits-Ermächtigung verschiebt sich unser Fokus auf die dynamische Beziehung zwischen diesen beiden Aspekten. Unser Ziel ist es, zu erkennen, dass Glückseligkeit und Leerheit gemeinsam auftreten, was bedeutet, dass überall dort, wo das eine ist, auch das andere vorhanden ist. Dies ist der *untrennbare Aspekt von Methode und Weisheit*, der durch Kalachakra und Vishvamata in sexueller Vereinigung dargestellt wird.

Um die untrennbare Qualität der Buddhanatur zu verstehen, müssen wir die dualistische Natur der konventionellen Wirklichkeit betrachten. Der Ursprung unseres Leidens wurzelt in einem grundlegenden Missverständnis. Aufgrund unserer Unkenntnis der erhabenen Leerheit verwechseln wir ihre reinen Manifestationen mit einer objektiven Wirklichkeit, die unabhängig von uns selbst existiert, und gleichzeitig greifen wir nach unserem glückseligen Gewahrsein als einer subjektiven Wirklichkeit. Dadurch schaffen wir einen Dualismus von Subjekt und Objekt; eine Trennung, die völlig illusorisch ist und keinerlei Existenz hat. Es handelt sich lediglich um eine begriffliche Konstruktion, die auf die Buddhanatur projiziert wird, indem ein Aspekt mehr betont wird als ein anderer.

Erschwerend kommt hinzu, dass die Konzepte von Subjekt und Objekt nicht die einzigen sind, die wir erzeugen. Wenn wir einmal in einer dualistischen Perspektive gefangen sind, trennt unser Verstand weiterhin die verschiedenen Phänomene, die uns erscheinen. Wir unterteilen unsere Erfahrung in verschiedene abstrakte Schichten und schaffen so einen völlig fragmentierten Geist, der aus unzähligen Teilen besteht. Damit wir die untrennbare Natur unseres Geistes erkennen können, müssen wir all diese trügerischen Teile sammeln und zu einem zusammenhängenden Ganzen zusammenfügen.

Diese Wiedervereinigung wird ermöglicht, indem wir schrittweise mit vier Arten von Phänomenen arbeiten, um die verschiedenen, von uns geschaffenen Trennschichten umzukehren. Wir beginnen mit der gröbsten Ebene der Erfahrung und vereinen sie mit zunehmend subtileren Ebenen, bis schließlich alles von einem Geschmack ist.

1. **Erscheinungen:** Die erste Schicht der Trennung basiert auf der Annahme, dass die objektiven Erscheinungen, die wir mit unseren Sinnen

wahrnehmen, von unserer Buddhanatur getrennt sind. Dieser Schritt betont das Erkennen der leeren Natur der Sinneserscheinungen. Wir beginnen damit, alles Sichtbare als Leere Formen zu etablieren und dehnen diese Erkenntnis auf alle anderen Arten der Wahrnehmung aus. Das Ergebnis dieses Prozesses ist die *Vereinigung von Leerheit und Erscheinungen.*

2. **Gewahrsein:** Die nächste Schicht der Trennung basiert auf der Vorstellung, dass der Geist etwas „anderes" ist als diese Wahrnehmungen. Wir können dieses Gefühl auflösen, indem wir die Anwesenheit von ursprünglichem Gewahrsein in jedem Moment erkennen, in dem sich Leere Formen manifestieren. Wenn wir erkennen, dass es keinen Zeitpunkt gibt, an dem die beiden nicht gemeinsam vorkommen, beginnen sie sich zu vermischen wie Wasser mit Wasser. Das Ergebnis dieses Prozesses ist die *Vereinigung von Leerheit und Gewahrsein.*

3. **Veränderliche Glückseligkeit:** Leerheit und Gewahrsein repräsentieren die objektiven und subjektiven Aspekte unserer Buddhanatur, und wenn sie sich zum ersten Mal vereinen, ist diese Erfahrung veränderliche Glückseligkeit. Diese Art von Glückseligkeit wird immer noch durch das sehr subtile Greifen beeinflusst, das die wechselseitige Beziehung zwischen dem subtilen Energiekörper und dem Geist aufrechterhält. Solange die Winde in Bewegung sind, werden sie ein Muster der Fluktuation erzeugen, in dem wir Zustände der Glückseligkeit mit größerer oder geringerer Intensität erleben. Um diese Trennung zu überwinden, müssen wir einen Zustand meditativer Versenkung herstellen, in dem die Bewegung der Winde vollständig zur Ruhe kommt. Das Ergebnis dieses Prozesses ist die *Vereinigung von Leerheit und großer Glückseligkeit.*

4. **Unveränderliche Glückseligkeit:** Solange die in den subtilen Essenzen gespeicherte Energie im Körper verteilt ist, wird eine sehr subtile Vorstellung vom Selbst bestehen bleiben und dualistische Erscheinungen werden weiterhin auftreten. Durch den Prozess des Schmelzens und Sammelns der Essenzen an der Spitze des Zentralkanals kann die subtilste Ebene des Greifens entfernt werden, wodurch eine unerschütterliche Erfahrung von unveränderlicher Glückseligkeit verwirklicht wird. Das Ergebnis dieses

Prozesses ist bekannt als die *Höchste Vereinigung von unveränderlicher Glückseligkeit und Leerer Form.*

Obwohl alle diese Verwirklichungen der Vereinigung sich im Kontext der letztendlichen Wahrheit bewegen, werden die ersten drei als teilweise Verwirklichungen betrachtet, die dazu dienen, Verdunkelungen zu beseitigen. Nur die vierte vereint eine vollständige Verwirklichung der Leeren Form mit einer vollständigen Verwirklichung der unveränderlichen Glückseligkeit. Daher kann nur diese Verwirklichung als eine vollständig etablierte Erfahrung der letztendlichen Wahrheit betrachtet werden, die frei von dualistischem Greifen ist.

Wahrheit	Vereinigung	Grundlage	Erscheint
Letztendlich	Leerheit und Erscheinungen	Wahrnehmungen	Dualistisch
	Leerheit und Gewahrsein	Gewahrsein	
	Leerheit und große Glückseligkeit	Winde	
	Unveränderliche Glückseligkeit und Leere Form	Subtile Essenzen	Nicht-dualistisch

Tabelle 7-4: Arten der Vereinigung

Während der Ermächtigung werden Sie aufgefordert, sich selbst im Aspekt von Kalachakra und Ihre Gefährtin im Aspekt von Vishvamata zu visualisieren. Im Zentrum der sechs Hauptchakras beider Gestalten visualisieren Sie die sechs Keimsilben, die die sechs Buddha-Familien als die Essenz Ihrer Buddhanatur repräsentieren. Diese Silben sollen Sie daran erinnern, dass die unveränderliche Glückseligkeit von Kalachakra letztlich von derselben Natur ist wie die Leere Form von Vishvamata.

Nachdem Sie den Vater bzw. die Mutter visualisiert haben, visualisieren Sie anschließend gezielt ihre Sexualorgane als Vajra und Lotos, die beide durch Keimsilben gekennzeichnet sind. Die Absicht dabei ist es, zu erkennen, dass die Unterteilung von Leerer Form und unveränderlicher Glückseligkeit in zwei separate Aspekte eine bloße Zuschreibung ist. Die Leere Form hat die Natur der unveränderlichen Glückseligkeit und die unveränderliche Glückseligkeit hat die Natur der Leeren Form. Wenn die beiden Aspekte von Vajra und Lotos zur Vereinigung gebracht werden, wird die daraus resultierende Glückseligkeit als

Grundlage für die Erkenntnis ihrer unzerstörbaren Natur genutzt.

Durch die Weisheits-Ermächtigung reduzieren wir das Gefühl der Trennung zwischen Subjekt und Objekt und reinigen dadurch unser Greifen nach den dualistischen Erscheinungen des Zustands des Tiefschlafs. Dieser Prozess schafft die Neigungen für uns, die Glückseligkeit der besonderen Freude zu erfahren und schließlich den Vajra-Geist des Kalachakra zu erlangen. Wir nennen diese Ermächtigung die *Ermächtigung des relativen Bodhicitta* in Bezug auf die subtilen Essenzen, die als Grundlage für die Verfeinerung unserer Erfahrung von Glückseligkeit und für die Entwicklung unserer Erkenntnis des untrennbaren Aspekts der Buddhanatur dienen.

Die Wort-Ermächtigung

Die vierte Ermächtigung wird von einigen als die *Wort-Ermächtigung* bezeichnet, weil sie Worte benutzt, um die letztendliche Natur der Wirklichkeit durch direkte Erfahrung zu enthüllen. Der Schwerpunkt dieser Ermächtigung liegt auf der Unterscheidung zwischen den dualistischen Erscheinungen des begrifflichen Verständnisses und der nicht-dualen Erfahrung des ursprünglichen Gewahrseins. Es geht nicht darum, *was* wir wissen müssen, sondern darum, *wie* wir es wissen müssen.

Bis hierher haben wir daran gearbeitet, eine Sichtweise zu entwickeln, die die Konzepte der Leeren Form, der unveränderlichen Glückseligkeit und ihrer untrennbaren Natur einbezieht. So wie man das klare Spiegelbild des Mondes auf einer stillen Wasseroberfläche dazu nutzen kann, indirekt die Natur des Mondes zu erkennen, so können wir diese Konzepte als ein geschicktes Mittel nutzen, um Vertrautheit mit unserer Buddhanatur zu entwickeln. Auch wenn diese Zuschreibungen möglicherweise zutreffen, sind sie dennoch irreführend, und deshalb müssen wir sie transzendieren, um die Wirklichkeit so zu erleben, wie sie ist. Anstatt nur auf sein Spiegelbild zu schauen, müssen wir den Mond selbst betrachten.

Der Schlüssel zu dieser Errungenschaft liegt in der klaren Unterscheidung zwischen der *endgültigen Natur* der konventionellen und der letztendlichen Wahrheit. Der Begriff „endgültig" bezieht sich hier auf die Art und Weise, wie die Wirklichkeit aus der Perspektive der ursprünglichen Weisheit erfahren wird.

Wird eine solche Weisheit auf eine konventionelle Wahrheit angewandt, stellt sich heraus, dass diese Wahrheit völlig leer von jeglicher Essenz ist, wie eine Illusion oder ein Traum. Wenn jedoch dieselbe Weisheit in der letztendlichen Wahrheit verweilt, stellt sich heraus, dass die endgültige Natur mit unendlichen erleuchteten Qualitäten erfüllt ist. Dies ist die Trennlinie zwischen den beiden Wahrheiten.

Wenn wir dies verstehen, können wir drei Arten von Geist identifizieren, die jeweils in der Lage sind, eine andere Ebene der Wirklichkeit zu erkennen:

1. **Konzeptuelles Bewusstsein:** Dies ist ein grober dualistischer Geist, der die Wirklichkeit durch Schichten von zugeschriebenen Projektionen erfährt. Er wird von den Verdunkelungen der Unwissenheit beherrscht und ist daher nicht in der Lage, die letztendliche Wahrheit direkt zu erfahren. Daher muss er Begriffe als Mittel verwenden, um die Natur verborgener Phänomene indirekt zu enthüllen.

2. **Nicht-konzeptuelles Gewahrsein:** In diesem Geist sind die groben Konzepte durch meditative Versenkung zur Ruhe gekommen. Ohne die Zwischenschicht der Zuschreibungen kann dieser Geist die letztendliche Wahrheit direkt erfahren. Aufgrund des subtilen Greifens nach den angesammelten Aggregaten ist diese Erfahrung jedoch immer noch durch Karma konditioniert und erscheint daher auf dualistische Weise. Durch das Praktizieren von nicht-begrifflichen yogischen Methoden kann dieses Greifen allmählich aufgelöst werden, sodass man erkennt, dass die abhängige Natur der Wirklichkeit nie existiert hat.

3. **Ursprüngliches Gewahrsein:** Dies ist ein nicht-dualistischer Geist, in dem sich alle konventionellen Wahrheiten vollständig aufgelöst haben. Da er nicht mehr von den Konditionierungen karmischer Verdunkelungen beeinflusst wird, kann er alle erleuchteten Qualitäten der letztendlichen Wahrheit gleichzeitig und ohne Verzerrung erfahren. Ein solcher Geist transzendiert die *acht Extreme der begrifflichen Konstruktion*: (1) Entstehen und (2) Vergehen, (3) Existenz und (4) Nicht-Existenz, (5) Kommen und (6) Gehen, und (7) Einzahl und (8) Mehrzahl. Nur dieser Geist ist in der Lage, dauerhaft in der vollständig etablierten Natur der Soheit zu verweilen.

Obwohl wir während unserer Praxis des Pfades Momente der Nicht-Begrifflichkeit erlebt haben mögen, erfordern die Praktiken der Vollendungsstufe einen Geist, der in der Nicht-Begrifflichkeit ruht. Daher wird die Praxis der *Drei Isolationen*, die im nächsten Kapitel vorgestellt wird, immer noch als eine Vorstufe betrachtet. Sie ist die vorrangige Methode, um die Bewegung der begrifflichen Konstruktionen zu unterbrechen und die Erfahrung des nicht-konzeptuellen Gewahrseins zu stabilisieren. Dieser Geist wird durch die Praxis der *Sechs Vajrayogas* verfeinert, um schließlich das ursprüngliche Gewahrsein hervorzubringen, das Leere Form mit unveränderlicher Glückseligkeit vereint. Sobald die anfängliche Erfahrung des ursprünglichen Gewahrseins etabliert ist, wird es vervollkommnet und führt zum erleuchteten Geist eines Buddha.

Wahrheit	Geist	Natur	Erscheint
Konventionell	Konzeptuelles Bewusstsein	Zugeschrieben	Dualistisch
Letztendlich	Nicht-konzeptuelles Gewahrsein	Abhängig	
	Ursprüngliches Gewahrsein	Vollständig etabliert	Nicht-Dual

Tabelle 7-5: Schichten des Geistes

Für diese Ermächtigung muss keine Visualisierung erzeugt werden. Stattdessen sollen Sie die Sieben-Punkte-Meditationshaltung von Vairochana einnehmen, mit weit geöffneten Augen in den Raum vor sich blicken und Ihren Geist weit und ruhig werden lassen. Lassen Sie Ihr Gewahrsein ohne jede Form von Greifen oder begriffliche Aktivität ruhen. Während der/die Vajrameister/in spricht, erleben Sie einfach die leere Natur der Worte, ohne in irgendeiner Weise über sie nachzudenken. Lassen Sie sowohl Ihren Körper wie auch Ihren Geist völlig frei von jeder Art von Bewegung werden.

Durch die Wort-Ermächtigung unterbrechen wir vorübergehend den Wildwuchs unserer Gedanken und erfahren einen unverfälschten Geschmack unserer Buddhanatur, der den Zustand der glückseligen Versenkung reinigt. Dieser Prozess etabliert unsere Neigungen, die Glückseligkeit der innewohnenden Freude zu erfahren und die Vajra-Weisheit von Kalachakra zu erlangen. Da diese Ermächtigung auf einer direkten Erfahrung der letztendlichen Wahrheit beruht, wird sie als *Ermächtigung des endgültigen Bodhicitta* bezeichnet. Hier bezieht sich der Begriff „Bodhicitta" wörtlich auf den Erleuchtungsgeist, wie ihn ein/e vollständig verwirklichte/r Buddha erfährt.

RATSCHLÄGE FÜR DAS EMPFANGEN DER HÖHEREN ERMÄCHTIGUNGEN

Die Vier Höheren Ermächtigungen von einem/einer qualifizierten Vajrameister/in zu erhalten, ist wie die Schlüssel zu einem wundersamen Königreich entgegenzunehmen. In diesem Prozess werden Sie in alles eingeführt, was Sie brauchen, um innerhalb eines einzigen Lebens die Buddhaschaft zu erreichen. Es gibt keine größere Güte und keinen größeren Ausdruck des Mitgefühls. Um die transformierende Wirkung dieser tiefgreifenden Erfahrung zu maximieren, lohnt es sich, die folgenden Ratschläge zu beherzigen,

Im Gewöhnlichen das Außergewöhnliche erkennen

Als Vajrayana-Praktizierende müssen wir alles tun, um nicht in unsere gewohnten Muster der gewöhnlichen Wahrnehmung zu verfallen. Wenn es uns nicht gelingt, die reine Wahrnehmung zu kultivieren, hören wir auf, die Erscheinungen ernst zu nehmen, und sehen sie als normal und nicht inspirierend an. Anstatt nach guten Eigenschaften zu suchen, sehen wir nur Fehler und Unvollkommenheiten. Das Ergebnis dieser wertenden Haltung ist, dass wir uns dem Segen verschließen, den wir potenziell von der Zeremonie erhalten können.

Eine der Hauptursachen für das Entstehen einer solchen Haltung sind falsche Erwartungen, die darauf beruhen, was wir zu erleben hoffen. Wir gehen mit dem Gedanken in die Zeremonie, dass etwas Außergewöhnliches passieren sollte, wie z. B. Visionen von farbigen Lichtern oder das Schweben über dem Boden. Selbst wenn wir keine klare Vorstellung haben, erwarten wir oft, dass wir eine offensichtliche Veränderung der Wirklichkeit erfahren.

Das Ergebnis dieser Denkweise ist, dass wir die ganze Zeremonie lang darauf warten, dass unsere Erwartungen erfüllt werden. Anstatt tatsächlich irgendetwas zu erleben, verfangen wir uns in einer Schleife von Bewertungen, die einen ständigen Vergleich mit unserer Fantasie anstellt. Je übertriebener die Fantasie ist, desto „gewöhnlicher" erscheint unsere tatsächliche Erfahrung.

Um diese Falle zu vermeiden, müssen wir lernen, das Außergewöhnliche im Gewöhnlichen zu sehen; wir brauchen nirgendwo anders zu suchen. Jeder gewöhnliche Moment und jede gewöhnliche Erscheinung ist eine Gelegenheit, eine tiefere Wahrheit über die Natur der Wirklichkeit zu entdecken. Wenn wir das erkennen, konzentrieren wir uns auf den gegenwärtigen Augenblick. Es spielt keine Rolle, welche Form dieser Moment annimmt, wir können unsere gegenwärtige Realität immer als Erinnerung an unsere innewohnende Reinheit nutzen, und als solche wird alles als wichtig und nichts als nutzlos oder trivial angesehen.

Vor der Ermächtigungszeremonie sollten wir uns mit dem wesentlichen Charakter des Prozesses vertraut machen. Das verschafft Ihnen die Klarheit, die Sie brauchen, um sich auf den gegenwärtigen Moment einzulassen und Ihren Geist davor zu bewahren, in Unsicherheit und Zweifel abzuschweifen. Während Sie den Worten des/der Vajrameisters/in lauschen und die verschiedenen Visualisierungen erzeugen, lassen Sie zu, dass jede Erfahrung Sie an den entsprechenden Aspekt der Buddhanatur erinnert, auf den Sie sich konzentrieren. Lassen Sie diese Essenz Ihre Erfahrung durchdringen, wie ein wohlriechender Duft die Luft durchdringt.

Den Geist in seinem natürlichen Zustand ruhen lassen

Auch wenn wir Visualisierungen als Unterstützung für die ersten drei Ermächtigungen verwenden, dürfen wir nicht vergessen, dass sie vorläufiger Natur sind. Die Grundlage der Vollendungsstufe ist ein *nicht-konzeptuelles Gewahrsein* und es ist dieser Geisteszustand, den die Zeremonie erzeugen soll. Aus diesem Grund wird es nur ein Hindernis für den Empfang der Ermächtigungen sein, wenn Sie zulassen, dass Ihr Geist durch einen endlosen Strom von begrifflichen Gedanken abgelenkt wird.

Eine Möglichkeit, die Ausbreitung der Gedanken einzudämmen, besteht darin, sich auf die Entwicklung eines ungestörten Geistes zu konzentrieren, der frei von Greifen ist. Sitzen Sie in einer entspannten Haltung, mit weit geöffneten Augen und lassen Sie Ihren Blick sanft im Raum vor Ihnen ruhen. Lassen Sie die Bewegungen der Zeremonie in den Hintergrund treten und bringen Sie Ihr Gewahrsein in die Sphäre des Geistes. Mit einem Teil Ihres Geistes verfolgen Sie die Anweisungen Ihrer/Ihres Guru und mit dem anderen beobachten Sie, was auch immer im Raum des Geistes entsteht.

Wenn Sie während der ersten drei Ermächtigungen auf diese Weise meditieren, sollte sich Ihr Geist bis zu Beginn der vierten Ermächtigung beruhigt haben. Dann wird es Ihnen leichter fallen, den hinführenden Anweisungen der/des Guru zu folgen und das Gewahrsein in der Unbewegtheit eines nicht-konzeptuellen Gewahrseins ruhen zu lassen.

ZUSAMMENFASSUNG

- Die Vollendungsstufe des Kalachakra verwendet nicht-konzeptuelle Methoden, um die letztendliche Natur unseres Geistes zu enthüllen. Um diese Methoden authentisch praktizieren zu können, müssen wir zunächst eine nicht-begriffliche Sichtweise entwickeln. Dies geschieht in zwei Schritten: (1) Aufbau der Sichtweise auf der Grundlage der Vier Höheren Ermächtigungen und (2) Stabilisierung dieser Sichtweise durch Meditation in den Drei Isolationen.

- Der einzige Weg, die sehr subtile Natur des Geistes kennenzulernen, besteht darin, den Geist selbst zu benutzen. Wir stützen uns auf die erklärenden Anweisungen der/des Guru, damit wir eine Erfahrung dieser Natur aus erster Hand entwickeln können, die dann durch Meditation erweitert werden kann.

- Von den vier Erfahrungszuständen ist die glückselige Versenkung der letzte und einzige Zustand, in dem der konzeptuelle Geist ruht. Dies ist der Zustand, in dem die Praktiken der Vollendungsstufe ausgeübt werden.

- Die Sexualität wird in der Vollendungsstufe eingesetzt, weil sie eine der wenigen Aktivitäten im Leben ist, die den Zustand der glückseligen Versenkung hervorbringt. Wenn wir lernen, die Sexualität in den Pfad einzubringen, erhalten wir Zugang zu äußerst kraftvollen Methoden, um die letztendliche Natur der Wirklichkeit zu erkennen.

- Es gibt drei Hilfsmittel, die Vajrameister/innen anwenden, um ihre Schüler/innen in den nicht-konzeptuellen Zustand der glückseligen Versenkung einzuführen: (1) besonders reife Schüler/innen können auf der Grundlage ihrer früheren Schulung in Meditation eingeführt werden, (2) sehr reine Schüler/innen stützen sich auf eine physische Gefährtin, und (3) unreine Schüler/innen müssen auf symbolische Visualisierungen zurückgreifen.

- Die allgemeine Struktur der Zeremonie für die Vier Höheren

Ermächtigungen ähnelt den Sieben Ermächtigungen eines heranwachsenden Kindes. Sie besteht aus drei Abschnitten: (1) Vorbereitungen, (2) den tatsächlichen Ermächtigungen und (3) abschließenden Gebeten.

- Die Vier Höheren Ermächtigungen sind: (1) die Vasen-Ermächtigung, (2) die geheime Ermächtigung, (3) die Weisheits-Ermächtigung und (4) die Wort-Ermächtigung. Die ersten drei sind vorläufig und die vierte ist endgültig.

- Die Essenz der Vasen-Ermächtigung besteht darin, in die leere Natur der Erscheinungen einzuführen. Diese Ermächtigung hilft uns, zwischen (1) karmischen Erscheinungen, die durch Unwissenheit hervorgerufen werden, und (2) Leeren Formen zu unterscheiden, die die natürliche Manifestation der Buddhanatur sind.

- Leere Formen können in drei Arten unterteilt werden: (1) objektive Leere Formen, die als getrennt vom Gewahrsein erscheinen, (2) subjektive Leere Formen, die als untrennbar vom Gewahrsein erscheinen, und (3) die Große Gefährtin der Leeren Form, die die tatsächliche Erfahrung einer erhabenen Leerheit ist, die mit allen Aspekten ausgestattet ist.

- Die Essenz der geheimen Ermächtigung besteht darin, die glückselige Natur des Gewahrseins aufzuzeigen. Diese Ermächtigung hilft uns zu unterscheiden zwischen (1) gewöhnlichem Vergnügen, das auf der vorübergehenden Beendigung des manifesten Leidens beruht, (2) veränderlicher Glückseligkeit, die während Zuständen meditativer Versenkung entsteht, und (3) unveränderlicher Glückseligkeit, die entsteht, wenn der Geist völlig frei von allen Formen groben und subtilen Greifens ist.

- Die Essenz der Weisheits-Ermächtigung besteht darin, die untrennbare Natur von Leerheit und Glückseligkeit zu vermitteln. Um diese Untrennbarkeit zu verwirklichen, konzentrieren wir uns darauf, vier Arten der Vereinigung in unserer Erfahrung zu etablieren: (1) die Vereinigung von Leerheit und Erscheinungen, die auf der Erkenntnis beruht, dass alle Erscheinungen eine leere Natur haben, (2) die Vereinigung von Leerheit und Gewahrsein, die auf der Erkenntnis beruht, dass alle leeren Erscheinungen im Geist entstehen und mit dem Gewahrsein gemeinsam auftreten, (3) die Vereinigung von Leerheit und Großer Glückseligkeit, die durch das Auflösen der Winde in die subtilen Essenzen erzeugt wird, und (4) die Höchste Vereinigung von unveränderlicher Glückseligkeit und Leerer Form, die durch das Sammeln der subtilen Essenzen an der unteren Öffnung des Zentralkanals entsteht.

- Die Essenz der Wort-Ermächtigung besteht darin, die letztendliche Natur der Wirklichkeit durch direkte Erfahrung zu erkennen. Die Ermächtigung hilft uns, zu unterscheiden zwischen (1) konzeptuellem Bewusstsein, das die zugeschriebene Natur der Wirklichkeit erfährt, (2) nicht-konzeptuellem Gewahrsein, das ihre abhängige Natur erfährt, und (3) ursprünglichem Gewahrsein, das die vollständig etablierte Natur erfährt.

- Wenn Sie die vier Ermächtigungen erhalten, versuchen Sie, Ihren Geist von jeglichen Erwartungen zu befreien. Richten Sie Ihre Aufmerksamkeit so weit wie möglich auf die Erfahrungen, die im gegenwärtigen Moment entstehen. Vermeiden Sie jede Art von wertender Haltung, die Ihre reine Wahrnehmung beeinträchtigen würde.

- Verwenden Sie die ersten drei Ermächtigungen als Mittel, um den Geist allmählich in seinen natürlichen Zustand zu versetzen. Wenn es dann an der Zeit ist, die vierte Ermächtigung zu empfangen, fällt es leichter, in einem nicht-konzeptuellen Gewahrsein zu ruhen.

KAPITEL ACHT

Die Drei Isolationen
Mit dem subtilen Körper Shamatha erreichen

Wir können die Erfahrung der Vier Höheren Ermächtigungen mit einem Zoologen vergleichen, der uns durch den Dschungel führt und uns auf das Vorhandensein einer wundersamen Kreatur hinweist, die sich zwischen den Bäumen versteckt. Indem er unseren Blick in die richtige Richtung lenkt und die Merkmale der Kreatur beschreibt, informiert er uns darüber, wonach wir suchen müssen. Durch aufmerksame Beobachtung sind wir dann in der Lage, seine Form deutlich vom Hintergrund zu unterscheiden, und in diesem Moment wird das Wesen, das uns vorher verborgen war, sichtbar.

In ähnlicher Weise werden wir durch die Worte unseres/r kostbaren Meisters/in ermutigt, nach innen in den Geist zu schauen, dorthin, wo unsere innere Wahrheit verborgen liegt. Dann werden wir in die Aspekte unserer Buddhanatur eingeführt, damit wir ein Verständnis dafür entwickeln können, wie sie sich manifestiert. Indem wir unseren Geist auf möglichst natürliche Weise zur Ruhe bringen, erhalten wir schließlich die Gelegenheit, diese Natur selbst zu erfahren. Mit etwas Glück haben sich die Schleier unserer Verdunkelungen genügend gelichtet, sodass wir einen Blick auf die letztendliche Wirklichkeit werfen können.

Anfänglich mag ein solcher Einblick flüchtig sein und nur für die Dauer der Ermächtigung anhalten. Sobald unsere gewohnten Muster wieder auftauchen, kann sich unsere tiefgreifende Erfahrung der Natur des Geistes wie eine ferne Erinnerung anfühlen. Aus diesem Grund müssen wir lernen, unseren Geist innerhalb seiner eigenen Natur zu stabilisieren, bevor wir auf dem schnellen Weg der Kalachakra-Vollendungsstufe voranschreiten können. Dies wird durch die einsgerichtete Konzentration von Shamatha erreicht.

Auch wenn es viele Wege gibt, den Shamatha-Geist zu entwickeln, ist die Technik, die in den Kernanweisungen des Kalachakra-Pfades vorgestellt wird, besonders wirkungsvoll. Was diese Form der Meditation von anderen Methoden unterscheidet, ist die Art und Weise, wie sie ein tiefgehendes Verständnis der Interdependenz zwischen Körper und Geist einbezieht. Dieses Wissen ergibt sich aus den Kalachakra-Lehren über das subtile Energiesystem der Kanäle, Winde und Tropfen. Da diese Theorie die Grundlage für alle Praktiken der Vollendungsstufe bildet, werden wir dieses System im Detail erkunden, bevor wir zu einer allgemeinen Präsentation der Techniken selbst übergehen.

DER SUBTILE KÖRPER GEMÄSS DEM KALACHAKRA

Der *subtile Energiekörper* wird durch die Energiemuster gebildet, die aus den Bewegungen eines dualistischen Geistes entstehen. Durch subtile Verschiebungen der Energie kann der Geist Veränderungen auf den groben Ebenen der Phänomene wie dem physischen Körper bewirken. Ebenso können Veränderungen im grobstofflichen Körper die Funktionen des subtilen Körpers konditionieren und die Erfahrungen, die im Geist entstehen, beeinflussen. Auf diese Weise sind die beiden vollständig miteinander verwoben.

Um die yogischen Techniken der Vollendungsstufe effektiv zu praktizieren, müssen wir ein funktionierendes Verständnis dafür entwickeln, wie dieser subtile Körper funktioniert. Dabei müssen wir nicht über so genaue Fachkenntnisse wie ausgebildete Ärzte/Ärztinnen verfügen, dennoch sollten wir mit dem System ausreichend vertraut sein und seine drei Hauptkomponenten kennen: (1) Kanäle und Chakras, (2) innere Winde und (3) subtile Essenzen. Wir werden nun jede Komponente genauer untersuchen.

Kanäle und Chakras

Ein *Kanal* ist eine Bahn, durch die Energie fließt. Zweidimensionale Zeichnungen neigen dazu, Kanäle als Adern oder Röhren darzustellen, aber wir müssen uns davor hüten, sie auf eine solch grobe Weise zu betrachten. Eigentlich sind sie eher mit der optischen Täuschung eines Kreises vergleichbar, der durch einen wirbelnden Feuerball entsteht, oder mit den Lichtmustern, die durch den nächtlichen Verkehr entstehen. Obwohl unser Geist sie als Muster einer Energie erlebt, die durch bestimmte Bereiche des Körpers fließt, haben die Kanäle selbst keine substanzielle Struktur.

Vor diesem Hintergrund gibt es in einem voll ausgereiften menschlichen Körper etwa 72.000 Kanäle, die ein komplexes Netzwerk von Bahnen bilden, das in seiner Form dem zentralen Nervensystem ähnelt. Um die Komplexität dieses Systems zu vereinfachen, können wir unsere Aufmerksamkeit auf die besonderen Merkmale richten, die in den Praktiken der Vollendungsstufe verwendet werden, die sich in drei Gruppen aufteilen: (1) die drei Kanäle, (2) die Hauptchakras und (3) die Nebenchakras.

Die drei Kanäle

Am einfachsten ist es, sich das Kanalsystem in Form von drei Gruppen von Kanälen vorzustellen: die sich jeweils links, rechts und in der Mitte des Körpers befinden. Unabhängig von der Anzahl der zugehörigen Zweigkanäle entspringen alle aus den drei Hauptkanälen, die den Stamm des Systems bilden:

1. **Der Zentralkanal (Skt. avadhuti, Tib. uma):** Dieser Kanal verläuft vom Punkt zwischen den Augenbrauen hoch zum Scheitel des Kopfes, gerade entlang der Wirbelsäule hinunter und vom Damm bis zur Spitze der Genitalien. Oberhalb des Nabels wird dieser Kanal als Rahu-Kanal und unterhalb des Nabels als Kalagni-Kanal bezeichnet.

2. **Der linke Kanal (Skt. lalana, Tib. kyangma):** Dieser Kanal beginnt am linken Nasenloch und verläuft parallel zum Zentralkanal bis zum Anus. Oberhalb des Nabels wird dieser Kanal als Mondkanal und unterhalb des Nabels als Ausscheidungskanal bezeichnet.

3. **Der rechte Kanal (Skt. rasana, Tib. roma):** Dieser Kanal beginnt am rechten Nasenloch und verläuft ebenfalls parallel zum Zentralkanal und endet an der Spitze der Genitalien. Oberhalb des Nabels wird dieser Kanal als Sonnenkanal und unterhalb des Nabels als Harnkanal bezeichnet.

Lage	Kanal	Name	Farbe
Oberhalb des Nabels	Zentral	Avadhuti	Grün
	Links	Lalana	Weiß
	Rechts	Rasana	Rot
Unterhalb des Nabels	Rechts	Mesa	Dunkelblau
	Links	Pingala	Gelb
	Zentral	Shankini	Blau

Tabelle 8-1: Die drei Hauptkanäle

Die Hauptchakras

An sechs Punkten winden sich der linke und der rechte Kanal um den Zentralkanal und bilden Energiezentren, die *Chakras* genannt werden. Diese Zentren sind wie Knoten; sie lenken die Energie, die durch den linken und rechten Kanal fließt, und sind die Hauptursache für die Entstehung der verschiedenen Zweigkanäle. Man kann sie sich wie die Kreuzungen einer Autobahn vorstellen.

Da die gesamte, im Körper zirkulierende Energie durch diese Chakras fließen muss, sind sie für unsere Praxis sehr wichtig. Wenn wir uns mit der Struktur jedes Chakras vertraut machen, können wir die Bewegung unserer Energie auf sehr präzise Weise manipulieren. Die sechs Hauptchakras werden in der Kalachakra-Lehre wie folgt beschrieben:

1. **Das geheime Chakra:** Dieses Chakra befindet sich an der Basis des Dammes, wo sich drei Schichten von Kanälen verzweigen. Die innerste Schicht besteht aus sechs Kanälen, von denen sich vier in zwei teilen, wodurch eine mittlere Schicht mit zehn Kanälen entsteht. Von diesen zehn Kanälen spalten sich sechs in zwei auf, sodass eine äußere Schicht mit sechzehn Kanälen entsteht. Kombiniert man die drei Schichten, erhält man insgesamt zweiunddreißig Kanäle, die als „leere Kanäle" gelten, weil die groben Winde nicht durch sie fließen.

2. **Das Nabelchakra:** Dieses Chakra befindet sich vier Fingerbreit unterhalb des Nabels und besteht aus vier Schichten von Kanälen. Die innerste Schicht besteht aus vier Kanälen, die sich vom Zentrum aus verzweigen, von denen sich vier in zwei teilen, um die erste Zwischenschicht von acht zu bilden. Diese acht teilen sich in zwei, um eine zweite Zwischenschicht mit sechzehn Kanälen zu bilden. Von diesen sechzehn Kanälen werden vier als leere Kanäle betrachtet, sodass zwölf Kanäle übrig bleiben, durch die die groben Winde zirkulieren. Diese zwölf teilen sich jeweils in fünf Kanäle auf, sodass insgesamt vierundsechzig Kanäle in der äußeren Schicht entstehen.

3. **Das Herzchakra:** Dieses Chakra befindet sich zwölfeinhalb Fingerbreit über dem Nabelchakra und hat acht Kanäle, die von seinem Zentrum ausgehen: (1) *Rohini* im Osten, (2) *Hastijihva* im Südosten, (3) *Pingala*

im Süden, (4) *Pushya* im Südwesten, (5) *Jaya* im Westen, (6) *Alambusa* im Nordwesten, (7) *Mesa* im Norden und (8) *Kuha* im Nordosten.

4. **Das Kehlchakra:** Dieses Chakra befindet sich zwölfeinhalb Fingerbreit über dem Herzchakra. Von seinen drei Schichten hat die innerste acht Kanäle, die sich vom Zentrum aus verzweigen. Diese acht verzweigen sich dann in zwei und bilden sechzehn und diese sechzehn verzweigen sich in zwei und bilden zweiunddreißig. Vier dieser Kanäle werden als leere Kanäle betrachtet.

5. **Das Stirnchakra:** Dieses Chakra befindet sich zwölfeinhalb Fingerbreit über dem Kehlchakra in der Mitte des Gehirns und hat zwei Schichten von Kanälen. Die innerste Schicht hat acht Kanäle, die sich in zwei teilen, um eine äußere Schicht von sechzehn zu bilden. Zwei dieser Kanäle werden als leere Kanäle betrachtet.

6. **Das Scheitelchakra:** Dieses Chakra befindet sich am Scheitel des Kopfes und besteht aus vier Kanälen, die sich von seinem Zentrum aus verzweigen.

Lage	Farbe	Zweige	Schichten			
Scheitel	Grün	4	4			
Stirn	Weiß	16	8	16		
Kehle	Rot	32	8	16	32	
Herz	Dunkelblau	8	8			
Nabel	Gelb	64	4	8	16	64
Geheim	Blau	32	6	10	16	

Tabelle 8-2: Die sechs Hauptchakras

Die Nebenchakras

In Bezug auf die sechs Hauptchakras werden insgesamt 156 Kanäle identifiziert. Aus der Perspektive unserer yogischen Praxis sind das alle Kanäle, die wir brauchen, aber wir sollten uns bewusst sein, dass es noch andere Chakras im Körper gibt. Es gibt viele Punkte, an denen die Zweigkanäle zusammenlaufen, um die Nebenchakras zu bilden, von denen zwei Gruppen erwähnenswert sind:

1. **Das Juwelenchakra:** Dieses Chakra befindet sich an der Spitze des Sexualorgans und an der unteren Öffnung des Zentralkanals. Dies ist ein sehr wichtiger Punkt in der Vollendungsstufe, weil hier alle subtilen Essenzen gesammelt werden, um die Erfahrung der unveränderlichen Glückseligkeit zu erzeugen.

2. **Die Aktivitätschakras:** In den Schriften werden dreihundertsechzig über den Körper verteilte Gelenke angeführt, an denen sich jeweils ein Chakra befindet. Diese Chakras sind als Aktivitätschakras bekannt, weil sie es uns ermöglichen, unsere Gliedmaßen zu bewegen und somit verschiedene Aktivitäten auszuüben. Die wichtigsten Aktivitätschakras befinden sich in den zwölf Gelenken der Arme und Beine sowie in den sechzig Gelenken der Hände und Füße.

Innere Winde

Die inneren Winde beziehen sich auf die Art und Weise, wie sich der feinstoffliche Körper mit der Zeit verändert. Um zu verstehen, wie sie funktionieren, können wir sie wie die Strömungen im Ozean betrachten. Durch die Schwerkraft der Erde und des Mondes wird das Wasser im Ozean in verschiedene Richtungen gedrückt und gezogen, wodurch eine Vielzahl von Strömungen entsteht, was dazu führt, dass der Wasserspiegel in einigen Gebieten steigt und in anderen fällt. Wenn sich das Wasser an einem Ort staut, schwillt es zu einer Welle an. Je höher eine Welle ansteigt, desto heftiger bricht sie zusammen und gibt so ihre Energie an den Ozean zurück. Auf diese Weise wird die Form des Ozeans durch die verschiedenen Strömungen ständig verändert.

In ähnlicher Weise ist der subtile Körper wie ein Ozean aus Energie. Durch den Einfluss des Geistes wird die Energie in verschiedene Richtungen geschoben und gezogen, sammelt sich in einigen Teilen und zerstreut sich in anderen. Das oben beschriebene System von Kanälen und Chakras bildet die allgemeine Form der Energie, die aus den konzeptuellen Mustern des Geistes resultiert. Wenn wir den Zustand unseres Geistes verändern, verändert sich auch die Form der Energie, mit der er verbunden ist. Wie bei den Wellen muss zu viel Energie, die sich in einem Bereich aufgestaut hat, schließlich wieder in das System abgegeben werden; ein Prozess, der je nach den Bedingungen allmählich oder explosionsartig ablaufen kann.

Wenn sich die Energie bewegt, bewegt sich der Geist mit ihr, so wie ein Reiter sich mit seinem Reittier bewegt. Während Gedanken die Energie in Bewegung versetzen können, hat die Bewegung der Energie auch die Fähigkeit, Gedanken im Geist zu erzeugen. Diese gegenseitige Abhängigkeit bedeutet, dass beide dazu beitragen, die Bewegung in Körper und Geist aufrechtzuerhalten.

Mit diesem Verständnis sollten wir die inneren Winde nicht als Luft ansehen, die durch Röhren fließt. Da die Kanäle und Winde keine groben Phänomene sind, ist es korrekter, sie als verschiedene Aspekte der subtilen Energie zu betrachten. Die Kanäle sind die gegenwärtige Form der Energie, und die Winde sind die Muster der Veränderung, die für die Erzeugung ihrer Form verantwortlich sind. Wir nennen diese Muster „Bewegungen" in dem Sinne, dass sie die Energie von einem Zustand in einen anderen verwandeln. Wenn die Winde aktiv sind, ist das System im Fluss, und wenn sie ruhen, ist das System stabil.

Im Hinblick auf unseren Pfad gibt es zehn Winde, mit denen wir vertraut sein müssen: (1) die fünf Hauptwinde und (2) die fünf Nebenwinde. Diese Winde repräsentieren zehn verschiedene Muster für die Art und Weise, wie der konzeptuelle Geist unsere subtile Energie beeinflusst. Sie schließen sich nicht gegenseitig aus, und deshalb ist es möglich, dass mehrere Winde unterschiedlicher Stärke im selben Moment aktiv sind. Egal wie stark oder schwach ein Wind sein mag, wenn er nicht vollständig aufgelöst wird, wird er immer eine Wirkung auf den subtilen Körper haben.

Die Hauptwinde

Es gibt fünf Winde, die als Hauptwinde angesehen werden, weil sie den grundlegenden Mechanismus darstellen, durch den der Geist den Körper aufrechterhält und beeinflusst. Ohne diese Winde könnten wir überhaupt keine Körperfunktionen ausführen und die Verbindung zwischen Körper und Geist würde sich auflösen.

1. **Der lebenserhaltende Wind:** Dieser Wind durchdringt alle Kanäle und steht im Zusammenhang mit dem Muster des *Zusammenziehens*, bei dem Energie eingezogen oder konzentriert wird, wie z. B. beim Einatmen oder

Schlucken. Er entspricht dem Element Raum und ist mit dem Buddha Akshobhya verbunden.

2. **Der abwärts entleerende Wind:** Dieser Wind durchdringt ebenfalls alle Kanäle und steht mit dem Muster der *Ausdehnung* in Verbindung, bei dem Energie hinausgestoßen oder ausgestoßen wird, wie beim Akt des Ausatmens, der Ausscheidung oder des Urinierens. Er entspricht dem Element Bewusstsein und ist mit dem Buddha Vajrasattva verbunden.

3. **Der feuerbegleitende Wind:** Dieser Wind hat seinen Ursprung im östlichen Blütenblatt des Herzchakras. Er steht im Zusammenhang mit dem Muster der *Ansammlung*, in dem Energie gesammelt wird, um die verschiedenen Transformationsprozesse im Körper, wie z. B. die Verdauung der Nahrung, anzutreiben. Er entspricht dem Element Wind und ist mit dem Buddha Amoghasiddhi verbunden.

4. **Der aufsteigende Wind:** Dieser Wind hat seinen Ursprung im südlichen Blütenblatt des Herzchakras und steht im Zusammenhang mit dem Muster der *Richtung*, in dem sich die Energie von einem Teil des Körpers zum anderen verteilt. Diese Bewegung ist eng mit unseren Absichten verbunden und wird verwendet, um Handlungen wie Sprechen, Abrufen von Erinnerungen oder Anstrengung auszuführen. Es entspricht dem Element Feuer und ist mit dem Buddha Ratnasambhava verbunden.

5. **Der alles durchdringende Wind:** Dieser Wind hat seinen Ursprung im nördlichen Blütenblatt des Herzchakras und steht in Beziehung zum Muster der *Verbindung*, das aus der Energie resultiert, die jede Zelle unseres Körpers durchdringt. Durch diesen Wind können wir unseren Körper mit dem Geist beeinflussen, um motorische Aktivitäten wie Gehen oder die Bewegung unserer Arme auszuführen. Er entspricht dem Element Wasser und ist mit dem Buddha Amitabha verbunden.

Name	Element	Muster	Funktion
Lebenserhaltend	Raum	Zusammenziehen	Schlucken, Einatmung und Konzentration
Abwärts entleerend	Bewusstsein	Ausdehnung	Ausscheidung von Fäkalien, Urin, regenerativen Flüssigkeiten
Feuerbegleitend	Wind	Ansammlung	Verdauung und Stoffwechsel
Aufsteigend	Feuer	Richtung	Sprache, Gedächtnis, Fleiß
Alles durchdringend	Wasser	Verbindung	Motorische Aktivitäten

Tabelle 8-3: Die fünf Hauptwinde

Die Nebenwinde

Während die Hauptwinde den Einfluss des Geistes auf den Körper hervorheben, betonen die Nebenwinde den Einfluss des Körpers auf den Geist. Insbesondere stellen diese fünf Winde den Mechanismus dar, durch den unsere Sinnesorgane die verschiedenen Sinneseindrücke erzeugen, die wir erleben.

1. **Der Naga-Wind:** Dieser Wind entspringt im westlichen Blütenblatt des Herzchakras und bildet die Grundlage für unseren Sehsinn. Wenn dieser Wind aktiv ist, erleben wir das Muster von *sichtbaren Formen*. Er entspricht dem Element Erde und ist mit dem Buddha Vairochana verbunden.

2. **Der Schildkröten-Wind:** Dieser Wind hat seinen Ursprung im südöstlichen Blütenblatt des Herzchakras und bildet die Grundlage für unseren Hörsinn. Wenn dieser Wind aktiv ist, erleben wir das Muster von *Klängen*. Er entspricht dem Element Wind und ist mit dem Buddha Amoghasiddhi verbunden.

3. **Der Eidechsen-Wind:** Dieser Wind hat seinen Ursprung im südwestlichen Blütenblatt des Herzchakras und bildet die Grundlage für unseren Geruchssinn. Wenn dieser Wind aktiv ist, erleben wir das Muster von *Düften*. Er entspricht dem Element Feuer und ist mit dem Buddha Ratnasambhava verbunden.

4. **Der Devadatta-Wind:** Dieser Wind hat seinen Ursprung im nordöstlichen Blütenblatt des Herzchakras und bildet die Grundlage für unseren

Geschmackssinn. Wenn dieser Wind aktiv ist, erleben wir das Muster von *Geschmäckern*. Er entspricht dem Element Wasser und ist mit dem Buddha Amitabha verbunden.

5. **Der Dhanamjaya-Wind:** Dieser Wind hat seinen Ursprung im nordwestlichen Blütenblatt des Herzchakras und bildet die Grundlage für unseren Tastsinn. Wenn dieser Wind aktiv ist, erleben wir das Muster von *taktilen Empfindungen*. Er entspricht dem Element Erde und ist mit dem Buddha Vairochana verbunden.

Name	Element	Muster	Funktion
Naga	Erde	Formen	Sehsinn
Schildkröte	Wind	Klänge	Gehörsinn
Eidechse	Feuer	Düfte	Geruchssinn
Devadatta	Wasser	Geschmäcker	Geschmackssinn
Dhanamjaya	Erde	Berührungen	Tastsinn

Tabelle 8-4: Die fünf Nebenwinde

Es ist wichtig zu verstehen, dass jeder dieser Winde eine spezifische Korrelation zwischen einer Mischung aus mentalen und physischen Phänomenen darstellt. Im Falle des Naga-Windes zum Beispiel steht er für die Korrelation zwischen den elektrischen Impulsen, die vom Auge erzeugt werden, dem Muster der Impulse, die im Gehirn ausgelöst werden, und den sichtbaren Formen, die der Geist wahrnimmt. Ebenso stellt der aufsteigende Wind die Korrelation zwischen unserem Wunsch, etwas zu tun, dem Gewahrsein des Körperteils, der dafür benötigt wird, und einem Muster elektrischer Impulse dar, die an diesen Teil gesendet werden, um den Wunsch zu erfüllen. Da alle diese Beziehungen durch das Greifen zusammengehalten werden, löst sich bei Auflösung des Greifens auch der Wind auf und die Verbindung zwischen den Komponenten wird unterbrochen.

Subtile Essenzen

Jedes Energiemuster hat einen qualitativen Aspekt – ein Gefühl, das einen Zustand von einem anderen unterscheidet. Wenn unsere Winde von Geisteszuständen dominiert werden, die in Unwissenheit verwurzelt sind, führen sie zu einem dysfunktionalen Kanalsystem, das von energetischen Ungleichgewichten beeinträchtigt wird. Diese Ungleichgewichte manifestieren sich in einer Vielzahl von Beschwerden, die wir als Leiden erfahren. Wirken unsere Winde jedoch auf der Grundlage von Weisheit, führen sie zu einem funktionierenden und ausgeglichenen Kanalsystem, das zur Erfahrung von Glückseligkeit führt.

Diese Beziehung zwischen Energie und Erfahrung wird in dem abstrakten Konzept einer *subtilen Essenz* zusammengefasst. Wir können uns eine Essenz als einen einzigen Punkt vorstellen, in dem der Geist und der Körper durch die Kraft des Greifens des Geistes miteinander verschmolzen sind. Wenn dies geschieht, werden die beiden an Raum und Zeit gebunden, wobei *Raum* die physische Position der Energie und *Zeit* die momentane Erfahrung dieser Energie im Geist ist.

Wenn der Geist einen Unterschied in der Qualität einer Erscheinung wahrnimmt, spaltet er sich im Endeffekt in zwei Aspekte. Aufgrund der gegenseitigen Abhängigkeit von Körper und Geist spaltet sich mit dem Geist auch die Energie, was dazu führt, dass aus einer Essenz zwei werden, aus der sich wiederum vier, acht usw. bilden. In dem Maße, wie sich die Gedanken vervielfachen, verzweigt sich die Energie nach außen, bildet ein komplexes Netzwerk von Kanälen und verteilt die Essenzen im ganzen Körper. Dies führt zu einem zersplitterten Geist, der von dualistischen Erscheinungen beherrscht wird.

Aus dieser Perspektive kann man sich unsere Ansammlung von Essenzen wie eine physische Manifestation unseres dualistischen Selbst vorstellen, die als energetische Basis für unser „Ich-Gefühl" fungiert. Da dieses Selbst davon abhängt, dass unsere Energie über den Körper verteilt ist, können wir dieses Konzept überwinden, indem wir unsere Energie in einem einzigen Punkt sammeln und sie dort halten. Dies ist der nicht-konzeptuelle Weg, den Geist zu vereinen und unsere dualistische Erfahrung aufzulösen.

Um zu verstehen, wie diese Essenzen auf dem Pfad genutzt werden, müssen wir zwei Themen verstehen: (1) die roten und weißen Tropfen und (2) die vier Tropfen. Die ersten stehen für die Mittel, mit denen die Essenzen gesammelt werden, und die zweiten für den Prozess, durch den diese Essenzen verfeinert werden.

Die roten und weißen Tropfen

Auch wenn die subtilen Essenzen aus derselben Quelle stammen, sollten wir nicht den Fehler begehen zu denken, dass sie alle gleich sind. Da jede Essenz das Ergebnis einer einzigartigen Manifestation des Geistes in Verbindung mit einem einzigartigen Energiepartikel ist, manifestieren sie sich auf unterschiedliche Weise. Im Allgemeinen können wir die subtilen Essenzen jedoch in zwei große Kategorien einteilen:

1. **Rote Tropfen:** In diesen subtilen Essenzen besteht eine Dominanz der weiblichen Energie. Sie werden produziert, wenn der Weisheitsaspekt der Buddhanatur in der Geisteskomponente der Essenz überwiegt. Rote Tropfen bieten eine Grundlage für die Verwirklichung der leeren Natur des Geistes und befinden sich meist in der unteren Hälfte des Körpers.

2. **Weiße Tropfen:** Diese subtilen Essenzen sind überwiegend von der männlichen Energie dominiert. Sie werden aus dem Methodenaspekt der Buddhanatur erzeugt und bilden die Grundlage für die Verwirklichung der glückseligen Natur des Geistes. Diese Tropfen befinden sich hauptsächlich in der oberen Hälfte des Körpers.

Dabei kommt dem Wort „dominieren" eine besondere Bedeutung zu. Obwohl ein Tropfen mehr von einem Aspekt als von einem anderen manifestieren kann, ist jeder Tropfen insofern vollständig, als er ein Gleichgewicht von sowohl weiblicher wie auch männlicher Energie aufweist. Auch wenn sich die meisten roten Tropfen unterhalb des Herzens und die weißen Tropfen oberhalb befinden, ist es möglich, beide über den ganzen Körper verteilt zu finden. Wie wir im folgenden Kapitel sehen werden, können wir durch die Verbindung der roten und weißen Tropfen die letztendliche Natur des Geistes manifestieren, um unser sehr subtiles Greifen zu beseitigen.

Tropfen	Lage	Energie	Aspekt	Natur
Rot	Unterhalb	Weiblich	Weisheit	Leerheit
Weiß	Oberhalb	Männlich	Methode	Glückseligkeit

Tabelle 8-5: Die roten und weißen Tropfen

Um mit diesen Tropfen effektiv arbeiten zu können, müssen wir sowohl ihre subtilen als auch ihre groben Erscheinungsformen verstehen. Je nach Ausmaß des Greifens können wir von vier Arten von Tropfen sprechen:

1. **Subtile Essenz:** Dies ist die subtilste Ebene eines Tropfens und bezieht sich auf die Kombination von subtiler *Energie und Bewusstsein*. Es ist die essenziellste Form des Tropfens, die durch die Wurzel der Unwissenheit entsteht, die nach einem Subjekt und Objekt greift. Dieser Tropfen kann entweder rot oder weiß sein, je nach dem Überwiegen der weiblichen oder männlichen Energie.

2. **Subtiler Tropfen:** Wenn sich eine subtile Essenz aus Energie und Geist im Moment der Empfängnis mit dem genetischen Material von Mutter und Vater verbindet, entsteht ein subtiler Tropfen, der schließlich den *Kern* einer Zelle bilden wird. Auf dieser Ebene übt die feinstoffliche Essenz einen direkten Einfluss auf die Art und Weise aus, wie die DNA ausgedrückt wird, und der Geist formt und reguliert die Art und Weise, wie sich der Körper entwickeln wird.

3. **Grober Tropfen:** Durch das Zusammenspiel der vier Komponenten eines subtilen Tropfens beginnt das genetische Material im Zellkern, verschiedene biologische Komponenten zu produzieren und einen groben Tropfen zu bilden, den wir *Zelle* nennen. Welche Art von Zelle entsteht, hängt von der Interaktion der Zelle mit äußeren Reizen sowie von den inneren Reaktionen der Zellbestandteile ab. Der rote und der weiße Tropfen sind jeweils für die Bildung verschiedener Zelltypen verantwortlich, die die Substanzen bilden, aus denen der Körper besteht. Sobald eine Zelle entstanden ist, hat der Geist wesentlich weniger Kontrolle über das Zusammenspiel der Komponenten.

4. **Sehr grober Tropfen:** Da ähnliche Zelltypen von ähnlichen Geisteszuständen produziert werden, haben sie eine gemeinsame karmische Verbindung, die sich als kohäsive Kraft manifestiert. Diese Kraft ist einer der Gründe, warum sich ähnliche Zellen zu Gruppen zusammenschließen. Ist diese Kraft stark, sind die Zellen sehr dicht gepackt, was sie fest und weniger flexibel macht, wie bei Knochen und Haaren. Wenn die Kraft schwächer ist, sind

die Zellen eher flüssig, wie man es bei Blut und anderen lebenswichtigen Flüssigkeiten sieht. Je kompakter die Zellen sind, desto weniger kann der Geist auf sie einwirken und desto schwerer sind sie zu beeinflussen. Das bedeutet, dass sich ein sehr grober Tropfen im Kontext unseres Pfades im Allgemeinen auf einen einzelnen *Flüssigkeitstropfen* bezieht.

Art	Form	Komponenten
Subtile Essenz	Dualistischer Geistesstrom	Bewusstsein und Energie
Subtiler Tropfen	Zellkern	Dualistischer Geistesstrom und genetisches Material
Grober Tropfen	Zelle	Zellkern und biologische Komponenten
Sehr grober Tropfen	Flüssigkeit	Ansammlung von ähnlichen Zellen

Tabelle 8-6: Arten von Tropfen

Wenn wir über die Natur der Tropfen nachdenken, sollten wir uns daran erinnern, dass der Geist ein nicht-physisches Phänomen ist. Wir können zwar eine subtile Essenz beschreiben, die sich im Kern einer Zelle befindet, aber es gibt nichts Physisches, das sie dort festhält. Es gibt nur die Verbindung, die entsteht, wenn der Geist nach der Zelle als dem Selbst greift. Löst der Geist dieses Greifen, ist er frei, sich nach Bedarf zu bewegen. Das bedeutet, dass es mit den richtigen Methoden möglich ist, die Essenz aus jeder Zelle zu extrahieren, so wie man Butter aus Milch gewinnt.

Die vier Tropfen

Durch die Wechselwirkung zwischen den Winden und den Tropfen entstehen im Geist Erscheinungen. Die Natur dieser Erscheinungen ändert sich je nach dem Bereich des Körpers, in dem sie aktiv sind. Abhängig von den Arten der unterstützen Erscheinungen können vier Gruppen von Tropfen unterschieden werden, die die vier Erfahrungszustände unterstützen. Jede Gruppe hat die Natur des Gewahrseins und existiert daher nicht als physikalische Energie, abgesehen von den Winden und Tropfen im subtilen Körper.

1. **Der Körper-Tropfen:** Dieser Tropfen befindet sich in der Region, die das Gehirn umgibt. Er umfasst das Zusammenspiel der im Kopf befindlichen

Winde und Tropfen, wo die meisten Sinnesquellen vorzufinden sind. Er ist für die groben Sinneswahrnehmungen des Wachzustandes verantwortlich.

2. **Der Rede-Tropfen:** Dieser Tropfen befindet sich im Bereich der Kehle, wo die Stimmbänder gebildet werden und durch den der Atem in den Körper hinein und aus ihm heraus fließt. Aus diesem Tropfen entstehen die subtilen mentalen Erscheinungen des Traumzustands.

3. **Der Geist-Tropfen:** Dieser Tropfen befindet sich in der Region um das Herz und umfasst alle lebenswichtigen Organe des Oberkörpers. Diese Tropfen halten die physische Manifestation des Selbst aufrecht und lassen die sehr subtilen subjektiven Erscheinungen des Zustands des Tiefschlafs entstehen.

4. **Der Weisheits-Tropfen:** Dieser Tropfen befindet sich in der Nähe des Nabels und umfasst die Organe des Unterkörpers. Dazu gehören die Verdauungsorgane, die für den Abbau von Materie verantwortlich sind, sowie die Organe, die für die Ausscheidung von Abfallstoffen oder Flüssigkeiten zuständig sind. Aus diesen Tropfen entstehen die nicht-konzeptuellen Erscheinungen des Zustandes der glückseligen Versenkung.

Bei einem Geist, der von Unwissenheit beherrscht wird, sammelt sich unsere Energie hauptsächlich in der oberen Körperhälfte. Tagsüber sammelt sie sich im Bereich des Kopfes, wodurch unsere Erscheinungen im Wachzustand entstehen. Wenn wir einschlafen, fließt die Energie durch den Halsbereich und setzt sich am Herzen fest. Während der Nacht zirkuliert die Energie zwischen Kehle und Herz, sodass wir abwechselnd Träume und tiefen, traumlosen Schlaf erleben. Nach dem Aufwachen kehrt die Energie vom Herzen zurück in den Kopf. Das bedeutet nicht, dass alles andere aufhört zu funktionieren, wenn sich die Energie in einem Teil des Körpers sammelt, sondern ist lediglich ein Hinweis darauf, worauf sich der Geist aktiv konzentriert.

Um die Energie in der unteren Hälfte des Körpers zu sammeln, müssen besondere Bedingungen geschaffen werden. Wir können die Energie entweder über den Körper oder über den Geist beeinflussen. Ein Beispiel für Ersteres ist, wenn wir den Geschlechtsverkehr nutzen, um die Energie zur Spitze der Genitalien hinunterzuziehen. Ein Beispiel für Letzteres ist, wenn wir in Zustände tiefer meditativer Versenkung eintreten.

Verweilt der Geist im nicht-konzeptuellen Gewahrsein des Zustandes der glückseligen Versenkung, wird der grobe konzeptuelle Geist inaktiv. Dies unterdrückt die Unwissenheit der dualistischen Erscheinungen und lässt die reinen Erscheinungen der Weisheit entstehen. Wenn dies geschieht, kann eine zweite Gruppe von vier Tropfen unterschieden werden, die sich in den unteren Regionen des Rumpfes befinden. Diese Tropfen können dazu verwendet werden, unser Gewahrsein zu verfeinern und unsere innere heilige Wahrheit zu erkennen.

1. **Der ultimative Körper-Tropfen:** Dieser Tropfen befindet sich im Nabel und entsteht immer gemeinsam mit dem konventionellen Weisheits-Tropfen. Das bedeutet, dass sich der Nabelbereich unterschiedlich manifestieren kann, je nachdem, ob Unwissenheit oder Weisheit vorhanden ist. Wenn Weisheit aktiv ist, bringt dieser Tropfen die reinen Erscheinungen von Leeren Formen hervor, die die Grundlage für die zahllosen Emanationskörper eines Buddha sind.

2. **Der ultimative Rede-Tropfen:** Dieser Tropfen befindet sich in der Nähe des geheimen Chakras und ist eine Quelle für die reinen Erscheinungen der großen Glückseligkeit. Er ist die Grundlage für die Manifestation des vollständigen Freudenkörpers eines Buddha.

3. **Der ultimative Geist-Tropfen:** Dieser Tropfen befindet sich in der Mitte der Genitalien, wo die Winde und Tropfen zusammenlaufen, um eine Vereinigung von Methode und Weisheit hervorzubringen. Dies ist die Grundlage für die Verwirklichung des Weisheits-Wahrheitskörpers eines Buddha.

4. **Der ultimative Weisheits-Tropfen:** Dieser letzte Tropfen befindet sich an der Spitze der Genitalien und ist der Punkt, an dem alle Winde und Tropfen gehalten werden, wodurch die letztendliche Wahrheit der unveränderlichen Glückseligkeit entsteht. Es ist dieser Tropfen, der die Grundlage für die Erzeugung des glückseligen Naturkörpers eines Buddha ist.

Tropfen	Zustand	Konventionell	Ultimativ
Körper	Wach	Stirn	Nabel
Rede	Traum	Kehle	Geheim
Geist	Tiefschlaf	Herz	Mitte der Genitalien
Weisheit	Glückselige Versenkung	Nabel	Spitze der Genitalien

Tabelle 8-7: Die vier Tropfen

WIE SICH DER SUBTILE KÖRPER ENTWICKELT

Mit einem theoretischen Verständnis der verschiedenen Komponenten, aus denen das subtile Energiesystem besteht, können wir dieses Wissen nutzen, um Einblick in die Natur unseres Leidens zu gewinnen. Im folgenden Abschnitt werden wir den allgemeinen Lebenszyklus eines Menschen untersuchen, um zu erkennen, wie der subtile Körper zur Aufrechterhaltung der zyklischen Existenz beiträgt.

Im gesamten Kalachakra-Tantra wurden verschiedene Begriffe aus der vedischen Kultur des alten Indien übernommen, um die Praktizierenden geschickt anzuleiten. Ein Beispiel dafür sind die Namen für die *zehn Avatare Vishnus*, die die Entwicklungsstufen im Leben eines Menschen erklären. In diesem Fall wird einem Namen, der dem damaligen Publikum vertraut war, eine neue Bedeutung verliehen. Die folgende Tabelle fasst zusammen, wie die zehn Avatare den verschiedenen Lebensstadien zugeordnet werden:

Stadium	Avatar	Zeitraum
Schwangerschaft	Fisch	Die ersten zwei Monate
	Schildkröte	Dritter und vierter Monat
	Wildschwein	Fünfter Monat bis zur Geburt
Kindheit	Löwenmensch	Geburt
	Zwerg	Geburt bis zu den Milchzähnen
	Rama	Milchzähne bis zum Zahnwechsel
	Ramana	Bleibende Zähne bis zum Ende der Pubertät
Erwachsenenalter	Krishna	Ende der Pubertät bis zum Beginn der grauen Haare
	Buddha	Wachstum der grauen Haare bis zum Tod
	Kalki	Tod

Tabelle 8-8: Stadien eines menschlichen Lebens

Der gesamte Prozess beginnt mit der *Empfängnis*, wenn ein Bardo-Wesen in den Schoß einer menschlichen Mutter eindringt, die gerade Geschlechtsverkehr hat. In diesem Stadium besteht das Bardo-Wesen aus einer einzigen subtilen Essenz von subtiler Energie und einem dualistischen Bewusstsein, das sich mit dem Samen und dem Ei zu einem subtilen Tropfen verbindet.

Nach der Empfängnis treten wir in die Phase der Schwangerschaft ein, in der sich die Form des Kindes herausbildet. Die erste Zeitspanne erstreckt sich über zwei Monate und wird *Fisch* genannt, weil der subtile Tropfen einem roten Rohita-Fisch ähnelt. Während des ersten Monats gibt es kaum mehr als eine Mischung aus Blut und Samen, während die Zellen beginnen, sich zu teilen und die Grundlagen eines Körpers zu bilden. Im zweiten Monat werden das Herzchakra und der obere und untere Zentralkanal gebildet, wodurch die zehn Winde entstehen und der Wachstumsprozess angetrieben wird. Aus dieser Bewegung bildet sich das Nabelchakra.

Die nächste Entwicklungsphase erstreckt sich über den dritten und vierten Schwangerschaftsmonat und wird *Schildkröte* genannt, weil der Fötus durch die sich entwickelnden Gliedmaßen einer Schildkröte ähnelt. Am Ende des vierten Monats sind die Hände, Füße, das Gesicht, der Hals und so weiter fast komplett ausgebildet. Zu diesem Zeitpunkt haben sich das geheime, das Hals-, das Stirn- und das Scheitelchakra sowie alle Gelenkchakras gebildet.

Die letzte Phase der Schwangerschaft erstreckt sich vom fünften Monat bis zur Geburt, aber die tatsächliche Länge dieser Zeitspanne variiert je nach dem Karma des Babys. Sie ist als *Wildschwein* bekannt, weil sich das Bewusstsein des Babys wieder zu manifestieren beginnt und die Erfahrung im Mutterleib einem Schwein ähnelt, das im Dreck sitzt. Im siebten Monat beginnt sich der Geist zu regen, wodurch die subtilen Winde entstehen. Bis zur Geburt verbleiben die Winde im Zentralkanal, was zu traumähnlichen Erfahrungen führt, die aus den Erinnerungen an das vorherige Leben des Wesens stammen. Während der Fötus träumt, verfestigen sich seine Knochen zusammen mit seinen Muskeln, seiner Haut und seinen Haaren.

Der Beginn der Kindheit ist durch die Geburt gekennzeichnet. In Anlehnung an den Avatar von Vishnu, der seinen Feind besiegte, indem er ihm den Bauch aufriss, wird diese Phase als *Löwenmensch* bezeichnet. In ähnlicher Weise bricht das Baby unter großen Schmerzen aus dem Mutterleib hervor, ein Prozess, der im Allgemeinen so traumatisch für das Baby ist, dass es jede Erinnerung an sein früheres Leben verliert.

Die nächste Phase der Kindheit erstreckt sich von der Geburt bis zum vollständigen Durchbruch des Milchgebisses, was bei den meisten Kindern im dritten Lebensjahr der Fall ist. Diese Phase wird als *Zwerg* bezeichnet, weil das Kind wie ein kleiner Erwachsener aussieht. Am Ende des ersten Monats hat das Kind einen Prozess abgeschlossen, der im zweiten Schwangerschaftsmonat begann, als jeden Tag etwa 200 Kanäle gebildet wurden, was insgesamt 72.000 Zweigkanäle ergibt. Sobald die Kanäle vollständig sind, beginnen sich die subtilen Essenzen zu vervielfältigen, was eine Phase des Wachstums im Körper des Kindes einleitet. Dies ist auch der Beginn des Alterungsprozesses, bei dem das Kind für den Rest seines Lebens jeden Tag zwei Kanäle verliert. Wenn alle Kanäle verschwunden sind, ist die Verbindung zwischen Geist und Körper unterbrochen. Das bedeutet, dass die meisten Menschen eine maximale Lebensspanne von etwa 100 Jahren haben, wenn man die 360 Tage eines Mondjahres zugrunde legt. Diese Zahl ist jedoch nur eine Schätzung, die sich aus der Geschwindigkeit des Zerfalls der Kanäle ableitet; die tatsächliche Lebensspanne eines Individuums wird durch seine karmischen Anlagen bestimmt.

Um zu verstehen, wie dieser Alterungsprozess abläuft, müssen wir die Rolle unseres Atems bei der Zirkulation der Winde in unserem Körper berücksichtigen. Jeden Tag machen wir etwa 21.600 Atemzüge, wobei jeder Atemzug einen vollständigen Zyklus von einer Ausatmung und einer Einatmung umfasst. Wenn der Atem vorwiegend durch das rechte oder linke Nasenloch fließt, bedeutet dies, dass die Winde vorwiegend durch den rechten bzw. linken Kanal zirkulieren. Wenn der Atem gleichmäßig durch beide Nasenlöcher fließt, ist dies ein Hinweis darauf, dass die Winde durch den Zentralkanal zirkulieren.

An einem einzigen Tag erleben wir zwölf Wechsel des Atems, wobei jede Phase etwa 1.800 Atemzüge andauert. In jeder Phase fließen die Winde überwiegend entweder im linken oder im rechten Kanal für 1.743,75 karmische Atemzüge; dann, am Ende einer Phase, fließen die Winde durch den Zentralkanal für 56,25 Weisheits-Atemzüge. Daher ist der konzeptuelle Geist der Unwissenheit jeden Tag 675 Atemzüge lang inaktiv, wodurch sich zwei Zweigkanäle auflösen.

In unserer Kindheit sind die Auswirkungen des Alterns minimal, weil wir bei so vielen Kanälen den Verlust einiger weniger kaum bemerken. Erst in der Lebensmitte beginnt das gesamte System zusammenzubrechen und unser Körper funktioniert nicht mehr so optimal wie früher.

Die nächste Entwicklungsstufe unserer Kindheit erstreckt sich von der vollständigen Ausbildung unserer Milchzähne bis zu dem Zeitpunkt, an dem sie durch ein bleibendes Gebiss ersetzt werden. Während dieser Zeit verändert sich die Struktur unseres subtilen Körpers nicht wesentlich, abgesehen vom fortschreitenden Verfall durch das Altern. Durch die Zunahme der roten und weißen Tropfen erfährt das Kind jedoch ein bedeutendes Wachstum in Größe und Form seines physischen Körpers. Diese Phase wird als *Rama* bezeichnet.

Der Zeitraum von der Entwicklung der bleibenden Zähne bis zum Ende der Pubertät ist *Ramana*. In dieser Zeit vollenden die roten und weißen Tropfen ihren Wachstumsprozess und der Körper des Kindes wird voll ausgereift. Das Ende der Kindheit wird durch die Menstruation oder durch die Ejakulation des Samens eingeleitet.

Aus der Sicht von Kalachakra beginnt die erste Phase des Erwachsenseins, wenn der subtile Körper voll ausgereift ist und das Wesen sexuell aktiv wird. Sie dauert vom Ende der Pubertät bis zum Beginn der grauen Haare und wird *Krishna* genannt. In dieser Zeit erlangen wir zum ersten Mal eine wahrhaft kostbare menschliche Wiedergeburt, weil wir nicht nur über ein voll funktionsfähiges System von Kanälen, Winden und Tropfen verfügen, sondern potenziell auch über genügend Weisheit, um die Vorteile zu erkennen, die sich aus der Hingabe an den Pfad des Vajrayogas ergeben.

Auf diese Phase folgt der Zeitraum vom Beginn der grauen Haare bis zum Tod, der in Anerkennung des friedlichen Geistes und des stabilen Verhaltens des Buddha als *Buddha* bezeichnet wird. Auch ein Erwachsener in dieser Phase zeigt ein ähnliches Verhalten, weil er sexuell viel weniger aktiv ist. Diese Phase markiert auch einen stetigen Rückgang der Vitalität, weil fast die Hälfte der Zweigkanäle aufgelöst sind. Mit jedem vergangenen Tag nimmt das Kanalsystem weiter ab, wodurch die Häufigkeit von Ungleichgewichten der Energie zunimmt.

Die letzte Zeitspanne unseres Erwachsenenlebens ist der Eintritt in den Sterbeprozess. Der tatsächliche Zeitpunkt des Todes wird jedoch nicht von den Kanälen bestimmt. Der Verfall der Kanäle schwächt lediglich das Band zwischen Körper und Geist, was es Krankheiten leichter macht, sie dauerhaft zu trennen. Diese Phase wird *Kalki* genannt, was „zu einer einzigen Kaste machen" bedeutet; eine Anspielung darauf, dass der Tod alle gleich macht, weil es niemanden gibt, der in Samsara geboren wird und nicht sterben wird. An diesem Punkt zieht sich der Geist aus dem groben und subtilen Körper zurück und kehrt zur ursprünglichen subtilen Essenz im Herzen zurück. Diese Essenz trennt sich dann vom Körper und wird durch den Zwang des Karma in ihre nächste Wiedergeburt getrieben.

DIE ENERGETISCHEN URSACHEN FÜR DIE ZYKLISCHE EXISTENZ

Innerhalb dieses Prozesses von Geburt und Tod können wir zwei energetische Muster identifizieren, die die Entstehung und Auflösung der zyklischen Existenz vorantreiben: (1) die Entstehung des subtilen Körpers infolge der Freisetzung von regenerativen Flüssigkeiten und (2) die Entstehung von Gedanken infolge der Zirkulation von Winden. Indem wir verhindern, dass diese Muster entstehen, können wir den Kreislauf von Schmerz und Leid, den sie erzeugen, unterbrechen.

Freisetzung der regenerativen Flüssigkeiten

Solange der Geist unter einer dualistischen Perspektive der Unwissenheit agiert, wird er mit der Energie vermengt bleiben. Diese Verbindung entsteht, wenn der Geist mit der Energie in Kontakt tritt und nach ihr greift, als ob sie so existierte, wie sie erscheint. Sobald eine Verbindung hergestellt ist, übt der Geist einen Einfluss auf diese Energie aus, der proportional zum Grad des Greifens ist. Das ist wie ein Tropfen Parfüm, der in ein Stück Papier eindringt. Die Menge und Qualität des Parfüms bestimmt, wie viel Duft das Papier annimmt.

Wenn ein Geist die Ansammlung von Energie als ein Selbst ergreift, wird ein Körper gebildet. Er wird zu einem Zuhause, in dem der Geist „wohnt", und ermöglicht ihm, eine enge Verbindung mit jeder einzelnen seiner Zellen aufzubauen. Im Laufe eines Lebens verändert sich die Energie, mit der wir uns identifizieren, erheblich, weil wir ständig neue Energie aufnehmen und die alte ersetzen.

Ein gutes Beispiel dafür ist die Art und Weise, wie unser Atem funktioniert.

Wenn wir einatmen, nehmen wir Sauerstoff auf, ein spezifisches Energiemuster, das beim Eintritt in den Körper ein bestimmtes, von uns gewünschtes Gefühl hervorruft. Durch diesen Prozess verändert sich die Form der Energie und es entsteht ein neues Muster, das wir Kohlendioxid nennen. Diese Art von Energie ruft unerwünschte Gefühle hervor, weshalb wir sie durch Ausatmen aus unserem Körper ausstoßen.

Wenn wir unsere Energie an die Umwelt abgeben, lassen wir auch einen Teil unseres Greifens los. Auch wenn wir vielleicht nicht mehr nach der Energie als einem Selbst greifen, so greifen wir doch noch auf andere Weise nach ihr. Dieses verbleibende Greifen bildet eine dauerhafte Verbindung zwischen unserem Geist und der Energie und ist die energetische Grundlage für das Verständnis des kollektiven Karma.

Denken Sie an die Zahl der Menschen, die auf diesem Planeten leben und jeden Tag 21.600 Atemzüge machen. Bei jedem Atemzug nehmen wir Energie aus unserer unmittelbaren Umgebung auf und stoßen Energie aus unserem Körper aus. Die Energie, die Sie einatmen, trägt die Verbindungen des Geistes aller Wesen in sich, mit denen sie vor Ihnen in Kontakt gekommen ist. Ebenso trägt die Energie, die Sie ausatmen, eine Verbindung zu Ihrem Geist mit sich. Durch diesen einfachen Prozess, der sich im Laufe eines Lebens unzählige Male wiederholt, tragen wir alle aktiv zu einem riesigen Netzwerk karmischer Verbindungen auf niedrigem Niveau bei, die die Wesen dieses Planeten miteinander verbinden.

Da die Dauer eines normalen Atemzugs recht kurz ist, ist das Greifen beim Atmen nicht besonders intensiv. Eine Ausnahme bilden Situationen, in denen uns der Sauerstoff entzogen wird. In Todesangst greifen wir stark nach jedem Atemzug, in der Hoffnung, das Leiden, das wir erleben, zu beseitigen.

Ein weiteres Beispiel ist der Verzehr von Lebensmitteln. In der heutigen Welt ist dieser Prozess mit einem enormen Maß an Anhaftung verbunden, weil wir erhebliche Anstrengungen unternehmen, um unsere Nahrung so zu gestalten, dass wir beim Essen ein Maximum an Genuss empfinden. Letztendlich ist Nahrung jedoch einfach nur Energie und wird unabhängig von der sensorischen Erfahrung auf dieselbe Weise abgebaut. Wenn der Nahrung alles entzogen wurde, was wir brauchen, werden die Abfälle durch unsere unteren Körperöffnungen ausgeschieden. Schließlich werden alle Abfälle, die wir in die

Umwelt abgeben, abgebaut und vermischen sich mit der restlichen Energie, die dann die Grundlage für weitere Nahrung bildet, die von anderen verzehrt wird. Wenn wir unsere gegensätzlichen Reaktionen auf ansprechende Nahrung und unsere Ausscheidungen betrachten, können wir sehen, wie der gesamte Prozess entweder durch Anhaftung oder Abneigung angetrieben wird, und dies sind die Geisteszustände, die wir mit der Energie verbinden.

Eine intensivere Erfahrung des Greifens tritt bei sexueller Intimität auf. Wenn zwei Menschen zusammenkommen, ist im Allgemeinen eine sehr starke Bindung vorhanden, die ein enges Band zwischen den Energien der Partner bildet. Angetrieben durch ihr gegenseitiges Verlangen nach dem Körper des anderen, greifen sie nach den aufkommenden angenehmen Gefühlen, und dieses Greifen wird immer intensiver bis hin zum Orgasmus, bei dem die regenerativen Flüssigkeiten ausgestoßen werden. Dieser Prozess schafft eine starke karmische Verbindung zwischen dem Geist und der in der Flüssigkeit gespeicherten Energie, und es ist diese Verbindung, die unsere Aufmerksamkeit während der Übergangszeit nach dem Tod auf eine bestimmte Gebärmutter lenkt.

Auf der Grundlage der Verbindungen, die zwischen unserem Geist und unserer Energie entstehen, erhält das gesamte physische Universum seine Form. Im kosmischen Maßstab formt der kombinierte Einfluss des Geistes unzähliger Wesen eine endlose Reihe von Sternen und Planeten. Wir werden dann von der Welt angezogen, zu der wir die stärkste energetische Verbindung haben. Unsere Körper werden aus der Energie geformt, die bei der sexuellen Vereinigung entsteht, und unsere Erfahrungen werden von den Menschen und Dingen geprägt, die aus der Energie bestehen, die wir einst konsumiert haben.

Auf diese Weise ist der Akt des Freisetzens der eigenen regenerativen Flüssigkeiten, während man in intensives Verlangen vertieft ist, eine direkte Ursache für die Wiedergeburt in einem endlosen Strom samsarischer Freuden und Leiden. Wenn wir diese Arten von Bindungen mit Energie nicht eingehen, werden wir später nicht von ihnen angezogen. Das ist der Hauptgrund, warum die Kalachakra-Lehren dazu ermutigen, unsere regenerativen Flüssigkeiten einzubehalten. Das bedeutet nicht, dass wir uns über den tatsächlichen Verlust unserer Flüssigkeiten Sorgen machen sollten, weil sie kaum mehr als Energiekonfigurationen sind, aber das Hüten dieser Flüssigkeiten vermeidet das Entstehen intensiver karmischer

Verbindungen mit Energie, die auf Begehren und Greifen basieren.

Zirkulation der Winde

Um das Entstehen von Samsara zu verhindern, müssen wir die Verbindung zwischen unserem Geist und unserer Energie auflösen. Da die Wurzel dieser Verbindung das Greifen ist, müssen wir daher darüber nachdenken, wie das Greifen überhaupt entsteht. Die Antwort auf diese Frage liegt im Verständnis der Beziehung zwischen den inneren Winden und den Tropfen.

Wie wir bereits besprochen haben, sind die Winde Muster des Geistes, die unsere Erfahrung des subtilen Körpers beeinflussen oder verändern. Im Wesentlichen sind sie die Bewegungen der Energie, die von unseren gewohnheitsmäßigen Neigungen angetrieben werden. Wenn wir sagen, dass die Winde im linken und rechten Kanal zirkulieren, bedeutet das, dass unsere Energie ungleichmäßig im Körper verteilt ist. Diese unausgewogene Energie lässt verschiedene Arten von dualistischen Erscheinungen entstehen, die dann im Geist Reaktionen des Greifens auslösen. Dieses Greifen führt dazu, dass die Energie in Bewegung gerät, was weitere Erscheinungen erzeugt, die wiederum weiteres Greifen hervorrufen, und so weiter und so fort.

In diesem Zusammenhang können wir also sagen, dass die Ursache des Greifens die Bewegung der Energie ist. Wenn die Energie ruht, werden die dualistischen Erscheinungen nicht auftauchen und der Geist wird nichts haben, worauf er reagieren kann. Anstatt sich auf eine Wirklichkeit einzulassen, die von Natur aus trügerisch ist, kann der Geist in seinem eigenen, ursprünglichen Gewahrsein verweilen, völlig frei von allen Formen des Leidens. Um diesen erhabenen Zustand zu erreichen, müssen wir die Winde in den Zentralkanal bringen, indem wir unsere Energie so ausbalancieren, dass sie gleichmäßig über den Körper verteilt ist. Wenn wir keinen Unterschied mehr zwischen links und rechts spüren, kann unser Gewahrsein in der Mitte verweilen. Dieses perfekte Gleichgewicht ist das Ergebnis der yogischen Praktiken der Vollendungsstufe.

DIE VORBEREITENDE ÜBUNG DER DREI ISOLATIONEN

Um den Zweck der Vollendungsstufe zusammenzufassen, können wir sagen, dass alle Praktiken darauf abzielen, das Greifen zu reinigen, damit wir ein unveränderliches, ursprüngliches Gewahrsein der erhabenen Natur der Wirklichkeit erreichen können. Dieser Prozess beinhaltet eine stetige Verfeinerung des Geistes, die von den gröbsten Formen des Greifens zu den subtilsten fortschreitet.

Anhand der Überlegungen zu den *Vier Tropfen*, die als Struktur für unsere Praxis dienen, gibt es acht Stufen der Verfeinerung. Die ersten vier konzentrieren sich auf die konventionellen Tropfen, um das nicht-konzeptuelle Gewahrsein von Shamatha zu erreichen und werden durch die Praxis der *Drei Isolationen* erreicht. Die letzten vier konzentrieren sich auf die ultimativen Tropfen, um das nicht-duale, ursprüngliche Gewahrsein der unveränderlichen Glückseligkeit zu erlangen, und werden durch die Praxis der *Sechs Vajrayogas* erreicht. Um die Vajrayogas authentisch zu praktizieren, müssen wir uns zunächst mit drei Themen vertraut machen: (1) den vier Arten von Nichtbeachtung, (2) den Drei Isolationen und (3) den Vier Versenkungen.

Die vier Arten von Nichtbeachtung

Bevor wir mit der Praxis der Drei Isolationen beginnen, sollten wir eine förderliche Einstellung für unsere Meditation entwickeln. Diese Haltung setzt sich aus vier Verhaltensweisen zusammen, die die *vier Arten von Nichtbeachtung* genannt werden:

1. **Nichtbeachtung von körperlichem Vergnügen:** Bei diesem Verhalten erkennen wir, dass wir uns ständig körperlich betätigen, um unser Unbehagen zu verringern und ein gewisses Maß an körperlichem Vergnügen zu erreichen. Daher entwickeln wir eine Haltung, die Schmerz nicht mehr als Problem ansieht und in Stille verweilen möchte. Dies ist die Grundlage für die Reinigung des Körper-Tropfens und das Erreichen des ersten und zweiten Vajrayogas.

2. **Nichtbeachtung von sprachlichem Vergnügen:** Hier erkennen wir den abgelenkten Geist, der sich ständig mit verschiedenen Formen von verblendeter Rede beschäftigt, um die Langeweile der Untätigkeit zu vertreiben. Mit einem Geist, der sich nicht mehr für die Freuden einer solchen Rede interessiert, entwickeln wir den Wunsch, in der Stille zu verweilen. Dies ist die Grundlage für die Reinigung des Rede-Tropfens und das Erreichen des dritten und vierten Vajrayogas.

3. **Nichtbeachtung von geistigem Vergnügen:** Dies ist die Anerkennung unseres Zwanges, ständig Qualitäten auf Dinge zu projizieren, um die Verwirrung unserer gelebten Erfahrung zu vermeiden. Wir wirken diesem Zwang entgegen, indem wir die Freuden des konzeptuellen Verstehens außer Acht lassen und stattdessen den Wunsch entwickeln, mit dem Denken aufzuhören. Dies ist die Grundlage für die Reinigung des Geist-Tropfens und das Erreichen des fünften Vajrayogas.

4. **Nichtbeachtung von den Freuden der Emission:** Schließlich erkennen wir die vielen Aktivitäten von Körper, Rede und Geist, die wir ausführen, um den Zustand der glückseligen Versenkung zu erfahren und der leidvollen Natur unseres Lebens vorübergehend zu entkommen. Auch wenn sich dieser Zustand sicherlich angenehm anfühlt, so ist er nicht von Dauer und führt wieder zu Unzufriedenheit. Mit einem Geist, der kein Interesse mehr an der gewöhnlichen Glückseligkeit des Orgasmus hat, entwickeln wir ein Verlangen nach der unveränderlichen Glückseligkeit der Nicht-Emission. Dies ist die Grundlage für die Reinigung des Weisheits-Tropfens und das Erreichen des sechsten Vajrayogas.

Die Drei Isolationen

Von den vier konventionellen Tropfen werden die ersten drei von Körper, Rede und Geist als Formen des *konzeptuellen Bewusstseins* betrachtet, weil sie durch eine Schicht dualistischer Zuschreibungen mit Erfahrungen der Wirklichkeit verbunden sind. Nur der vierte Tropfen ist frei von diesen Projektionen und wird daher als *nicht-konzeptuelles Gewahrsein* bezeichnet. Unser Ziel bei den Drei Isolationen ist es, eine einsgerichtete Konzentration zu erlangen, die im nicht-begrifflichen Gewahrsein verweilt. Dazu müssen wir unser Gewahrsein von unserem Bewusstsein isolieren, was nichts anderes bedeutet, als dass wir das Bewusstsein in den Ruhezustand versetzen, damit sich das Gewahrsein manifestieren kann.

Isolation des Körpers

Im Laufe unseres Lebens verdrehen sich die Kanäle im subtilen Körper aufgrund der Kraft verblendeter Geisteszustände auf unterschiedliche Weise und bilden

Knoten, die den natürlichen Energiefluss blockieren. Diese Blockaden zwingen die Energie, auf gestörte Weise zu fließen, was zu entsprechenden Verzerrungen im Geist führt. Solange die Kanäle in diesem Wirrwarr verharren, bleibt unser Geist in den groben Sinneswahrnehmungen des Wachzustandes verankert.

Um diese Form des Greifens zu überwinden, können wir mit einer spezifischen yogischen Haltung üben, die darauf abzielt, die Energie nach unten zum Nabel zu lenken. Während sich die Energie bewegt, stößt sie auf Knoten, die zu unwillkürlichen Bewegungen und Erfahrungen von Schmerz oder Unbehagen führen. Wenn wir unseren Körper ruhig halten können, ohne auf diese Erscheinungen zu reagieren, lösen sich die Blockaden und die Kanäle heilen schließlich.

Als Ergebnis dieser Reinigung des Körper-Tropfens können wir beschwerdefrei sitzen, so lange wir wollen. Auch wenn wir zuweilen noch Müdigkeit verspüren, fühlt sich unser Körper im Allgemeinen leicht und flexibel an. Diese körperliche Geschmeidigkeit ist ein direktes Ergebnis der Winde, die sich frei durch unsere Kanäle bewegen, und stellt sicher, dass wir ohne Probleme in jeder Haltung der Vollendungsstufe sitzen können. Da der Körper den Geist nicht mehr ablenkt, können wir uns vollständig von den Sinneswahrnehmungen zurückziehen und den Geist in einer rein geistigen Erfahrung ruhen lassen.

Isolation der Rede

Regelmäßiges Atmen wird durch eine Form des Greifens angetrieben, das die Winde in einen Rhythmus von Ausdehnung und Zusammenziehen zwingt. Wenn die subtilen Kanäle fragmentiert und verheddert bleiben, bewirkt die ständige Bewegung des Ein- und Ausatmens, dass die inneren Winde in verschiedene Teile des Körpers verstreut werden. Dieses Ungleichgewicht der Winde erzeugt Wellen im Geist und führt zu einer Vermehrung der Gedanken, die die Erscheinungen des Traumzustands sind.

Um diese Erscheinungen zu reinigen, müssen wir den Wunsch loslassen, den Atem in irgendeiner Weise zu lenken oder zu kontrollieren. Stattdessen lernen wir, das Gewahrsein einfach ruhen zu lassen, während der Körper von selbst atmet. Wenn der Geist sich von diesem Prozess löst, beruhigt sich der Atem auf natürliche Weise und wird zunehmend subtiler, bis er für den Geist nicht mehr wahrnehmbar ist.

Durch die Reinigung des Rede-Tropfens sind wir in der Lage, solange wir wollen in völliger Stille zu ruhen, ohne irgendeine Form von Not oder Langeweile zu erleben. Die Winde bleiben ruhig und unser Geist ist völlig entspannt. Ohne die ständige Ablenkung durch Gedanken zieht sich der Geist tiefer in die subtile subjektive Erfahrung des Grundbewusstseins zurück.

Isolation des Geistes

Wenn die Winde still werden, beginnen sich die subjektiven Qualitäten der Natur des Geistes deutlicher zu manifestieren. Indem wir Existenz auf diese Erscheinungen projizieren, verstärken wir aktiv eine sehr subtile Schicht von Konzepten, die unsere Fähigkeit, unsere Natur zu erfahren, einschränken. Das ist wie ein Licht, das kaum wahrnehmbar ist, weil der Dimmer ganz heruntergedreht wurde.

Um diese Begrenzungen aufzulösen und die Brillanz der Natur des Geistes zu enthüllen, müssen wir daran arbeiten, unserer Gewohnheit des Greifens nach allem, was auftaucht, entgegenzuwirken. Dies geschieht, indem wir den Geist in einem lebendigen Gewahrsein ruhen lassen, ohne irgendeine Art von Wirklichkeit auf die Erfahrung zu projizieren. Dies ist eine Schulung im Nicht-Handeln, weil wir nicht *versuchen*, etwas Bestimmtes zu tun.

Als Ergebnis der Reinigung des Geist-Tropfens unterwerfen wir unseren Geist vollständig und sind in der Lage, eingerichtet in einem nicht-konzeptuellen Gewahrsein unserer abhängigen Natur zu verweilen. Dieser Zustand zeichnet sich dadurch aus, dass er glückselig, intensiv lebendig und völlig frei von Gedanken ist. Ein solcher Geist kann leicht auf jedes beliebige Objekt gerichtet werden, was ihn ideal zur Verwirklichung unserer Buddhanatur befähigt.

Die Vier Versenkungen

Während wir die Drei Isolationen praktizieren, beginnen sich vier Qualitäten zu manifestieren, die als die *Vier Versenkungen* bekannt sind. Zunächst werden diese Qualitäten sporadisch in Abhängigkeit von unserem individuellen Karma auftreten. Mit der Zeit werden sie jedoch stabiler und stärker werden. Die vier Qualitäten sind:

1. **Einsgerichtetheit:** Dies ist die Qualität eines Geistes, der ohne Ablenkung einsgerichtet fokussiert bleibt. Durch diese Qualität entwickeln wir zunehmend tiefere Ebenen der Versenkung.

2. **Nicht-Konzeptualität:** Dies ist die Qualität eines Geistes, der frei von zugeschriebenen Projektionen ist. Wenn er vervollkommnet ist, ist der Geist in der Lage, eine direkte Erfahrung aller Phänomene zu machen, auf die er sich gerade konzentriert.

3. **Nicht-Greifen:** Dies ist die Qualität eines Geistes, der in der Lage ist, in Gleichmut zu verweilen, unabhängig davon, was ihm erscheint. Der Geist ist völlig ruhig, ohne Vorlieben oder Wünsche.

4. **Mühelosigkeit:** Dies ist die Qualität eines Geistes, der in der Lage ist, entspannt in seiner eigenen Natur zu ruhen. Ein solcher Geist meditiert nicht und ist auch nicht in irgendeiner Form aktiv. Er ist einfach.

Die fortschreitenden Stufen der korrekten Meditation

Um diese Qualitäten zu entwickeln, müssen wir mehrere verschiedene Stufen oder Prozesse durchlaufen, bevor wir in der Lage sind, einsgerichtet im nicht-konzeptuellen Zustand zu ruhen. Insgesamt gibt es fünf aufeinander folgende Stufen:

1. **Bewegung:** Wenn wir mit der Meditation beginnen, ist unser Geist wie ein Wasserfall und wir sind leicht abgelenkt, unfähig zu einem einsgerichteten Fokus. Es scheint, dass wir viel mehr Gedanken haben als sonst. Das ist aber ein gutes Zeichen, denn es bedeutet, dass wir eine gewisse Fähigkeit zur Meditation erlangt haben. Normalerweise haben wir ständig Gedankenströme, aber unser Geist ist immer nach außen gerichtet, sodass wir sie nicht erkennen. Diesmal ist unser Geist teilweise „innen" und wir beginnen zum ersten Mal, diese Gedankenströme zu bemerken. In dieser Phase können wir also die Bewegung erkennen.

2. **Wahrnehmen:** Wenn wir kontinuierlich die Gegenmittel gegen Unruhe und Trägheit anwenden, wird sich der Geist allmählich beruhigen. In diesem Stadium hat der Geist ein größeres Gewahrsein, aber er kann nicht sehr lange einsgerichtet bleiben. Manchmal wird er ohne Anstrengung still und

die Gedanken erscheinen wie das Geräusch von fließendem Wasser in einem tiefen Tal. Zu diesem Zeitpunkt beginnt der Geist auf natürliche Weise zu verweilen, und dies wird als das Stadium des Wahrnehmens bezeichnet.

3. **Gewöhnung:** Der Geist durchläuft dann eine Stufe, in der er still wird. Die Gedanken tauchen wieder auf, wie wir es zuvor erlebt haben, doch dieses Mal bleibt der Geist öfter auf einen Punkt ausgerichtet, wie ein Frosch, der in die Luft springt und dann innehält, immer und immer wieder. Wenn Gedanken auftauchen, verschwinden sie spontan und wir sind in der Lage, ohne Anstrengung einsgerichtet zu bleiben. Dies wird als das Stadium der Gewöhnung bezeichnet.

4. **Stabilisierung:** Indem wir weiter auf diese Weise üben, werden die Gedanken schließlich kaum noch auftauchen; unser Geist wird nicht gestört und wir verlieren nicht die Konzentration. Die Gedanken tauchen jetzt auf wie Wellen auf einem Teich; sie entstehen und vergehen dann sanft. Dies wird als geistige Stabilisierung bezeichnet und ist das Ergebnis der Praxis der beiden vorangegangenen Stufen.

5. **Vollkommenheit:** Wenn wir uns ständig in geistiger Stabilisierung üben, wird unser Geist einsgerichtet bleiben und niemals unruhig oder abgelenkt werden, so wie ein stiller See. Der Geist wird so geschickt, dass wir wählen können, ob wir einen ruhigen Geist haben wollen, der spontan auf einen Punkt ausgerichtet ist, oder ob wir uns ohne Ablenkung auf ein Thema der Analyse konzentrieren wollen. Dies wird als Vollkommenheit der geistigen Stabilisierung bezeichnet. Dieser vollendete Geist der geistigen Stabilisierung ist der einzige Geist, der auf einen Punkt ausgerichtet bleiben kann. Er kann jedes beliebige Thema mit perfektem, auf einen Punkt gerichteten Fokus untersuchen; das ist jedoch nicht dasselbe wie die Stabilisierung des ursprünglichen natürlichen Geistes. Dieser wird erst dann vervollkommnet, wenn wir die Buddhaschaft erreichen.

Wenn wir die Fähigkeit perfektioniert haben, einsgerichtet zu bleiben und uns vollkommen auf ein beliebiges Objekt konzentrieren können, haben wir den Shamatha-Geist erlangt. Der Shamatha-Geist ist eine Voraussetzung für die

Vipashyana-Meditation, die zur Einsicht in die wahre Natur der Wirklichkeit führt. Aus der Sicht dieser Tradition von Vipashyana sind nur diejenigen, die Shamatha erlangt haben, dazu befähigt, tiefere Einsichten mittels des Vipashyana-Geistes zu entdecken.

Die Notwendigkeit, Kernanweisungen zu erhalten

Die eigentlichen Anweisungen, wie man die Drei Isolationen praktiziert, sind auf diejenigen beschränkt, die die Vier Höheren Ermächtigungen erhalten haben, und daher sind sie nicht in diesem Buch enthalten. Wenn Sie die vorbereitenden Übungen bereits abgeschlossen haben und mit der Praxis der Vollendungsstufe beginnen möchten, sollten Sie eine/n qualifizierte/n Meister/in aufsuchen, der/die Ihnen sowohl die Ermächtigungen als auch die Kernanweisungen erteilen kann. Auf diese Weise zu praktizieren stellt sicher, dass der Segen dieser Lehren erhalten bleibt und dass Sie von einem/r Meister/in, der/die Sie auf diesem sehr subtilen Pfad führen kann, angemessen unterstützt werden. Ohne die Führung des/der Lehrers/Lehrerin gibt es keine Möglichkeit, authentische Realisationen zu erlangen.

ZUSAMMENFASSUNG

- Bevor wir die Vajrayogas praktizieren, müssen wir die einsgerichtete Konzentration von Shamatha erreichen, um unsere Erfahrung des nicht-konzeptuellen Gewahrseins zu stabilisieren, in das wir in den Vier Höheren Ermächtigungen eingeführt wurden.

- Auf dem Kalachakra-Pfad wird Shamatha durch die Praxis der Drei Isolationen erlangt. Diese unglaublich effiziente Meditationsmethode nutzt das subtile Energiesystem, um in kurzer Zeit einen tiefen Zustand meditativer Versenkung zu erreichen.

- Der subtile Energiekörper wird durch die Energiemuster gebildet, die durch die Bewegungen eines dualistischen Geistes entstehen. Er besteht aus drei Hauptkomponenten: (1) Kanälen und Chakras, (2) inneren Winden und (3) subtilen Essenzen.

- Ein Kanal ist eine Bahn, durch die Energie fließt. Von den 72.000 Kanälen in einem voll ausgereiften menschlichen Körper gibt es drei Hauptkanäle: (1) den Zentralkanal, der als Avadhuti bezeichnet wird, (2) den linken Kanal, der als Lalana bezeichnet wird, und (3) den rechten Kanal, der als Rasana bezeichnet wird.

- An den Stellen, an denen sich der linke und der rechte Kanal um den Zentralkanal winden, bilden sich sechs Chakras: (1) das Scheitelchakra mit vier Abzweigungen, (2) das Stirnchakra mit sechzehn Abzweigungen, (3) das Kehlchakra mit zweiunddreißig Abzweigungen, (4) das Herzchakra mit acht Abzweigungen, (5) das Nabelchakra mit vierundsechzig Abzweigungen, und (6) das geheime Chakra mit zweiunddreißig Abzweigungen.

- Die inneren Winde beziehen sich auf die Art und Weise, wie sich der subtile Körper mit der Zeit durch die Bewegungen des Geistes oder der Energie verändert. Es gibt insgesamt zehn Winde, davon fünf Haupt- und fünf Nebenwinde.

- Die Hauptwinde sind: (1) der lebenserhaltende Wind, (2) der abwärts entleerende Wind, (3) der feuerbegleitende Wind, (4) der aufsteigende Wind und (5) der alles durchdringende Wind.

- Die Nebenwinde sind: (1) der Naga-Wind, (2) der Schildkröten-Wind, (3) der Eidechsen-Wind, (4) der Devadatta-Wind und (5) der Dhanamjaya-Wind.

- Eine subtile Essenz ist die Kombination von subtiler Energie und Geist, die durch Greifen miteinander verschmolzen sind. Der Körper ist mit zwei Arten von subtilen Essenzen gefüllt: (1) mit roten Tropfen, in denen die weibliche Energie überwiegt, und mit (2) weißen Tropfen, in denen die männliche Energie überwiegt. Die roten Tropfen befinden sich hauptsächlich in der unteren Hälfte des Körpers, während die weißen Tropfen hauptsächlich in der oberen Hälfte zu finden sind.

- Es gibt vier Ebenen der Subtilität, in denen die roten und weißen Tropfen zu finden sind: (1) eine subtile Essenz ist die Kombination von Energie und Geist, (2) ein subtiler Tropfen ist die Vereinigung einer subtilen Essenz mit genetischem Material, (3) ein grober Tropfen ist die Vereinigung eines subtilen Tropfens mit biologischen Komponenten, die eine Zelle bilden, und (4) ein sehr grober Tropfen ist die Vereinigung mehrerer grober Tropfen in einer Gruppe.

- Die vier Tropfen repräsentieren die Arten von Erscheinungen, die im

Geist als Ergebnis der Interaktion zwischen den Winden und Tropfen der verschiedenen Regionen im Körper entstehen. Diese sind: (1) der Körper-Tropfen, der das Gehirn umgibt, (2) der Rede-Tropfen im Bereich der Kehle, (3) der Geist-Tropfen in der Herzregion und (4) der Weisheits-Tropfen in der Nabelregion.

- Wenn der Geist in meditativer Konzentration versunken ist, manifestieren sich die vier ultimativen Tropfen: (1) der ultimative Körper-Tropfen am Nabel, (2) der ultimative Rede-Tropfen am geheimen Chakra, (3) der ultimative Geist-Tropfen in der Mitte der Genitalien und (4) der ultimative Weisheits-Tropfen an der Spitze der Genitalien.

- Der Mensch durchläuft vom Moment der Empfängnis bis zum Tod zehn Entwicklungsphasen: (1) Fisch, (2) Schildkröte, (3) Wildschwein, (4) Löwenmensch, (5) Zwerg, (6) Rama, (7) Ramana, (8) Vishnu, (9) Buddha und (10) Kalki.

- Die beiden Energiemuster, die die Entstehung und Auflösung der zyklischen Existenz vorantreiben, sind: (1) die Bildung des subtilen Körpers, der durch die Freisetzung der regenerativen Flüssigkeiten entsteht, und (2) die Bildung der Gedanken, die durch die Zirkulation der Winde entstehen.

- Die Vollendungsstufe zielt darauf ab, das Greifen aufzulösen, sodass wir ein unveränderliches, ursprüngliches Gewahrsein der erhabenen Natur der Wirklichkeit erreichen können. Die Praxis der Drei Isolationen dient dazu, das nicht-konzeptuelle Gewahrsein von Shamatha zu erreichen, während die Sechs Vajrayogas das nicht-duale ursprüngliche Gewahrsein enthüllen.

- Die vier Arten von Nichtbeachtung sind Geisteshaltungen, die die Grundlage für das Erreichen eines nicht-begrifflichen Gewahrseins bilden: (1) Nichtbeachtung von körperlichem Vergnügen, (2) Nichtbeachtung von sprachlichem Vergnügen, (3) Nichtbeachtung von geistigem Vergnügen und (4) Nichtbeachtung von der Freude der Emission.

- Die Drei Isolationen erreichen die einsgerichtete Konzentration, indem sie den Körper, die Rede und den Geist isolieren, wodurch das konzeptuelle Bewusstsein in den Ruhezustand versetzt wird und sich das nicht-konzeptuelle Gewahrsein manifestieren kann.

- Die Vier Versenkungen sind Qualitäten, die als Ergebnis der Praxis der Drei Isolationen entstehen. Sie sind (1) Einsgerichtetheit, (2) Nicht-Konzeptualität, (3) Nicht-Greifen und (4) Mühelosigkeit.

- Die Qualitäten der Vier Versenkungen werden über fünf Stufen entwickelt: (1) Bewegung, (2) Wahrnehmung, (3) Gewöhnung, (4) Stabilisierung und (5) Vollkommenheit.

- Die Drei Isolationen sollten nur von denjenigen praktiziert werden, die die Vier Höheren Ermächtigungen und die entsprechenden Kernanweisungen von einem/r qualifizierte/n Vajrameister/in erhalten haben.

KAPITEL NEUN

Die Sechs Vajrayogas der Kalachakra-Vollendungsstufe

Nach Abschluss der zwei äußeren, der fünf inneren und der zwei besonderen vorbereitenden Praktiken des Kalachakra-Pfades sind wir bereit, den unzerstörbaren und tiefgründigen Pfad der Sechs Vajrayogas zu betreten. Diese fortgeschrittenen yogischen Techniken sind wie ein wunscherfüllendes Juwel mit der Fähigkeit, uns alles, was unser Herz begehrt, in einem Augenblick zu gewähren. Für fleißige Praktizierende, deren Geist rein genug ist, kann die Erleuchtung innerhalb weniger Jahre erreicht werden. Selbst die Beherrschung eines einzigen Yogas reicht aus, um sicherzustellen, dass man nie wieder in den leidvollen Kreislauf von Tod und Wiedergeburt hineingeboren wird.

Es ist schon ein besonderer Segen, einfach nur die Namen der Sechs Vajrayogas zu hören, und deshalb ist es schwer zu begreifen, wie außerordentlich selten und kostbar es ist, den Lehren zu begegnen, die sie beschreiben, oder das unglaubliche Glück zu haben, sie tatsächlich zu praktizieren. Aus diesem Grund sollten wir, während wir fortfahren, ein Gefühl der immensen Wertschätzung dafür entwickeln, wie speziell diese Lehren wirklich sind. Eine solche Einstellung stellt sicher, dass wir eine starke karmische Verbindung eingehen, die die Ursachen dafür schafft, dass wir diesen Lehren in der Zukunft wieder begegnen und schließlich ihre endgültige Bedeutung verwirklichen können.

Die erhabenen Linienmeister/innen des Vajrayoga-Pfades haben die potenzielle Kraft dieser Praktiken erkannt und die Lehren über zweitausend Jahre lang geschützt und bewahrt. Daher haben wir auch heute noch Zugang zum ungebrochenen Strom ihres Segens. Obwohl es schriftliche Kommentare gibt, durch die wir uns mit der allgemeinen Struktur der Praktiken vertraut machen können, stützt sich diese Tradition stark auf die tiefgründigen Kernanweisungen, die nur ein/e qualifizierte/r Vajrameister/in vermitteln kann.

Die Kernanweisungen werden einem/r Schüler/in im Allgemeinen erst dann gewährt, wenn der/die Vajrameister/in feststellt, dass die notwendigen Grundlagen durch die vorbereitenden Übungen zusammengekommen sind. Es ist zwar nicht notwendig, jede einzelne Praxis zu beherrschen, aber unser Engagement, die Erleuchtung zum Nutzen aller Wesen zu erlangen, muss ersichtlich sein. Ein Mangel an Stabilität in unserer Entschlossenheit wird nicht nur unserer Beziehung zum/zur Vajrameister/in schaden, sondern auch eine Ursache für die Degeneration der Lehren sein. Daher müssen wir als aufrichtige und authentische Praktizierende alles in unserer Macht Stehende tun, um uns bestmöglich vorzubereiten.

Sobald uns der/die Vajrameister/in akzeptiert hat, werden die Kernanweisungen schrittweise erteilt: Zuerst erhalten wir eine Reihe von Anweisungen, dann setzen wir die Lehren in die Praxis um und berichten dem/der Meister/in in regelmäßigen Abständen über unsere Erfahrungen. Diese ständige Begleitung ist ein wichtiger Teil unserer Schulung, weil sie es dem/der Meister/in ermöglicht, notwendige Anpassungen vorzunehmen und sicherzustellen, dass wir nicht in die vielen Fallstricke geraten, die mit den Feinheiten der Praktiken einhergehen.

Stellt der/die Meister/in fest, dass wir die Praktiken richtig beherrschen, werden die nächsten Unterweisungen gewährt, und auf diese Weise werden die Vajrayogas auf erfahrbare Weise offenbart, wodurch wir beträchtliches Vertrauen in unsere Praxis entwickeln können. Nach wiederholten Zyklen von Unterweisung, Praxis und Rückmeldung kann die Grundlage der entstandenen Verwirklichungen verfeinert werden, um die Meisterschaft über jede Phase der Praxis zu erlangen.

Unter Berücksichtigung dieses Prozesses werden wir nun eine allgemeine Darstellung des Vajrayoga-Pfades erkunden, um Klarheit über seine Phasen und deren Beziehung zueinander zu schaffen. Der Zweck dieses Kapitels ist es, Vertrauen in die Techniken zu schaffen und unser Bestreben, sie zu praktizieren, zu stärken. Ich hoffe, dass Sie auf dieser Grundlage dazu inspiriert werden, eine/n qualifizierte/n Meister/in zu suchen, der/die Sie auf diesem tiefgründigsten aller Pfade führt.

DIE STRUKTUR DES VAJRAYOGA-PFADES

Der Pfad des Vajrayogas besteht aus sechs Praxiszweigen, die darauf ausgerichtet sind, die Verwirklichung der untrennbaren Vereinigung von unveränderlicher

Glückseligkeit und erhabener Leerheit, die mit allen erleuchteten Qualitäten ausgestattet ist, zu etablieren und zu stabilisieren. Diese Zweige sind wie folgt:

1. **Der Yoga des Rückzugs (Skt. Pratyahara, Tib. Sordut):** Die Essenz des Yogas des Rückzugs ist es, Leere Formen zu manifestieren, indem man die Bewegung der groben Winde stoppt, die den konzeptuellen Geist unterstützen.

2. **Der Yoga der Stabilisierung (Skt. Dhyana, Tib. Samten):** Die Essenz des Yogas der Stabilisierung besteht darin, unsere Verwirklichung der Leeren Formen zu erweitern, sodass alle Wahrnehmungen als Gewahrsein entstehen.

3. **Der Yoga der Lebenskraft (Skt. Pranayama, Tib. Sogtsol):** Die Essenz des Yogas der Lebenskraft ist es, die subtilen karmischen Winde zu bändigen, damit sie im Zentralkanal harmonisiert werden.

4. **Der Yoga des Zurückhaltens (Skt. Dharana, Tib. Zinpa):** Die Essenz des Yogas des Zurückhaltens ist es, die subtilen karmischen Winde vollständig zu bändigen, sodass ihre Bewegung aufhört und sie mit den im Körper verteilten subtilen Essenzen verschmelzen.

5. **Der Yoga der Sammlung (Skt. Anusmriti, Tib. Jiten):** Die Essenz des Yogas der Sammlung ist die Verfeinerung unserer Erfahrung von großer Glückseligkeit durch die Praxis des *Inneren Feuers* (tib. tummo).

6. **Der Yoga der Versenkung (Skt. Samadhi, Tib. Ting nge dzin):** Die Essenz des Yogas der Versenkung besteht darin, in der Einheit von unwandelbarer Glückseligkeit und Leerer Form zu verweilen.

Jeder dieser Yogas bietet die erforderlichen Fähigkeiten, um zum nächsten Yoga überzugehen. Der Grad der Verwirklichung, der auf einer bestimmten Stufe erreicht wird, hängt vom Grad der Meisterschaft ab, der in den vorangegangenen Stufen erreicht wurde. Da wir nicht wissen, wie lange unsere gegenwärtigen karmischen Zustände andauern werden, ist es von Vorteil, im Rahmen eines Dreijahres-Retreats eine erste Vertrautheit mit diesen Praktiken zu entwickeln. Selbst wenn wir nicht in der Lage sind, sie vor unserem Tod zu meistern, schaffen wir dadurch die notwendigen Voraussetzungen, um unseren Geist in das Vajrayana Reine Land von Shambhala zu leiten, wo wir den Pfad garantiert innerhalb eines einzigen Lebens vollenden werden.

Die Unterteilungen der Sechs Yogas

Im Laufe der Jahrhunderte wurde der Pfad des Vajrayoga auf unterschiedliche Weise dargestellt, um verschiedene Aspekte seiner Struktur hervorzuheben. Diese Kategorien sind zwar nur zugeschriebene Bezeichnungen, aber sie sind es wert, in Betracht gezogen zu werden, weil sie Ihnen bei Ihren Studien begegnen könnten:

1. **Die Zweiteilung in Leere Form und unveränderliche Glückseligkeit:** Diese Unterteilung basiert auf dem Aspekt, der von jedem Yoga am meisten betont wird. Im Allgemeinen können wir sagen, dass sich die ersten vier Zweige in erster Linie darauf konzentrieren, eine direkte Verwirklichung der erhabenen Leerheit zu bewirken, die als die *Große Gefährtin der Leeren Form* (Mahamudra) betrachtet wird. Die verbleibenden zwei Yogas betonen die Nutzung dieser Erkenntnis als Grundlage, um unsere Erfahrung der *unveränderlichen Glückseligkeit* zu etablieren und dann zu vervollkommnen. Letztlich geht es darum, beide Aspekte zu einem ursprünglichen, nicht-dualen Gewahrsein zu vereinen.

2. **Die Dreiteilung anhand der drei Reinheiten:** Diese Unterteilung basiert auf der Wirkung der sechs Yogas auf das subtile Energiesystem. Sie hebt die Reinigung der energetischen Grundlage der zyklischen Existenz hervor, um dann die Erleuchtung auf eine nicht-konzeptuelle Weise zu verwirklichen. Die ersten beiden Yogas werden als die Reinheit der Tugend am Anfang bezeichnet und reinigen die Kanäle und Chakras. Der dritte und vierte Yoga sind die Reinheit der Tugend in der Mitte, die die inneren Winde reinigen, und die letzten beiden Yogas sind die Reinheit der Tugend am Ende, die die subtilen Essenzen reinigen.

3. **Die vierfache Unterteilung von Annäherung und Vollendung:** Diese Unterteilung basiert auf der Reinigung der vier Tropfen. In der Stufe der Annäherung reinigen die ersten beiden Yogas den Körper-Tropfen, wodurch die Verwirklichung des Vajra-Körpers entsteht. Darauf folgt die Stufe der Beinahe-Vollendung, in der der dritte und vierte Yoga den Rede-Tropfen reinigen, was zur Verwirklichung der Vajra-Rede

führt. Auf der Stufe der Vollendung reinigt der fünfte Yoga den Geist-Tropfen, was zur Verwirklichung des Vajra-Geistes führt. Auf der Stufe der Großen Vollendung schließlich beseitigt der sechste Yoga die letzten Verdunkelungen des Weisheits-Tropfens und lässt die höchste Verwirklichung der Vajra-Weisheit entstehen.

Aspekt	Reinheit	Reinigt	Stufe	Tropfen	Yoga
Leere Form	Am Anfang	Kanäle	Annäherung	Körper	Rückzug
					Stabilisierung
	In der Mitte	Winde	Beinahe-Vollendung	Rede	Lebenskraft
					Zurückhalten
Unveränderliche Glückseligkeit	Am Ende	Subtile Essenzen	Vollendung	Geist	Sammlung
			Große Vollendung	Weisheit	Versenkung

Tabelle 9-1: Unterteilungen der Sechs Vajrayogas

Wie die Sechs Yogas die Fünf Pfade vollenden

Die Bezugnahme auf die Fünf Pfade der Verwirklichung kann hilfreich sein, um das allgemeine Fortschreiten eines/r Praktizierenden durch eine Pfadstruktur zu verstehen. Wie wir im ersten Buch dieser Reihe gesehen haben, kann jeder der fünf Pfade mit verschiedenen Praktiken und Verwirklichungen entsprechend dem praktizierten Fahrzeug verbunden werden. Im Folgenden finden Sie eine kurze Zusammenfassung, wie die fünf Pfade in Bezug auf die außergewöhnlichen Lehren des Kalachakra-Tantra erfahren werden:

1. **Der Pfad der Ansammlung:** Die Essenz dieses Pfades ist es, die notwendigen Bedingungen zu sammeln, um die erhabene Leerheit, die mit allen Aspekten ausgestattet ist, zu verwirklichen. Er ist in drei Stufen unterteilt, wobei die ersten beiden den Praktiken der *Kalachakra-Erzeugungsstufe* entsprechen, bei denen wir uns selbst als Kalachakra-Yidam erzeugen und dann zahllose erleuchtete Aktivitäten durchführen, wobei wir große Mengen an Verdienst und Weisheit ansammeln. Dann, auf der dritten Stufe, werden die Praktiken der *Drei Isolationen* und des *Rückzugs-Yoga* genutzt, um die meditative Versenkung von Shamatha und Vipashyana zu vervollkommnen

und eine direkte Erfahrung der Leeren Form zu erlangen. Obwohl diese Erscheinungen lediglich Aspekte unserer erhabenen Leerheit sind, stellen sie eine gültige Arbeitsgrundlage für das Fortschreiten auf dem Pfad dar.

2. **Der Pfad der Vorbereitung:** Aufbauend auf unserer anfänglichen Erkenntnis der Leerheit besteht die Essenz dieses Pfades darin, alle subtilen Formen des Greifens zu beseitigen, damit wir die vollständige Manifestation der erhabenen Leerheit erfahren können. Dies geschieht in drei Stufen. Auf der ersten Stufe wird der *Yoga der Stabilisierung* angewandt, um die objektive Erscheinung der Leeren Formen zu reinigen, und auf der zweiten Stufe bändigt der *Yoga der Lebenskraft* die subtile geistige Aktivität, die durch die Bewegung der Winde verursacht wird. Auf der dritten Stufe löst der *Yoga des Zurückhaltens* die subtilen Winde vollständig in die subtilen Essenzen auf und verhindert, dass sich der dualistische Geist manifestiert.

3. **Der Pfad der Einsicht:** Wenn sich dualistische Erscheinungen nicht mehr manifestieren, bleibt nur noch die Erfahrung der Großen Gefährtin der Leeren Form. Dies ist das erste Mal, dass eine vollständig manifestierte Form der erhabenen Leerheit verwirklicht wird. Durch die Praxis des *Yogas der Sammlung* wird diese Verwirklichung weiter verfeinert, sodass die Vereinigung von unveränderlicher Glückseligkeit und Leerer Form erreicht werden kann.

4. **Der Pfad der Gewöhnung:** Sobald eine Verwirklichung der unveränderlichen Glückseligkeit entstanden ist, kann sie genutzt werden, um die subtilsten karmischen Spuren zu beseitigen, die die Manifestation des erleuchteten Geistes eines/r Buddha verhindern. Durch den *Yoga der Versenkung* wird die konventionelle Erfahrung der weißen und roten Tropfen vollständig in einen einzigen unwandelbaren Tropfen aufgelöst, der die endgültige Erfahrung der vollkommenen letztendlichen Wahrheit ist. Während sich dieser Prozess entfaltet, ist er vergleichbar mit dem schnellen Durchqueren aller Bodhisattva-Ebenen.

5. **Der Pfad des Nicht-mehr-Lernens:** Wenn keine Verdunkelungen mehr vorhanden sind, die den Geist an die zyklische Existenz binden, ist der erleuchtete Geist von Vajradhara vervollkommnet und manifestiert

spontan ein unendliches Spektrum von Formkörpern zum Nutzen der fühlenden Wesen. Auf dieser Stufe ist das Training abgeschlossen und es gibt nichts mehr zu tun.

Pfad	Praxis	Verwirklichung
Ansammlung	Erzeugungsstufe	Ansammlung von Weisheit
		Ansammlung von Verdienst
	Drei Isolationen	Einsgerichtet im Grundbewusstsein verweilen
	Zurückziehen	Direkte Erfahrung Leerer Formen als Erscheinungen
Vorbereitung	Stabilisierung	Auflösen von Erscheinungen in Gewahrsein
	Lebenskraft	Auflösen des Gewahrseins in Winde
	Zurückhalten	Auflösen der Winde in subtile Essenzen
Einsicht	Sammlung	Direkte Erfahrung von unwandelbarer Glückseligkeit
Gewöhnung	Versenkung	Verbrennen der verbleibenden karmischen Spuren
Nicht mehr lernen	--	Erlangung des erleuchteten Geistes von Vajradhara

Tabelle 9-2: Der Vajrayoga-Pfad zur Erleuchtung

Die auf dem Vajrayoga-Pfad entwickelten Qualitäten

In ihrer Gesamtheit stellen die sechs Yogas eine fortschreitende Verfeinerung dar, bei der drei Aspekte der Buddhanatur schrittweise vervollkommnet werden:

1. **Die Erscheinung von Leeren Formen:** Zunächst werden Leere Formen objektiv als Bilder erfahren, um dann als bloße Erscheinungen erfahren zu werden, die vom Gewahrsein untrennbar sind. Wenn sich dieses Gewahrsein auf die Bewegungen der subtilen Energie konzentriert, entstehen sie als Winde, und wenn diese Winde gebändigt werden, entstehen sie als subtile Tropfen. Durch die Praxis des Inneren Feuers werden sie dann als die Essenz des Loderns und Schmelzens erfahren. Als Ergebnis dieses Prozesses konvergieren die geschmolzenen Tropfen zu einem untrennbaren und unveränderlichen Tropfen, in dem alle erleuchteten Qualitäten gleichzeitig manifestiert sind.

2. **Die Erfahrung der Glückseligkeit:** Durch die Schulung in der meditativen Konzentration von Vipashyana entsteht Glückseligkeit in Form

von subtiler geistiger Geschmeidigkeit. Die Verfeinerung dieses Konzentrationszustandes wird zu einer reinen Form der freudigen Glückseligkeit. Wenn die Winde im Zentralkanal im Gleichgewicht sind, entsteht Glückseligkeit durch die sich vereinigenden Winde, gefolgt von der großen Glückseligkeit durch die Vereinigung der Winde und der groben Tropfen. Diese große Glückseligkeit wird durch das Schmelzen der subtilen Tropfen verstärkt, bis schließlich unveränderliche Glückseligkeit entsteht.

3. **Das Aufgeben der Dualität:** Die erste Schicht der Dualität wird aufgegeben, indem die Leerheit der Erscheinungen mit einem nicht-konzeptuellen Gewahrsein erkannt wird. Wenn man dann erkennt, dass alle Erscheinungen von der gleichen Natur sind wie dieses Gewahrsein, nehmen objektive und subjektive Erscheinungen denselben Geschmack an. Wenn die Winde aufhören, im linken und rechten Kanal zu fließen und im Zentralkanal aufgelöst werden, entstehen überhaupt keine groben und subtilen dualistischen Erscheinungen mehr. Wird die Erfahrung der Glückseligkeit weiter verfeinert, werden die Augenblicke ununterscheidbar. Durch das Verweilen in diesem Zustand der Glückseligkeit werden schließlich alle konventionellen Wahrheiten von Subjekt und Objekt als nicht-erschaffen erkannt und die Dualität von konventionell und endgültig wird in der unveränderlichen Natur der Soheit aufgelöst.

Die folgende Tabelle veranschaulicht, wie sich diese Aspekte parallel entwickeln:

Yoga	Leere Form	Glückseligkeit	Nicht-Dualität
Rückzug	Abbild	Subtile geistige Glückseligkeit	Leere Natur
Stabilisierung	Bloße Erscheinung	Reine freudvolle Glückseligkeit	Ein Geschmack
Lebenskraft	Winde	Glückseligkeit der verschmelzenden Winde	Gleichgewicht
Zurückhalten	Subtile Essenzen	Glückseligkeit des Verschmelzens mit Tropfen	Nicht-Bewegung
Sammlung	Schmelzende Essenzen	Große Glückseligkeit der schmelzenden Tropfen	Glückselige Natur
Versenkung	Unveränderlicher Tropfen	Unveränderliche Glückseligkeit	Unveränderliche Natur

Tabelle 9-3: Auf dem Vajrayoga-Pfad entwickelte Qualitäten

EIN ÜBERBLICK ÜBER DIE SECHS VAJRAYOGAS

Wir werden nun mit einer allgemeinen Beschreibung jedes Vajrayogas fortfahren, um die Struktur der einzelnen Praktiken vorzustellen und genügend Informationen zu liefern, um jeden Zweig klar darzustellen. Für eine eingehende Darlegung dieser Praktiken müssen die schriftlichen Kommentare der großen Meister der Überlieferungslinie wie Kunkyen Dolpopa und Jetsun Taranatha herangezogen werden.

Für jeden Yoga werden wir einer sechsfachen Struktur folgen: (1) Bedeutung des Namens, (2) Zeit für die Meditation, (3) Zweige der Praxis, (4) Zeichen des Erlangens, (5) Grundlage der Reinigung, und (6) erzielte Ergebnisse.

Der Yoga des Rückzugs

Der erste Yoga ist *Rückzug* und bezieht sich auf den Prozess der Meditation, der dazu dient, die inneren Winde in den Zentralkanal zu leiten. Unter normalen Bedingungen zirkulieren die Winde ungleichmäßig durch den linken und den rechten Kanal, was zu den groben Erscheinungen der vier Erfahrungszustände führt. Solange die Winde auf diese Weise fließen, sind wir nicht in der Lage, die erhabene Leerheit direkt zu erfahren. Aus diesem Grund müssen wir unser Gewahrsein von der äußeren Welt zurückziehen, sodass alles, was wir wahrnehmen, eine reine Manifestation unserer ursprünglichen Natur wird.

Bedeutung des Namens

Der Sanskrit-Name für diesen Yoga ist *Pratyahara* und besteht aus zwei Teilen, *Pratya* bedeutet „individuell" und *ahara* bedeutet „Rückzug". Die wörtliche Übersetzung lautet also „individueller Rückzug". Der Name weist darauf hin, dass wir durch diesen Yoga individuell unsere Verbindung zu äußeren Sinnesobjekten trennen, indem wir unsere Winde in den Zentralkanal zurückziehen.

Zeit für die Meditation

Um diesen Yoga zu praktizieren, müssen wir eine stabile Erfahrung der vier Absorptionen entwickelt haben: Einsgerichtetheit, Nicht-Konzeptualität, Nicht-Greifen und Mühelosigkeit, was durch die Drei Isolationen erreicht wird. Die beste Zeit für diese Praxis ist, wenn die Winde vom linken Nasenloch auf das rechte übergehen, weil zu dieser Zeit das Erdelement besonders schwach ist, was es leichter macht, unreine Erscheinungen in die Erfahrung des Raumes aufzulösen. Wenn der Rückzug Ihre Hauptpraxis ist, sollten Sie ihn jedoch jederzeit praktizieren, wenn Sie nicht schlafen.

Zweige der Praxis

Die Körperhaltung und die Anweisungen für diese Praxis ähneln denen für die Drei Isolationen, wobei sich der Unterschied aus dem jeweiligen Schwerpunkt ergibt. Während sich die Drei Isolationen auf die Entwicklung einsgerichteter Konzentration (Shamatha) fokussieren, befasst sich der Yoga des Rückzugs mehr mit der Entwicklung besonderer Einsicht (Vipashyana). Die Trennlinie zwischen den Praktiken ist das Erscheinen Leerer Formen, die auftreten, wenn die Winde beginnen, in den Zentralkanal einzutreten.

Insgesamt werden zehn Arten von Leeren Formen entstehen, die der Auflösung jedes der zehn Winde entsprechen. Sie werden durch zehn einzigartige Zeichen erkannt: (1) Rauch, (2) Luftspiegelung, (3) Wolken, (4) Leuchtkäfer, (5) Flammen, (6) Mondlicht, (7) Sonnenlicht, (8) Finsternis, (9) Blitze und (10) Tropfen. Diese Zeichen sollten nicht als buchstäbliche Manifestationen von Rauch und so weiter verstanden werden. Betrachten Sie sie eher als allgemeine Hinweise auf die Art und Weise, wie sich Leere Formen manifestieren. Zum Beispiel deutet das Zeichen Rauch auf einen flüchtigen Aspekt der Erscheinungen hin, während das Zeichen Luftspiegelung einen schimmernden Aspekt impliziert.

Einige dieser Zeichen können sporadisch während der Praxis der Drei Isolationen auftreten, wenn die Winde vorübergehend durch den Zentralkanal fließen. Damit ein Zeichen als authentisches Zeichen des Yogas des Rückzugs betrachtet werden kann, sollte es konsequent in der oben genannten Reihenfolge auftreten. Diese Reihenfolge hängt mit der Art und Weise zusammen, wie sich unsere Elemente und Aggregate während des Auflösungsprozesses zum Zeitpunkt des Todes von grob zu subtil auflösen. Der wahre Rückzug findet statt, wenn die inneren Winde in das Scheitelchakra gezogen werden und sich dort auflösen.

In Bezug auf die Praxis besteht dieser Yoga des Rückzugs aus zwei Phasen:

1. **Die Praxis bei Nacht:** In dieser Phase liegt unser Fokus darauf, die Winde, die mit unseren groben Sinnesbewusstseinsarten verbunden sind,

zurückzuziehen. Um diesen Prozess zu unterstützen, müssen wir so weit wie möglich von den Sinnesphänomenen isoliert sein, weshalb die Praxis in völliger Dunkelheit durchgeführt wird. Durch diese Praxis erfahren wir die ersten vier Zeichen als Hinweis darauf, dass die Nebenwinde in den Zentralkanal eintreten.

2. **Die Praxis bei Tag:** Als Ergebnis der nächtlichen Praxis wird unser Geist offen und weit, wie der klare blaue Himmel. Um diese Qualität des Raumes zu betonen, wird diese Phase der Praxis traditionell tagsüber im Freien durchgeführt, wobei man sich auf den leeren, wolkenfreien Himmel konzentriert. Diese Methode verbindet uns mit unserer ursprünglichen Natur, die wie der Himmel weder Zentrum noch Umfang und auch keine bestimmten Farben hat und sich über eine grenzenlose räumliche Ausdehnung erstreckt. Sollte der Himmel von Wolken bedeckt sein, üben wir wie bisher im dunklen Raum weiter. Durch diese Praxis erfahren wir die übrigen sechs Zeichen.

Praxis	Zeichen	Wind	Element	Aggregat
Bei Nacht	Rauch	Naga	Erde	Form
	Luftspiegelung	Schildkröte	Wasser	
	Wolken	Eidechse	Feuer	
	Leuchtkäfer	Devadatta	Wind	
Bei Tag	Flammen	Dhanamjaya	Raum	
	Mondlicht	Alles durchdringend	Bewusstsein	Wahrnehmung
	Sonnenlicht	Aufsteigend		Gefühle
	Finsternis	Feuerbegleitend		Vorstellungen
	Blitze	Abwärts entleerend		Bewusstsein
	Tropfen	Lebenserhaltend		Gewahrsein

Tabelle 9-4: Zeichen während des Yogas des Zurückziehens

Zeichen des Erlangens

Während wir uns mit diesen Praktiken vertraut machen, werden die Zeichen stärker, klarer und stabiler und bilden eine „innere Welt" von Leeren Formen, isoliert von unserer Erfahrung äußerer Objekte. Auch wenn wir ihre leere

Natur klar erkennen können, scheinen sie immer noch getrennt vom Geist zu existieren, wie Illusionen oder Träume. Diese Leeren Formen werden erfahren, indem man sich auf eine direkte gültige Erkenntnis der Sinneskraft des Auges stützt, was bedeutet, dass wir sie als Visionen sehen.

Grundlage der Reinigung

Im Allgemeinen ist die Grundlage der Reinigung für alle sechs Yogas der erhabene Grund der Buddhanatur. Für jeden Yoga gibt es jedoch eine Reihe von sechs Bestandteilen, die den Grund darstellen, der speziell durch die Praktiken gereinigt wird. Beim Yoga des Rückzugs besteht die unreine Grundlage der Reinigung aus den sechs Bestandteilen des Bewusstseins: (1) dem Aggregat des ursprünglichen Gewahrseins, (2) dem Element des Bewusstseins, (3) der geistigen Sinneskraft, (4) dem Klang, (5) dem unteren Zentralkanal und (6) dem Ausscheiden von Urin.

Das Mittel, wodurch diese Bestandteile gereinigt werden, ist das Zurückziehen der zehn Winde, wodurch zehn Ebenen eines zunehmend subtileren Gewahrseins entstehen.

Erzielte Ergebnisse

Wenn wir die Praxis des Rückzugs gewissenhaft praktizieren, erlangen wir schließlich die Meisterschaft über den Prozess der Auflösung selbst. Je vertrauter wir mit jedem der Winde werden, desto mehr können wir die Zeichen nach Belieben und in jeder gewünschten Reihenfolge hervorrufen. Diese Fähigkeit erlaubt es uns, mit Gewahrsein in den Sterbeprozess einzutreten, sodass wir keine unkontrollierte Wiedergeburt mehr nehmen müssen. Letztlich führt die Beherrschung dieses Yogas dazu, dass die sechs Bestandteile des Bewusstseins als eine unendliche Reihe von Gottheiten der Vajrasattva-Familie entstehen.

Der Yoga der Stabilisierung

Der zweite Yoga ist der Yoga der Stabilisierung. Durch diese Praxis wird die im vorhergehenden Yoga erlangte Wahrnehmung der Leeren Formen untrennbar mit dem Gewahrsein eines inneren Wahrnehmenden vereinigt. Während der erste Yoga uns erlaubt, die Leeren Formen der zehn Zeichen als Objekte des Geistes wahrzunehmen, ermöglicht der zweite Yoga den Praktizierenden, diese Zeichen spontan mit der Natur des Geistes zu „vermischen" oder in sie zu integrieren. Das heißt, der Dualismus der getrennten Erscheinungen von Subjekt und Objekt wird aufgelöst.

Bedeutung des Namens

Der Sanskrit-Name für diesen Yoga ist *Dhyana*, was wörtlich „eingerichtete Konzentration" bedeutet. Es bedeutet auch, das Objekt der Konzentration zu verinnerlichen, in dem Sinne, dass wir unsere Erkenntnis der Leeren Form verinnerlichen, sodass wir sie besser kontrollieren können.

Zeit für die Meditation

Idealerweise sollten wir den Yoga der Stabilisierung praktizieren, nachdem wir die Meisterschaft über den Yoga des Rückzugs erlangt haben. Wenn wir in der Lage sind, die zehn Zeichen der Leeren Form nach Belieben zu erzeugen, haben wir dann eine stabile Grundlage für die Analyse. Auch wenn wir die Erzeugung Leerer Formen noch nicht beherrschen, müssen Leere Formen zumindest lange genug bestehen, um sie genau beobachten zu können.

Zweige der Praxis

Vor dieser Stufe haben wir hauptsächlich mit der Sinneskraft der Augen und den visuellen Formen geübt. Jetzt erweitern wir unsere Praxis um die anderen Formen des Sinnesbewusstseins wie Klang, Geruch, Geschmack und Berührung. Wenn wir diesen Yoga beherrschen, benötigen wir keinen dunklen Raum mehr, weil die inneren Objekte mit dem Geist verschmelzen und äußere Objekte unsere Erfahrung nicht mehr beeinflussen.

Durch diese Meditation kann jede Form normaler Wahrnehmung als Leere Form erlebt werden, untrennbar mit dem Geist verbunden. Wenn wir zum Beispiel in der Nähe eines Wasserfalls meditieren, würde das Geräusch als Leerer Klang entstehen, der vom Ohr der Weisheit der yogischen Wahrnehmung erfasst wird. Ebenso werden alle Geschmacks-, Geruchs- und Tastempfindungen in unsere reine Erfahrung integriert, und auf diese Weise werden die Objekte des Geistes schließlich als untrennbar von der Natur des Geistes erfahren.

Der Prozess, der verwendet wird, um diese Verschmelzung zu erreichen, ist in fünf Aspekte unterteilt:

1. **Verstehen:** Der erste Schritt besteht darin, einfach die verschiedenen Arten der entstehenden Leeren Formen zu beobachten. In dieser Phase beginnen wir zu verstehen, wie sich Sinnesobjekte im nicht-konzeptuellen Gewahrsein manifestieren.

2. **Anerkennung:** Wenn wir eine größere Vertrautheit mit dem Spektrum der entstehenden Leeren Formen entwickeln, erkennen wir sie als untrennbar von unserem eigenen Geist. In diesem Moment beginnt sich die Unterscheidung zwischen Subjekt und Objekt aufzulösen.

3. **Analyse:** Indem wir die Art und Weise, wie sich diese Leeren Formen manifestieren, ständig beobachten, gewinnen wir Vertrauen und Gewissheit, dass sie nichts anderes als der Geist sind. Dieses Vertrauen erlaubt es dem Geist, grobes Greifen loszulassen und in Stille zu ruhen, selbst wenn sich Leere Formen aktiv manifestieren.

4. **Freude:** Sobald der Geist lernt, einsgerichtet zu verweilen, ohne nach Leeren Formen zu greifen, entsteht in Körper und Geist eine Erfahrung der Glückseligkeit. Wenn diese Glückseligkeit alle Erscheinungen durchdringt, nehmen alle einen ähnlichen „Geschmack" an, was bedeutet, dass sie subjektiv mit demselben glückseligen Aspekt erlebt werden.

5. **Unerschütterliche Glückseligkeit:** Wenn schließlich alle Unterscheidungen zwischen Subjekt und Objekt aufgelöst sind, entwickeln wir eine meditative Konzentration, in der alle Erscheinungen als Leere Formen entstehen und alle Leeren Formen als glückseliges Gewahrsein erfahren werden.

Zuerst ist da nur das Verständnis, dann kommt das gleichzeitige Entstehen der Wertschätzung. Auf diese Weise wird jeder nachfolgende Aspekt in die vorherige Verwirklichung integriert, so dass alle fünf Aspekte vorhanden sind, wenn die unerschütterliche Glückseligkeit entsteht.

Zeichen des Erlangens

Wenn der Geist meditative Stabilisierung erlangt, erscheinen die zehn Zeichen aus dem vorhergehenden Yoga gleichzeitig und kontinuierlich. Anfänglich ist unsere yogische Wahrnehmung unklar, aber nach und nach wird sie klar und dann sehr klar. Mit der Praxis wird auch die Wahrnehmung dieser Zeichen immer subtiler, und dieser Prozess lässt sich in fünf Stufen beschreiben: (1) zuerst erscheinen sie subtiler, und dann (2) treten sie mit Licht auf, (3) mit leuchtendem Licht, (4) mit sich bewegendem leuchtendem Licht und schließlich (5) mit unzerstörbarem Licht. An diesem Punkt ist es sehr wichtig, durch eine/n qualifizierten Meister/in angeleitet zu werden, weil man sich leicht in den Feinheiten verlieren und dadurch auf einen falschen Pfad geraten kann.

Obwohl dieser Yoga zur Verschmelzung von Geist und Sinnesobjekten führt, hängt die Wahrnehmung immer noch von den Sinnesbewusstseinsarten ab, anstatt ausschließlich vom geistigen Bewusstsein. Es gibt zwar kein eindeutiges Subjekt und Objekt, aber das Bewusstsein der Sinnesorgane ist weiterhin involviert und nimmt die Dinge auf eine Weise wahr, die frei von Worten, Bildern und begrifflichen Vorstellungen ist.

Grundlage der Reinigung

Die unreine Grundlage der Reinigung für diesen Yoga der Stabilisierung sind die sechs Bestandteile des Raumes: (1) das Bewusstseinsaggregat, (2) das Raumelement, (3) das Hörorgan, (4) das Element der geistigen Phänomene, (5) die Sexualorgane, und (6) die Kontrolle der regenerativen Flüssigkeiten.

Diese Bestandteile werden gereinigt, indem man meditative Stabilität über die fünf subjektiven Aspekte des Verstehens und so weiter in Bezug auf die fünf Arten von Leeren Formen, die den fünf Sinnesobjekten entsprechen, erreicht.

Erzielte Ergebnisse

Das vorläufige Ergebnis dieses Yogas der Stabilisierung ist das Erreichen der fünf Arten von Hellsichtigkeit, d. h. die Weisheit des Auges, des Ohres, der Nase, der Zunge sowie des Körperbewusstseins. Letztlich führt die Beherrschung dieses Yogas dazu, dass die sechs Bestandteile des Raumes als eine unendliche Reihe von Gottheiten der Akshobhya-Familie entstehen.

Der Yoga der Lebenskraft

Während der Praxis des Yogas der Lebenskraft wird die Kraft der Winde genutzt, um unsere nicht-duale Wahrnehmung der Leeren Formen mit der Bewegung der inneren Winde zu verbinden. Durch diesen Prozess werden die fünf Haupt- und die fünf Nebenwinde vereinigt, indem sie in den Zentralkanal eintreten und darin verweilen. Indem wir diesen Prozess meistern, erlangen wir die volle Kontrolle über unsere Kanäle und Winde, was uns in die Lage versetzt, ausschließlich von der subtilen Energie in unserem Körper zu leben, wodurch wir nicht mehr von grober Nahrung abhängig sind.

Bedeutung des Namens

Der Sanskrit-Name für diesen Yoga ist *Pranayama*, wobei *prana* „Lebensenergie" oder „Lebenskraft" bedeutet und *ayama* „kontrollieren", sodass der Begriff für die Kontrolle der Lebensenergie steht. Die zu kontrollierende Energie bezieht sich auf die inneren Winde, die in den Zentralkanal geleitet werden.

Zeit für die Meditation

Der eigentliche Yoga der Lebenskraft kann nur authentisch praktiziert werden, nachdem man die fünf Stufen der meditativen Stabilisierung im vorhergehenden Yoga gemeistert hat. Da Anfänger/innen jedoch immer noch davon profitieren können, ihre Kanäle zu reinigen und mit ihren Winden zu arbeiten, um sie zu stabilisieren, werden wir ermutigt, mit der Praxis dieses Yogas zu beginnen, nachdem wir ein gewisses Maß an Erfahrung entweder im Yoga des Rückzugs oder im Yoga der Stabilisierung gesammelt haben.

Zweige der Praxis

Die Praxis dieses Yogas besteht in erster Linie in der Bändigung der karmischen Winde, die durch die sechzig Zweigkanäle des Nabelchakras zirkulieren. Dies geschieht durch zwei Arten von yogischer Meditation:

1. **Vajra-Rezitation:** Bei dieser Praxis verbinden wir die drei Phasen jedes Atems – Einatmen, Anhalten und Ausatmen – mit bestimmten Mantra-Silben, die an Schlüsselpunkten im Nabelchakra visualisiert werden. Auf diese Weise wird durch kontinuierliche Meditation jeder der zwölf Wechsel des Atems einbezogen und harmonisiert, sodass die Winde konstant im Zentralkanal verweilen können. Wenn diese Praxis gemeistert ist, können wir die Farben der Chakras und der Winde als leere Formen wahrnehmen.

2. **Vasenatmung:** Wenn alle zehn Winde gleichmäßig im Zentralkanal

fließen, müssen der lebenserhaltende und der abwärts entleerende Wind im Nabelchakra vereint werden. Dies geschieht durch die Verwendung spezifischer Visualisierungen in Kombination mit kraftvollen Atemmustern, um den lebenserhaltenden Wind nach unten und den abwärts entleerenden Wind nach oben zu ziehen, sodass sie sich am Nabel treffen. Wenn dies erreicht ist, hört der Prozess der normalen Atmung auf und die karmischen Winde werden stabilisiert.

Zeichen des Erlangens

Es gibt einzigartige Zeichen, die auf die Vollendung dieses dritten Yogas hinweisen. In den vorherigen Yogas konnten wir durch Anstrengung die subtilen Essenzen schmelzen und Glückseligkeit von oben herab erzeugen, während dies jetzt spontan erreicht werden kann. Wir können diese Glückseligkeit auch von unten herauf mit einem/r Gefährten/Gefährtin erzeugen, indem wir unsere regenerativen Flüssigkeiten kontrollieren und in den Zentralkanal leiten. Auf dieser Stufe erfordert dies jedoch enorme Anstrengungen und geschieht nicht spontan.

Bevor wir diese Stufe erreicht haben, sind wir nicht qualifiziert, mit einem/r physischen Gefährten/Gefährtin zu praktizieren, sondern müssen uns stattdessen auf Visualisierungen, Träume oder Visionen stützen. Nach Meisterschaft des dritten Yogas haben wir jedoch die Fähigkeit entwickelt, mit einem/r physischen Gefährten/Gefährtin zu praktizieren, um unseren Fortschritt zu fördern. Ob wir uns auf eine solche Praxis einlassen müssen oder nicht, wird von unserem/r Vajrameister/in entschieden.

Grundlage der Reinigung

Die unreine Grundlage der Reinigung für den Yoga der Lebenskraft sind die sechs Bestandteile des Windes: (1) das Aggregat der Vorstellungen, (2) das Windelement, (3) die Nase, (4) die Berührung, (5) der Anus, und (6) die Ausscheidung von Exkrementen.

Diese Bestandteile werden durch die zehn Winde des linken und rechten Kanals gereinigt, die anschließend im Zentralkanal vereinigt werden.

Erzielte Ergebnisse

Da wir nun die inneren Winde dazu bringen können, im Zentralkanal zu bleiben, entstehen unzählige Erfahrungen wie z. B. Visionen der reinen Länder und der sechs Bereiche von Samsara. Darüber hinaus nehmen unser Wissen und unsere Weisheit spontan zu, und wir erfahren Leere Formen direkt ohne den konzeptuellen Geist. Wir entwickeln Hellsichtigkeit und beginnen, die Erscheinungen der Winde wahrzunehmen, als ob wir uns innerhalb des Zentralkanals befänden. Letztendlich führt die Beherrschung dieses Yogas dazu, dass die sechs Bestandteile des Windes als eine unendliche Reihe von Gottheiten erscheinen, die zur Amoghasiddhi-Familie gehören.

Der Yoga des Zurückhaltens

Die Beherrschung des Yogas der Lebenskraft führt zu einem kraftvollen und hoch konzentrierten glückseligen Gewahrsein, das als inneres Feuer bezeichnet wird. Durch diesen Yoga des Zurückhaltens nehmen wir nun diese Erfahrung und intensivieren sie, indem wir auf ähnliche Weise mit den übrigen fünf Chakras arbeiten. Dieser Prozess ermöglicht es uns, die Bewegung der Winde im Zentralkanal vollständig zu stoppen und sie so mit den subtilen Essenzen zu vereinen.

Bedeutung des Namens

Der Sanskrit-Name für diesen Yoga ist *Dharana*, was sich auf „festhalten" oder auf „das Objekt, das festgehalten wird" bezieht. In diesem Zusammenhang bedeutet es, die Winde zu stoppen, sodass sie sich in den subtilen Essenzen auflösen.

Zeit für die Meditation

Um diesen Yoga zu praktizieren, müssen alle zehn subtilen Winde im Zentralkanal verweilen und der lebenserhaltende Wind und der abwärts entleerende Wind müssen vereinigt sein. Nur mit dieser Stabilität können wir mit den Chakras auf eine Weise arbeiten, die präzise genug ist, um die Winde vollständig zu stoppen. Wie beim Yoga der Lebenskraft ist es jedoch von Vorteil, sich vorher mit diesen Meditationen vertraut zu machen, weil dies dazu beiträgt, den Zentralkanal zu reinigen und tiefere Zustände der Versenkung zu ermöglichen.

Zweige der Praxis

Durch die Kraft unserer meditativen Konzentration wird die Energie zuerst am Nabel gesammelt und von dort aus weiter nach oben zum Herzen, zur Kehle, zur

Stirn und schließlich zum Scheitelchakra geleitet. An jedem Punkt werden die Winde gehalten, sodass sie in die umgebenden Essenzen aufgenommen werden können. Die Energie wird dann in umgekehrter Reihenfolge vom Scheitel bis zum Nabelchakra nach unten geleitet. Dieser Vorgang wird im Zentralkanal auf- und abwärts wiederholt, bis alle Winde als untrennbar von den Essenzen erlebt werden. In diesem Stadium entstehen die subtilen Essenzen selbst als Leere Formen.

Da es schwierig ist, mit einigen der sehr subtilen Winde zu arbeiten, können einige Praktizierende ermutigt werden, mit einem/r physischen Gefährten/Gefährtin zu arbeiten, um ihre Praxis zu verbessern. Dies ist eine kraftvolle Methode, um die Winde zu stabilisieren und sie in den Essenzen aufzulösen, insbesondere den alles durchdringenden Wind, der mit der Bewegung des Körpers verbunden ist.

Zeichen des Erlangens

Der Yoga des Zurückhaltens ist gemeistert, wenn der lebenserhaltende und der abwärts entleerende Wind integriert und dazu gebracht werden, in den Essenzen der sechs Chakras, die die sechs Elemente repräsentieren, zu verweilen, sich zu stabilisieren und sich aufzulösen. Infolgedessen erscheinen zahlreiche Zeichen, einschließlich der Fähigkeit, unzählige Visionen zu sehen, wie die zuvor beschriebenen zehn Zeichen, reine Bereiche, samsarische Bereiche sowie erleuchtete Wesen innerhalb eines winzigen Kreises von der Größe eines schwarzen Senfkorns. Dies wird oft als „elftes Zeichen" bezeichnet, wobei unser Körper als Kalachakra Yab-Yum in einer Sambhogakaya-ähnlichen Form erscheint. Diese Verwirklichung ist die erste voll qualifizierte Erscheinung eines/r Gefährten/in der Leeren Form und bildet die Grundlage für den Übergang zum nächsten Yoga.

Grundlage der Reinigung

Die unreine Grundlage der Reinigung für den Yoga des Zurückhaltens sind die sechs Bestandteile des Feuers: (1) das Aggregat des Fühlens, (2) das Feuerelement, (3) das Auge, (4) der Geschmack, (5) die Fähigkeit der Arme, und (6) die Aktivität des Gehens.

Diese Bestandteile werden durch den Ein- und Austritt von Energie am Nabel, am Herzen, an der Kehle, an der Stirn und am Scheitel gereinigt. So entstehen zehn Ebenen der Verwirklichung, die dazu führen, dass sich die vitalen Essenzen an der oberen Öffnung des Zentralkanals sammeln.

Erzielte Ergebnisse

Das Ergebnis der Beherrschung des Yogas des Zurückhaltens ist die Auflösung der zehn Winde in die Essenzen. Dadurch erhalten wir die volle Kontrolle über die Essenzen, sodass unser Körper, unsere Rede und unser Geist ein hohes Maß an Vitalität besitzen. Ungleichgewichte wie Krankheit und Altern können dann abgewendet werden und wir haben eine gewisse Kontrolle über den Tod. Nachdem wir uns auch von inneren Konflikten und negativen äußeren Einflüssen befreit haben, die durch die Zirkulation der karmischen Winde im linken und rechten Kanal verursacht werden, werden wir nicht mehr von negativen Emotionen beeinflusst.

Darüber hinaus haben wir ein gewisses Maß an Kontrolle über die vier Maras – die Aggregate, Verblendungen, den Tod und angenehme Objekte. Der Körper hat inzwischen mehr Energie und Klarheit, und weil das Tummo-Feuer entzündet wurde, müssen wir beim Essen keine Abfälle mehr ausscheiden. Außerdem wird der Körper geschmeidig, was ein gesundes und langes Leben gewährleistet. Der große Kalachakra-Mahasiddha Manjuvajra erklärte, dass man auf dieser Stufe auch ohne Nahrung niemals hungrig ist, und dass man sich ohne den abwärts entleerenden Wind immer wohlfühlt. Dies wird als Vajra-Magen bezeichnet.

Letztendlich ist das Ergebnis der Beherrschung dieses Yogas, dass die sechs Bestandteile des Feuers als eine unendliche Reihe von Gottheiten entstehen, die zur Ratnasambhava-Familie gehören.

Der Yoga der Sammlung

Der fünfte Yoga wird als Sammlung bezeichnet und stabilisiert das, was vorübergehend bereits im vierten Yoga erreicht wurde. Die Erinnerung an die Erfahrung der großen Glückseligkeit auf der vorherigen Stufe, zusammen mit der Auflösung der Winde in die Essenzen und dem Entzünden des inneren Feuers, vertieft die Erfahrung der Vereinigung mit dem/r Gefährten/in der Leeren Form. Auf diese Weise lernt man, die Vereinigung der großen Glückseligkeit der erleuchteten Natur und der Großen Gefährtin der Leeren Form zu praktizieren.

Bedeutung des Namens

Der Sanskrit-Name dieses Yogas ist *Anusmirti* und setzt sich aus zwei Wörtern zusammen: *anu* bedeutet „nachfolgend" und *smirti* bedeutet „Erinnerung".

Wörtlich übersetzt heißt es „nachfolgende Erinnerung". In diesem Zusammenhang bezieht sich anu auf das „Höhere" und beinhaltet die wiederholte Rückbesinnung auf den höheren Geist der zuvor etablierten Mahamudra.

Zeit für die Meditation

Um die Praxis der Sammlung auszuführen, müssen wir zuerst den Yoga des Zurückhaltens meistern. Erst dann haben wir die Kanäle, Winde und subtilen Essenzen bis zu einem solchen Grad gründlich vermischt, dass die große Glückseligkeit der inneren Hitze als eine erleuchtete Anordnung der mit allen Aspekten ausgestatteten erhabenen Leerheit entsteht.

Zweige der Praxis

Da das Ziel des Yogas der Sammlung darin besteht, unveränderliche Glückseligkeit hervorzubringen, müssen wir unsere Erfahrung verfeinern, sodass wir in der Vereinigung mit einem/r Gefährten/in der Leeren Form regungslos verweilen können. Dies geschieht, indem wir unsere Praxis mit vier Arten von Gefährt/innen fortsetzen:

1. **Die/Der physische Gefährtin/e:** Gewöhnliche Praktizierende, die keine verfeinerte Kontrolle über ihre Winde, Kanäle und Essenzen haben, müssen mit einer/m physischen Gefährtin/en praktizieren. Dieser Prozess intensiviert die Erfahrung der Glückseligkeit und macht es einfacher, tiefere Zustände der Versenkung zu erreichen.

2. **Die/Der manifestierte Gefährtin/e:** Durch die Glückseligkeit, die während der sexuellen Aktivität erzeugt wird, bewegen sich die subtilen Essenzen und wir erleben uns selbst als die erleuchtete Form von Kalachakra Yab-Yum. Wenn wir ein ausreichendes Maß an Stabilität mit dieser Art von Gefährtin/en erreicht haben, sind wir nicht mehr auf eine physische Unterstützung angewiesen und können die Erfahrung nach Belieben erzeugen.

3. **Die/Der Gefährtin/e des Inneren Feuers:** Wenn wir in der Vereinigung mit einer/m manifestierten Gefährtin/en verweilen, wird unser inneres Feuer entzündet und die Essenzen schmelzen. Dieser Prozess führt dazu, dass das Feuer noch intensiver lodert und noch mehr Essenzen schmelzen. Auf diese Weise wird das innere Feuer stärker und führt zu der fortschreitenden Erfahrung der vier Freuden: (1) Freude, (2) höchste Freude, (3) besondere

Freude und (4) innewohnende Freude. Wenn die Essenzen schmelzen, erleben wir, wie diese Freuden vom oberen Teil des Körpers herabsteigen, sich nach unten bewegen und sich an der Spitze der unteren Öffnung des Zentralkanals sammeln. Wenn wir die Energie dort halten, erleben wir eine noch subtilere und intensivere Reihe von Freuden, die sich von der unteren Öffnung bis zur Spitze des Scheitelchakras bewegen.

4. **Die Große Gefährtin der Leeren Form:** Durch die Praxis des inneren Feuers verfeinern wir unsere Erfahrung der Glückseligkeit bis zu einem solchen Grad, dass sich alle subtilen Formen des Greifens vollständig auflösen. Dadurch entsteht eine tatsächliche Große Gefährtin der Leeren Form, die ein vollständig etabliertes, nicht-duales Gewahrsein der erhabenen Leerheit ist, die mit allen erleuchteten Qualitäten ausgestattet ist.

Wenn wir den Prozess der Verfeinerung der subtilen Essenzen beherrschen, wird die Erzeugung der/des manifestierten Gefährtin/en nicht mehr benötigt,weil wir in der Lage sind, direkt mit der Gefährtin der Leeren Form zu praktizieren. In diesem Stadium ist die glückselige Erfahrung des inneren Feuers zwar immer noch vorhanden, aber sie wird nicht als die/der Gefährtin/e des inneren Feuers identifiziert, weil keine sexuelle Aktivität mehr erforderlich ist, um die vier Freuden zu erzeugen. Stattdessen tritt die Glückseligkeit spontan mit der Erzeugung der Gefährtin der Leeren Form auf.

Es gibt viele Anweisungen bezüglich der Auswahl einer/s qualifizierten Gefährtin/en, aber weil dies nur für diejenigen relevant ist, die den dritten Yoga beherrschen, ist es nicht angebracht, sie zu diesem Zeitpunkt zu erörtern. Bis unser/e Vajrameister/in uns die Erlaubnis gibt, mit dieser Art von Gefährtin/ Gefährten zu praktizieren, sollten wir unsere Energie darauf konzentrieren, diese Erfahrungen durch Visualisierung zu simulieren.

Zeichen des Erlangens

Der Yoga der Sammlung ist vollendet, wenn die unveränderliche Glückseligkeit zum ersten Mal erreicht wird, indem man in Vereinigung mit der Großen Gefährtin der Leeren Form praktiziert. Dies geschieht, wenn die vier Freuden von oben herab erfahren werden und dabei nach unten schmelzen (was „Schmelzen von oben" genannt wird) und wenn die vier Freuden dann daran gehindert werden, den physischen Körper zu verlassen, um stattdessen durch die vier Chakras wieder nach oben zu schwingen (was „Stabilisierung von unten" genannt wird).

Ein Zeichen für dieses Erlangen ist, dass wir in einem kontinuierlichen Zustand meditativer Versenkung alles als Leere Form erfahren, sodass alle sechs Sinne glückselig sind. Zusammen mit dieser Erfahrung von Freude wird der physische Körper als eine erleuchtete Form von strahlendem Regenbogenlicht wahrgenommen.

An diesem Punkt ist auch unsere yogische direkte Wahrnehmung vervollkommnet und wir erleben Visionen von unzähligen Welten reiner und unreiner Bereiche. In den 72.000 Kanälen erwärmen sich die Essenzen und schmelzen, wodurch wir die erste von zwölf Stufen der unveränderlichen Glückseligkeit erlangen. Nach dem Kalachakra-Tantra ist dies die Vereinigung von *unveränderlicher Glückseligkeit* und *Leerer Form*.

Grundlage der Reinigung

Die unreine Grundlage der Reinigung für den Yoga der Sammlung sind die sechs Bestandteile des Wassers: (1) das Aggregat der Wahrnehmung, (2) das Wasserelement, (3) die Zunge, (4) sichtbare Formen, (5) die Fähigkeit der Beine, und (6) die Aktivität des Nehmens.

Diese Bestandteile werden durch das Entstehen der folgenden zehn Stufen der Glückseligkeit gereinigt: (1) Gedanken, (2) Verlangen, (3) körperliche Beschwerden, (4) ein Mund mit trockenen Lippen, (5) Abneigung gegen Nahrung, (6) Zittern, (7) Wahnsinn, (8) Idiotie, (9) ein verwirrter Geist und (10) eine tiefe Ohnmacht.

Erzielte Ergebnisse

Das vorläufige Ergebnis der Praxis des Yogas der Sammlung ist das Füllen der 72.000 Kanäle mit subtilen Essenzen, die von innen nach außen strahlen. Die Praktizierenden erleben ihren Körper als eine unzerstörbare Leere Form, obwohl sich der physische Körper noch nicht in einen erleuchteten Körper verwandelt hat. Es ist eine ständige glückselige Erfahrung, während sich die Hellsichtigkeit und die Fähigkeit, Wunder zu vollbringen, enorm entwickeln. Letztendlich ist das Ergebnis der Beherrschung dieses Yogas das Entstehen der sechs Bestandteile des Wassers als eine unendliche Reihe von Gottheiten, die zur Amitabha-Familie gehören.

Der Yoga der Versenkung

Der sechste Yoga ist der Yoga der Versenkung und führt zu der unveränderlichen glückseligen Erfahrung der Leeren Form, weil sich die groben Essenzen vollständig auflösen und die subtilen Essenzen zur Vollkommenheit verfeinert werden. Die Erfahrung der Glückseligkeit, die in der Praxis der vorangegangenen fünf Yogas aufgebaut wurde, ist nicht unveränderlich, weil die subtilen Essenzen noch nicht vollständig verfeinert waren. Auf dieser Stufe jedoch sind wir vollständig in der unveränderlichen Glückseligkeit der Leeren Form versunken. Das Unterscheidungsmerkmal dieser Praxis ist die Fähigkeit der Praktizierenden, die weißen Tropfen aus der unteren Öffnung des Zentralkanals mit den roten Tropfen vom Scheitel zu stapeln.

Bedeutung des Namens

Der Sanskrit-Name für diesen Yoga ist *Samadhi*, wörtlich übersetzt als „meditative Versenkung". In diesem Zusammenhang bedeutet dies das Verweilen in völliger Ausgeglichenheit innerhalb der erhabenen Leerheit, die frei von allen Formen dualistischer Erscheinungen ist. Dies ist der unveränderliche Zustand der vollständig etablierten Natur der Soheit.

Zeit für die Meditation

Der Zeitpunkt, um den Yoga der Versenkung zu praktizieren, ist der Moment, an dem die Vereinigung von unveränderlicher Glückseligkeit und Leerer Form zum ersten Mal erzeugt wird.

Zweige der Praxis

Der sechste Yoga betont die Untrennbarkeit von unveränderlicher Glückseligkeit und Leerer Form, und sein Ziel ist es, die unreinen Aggregate aufzulösen, sodass ein nicht-dualer Körper aus ursprünglichem Gewahrsein manifestiert werden kann. Dies geschieht, indem man 21.600 Momente lang in einem erhabenen Zustand der Versenkung verweilt.

Wenn die schmelzende Glückseligkeit der vier Freuden unbeweglich an der unteren Spitze des Zentralkanals festgehalten wird, wird sie zur Ursache für das Anhalten eines karmischen Windes, die Auflösung von 1/21.600 der drei Kanäle in den endgültigen Zentralkanal, das Sammeln eines roten Tropfens, der sich als die ursprüngliche Weisheit der Leerheit manifestiert, am Scheitel und das Sammeln eines weißen Tropfens, der sich als unveränderliche Glückseligkeit manifestiert, am unteren Ende des Zentralkanals.

In jedem Chakra gibt es 3.600 weiße Essenzen, die 3.600 Momenten unveränderlicher Glückseligkeit, 3.600 materiellen Bestandteilen des Körpers und 3.600 Winden entsprechen. Wenn sich diese weißen Essenzen im geheimen Chakra aufbauen oder zusammenziehen, entstehen 3.600 Momente unveränderlicher Glückseligkeit und die ersten beiden Bodhisattva-Ebenen werden erlangt. Währenddessen verschwinden die entsprechenden materiellen Komponenten des Körpers und der inneren Winde. Die folgende Tabelle veranschaulicht, wie jede Ebene erreicht wird.

Chakra	Tropfen	Ebene
Geheim	1.800	Höchste Freude
	3.600	Makellos
Nabel	5.400	Leuchtend
	7.200	Strahlend
Herz	9.000	Schwer zu überwinden
	10.800	Die Annäherung
Kehle	12.600	Weit gegangen
	14.400	Die Unerschütterliche
Stirn	16.200	Gute Intelligenz
	18.000	Der bloße Pfad
Scheitel	19.800	Der besondere Pfad
	21.600	Der ununterbrochene Pfad

Tabelle 9-5: Tropfen und Bodhisattva-Ebenen

Während sich die weißen Essenzen nach und nach in jedem der Zentren aufbauen, gibt es eine entsprechende Bewegung der roten Essenzen vom Scheitel abwärts. Wenn die materiellen Bestandteile des Körpers auf diese Weise erschöpft sind, erlangt man einen *Regenbogenkörper des Großen Übergangs*. Wir können uns dies als reine Energie und Gewahrsein vorstellen, die in Form von Kalachakra und Vishvamata in einer erleuchteten Umarmung entstehen.

Zeichen des Erlangens

Im Laufe dieses Prozesses erlangen wir die Fähigkeit, verschiedene Bereiche wahrzunehmen und zu erforschen, die uns zuvor unzugänglich waren. Auf der ersten der zwölf Stufen können wir 2.000 Bereiche erleben, und diese Zahl erhöht sich, bis wir 24.000 Bereiche gleichzeitig erfahren. Die letzte Stufe gilt als die anfängliche Vereinigung des unzerstörbaren Körpers oder die anfängliche Erleuchtung, die der Zustand eines Dharma-Königs von Shambhala ist. Ab diesem Zeitpunkt werden der karmische Körper, die Rede und der Geist ausgelöscht und wir vervollständigen spontan unsere beiden Ansammlungen, sodass wir schnell die volle Erleuchtung der Buddhaschaft erreichen können.

Grundlage der Reinigung

Die Grundlage der Reinigung für den Yoga der Versenkung sind die sechs Bestandteile der Erde: (1) das Aggregat der Form, (2) das Erdelement, (3) das Organ des Körpers, (4) die Gerüche, (5) die Genitalien, und (6) die Aktivität des Sprechens.

Diese Bestandteile werden durch zwölf Stufen unveränderlicher großer Glückseligkeit gereinigt, die auf den sechs Chakras basieren, die in zwei gleiche Hälften geteilt sind. Jede Hälfte wird mit unveränderlicher Glückseligkeit erfüllt, wodurch eines der zwölf Glieder des abhängigen Entstehens ausgelöscht wird. Dies führt zur Verwirklichung der zwölf Aspekte der Erleuchtung und der Untrennbarkeit von spontanem Mitgefühl und Weisheit.

Erzielte Ergebnisse

Die Vereinigung mit dem Körper, der Rede und dem Geist von Kalachakra, die gleichzeitig entstehen, wird daher durch die Verbindung der göttlichen männlichen und weiblichen Energien erreicht. Dies ist die Kalachakra-Gottheit, die schon immer unserem eigenen geistigen Kontinuum innewohnt, um vollständig verwirklicht und als ein kontinuierlicher Strom der Glückseligkeit erfahren zu werden.

Letztendlich führt die Beherrschung dieses Yogas dazu, dass die sechs Bestandteile der Erde als eine unendliche Reihe von Gottheiten entstehen, die zur Vairochana-Familie gehören. Auf diese Weise reinigt jeder der sechs Yogas die sechs Bestandteile und offenbart sechsunddreißig Gottheiten, die zu den sechs Buddha-Familien gehören.

Yoga	Buddha	Aggregat	Element	Quelle	Objekt	Fähigkeit	Handlung
Rückzug	Vajrasattva	Gewahrsein	Bewusstsein	Geist	Klang	Shankini	Urinieren
Stabilisierung	Akshobhya	Bewusstsein	Raum	Ohren	Phänomene	Genitalien	Emission
Lebenskraft	Amoghasiddhi	Vorstellungen	Wind	Nase	Berührung	Anus	Ausscheiden
Zurückhalten	Ratnasambhava	Gefühle	Feuer	Auge	Geschmack	Arme	Gehen
Sammlung	Amitabha	Wahrneh-mungen	Wasser	Zunge	Sichtbares	Beine	Nehmen
Versenkung	Vairochana	Formen	Erde	Körper	Geruch	Genitalien	Sprechen

Tabelle 9-6: Die 36 Buddhas, die auf dem Vajrayoga-Pfad gereinigt werden

ZUSAMMENFASSUNG

- Der Pfad des Vajrayoga ist eine tiefgründige Lehre, die, wenn sie praktiziert wird, innerhalb eines einzigen Menschenlebens zur Erleuchtung führen kann. Der/Die Vajrameister/in erteilt den Schüler/innen nach und nach diese kostbaren Kernunterweisungen, nachdem sie ihre Entschlossenheit beim Ansammeln der Voraussetzungen für die Praxis unter Beweis gestellt haben.

- In der Vollendungsstufe des Kalachakra gibt es sechs Praxiszweige: (1) den Yoga des Rückzugs, (2) den Yoga der Stabilisierung, (3) den Yoga der Lebenskraft, (4) den Yoga des Zurückhaltens, (5) den Yoga der Sammlung und (6) den Yoga der Versenkung.

- Entsprechend den verschiedenen Traditionen und deren Kommentaren gibt es verschiedene Möglichkeiten, die sechs Yogas zu unterteilen. Drei gängige Unterteilungen sind: (1) die zweifache Unterteilung von Leerer Form und unveränderlicher Glückseligkeit, (2) die dreifache Unterteilung der drei Reinheiten und (3) die vierfache Unterteilung von Annäherung und Vollendung.

- Der Pfad des Vajrayoga bietet die Möglichkeit, auf den Fünf Pfaden voranzuschreiten und Erleuchtung zu erlangen. Durch den ersten Yoga erreicht man den Pfad der Ansammlung. Die folgenden drei Yogas erreichen den Pfad der Vorbereitung. Mit dem fünften Yoga wird der Pfad der Einsicht und mit dem sechsten Yoga werden die Pfade der Gewöhnung und des Nicht-mehr-Lernens erreicht.

- Während jeder Übungsphase verfeinern wir drei Aspekte der Buddhanatur: (1) die Erscheinungen von Leerer Form, (2) die Erfahrung der Glückseligkeit und (3) das Aufgeben der Dualität.

- Der Yoga des Rückzugs reinigt die sechs Bestandteile des Bewusstseins durch die Praktiken des Yogas bei Nacht und bei Tag, bei denen zehn Zeichen der Leeren Form erzeugt werden, indem die zehn Winde in den Zentralkanal gebracht werden: (1) Rauch, (2) Luftspiegelung, (3) Wolken, (4) Leuchtkäfer, (5) Flammen, (6) Mondlicht, (7) Sonnenlicht, (8) Finsternis, (9) Blitze und (10) Tropfen.

- Der Yoga der Stabilisierung reinigt die sechs Bestandteile des Raumes durch die Praxis von fünf Meditationsstufen: (1) Verstehen, (2) Begreifen, (3) Analyse, (4) Freude und (5) unerschütterliche Glückseligkeit. Diese Meditationen stabilisieren unsere Verwirklichung der Leeren Form und integrieren sie in das Gewahrsein.

- Der Yoga der Lebenskraft reinigt die sechs Bestandteile des Windes durch die Praktiken der Vajra-Rezitation und der Vasenatmung, wobei die zehn Winde verfeinert werden, sodass sie im Zentralkanal verweilen und im Nabelchakra zusammenlaufen.

- Der Yoga des Zurückhaltens reinigt die sechs Bestandteile des Feuers, indem er die Winde in den Zentren der fünf Chakras hält: (1) Nabel, (2) Herz, (3) Kehle, (4) Stirn und (5) Scheitel. Während die vereinigten Winde in diesen Punkten gehalten werden, werden sie in die subtilen Essenzen aufgenommen und erzeugen zunehmend kraftvolle Zustände der Glückseligkeit.

- Der Yoga der Sammlung reinigt die sechs Bestandteile des Wassers durch die Arbeit mit den vier Gefährten/Gefährtinnen: (1) einem/r physischen Gefährten/in, (2) einem/r manifestierten Gefährten/in, (3) einem/r Gefährten/in des inneren Feuers, und (4) einer großen Gefährtin der Leeren Form. Auf der Grundlage der ersten beiden praktizieren wir das innere Feuer, um die vier Freuden zu erzeugen und unsere subtilen Essenzen zu verfeinern, sodass wir unsere Erfahrung der Gefährtin der Leeren Form stabilisieren können. Dieser Prozess führt schließlich zur Erfahrung der unveränderlichen Glückseligkeit.

- Der Yoga der Versenkung reinigt die sechs Bestandteile der Erde, indem er unsere restlichen karmischen Spuren mit dem höchsten Geist verbrennt, der unveränderliche Glückseligkeit mit Leerer Form vereinigt. Im Laufe von 21.600 Momenten durchlaufen wir zwölf Stufen, die den Zustand eines vollständig erleuchteten Buddha verwirklichen.

KAPITEL ZEHN

Die sechs Bardos
Kalachakra in jeden Moment *einbringen*

Nachdem wir die tiefgründigen Lehren über den vollständigen Kalachakra-Pfad erhalten haben, sind wir nun mit einer Fülle von Weisheit und geschickten Mitteln ausgestattet, um die Verdunkelungen zu beseitigen, die unseren Geist trüben und unsere Fähigkeiten begrenzen. Dieses außerordentlich umfassende System bietet alles, was wir brauchen, um mehr Frieden und Harmonie in unserem Leben zu erfahren, und bietet uns gleichzeitig die Mittel, um letztlich die ursprüngliche Natur unserer innersten Wahrheit zu enthüllen. Versäumen wir es, diese Lehren in unser Leben einzubringen, wäre das so, als würde ein törichter Mensch ein wunscherfüllendes Juwel unter seinem Haus vergraben, weil er befürchtet, jemand anderer könnte es stehlen.

Um diese wertvolle Gelegenheit nicht zu verpassen, können wir uns noch einmal auf die Verse von Taranatha aus der *Göttlichen Leiter* beziehen:

Während zahlloser Äonen habe ich diesmal diese kostbare menschliche Geburt erlangt, die so schwer zu erreichen und so leicht zu verlieren ist. Der Zeitpunkt des Todes ist ungewiss, und die Bedingungen, die zum Tod führen, sind jenseits meines Verständnisses; dieser lieb gewonnene Körper kann schon heute sterben!

So werde ich alle weltlichen Belange aufgeben, die mich an Samsara ketten, auch alle Untugenden und abscheulichen Verbrechen. Stattdessen werde ich die wenige Zeit, die mir noch bleibt, klug nutzen und mit Dringlichkeit den Dharma praktizieren und über die Vorteile der Befreiung nachdenken.

Von allen Erfahrungsbereichen, in die wir potenziell hineingeboren werden können, haben wir eine kostbare menschliche Wiedergeburt gefunden, die mit einem voll funktionsfähigen, subtilen energetischen System von Kanälen, Winden und Tropfen ausgestattet ist. Wir haben das große Glück, in einer Welt zu leben, in der die authentischen Lehren, die die Methoden für die Arbeit mit diesem subtilen

Körper darlegen, gedeihen. Zudem haben wir die freundliche und großzügige Unterstützung von mitfühlenden Lehrern und Lehrerinnen, die bereit sind, uns auf diesem Pfad zur Erleuchtung zu führen. Auf der Grundlage dieser außergewöhnlichen Bedingungen gibt es nichts, was uns davon abhalten könnte, den Kalachakra-Pfad zu beschreiten und seine unermesslichen Ergebnisse zu erlangen.

Leider ist dieses kostbare Leben unbeständig. Im Hintergrund lauert die ständige Bedrohung des Todes, und weil wir nicht wissen, wann dieses Leben enden wird, können wir es uns nicht leisten, der Faulheit und dem Aufschieben zu erliegen. Der Tod ist unausweichlich, und wenn wir unsere Zeit nicht weise nutzen, um den heiligen Dharma zu praktizieren, mit dem wir gesegnet sind, werden wir uns unkontrolliert im Ozean unseres Karma verlieren.

In Anbetracht dessen werden wir nun das Thema der *sechs Bardos* untersuchen, um herauszufinden, wie wir die Kalachakra-Lehren in jedem einzelnen Moment unseres Lebens am effektivsten praktizieren können. Wenn wir geschickt sind, können wir unseren Aktivitäten eine unglaubliche Bedeutung verleihen und gleichzeitig unseren Geist darauf vorbereiten, dem Tod ohne Angst oder Verwirrung zu begegnen. Wir werden mit einem allgemeinen Überblick über die Bardos beginnen, um einen Kontext für unsere Erörterung zu schaffen, gefolgt von einer ausführlichen Untersuchung jedes einzelnen Bardos.

ÜBERBLICK ÜBER DIE SECHS BARDOS

Der Begriff *Bardo* ist ein tibetisches Wort, das oft mit „Übergangszeit" übersetzt wird. Er bezieht sich auf die Art und Weise, wie sich unsere Erfahrungen im Laufe der Zeit verändern und zu Zeiträumen führen, in denen wir von einem Zustand in einen anderen übergehen.

Diese Lehren werden üblicherweise mit der Nyingma-Tradition in Verbindung gebracht, sind aber in allen größeren Traditionen, einschließlich der Jonang-Tradition, zu finden. Da wir die Bardos aus der Perspektive der Kalachakra-Lehren untersuchen werden, werden Sie vielleicht einige Abweichungen in der Darstellung im Vergleich zu anderen Systemen feststellen.

Es gibt zwei Hauptgruppen von Bardos: (1) die Bardos des Lebens und (2) die Bardos von Tod und Wiedergeburt. Jede Gruppe enthält drei Bardos, sodass wir insgesamt auf sechs Bardos kommen.

Die Bardos des Lebens

Diese Übergangszeiten erstrecken sich von der Geburt bis zum Einsetzen des Sterbeprozesses. Dazu gehören:

1. Der Bardo des Lebens
2. Der Bardo des Träumens
3. Der Bardo der Meditation

Während eines einzigen Lebens wechseln wir täglich zwischen diesen Phasen. Die meisten Menschen wechseln zwischen dem Bardo des Lebens am Tag und dem Bardo des Träumens in der Nacht, und wenn wir das Glück haben, einem spirituellen Pfad zu begegnen, können wir durch yogische Praxis auch in den Bardo der Meditation gelangen. Innerhalb dieser Bardos müssen wir uns darauf konzentrieren, unseren Geist zu schulen, sodass wir die nötige Kontrolle entwickeln können, um die Bardos von Tod und Wiedergeburt zu nutzen.

Die Bardos von Tod und Wiedergeburt

Diese Übergangszeiten beginnen mit dem Prozess des Sterbens, bei dem sich der Geist vom Körper trennt, und dauern an, bis der Geist entweder Erleuchtung erlangt oder in einem anderen Leben wiedergeboren wird. Dazu gehören:

4. Der Bardo des Sterbens
5. Der Bardo der Dharmata
6. Der Bardo des Werdens

Ohne die Schulung des Geistes während der Bardos des Lebens wird unsere Erfahrung der Bardos von Tod und Wiedergeburt völlig unkontrolliert sein. Wenn unsere karmischen Neigungen reifen, werden wir in Samsara hineingetrieben, ohne zu erkennen, was mit uns geschieht. Können wir jedoch Gewahrsein in diese Bardos bringen, ist es möglich, unsere Buddhanatur zu erkennen und dadurch Befreiung vom Leiden zu erlangen.

DER BARDO DES LEBENS

Der Bardo des Lebens bietet eine wertvolle Gelegenheit, sich mit den Kalachakra-Lehren vertraut zu machen. Wenn wir den aufrichtigen Wunsch haben,

Erleuchtung zu erlangen, müssen wir uns während des Wachzustandes an diese seltene Chance erinnern und uns bemühen, die Trägheit aufzugeben, indem wir einen spirituellen Pfad des Lernens, der Reflexion und der Meditation ohne Ablenkung betreten.

Durch die Praxis dieser Lehren und indem wir die verschiedenen Ebenen der Wirklichkeit als Pfad nehmen, verstehen wir, dass es keinen Ort gibt, der vor dem Tod geschützt ist. Wir beginnen zu verstehen, was wir reinigen müssen, um die vier Körper eines Buddha zu erfahren. Wir gewinnen auch die Zuversicht, uns in dem Wissen zu entspannen, dass wir uns auf unseren unvermeidlichen Tod auf die bestmögliche Weise vorbereiten. Dies gleicht der Schwalbe, die ihr Nest mit Zuversicht bauen kann, nachdem sie alle Furcht vor Gefahren beseitigt hat, weil sie sorgfältig den sichersten Ort ausgewählt hat. Wenn wir jedoch diesen menschlichen Körper mit sinnlosen Beschäftigungen vergeuden und keine Anstrengungen unternehmen, um uns auf das nächste Leben vorzubereiten, werden wir im Moment des Todes schlecht darauf vorbereitet sein und folglich von Bedauern und Panik erfüllt werden.

Tantra hat das Potenzial, uns mit den Mitteln auszustatten, um dem Tod mit Überzeugung zu begegnen, und bietet außergewöhnliche Methoden, um die Erleuchtung in nur einem Leben zu erlangen. Da wir diese Praktiken im Bardo des Lebens lernen können, wird diese Übergangszeit als unglaublich wichtig angesehen. Durch die Verwendung von Visualisierungen, Mantras und anderen geschickten Mitteln fragen wir uns vielleicht, wie Tantra unsere Meditation verbessern kann. Wäre es nicht einfacher, bloß den Geist zu beruhigen und über die Leerheit zu meditieren? Damit die Praxis erfolgreich ist, müssen sowohl der Geist wie auch der Körper angesprochen werden. Nur ein integrierter und ausgeglichener Körper-Geist, frei von psycho-physischen Knoten und Spannungen, kann das kristallklare Gewahrsein unterstützen, das für eine fortgeschrittene Meditationspraxis nötig ist.

Wie wir gesehen haben, besteht die Praxis des Vajrayana aus der Erzeugungsstufe und der Vollendungsstufe, die zusammen dieses notwendige Gleichgewicht zwischen Geist und Körper beinhalten. Während der Erzeugungsstufe transformieren wir unsere Wahrnehmung, indem wir uns selbst als Yidam mit allen Eigenschaften eines erleuchteten Wesens visualisieren. In der Vollendungsstufe lernen wir, den subtilen Energiefluss im Körper zu kontrollieren, um das für die Erleuchtung erforderliche nicht-duale Gewahrsein zu unterstützen. Indem wir die in diesem Buch vorgestellten Lehren mit Achtsamkeit und Disziplin praktizieren, können wir allmählich die Qualitäten entwickeln, die sich aus der Beherrschung dieser beiden Stufen ergeben.

Selbst wenn wir nicht in der Lage sind, vor unserem Tod die hohen Verwirklichungen der Vollendungsstufe des Kalachakra zu erreichen, schafft das bloße Bestreben, den Pfad des Kalachakra so viel wie möglich zu praktizieren, die Ursachen, um eines Tages die höchste Verwirklichung der Sechs Vajrayogas zu erreichen. Ganz gleich, auf welcher Stufe wir uns gerade befinden, jeder Moment, den wir der Praxis widmen, führt zu einer Ansammlung von Verdienst und Weisheit. Wie Geld, das auf einer Bank gespart wird, geht keine tugendhafte Tat, die der Erleuchtung gewidmet ist, jemals verloren, und deshalb führt uns jeder Moment, den wir der Praxis des Dharma widmen, zu unserem höchsten Potenzial.

Mit den vollständigen Lehren von Sutra und Tantra, die in den drei Bänden der Reihe *Die Enthüllung der inneren Wahrheit* vorgestellt werden, sind Sie mit der ganzen Bandbreite von Praktiken ausgestattet, um den Dharma in jede Situation zu integrieren, der Sie begegnen. Bemühen Sie sich, Ihre Zeit sowohl während der Meditation als auch außerhalb davon voll auszunutzen, und denken Sie daran, dass Kontinuität Gewohnheit schafft. Indem Sie einen Teil jedes Tages der Entwicklung Ihres Geistes widmen, bietet jeder Tag eine Chance, auf dem Pfad voranzukommen. Machen Sie sich keine Sorgen, wenn manche Tage erfolgreicher sind als andere, und lassen Sie sich von Rückschlägen nicht entmutigen, sondern kultivieren Sie eine starke Entschlossenheit, jede Gelegenheit, die das Leben bietet, zu nutzen.

DER BARDO DES TRÄUMENS

Für die meisten Menschen macht der Wachzustand etwa zwei Drittel ihres Lebens aus, den Rest verbringen sie im Schlaf. Das bedeutet, dass wir etwa dreißig Jahre entweder im unbewussten Zustand des Tiefschlafs oder in den illusionsgleichen Projektionen des Traumzustands verbringen. Diese beträchtliche Zeitspanne bietet uns eine einzigartige Gelegenheit, unsere Praxis aus dem Wachzustand zu erweitern.

Jede Nacht erleben wir einen Auflösungsprozess, der dem Prozess des Todes ähnelt. Wenn wir einschlafen, ziehen sich unsere fünf Sinnesbewusstseinsarten zurück und unser Gewahrsein pendelt sich auf den unkonfigurierten Zustand des Grundbewusstseins ein. Ein ungeschulter Geist durchläuft diesen Prozess gewöhnlich in einer dumpfen Benommenheit und verliert auf halbem Weg der Auflösung das Bewusstsein. Der Geist rührt sich erst wieder, wenn ein Traum auftaucht und wir aus der Dunkelheit erwachen, um uns einer neuen Wirklichkeit gewahr zu werden.

Diese Wirklichkeit des Traums wird ausschließlich durch die karmischen Neigungen des Geistes erzeugt und unterliegt daher nicht den gleichen physischen Einschränkungen, wie sie im Wachzustand bestehen. Es handelt sich um eine weitaus formbarere Realität, die sich daher auf eine unbegrenzte Anzahl von Arten manifestieren kann. Wenn es uns gelingt, das Gewahrsein in unsere Träume zu bringen, können sie zu einer kraftvollen Unterstützung bei der Erforschung einer viel subtileren Ebene unserer Erfahrung werden.

Die Methoden, die wir dazu verwenden, werden unter dem Begriff *Traumyoga* zusammengefasst und sind vergleichbar mit dem Anschalten eines Lichts in einem dunklen Raum. Die meisten von uns treten in Träume ein, ohne sie zu verstehen oder zu kontrollieren, aber durch die Praktiken des Traumyogas können wir lernen zu erkennen, wann wir träumen. Dies gibt uns das Potenzial, viele kraftvolle Praktiken zu entwickeln. So wie ein Lichtschein in einem dunklen Raum zahllose Möglichkeiten offenbaren kann, so kann auch die Praxis des Traumyogas viele außergewöhnliche Vorzüge bieten, wenn man sich damit beschäftigt.

Traumyoga

Das Praktizieren von Traumyoga als Pfad zur Erleuchtung erfordert die starke Entschlossenheit, Träume als eine Gelegenheit für die Praxis zu betrachten und nicht als einen Zeitraum, in dem man wie ein ignorantes Tier schläft. Die Praktiken des Traumyogas lassen sich in zwei Gruppen unterteilen: (1) *Praktiken bei Tag*, die unser Gewahrsein für die trügerische Natur des Wachzustandes stärken, sodass wir im Traumzustand Luzidität auslösen können, und (2) *Praktiken bei Nacht*, die wir beim Einschlafen anwenden, um mit der illusionsgleichen Natur unserer Träume zu arbeiten.

Die Praktiken bei Tag im Wachzustand

Die Praktiken bei Tag im Wachzustand helfen uns, die trügerische Natur der konventionellen Wirklichkeit zu verstehen. Wir können diese Natur auf zwei Arten erkennen, indem wir uns entweder auf die Falschheit unserer konventionellen Realität oder auf die Wahrheit unserer letztendlichen Realität konzentrieren. Im ersten Fall reflektieren wir über verschiedene Aspekte unserer Erfahrung, um die trügerische Natur unseres groben Körpers, unserer Rede und unseres Geistes zu erkennen:

1. **Erscheinungen als Spiegelungen betrachten:** Ebenso wie das Bild unseres Gesichts im Spiegel ist alles, was uns erscheint, lediglich eine Reflexion. Ein Spiegelbild wird sich niemals geschmeichelt und beleidigt fühlen, unabhängig davon, ob es gelobt oder kritisiert wird. Ebenso können wir unsere gewöhnliche Wachrealität als eine Spiegelung verstehen, und so sind sowohl der Wachzustand wie auch der Traumzustand illusionsgleich. Obwohl wir glauben, dass wir etwas anderes sind als die Reflexion im Spiegel, sind in Wahrheit beide Trugbilder. Unsere wahre Natur transzendiert die Konzepte von „Selbst" und „Anderem", und doch nehmen wir die unwirkliche Welt von Samsara als real wahr.

2. **Klänge als Echo hören:** Wir können die trügerische Natur der Phänomene auch feststellen, indem wir auf einer Bergkette, in einer Höhle oder einer großen Halle üben, wo ein Echo entstehen kann. Wir könnten sogar die schärfste Selbstkritik ausrufen, aber es wird nur ein leerer Klang sein, den wir hören, weil unsere Worte nicht wirklich existieren und nur ein Echo oder eine Illusion unserer wirklichen Stimme sind. Dies kann uns daran erinnern, dass die Rede eines jeden Menschen ebenfalls unwirklich ist und unsere gesamte Wahrnehmung wie ein Trugbild erscheint, weil wir den erleuchteten Zustand noch nicht erreicht haben.

3. **Gedanken als Täuschung betrachten:** Wenn wir in den Himmel schauen, sehen wir Wolken, die spurlos auftauchen und verschwinden, doch der weite, offene Himmel bleibt von ihnen völlig unberührt. Ebenso steigen und fallen die Wellen des Ozeans in einem nicht enden wollenden

Tanz, doch der Ozean selbst bleibt unbewegt. Genauso können wir beobachten, wie unsere Gedanken und Wahrnehmungen auftauchen und wieder verschwinden, und doch wissen wir, dass es eine weitaus größere Wirklichkeit gibt, in der sich dieses Schauspiel entfaltet. Die natürliche Welt kann dann zu einer Meditation über unseren verblendeten Zustand werden und darüber, wie er die wahre Natur der Realität verdunkelt.

Im zweiten Ansatz konzentrieren wir uns auf die Praxis der reinen Wahrnehmung, wie sie in der Erzeugungsstufe gelehrt wird. Hier benutzen wir die verschiedenen Erscheinungen, denen wir begegnen, als Unterstützung, um uns an die erleuchtete Natur unseres Körpers, unserer Rede und unseres Geistes zu erinnern:

1. **Alle Formen als Gottheiten betrachten:** Wenn Sie in den Spiegel schauen, betrachten Sie sich selbst als eine reine Manifestation von Kalachakra. Versuchen Sie, über die gewöhnlichen trügerischen Erscheinungen hinauszugehen, indem Sie erkennen, dass die Reinheit der fünf Aggregate die fünf männlichen Buddhas und die Reinheit der fünf Elemente die fünf weiblichen Buddhas sind. Nehmen Sie alle groben Erscheinungen als Abbildungen der männlichen und weiblichen Bodhisattvas wahr, alle Gedanken als Dakas und Dakinis und alle Bewegungen oder Aktivitäten wie Essen und Trinken als die erleuchteten Aktivitäten der zornvollen Beschützer. Auf diese Weise kann alles eine Erinnerung an die „wahre" Wirklichkeit sein, die Ihnen derzeit verborgen ist.

2. **Alle Klänge als Mantra hören:** Wann immer Sie Klänge hören, denken Sie daran, dass diese trügerische Welt eine Manifestation der innewohnenden Reinheit Ihrer Buddhanatur ist, die aufgrund der gegenseitigen Abhängigkeit entsteht, die Sie durch Ihre Unwissenheit geschaffen haben. Stellen Sie sich die Leeren Klänge als Mantras vor – als natürliche Vielfalt der Ausdrucksformen, die wir als einen Strom von unterschiedlichen Klängen erleben.

3. **Alle Gedanken als Weisheit betrachten:** Seien Sie sich gewahr, dass jeder Gedanke, der in Ihrem Geist auftaucht und sich auflöst, die großartige Ausstrahlung Ihrer Buddhanatur ist. Erkennen Sie, dass ihre Natur letztlich

leer von jeglicher substanziellen Essenz ist und sie daher wie der Raum völlig frei ist, sich auf jede gewünschte Weise zu manifestieren.

Indem wir uns darin üben, die illusorische Natur der konventionellen Wirklichkeit zu erkennen, beginnen wir zu begreifen, dass es keinen wesentlichen Unterschied zwischen den Erscheinungen des Wachzustandes und den Erscheinungen des Traumzustandes gibt. Sie nehmen beide das Gefühl eines Traums an. In solchen Momenten gilt es, den Gedanken zu entwickeln: „Dies ist ein Traum." Sich diese Tatsache während des Tages immer wieder ins Gedächtnis zu rufen, ist die einfachste Methode, um zu erkennen, wann wir träumen.

Die Praktiken bei Nacht im Traumzustand

Die Praktiken bei Nacht sind diejenigen, die wir beim Einschlafen ausüben. Durch die Arbeit mit unseren Träumen überbrücken wir die Kluft zwischen dem Wachzustand und dem Zustand des Tiefschlafs, indem wir Kontrolle über die trügerische Natur der Erscheinungen entwickeln. Dieses Training hat zwei Phasen: (1) das Erkennen des Traumzustands und (2) die Kontrolle der Erscheinungen in diesem Zustand.

Den Traumzustand erkennen

In dieser Phase stärken wir unser Gewahrsein für den Schlafprozess, sodass wir in unseren Träumen Luzidität entwickeln können. Dies ist das Gewahrsein, das einen Traum als solchen erkennt. Diese Phase kann relativ unkompliziert sein, wenn wir im Wachzustand fleißig geübt haben. Es gibt jedoch ein paar Punkte, die wir beachten sollten:

1. **Körperhaltung:** Zu Beginn dieser Praxis ist es wichtig, die Energiekanäle auszurichten, indem man eine gute Haltung einnimmt, wie z. B. den „schlafenden Löwen". Bei Männern bedeutet dies, dass sie auf der rechten Seite liegen, die rechte Hand unter der Wange, die Beine übereinander, die Knie leicht gebeugt und der linke Arm an der linken Seite des Körpers. Bei Frauen ist die Haltung umgekehrt, so dass die linke Hand unter der Wange liegt und die rechte Hand auf der Seite ruht.

2. **Motivation:** Wie bei jeder tantrischen Praxis sollten Sie zunächst Zuflucht zu den Drei Juwelen nehmen und die Motivation des Bodhicitta kultivieren,

mit dem Wunsch, dass Ihre Praxis des Traumyogas allen Wesen Nutzen bringt. Entwickeln Sie dann ein starkes Bestreben, Ihren Traum als einen solchen zu erkennen, und halten Sie dieses Bestreben aufrecht, während Sie einschlafen.

Für diejenigen, die tagsüber intensiv praktizieren oder dazu neigen, luzide zu werden, können diese beiden Schritte ausreichen, um Ihr Ziel zu erreichen. Wenn nicht, gibt es eine Reihe von Visualisierungen, die Ihre Praxis verstärken und Ihnen helfen, Luzidität zu erlangen:

- Bei der ersten Methode visualisieren Sie Ihre/n Guru an Ihrem Kehlchakra, im Aspekt von Kalachakra, in der Größe Ihrer Daumenspitze. In seinem Herzen stellen Sie sich einen roten, vierblättrigen Lotos mit der Keimsilbe OM (ༀ) im Zentrum vor und die Silben AH (ཨཿ), NU (ནུ), TA (ཏ) und RA (ར) auf dessen Blütenblättern, die nach außen in die vier Richtungen weisen. Nachdem Sie sich auf die Silbe OM konzentriert haben, wiederholen Sie die anderen Silben leise, bis Sie beinahe eingeschlafen sind. Kurz vor dem Einschlafen konzentrieren Sie sich wieder auf das OM und lassen sich in den Zustand des Tiefschlafs gleiten. Versuchen Sie, ganz bei diesen Silben zu bleiben, während Sie das starke Bestreben haben, den Traum zu erkennen, und die Überzeugung aufrechterhalten, dass dies mit dem Segen der Drei Juwelen möglich ist.

- Eine einfachere Methode ist die Visualisierung einer kleinen Kugel aus rotem Licht am Kehlchakra. Konzentrieren Sie sich einsgerichtet auf die Kugel, mit der Entschlossenheit, Ihre Träume beim Einschlafen zu erkennen, und lassen Sie Ihren Geist in das rote Licht einsinken.

- Wenn Sie weiterhin Probleme mit dem Einschlafen haben, visualisieren Sie eine kleine schwarze Kugel unter Ihren Füßen, weil dies Ihr Gewahrsein nach unten zieht und Sie schläfrig macht.

Bei einigen kann die Verwendung von Visualisierungen während des Schlafs zu Schlaflosigkeit führen, was in der Regel darauf zurückzuführen ist, dass Sie zu sehr an der Visualisierung festhalten. Um dies zu vermeiden, sollten Sie sich nicht darum sorgen, Klarheit über die spezifischen Details zu entwickeln, sondern ein ungefähres Gefühl für die Formen entwickeln und Ihr Gewahrsein entspannt in diesem Gefühl ruhen lassen.

Sollten Sie nach dem Ausprobieren dieser Varianten immer noch Schwierigkeiten haben, Ihre Träume zu erkennen oder sich an sie zu erinnern, betonen Sie Ihre Praktiken bei Tag, um Ihre reine Wahrnehmung und Ihr Gewahrsein der illusionsgleichen Natur der konventionellen Wirklichkeit zu stärken. Bemühen Sie sich mit Entschlossenheit und Achtsamkeit, diese Erkenntnis auch in Ihre nächtliche Praxis zu übertragen. Sammeln Sie weiterhin Verdienst an und stärken Sie Ihr Vertrauen in die Drei Juwelen, während Sie das Bestreben entwickeln, dass Sie den Traumzustand erfolgreich erkennen werden.

Die Erscheinungen dieses Zustands kontrollieren

Das Erkennen in unseren Träumen ist eine mächtige Fähigkeit mit dem Potenzial für enormes spirituelles Wachstum. Da diese Traumrealität nicht durch Energie konditioniert ist, können wir Handlungen ausführen, die normalerweise unmöglich wären, wie z. B. durch den Himmel zu fliegen, augenblicklich an weit entfernte Orte zu reisen oder unseren Körper zu vervielfältigen und die Elemente nach Lust und Laune zu transformieren. Wir können auch Situationen manifestieren, die uns normalerweise Angst oder Furcht einflößen würden, um ihre unwirkliche Qualität zu erkennen und uns vom zugrunde liegenden Greifen zu befreien. Wir könnten zum Beispiel träumen, dass wir sterben, um die Angst vor dem Tod zu überwinden, oder wir könnten uns als Milliardär manifestieren, der mittellos wird, um die Anhaftung an den Reichtum und die Abneigung gegen die Armut zu überwinden. Auf diese Weise können sich unsere Träume in ein Labor verwandeln, in dem wir gefahrlos jede gewünschte Erfahrung simulieren können.

Mit der Beherrschung des Traumzustands können wir die Zeit, die wir im Traum verbringen, als Fortsetzung unserer Praktiken der Erzeugungsstufe im Wachzustand nutzen. Nur dass jetzt, wenn wir uns selbst als Gottheit visualisieren oder große Opfergaben darbringen, aufgrund der Subtilität unseres Traumbewusstseins alles so klar erscheint, als ob wir es mit unseren physischen Augen sehen würden. Das bringt eine Ebene des Realismus in unsere Praxis und macht das tugendhafte Karma, das wir erzeugen, wesentlich wirksamer.

Schlafyoga

Bevor sich ein Traum manifestieren kann, lösen sich unsere gegenwärtigen Erscheinungen wieder in das Grundbewusstsein auf – ein Vorgang, den wir gemeinhin als „Einschlafen" bezeichnen. Er wird im Allgemeinen in einem Zustand starker Verdunkelung mit einem völligen Fehlen von Gewahrsein erlebt. Während einer einzigen Nacht erleben wir im Durchschnitt fünf Schlafzyklen, in denen unser Geist vom Zustand des Tiefschlafs in den Traumzustand und wieder zurück in den Tiefschlaf übergeht. Wenn wir diesen Kreislauf der Auflösung bewusst wahrnehmen können, können wir unseren Geist im sehr subtilen Bewusstsein des Tiefschlafzustands ruhen lassen. Diese Methode ist als *Schlafyoga* bekannt und hat zwei Ansätze: (1) luzid in den Schlaf übergehen oder (2) sich aus einem Traum in den Schlaf auflösen.

Luzid in den Schlaf übergehen

Die Idee hinter diesem ersten Ansatz ist, den Körper einschlafen zu lassen und dabei das Gewahrsein während des gesamten Auflösungsprozesses aufrechtzuerhalten. Dies ist eine große Herausforderung für alle, die nicht bereits ein hohes Maß an geistiger Stabilität erreicht haben, denn es bedarf erheblicher Übung, um das richtige Gleichgewicht zwischen tiefer Entspannung und lebhaftem Gewahrsein zu finden. Wenn wir den Geist zu sehr lockern, gleiten wir in Dumpfheit und Bewusstlosigkeit ab, doch wenn wir unser Gewahrsein zu stark fokussieren, werden wir nicht einschlafen können.

Um diese Fähigkeit zu entwickeln, können wir den Guru in der Gestalt von Vajradhara visualisieren, der sich im Zentrum des Herzchakras manifestiert. Entwickeln Sie mit einem Geist der Hingabe das Bestreben, Ihren Geist mit dem des Guru zu verschmelzen, genauso wie beim Praktizieren des Guruyogass. Stellen Sie sich vor, dass Ihr Körper vollständig zu Licht wird und sich in den/die Guru auflöst. Lassen Sie Ihr Gewahrsein in diesem Gefühl ruhen und schlafen Sie in diesem Zustand ein.

Wenn sich der Geist vollständig in das Grundbewusstsein zurückgezogen hat, wird er fast völlig ungeformt sein, wie eine embryonale Version des Geistes. Von diesem Zustand aus können wir wählen, ob wir in tiefere Zustände der Absorption eintauchen oder luzide in einen Traumzustand übergehen wollen.

Sich aus einem Traum in den Schlaf auflösen

Der zweite Ansatz ist eine natürliche Erweiterung unserer Praxis des Traumyogas. Nachdem wir bereits Luzidität entwickelt haben, indem wir den Traum als solchen erkannt haben, können wir entweder unser Traumyoga fortsetzen, indem wir mit den illusionsgleichen Erscheinungen arbeiten, wie sie sind, oder wir können uns entscheiden, zum Schlafyoga überzugehen, indem wir sie zurück in das Substrat auflösen, aus dem sie entstanden sind.

Es gibt eine Reihe von Methoden, mit denen wir die Auflösung eines Traums aus dem Traum heraus auslösen können, wobei die direkteste Methode darin besteht, einfach die Traumaugen zu schließen. Da die Traumwelt lediglich eine Projektion unseres Geistes ist, hört sie auf zu existieren, wenn wir aufhören, ihr Aufmerksamkeit zu schenken.

Dieser Prozess kann jedoch etwas abrupt sein und manchmal dazu führen, dass wir unsere Luzidität verlieren oder aufwachen. Aus diesem Grund kann man als sanftere Methode eine Form des *Shamatha ohne Zeichen* (wie die Drei Isolationen) aus dem Traum heraus praktizieren. Durch die Etablierung der vier Qualitäten des Einsgerichtetseins, der Nicht-Konzeptualität, des Nicht-Greifens und der Mühelosigkeit wird sich die Traumwelt selbst auflösen und der Geist wird im Substrat zur Ruhe kommen.

Die Natur des Schlafyogas ist die Auflösung von Erscheinungen, während die Natur des Traumyogas die Manifestation von Erscheinungen ist. Zusammen können sie uns helfen, Herrschaft über die erleuchtete Aktivität der Manifestation von Emanationen zum Nutzen der fühlenden Wesen zu entwickeln. Sobald wir die Kontrolle über diesen Prozess erlangt haben, laufen wir nicht mehr Gefahr, eine unkontrollierte Wiedergeburt zu nehmen. Wir werden nicht nur die Fähigkeit haben, mit völliger Klarheit zu sterben, sondern können auch wählen, wo und wie wir uns in der Zukunft manifestieren werden. Auf diese Weise ist das Training im Bardo des Träumens ein außerordentlich geschicktes Mittel, um sich von der zyklischen Existenz zu befreien.

DER BARDO DER MEDITATION

Wenn unser Geist in tiefen Zuständen meditativer Versenkung verweilt, hat er den Bardo der Meditation betreten. Im Kontext des Kalachakra-Pfades wird dieser Bardo durch die meditativen Praktiken der Vollendungsstufe erreicht, und durch diese Praktiken lernen wir die letztendliche Natur der Wirklichkeit kennen.

Um diesen Bardo zu erfahren, müssen wir zuerst den groben Geist in das Grundbewusstsein auflösen, entweder durch die einsgerichtete Konzentration von Shamatha oder durch die Praxis des Schlafyogas, wie oben beschrieben. Wenn der Geist in seiner eigenen Natur ruht, können die analytischen Absorptionen von Vipashyana genutzt werden, um die subtilen Schichten des Greifens zu durchtrennen, die uns in unserem Gefängnis des konzeptuellen Denkens festhalten.

Durch diese Art der Meditation können wir die Selbstbefreiung von Gedanken und Wahrnehmungen erreichen, indem wir das Gewahrsein unserer vollendeten Natur verwirklichen und dann stabilisieren. Anfänglich machen wir die Erfahrung, dass Gedanken befreit werden, wenn sie auftauchen, wie das Verschwinden einer Zeichnung auf dem Wasser. Mit zunehmender Erfahrung befreien sich die Gedanken selbst wie eine verknotete Schlange, die sich von selbst aufrollt. Schließlich werden die Gedanken auf natürliche Weise befreit, wie ein Dieb, der ein leeres Haus betritt. An diesem Punkt haben wir volles Vertrauen in die unberührte Natur des Geistes.

Es gibt zwei Aspekte der Praxis im Bardo der Meditation: (1) die Kultivierung der *berggleichen Sichtweise*, die das Ergebnis der direkten Erfahrung der letztendlichen Natur der Wirklichkeit ist, und (2) die *ozeangleiche Praxis*, die unsere Sicht in jeden Aspekt unserer Erfahrung integriert. Beide können während der Meditationssitzungen oder in den Zeiträumen dazwischen praktiziert werden. Allerdings gelten wir nur dann als im Bardo der Meditation befindlich, wenn unser Geist aktiv in die letztendliche Wahrheit versunken ist.

Die berggleiche Sichtweise

Die Verwirklichung der Erzeugungs- und der Vollendungsstufe der tantrischen Praxis bringt absolutes Gewahrsein in die Natur des Geistes ohne jegliches Anhaften. Diese Sichtweise, die Zusammenfassung unseres Verständnisses von der Natur der Wirklichkeit, wird mit einem Berg verglichen: natürlich, majestätisch und unerschütterlich, ungeachtet der Stärke der Winde, die um seinen Gipfel toben.

Diese berggleiche Sichtweise ist eine direkte Erfahrung der erhabenen Leerheit, mit dem Verständnis, dass unsere innere Welt die gleiche grenzenlose Natur hat wie der unendliche Raum. Diese Sichtweise interessiert sich nicht für aufsteigende Phänomene und nimmt alle Leeren Formen als grenzenlose Qualitäten, alle Wesen als erleuchtete Gottheiten und die Welt als ein erleuchtetes Mandala wahr.

Die ozeangleiche Praxis

Während und nach formellen Meditationssitzungen ist der Geist engagiert und frei von Zweifeln oder Zögern. Wir gewinnen Vertrauen in die Selbstbefreiung der Phänomene, und der Geist wird als jenseits aller Vorstellungen von dualistischer Identität und Begrenzung verstanden, so wie das Wasser unter der stürmischen Oberfläche des Ozeans ruhig und beständig bleibt.

Diese Praxis ist ohne Fixierung oder Neurose, und obwohl es keine Anhaftung gibt, ist jede einzelne Handlung äußerst präzise und verändert unseren Bewusstseinszustand. So erfahren wir einen transformierten Zustand des Geistes, in dem wir während der Meditation nicht mehr an äußeren Ablenkungen festhalten.

Wenn wir unsere ursprüngliche Natur erkennen, erkennen wir, dass es eigentlich nichts zu sehen oder zu gewinnen gibt; es gibt nur das selbstbefreite Gewahrsein des natürlichen Zustands. Wir brauchen nichts wahrzunehmen und nichts hinzuzufügen, wir erkennen einfach, dass dies die letztendliche Wahrheit ist und ruhen in diesem Vertrauen.

DER BARDO DES STERBENS

Aus buddhistischer Sicht ist der Tod kein Ereignis, sondern ein Prozess, der zur allmählichen Loslösung des Geistes vom Körper führt und der einige Augenblicke oder mehrere Tage dauern kann. Wenn der Geistesstrom einer Person vorübergehend mit dem physischen Körper verbunden ist, ist er nicht von ihm abhängig, sondern nur durch ihn bedingt. Wenn sich Geist und Körper voneinander trennen, ist die Erleuchtung zum Greifen nahe. Wie nahe sie ist, hängt von unserer Beherrschung der spirituellen Praxis zu Lebzeiten ab, insbesondere von unserer Fähigkeit, die Manifestationen der Buddhanatur zu erkennen. Da im Moment des Todes ein erhöhtes Gewahrsein eintritt und der Geist eine gesteigerte Fähigkeit hat, Unwissenheit zu transzendieren und seine wahre Natur zu erkennen, wird dem Sterbeprozess große Bedeutung beigemessen.

Die Praktiken für diesen Bardo werden daher mit einem königlichen Dokument verglichen, das uns einen klaren und sicheren Pfad weist.

Der folgende Abschnitt beschreibt das Kalachakra-Verständnis der sechs Elemente und wie sie sich auf die psycho-physischen Aggregate beziehen. Anschließend werden wir den Prozess skizzieren, in dem sich diese Elemente des Körpers und des Geistes während des Todes auflösen, wie man einen vorzeitigen Tod vermeidet und welche Praktiken angewendet werden, wenn der Tod unvermeidlich ist. Dazu gehört die einzigartige Praxis zur Übertragung des Bewusstseins zum Zeitpunkt des Todes, die als *Phowa* bekannt ist.

Die sechs Elemente von Körper und Geist

Das Kalachakra verwendet ein System von sechs Elementen, um die Grundbausteine unserer psycho-physischen Welt zu beschreiben. Diese Elemente sind keine individuellen Partikel, sondern Aspekte von Phänomenen, die wir erfahren können. Innerhalb eines einzigen Punktes in Raum und Zeit können wir eine Dominanz eines oder mehrerer dieser Elemente finden, und genau diese Variation bringt die große Vielfalt der Substanzen hervor, die wir erleben. Die sechs Elemente sind folgende:

1. **Erde:** Dies ist der Aspekt der *Festigkeit*, der durch die Dichte der Energieteilchen entsteht. Wenn die Teilchen dicht aneinander gepackt sind, wird die Substanz fest und das Erdelement dominiert. Beispiele für diese Art von Substanz sind Fleisch und Knochen.

2. **Wasser:** Dies ist der Aspekt der *Kohäsion*, der die Energieteilchen zusammenhält. Wenn das Wasserelement stark ist, verbinden sich die Partikel miteinander, auch wenn sie nicht dicht gepackt sind. Beispiele für Substanzen mit einem hohen Wassergehalt sind Blut, Urin und Speichel.

3. **Feuer:** Dies ist der Aspekt der *Intensität*, der durch die Ansammlung von Energie an einem einzigen Ort entsteht. Je größer die Ansammlung von Energie, desto mehr Ladung wird aufgebaut. Dies wird als Hitze im Körper erfahren.

4. **Wind:** Dies ist der Aspekt der *Bewegung*, der spürbar wird, wenn Energie

von einem Zustand in einen anderen übergeht. Auf einer sehr subtilen Ebene ist dies die Vibration der Energie innerhalb jedes Atoms, und auf einer gröberen Ebene umfasst es die Erfahrungen der Atmung und anderer Kreislaufprozesse.

5. **Raum:** Dies ist der Aspekt der *Leere*, in dem eine Abwesenheit von Energie herrscht. Das Raumelement ist besonders dominant in den Körperöffnungen sowie in den Hohlräumen zwischen oder innerhalb von Organen.

6. **Bewusstsein:** Dieses Element steht für die allgegenwärtige Präsenz des Geistes in jeder Energie. Es ist der Aspekt des *Wissens*, der es dem Geist ermöglicht, die Gestaltung der Energie zu beeinflussen.

Im Laufe des Lebens verschiebt sich das Gleichgewicht zwischen diesen Elementen je nach den Veränderungen in unseren karmischen Bedingungen. Wenn wir uns zum Beispiel erkälten, erleben wir oft ein Übermaß an Feuer in Form von Fieber oder ein Übermaß an Wasser in Form von Schleim. Diese Erfahrungen sind nur vorübergehende Ungleichgewichte und werden daher nicht als Teil des Bardo des Sterbens betrachtet.

Art	Element	Qualität
Physisch	Erde	Festigkeit
	Wasser	Kohäsion
	Feuer	Intensität
	Wind	Bewegung
	Raum	Leere
Nicht-physisch	Bewusstsein	Wissen

Tabelle 10-1: Die sechs Elemente

Der Sterbeprozess

Der tatsächliche Bardo des Sterbens tritt ein, wenn sich das karmische Band, das die Aggregate zusammenhält, bis zu dem Punkt auflöst, an dem der Geist den Körper verlässt. Der *Tod* ist dann der Moment der Trennung. Dieser Prozess kann in zwei Phasen der Auflösung unterteilt werden: (1) die äußere Auflösung des groben Körpers und (2) die innere Auflösung des subtilen Körpers.

Bei jeder Auflösung erfährt die sterbende Person die Schwächung eines ihrer Elemente. Dieser Prozess entfernt die Stützen für bestimmte Aspekte der Erfahrung und bringt spezifische körperliche oder geistige Empfindungen mit sich. Wenn die Winde, die mit diesem Element verbunden sind, aufhören, im groben Körper zu zirkulieren, beginnen sie im Zentrum des Herzens zu konvergieren und lösen die gleichen Zeichen der Leeren Form aus, die im Yoga des Rückzugs erfahren werden.

Die äußere Auflösung

Sobald sich unsere fünf physischen Elemente aufzulösen beginnen, können wir beobachten, wie unsere Sinne allmählich aufhören zu funktionieren. Wir können zum Beispiel den Klang von Stimmen hören, aber keine Worte verstehen, oder wir können die Umrisse eines Objekts vor uns sehen, aber seine Details nicht mehr erkennen. Die erste Phase des äußeren Auflösungsprozesses zeigt sich darin, dass wir nicht in der Lage sind, die Sinne vollständig zu erleben. Die nächsten fünf Phasen entsprechen der Auflösung der einzelnen Elemente.

Die Auflösung der Erde

Zunächst wird unser Körper schwer und wir verlieren die Kraft, unsere Gliedmaßen zu bewegen, weil sie sich anfühlen, als würden sie fallen, sinken oder von einem großen Gewicht erdrückt werden. Es fällt uns schwer, etwas zu halten, und wir können unseren Kopf nicht mehr stützen. Dies sind Anzeichen dafür, dass sich das Erdelement in das Wasserelement zurückzieht, während sich das Aggregat der Form auflöst. Das bedeutet, dass der innere Wind, der mit dem Erdelement verbunden ist, immer weniger in der Lage ist, dem Bewusstsein eine Basis zu geben. Mit dem Rückgang der Erde wird das Wasserelement deutlicher, was zu Visionen von *Rauch* als innerem Zeichen führt.

Die Auflösung des Wassers

Im weiteren Verlauf des Sterbeprozesses kann es zu Ausfluss aus den Augen kommen oder wir werden inkontinent. Wir können unsere Zunge nicht mehr bewegen, unsere Augen werden trocken und unser Rachen und Mund fühlen sich klebrig an. Die Nasenlöcher ziehen sich zu und wir fühlen uns sehr durstig.

Wenn sich das Aggregat der Wahrnehmung auflöst, wechseln die körperlichen Empfindungen zwischen Schmerz und Vergnügen, heiß und kalt, und der Geist wird frustriert, reizbar und ängstlich. Das Wasserelement löst sich in das Feuerelement auf, das nun die Unterstützung des Bewusstseins übernimmt. Dies führt zu einem inneren Zeichen einer *Luftspiegelung*.

Die Auflösung des Feuers

Als Nächstes trocknen Mund und Nase vollständig aus, und die Wärme des Körpers beginnt von den Extremitäten ausgehend in Richtung Herz zu entweichen. Der Atem wird kalt und Nahrung oder Flüssigkeit kann nicht mehr verdaut werden. Das Aggregat des Fühlens löst sich auf, und der Geist schwankt zwischen Klarheit und Verwirrung, in der wir unsere Familie oder uns selbst nicht mehr erkennen können. Das Feuerelement löst sich in das Windelement auf und ist nicht mehr in der Lage, als Basis für das Bewusstsein zu fungieren. Damit einher geht das innere Zeichen der *Wolken*.

Die Auflösung des Windes

Im weiteren Verlauf wird das Atmen immer schwieriger und es fühlt sich an, als ob die Luft durch die Kehle entweicht. Das Einatmen wird kurz und das Ausatmen lang. Unsere Augen rollen zurück in den Kopf und wir können uns nicht mehr bewegen. Da sich das Aggregat der Vorstellung auflöst, wird der Geist verwirrt und nimmt die Außenwelt nicht mehr wahr. Alles ist unklar und das letzte Gefühl des Kontakts mit der physischen Umgebung schwindet. Das Windelement löst sich nun in das Raumelement auf, und die Nebenwinde vereinigen sich mit dem lebenserhaltenden Wind im Herzen. So entsteht das innere Zeichen der *Leuchtkäfer*.

Die Auflösung des Raums

Die Subtilität der Erfahrung nimmt weiter zu, wenn sich das Raumelement in Bewusstsein auflöst und das Augen-, Ohren-, Nasen-, Zungen- und Körperbewusstsein sich alle in das grobe geistige Bewusstsein auflösen. Das innere Zeichen in diesem Stadium ist eine Vision von *blendendem Licht*.

Nach drei letzten langen Ausatmungen bleibt nur noch eine leichte Wärme an unserem Herzen. Da alle Lebenszeichen verschwunden sind und keines unserer

Sinnesorgane mehr funktioniert, gelten wir an diesem Punkt als „klinisch tot". Wenn wir jedoch die subtilen Aspekte dieses Prozesses verstehen, ist der Tod noch nicht vollständig. Es muss noch eine innere Auflösung stattfinden, die etwa zwanzig Minuten andauern kann. Deshalb ist es wichtig, dass der Körper möglichst ohne Geräusche in Ruhe gelassen wird, denn diese Störungen können im Geist der sterbenden Person Abneigung hervorrufen und sie in eine negative Wiedergeburt treiben.

Die innere Auflösung

Die subtilen Essenzen der weißen Tropfen befinden sich in der oberen Hälfte des Körpers, während sich die Essenzen der roten Tropfen meist in der unteren Hälfte befinden. Nachdem die äußere Auflösung den Geist vom grob-physischen Körper getrennt hat, ist der nächste Schritt das Kollabieren des subtilen Körpers. Dabei sammeln sich die inneren Winde wieder im Herzen und tragen die Energie der subtilen Essenzen mit sich, die im ganzen Körper verteilt sind. Dieser Prozess des Sammelns der subtilen Energie im Herzen wird als innere Auflösung bezeichnet.

Die weiße Erscheinung

Sie beginnt, wenn die weißen Tropfen des Vaters durch den Zentralkanal zum Herzen hinabsinken. Als äußeres Zeichen gibt es eine Erfahrung von schimmerndem Weiß, wie *Mondlicht*. Als inneres Zeichen wird unser Gewahrsein extrem klar und die dreiunddreißig Zustände des Geistes, die aus Abneigung resultieren, hören auf zu wirken. Diese Phase wird als weiße Erscheinung bezeichnet.

Die rote Zunahme

Anschließend beginnen die roten Tropfen der Mutter durch den Zentralkanal aufzusteigen, da die Winde, die sie dort hielten, versiegen. Das äußere Zeichen ist eine Erfahrung von warmem *Sonnenlicht*, das in einem reinen Himmel scheint. Das innere Zeichen ist eine Erfahrung von Glückseligkeit, wenn die vierzig Zustände des Geistes, die aus Anhaftung resultieren, aufhören zu wirken. Diese Phase ist als rote Zunahme bekannt.

Das schwarze Nahe-Erlangen

Wenn die roten und weißen Tropfen im Herzen zusammentreffen, erleben wir eine „Schwärze", die mit einer *Sonnenfinsternis* vergleichbar ist und der Erfahrung eines von Gedanken freien Geistes und dem Gefühl der Ohnmacht entspricht. Die sieben Zustände des Geistes, die aus Unwissenheit und Verblendung resultieren, kommen so zu einem Ende. Dies wird als schwarzes Nahe-Erlangen bezeichnet und markiert das Ende der individuellen Erfahrung von Samsara. In diesem Stadium übernimmt die Reifung des Karma die Führung und treibt uns zu unserer nächsten Wiedergeburt.

Das Klare Licht des Todes

Da die meisten Menschen an diesem Punkt ihr Bewusstsein verloren haben, bemerken sie die sehr subtilen Auflösungen nicht, die an ihrem Herzen stattfinden, wenn die letzten subtilen Winde gesammelt und dort gehalten werden. Wäre man in dieser Phase aufgrund früherer Schulung im Auflösungsprozess luzid, würde man das subtile Zeichen eines *Blitzes* erleben, gefolgt von dem Tropfen des Klaren Lichts, der als *unzerstörbarer Tropfen* bezeichnet wird und die vollständige Vereinigung von Energie und Geist darstellt. Es ist dieser Tropfen, der sich vom Körper trennt und die Grundlage für die nächste Wiedergeburt bildet.

Sobald dies geschieht, wird der reine subtile Geist des natürlichen Zustands wie ein weiter, wolkenloser Herbsthimmel erfahren, leer von Form. Dies ist die formlose, zeitlose und unverfälschte ursprüngliche Wirklichkeit der Erleuchtung – das Klare Licht des Todes, auch bekannt als Grundleuchten, Dharmakaya oder ursprüngliche Weisheit. In der tibetischen Tradition ist dies der eigentliche Augenblick des Todes.

Einen vorzeitigen Tod abwenden

Mit dem Wissen über den Sterbeprozess und dem Gewahrsein der verschiedenen Zeichen, die uns vor unserem Tod warnen können, haben wir die Möglichkeit, einen vorzeitigen Tod abzuwenden. Das ist wichtig, denn ein längeres Leben erhöht unsere Chance, den Dharma zu praktizieren und den Sterbeprozess zu transformieren. Es gibt viele verschiedene Anzeichen für den nahenden Tod, die in Texten wie dem *Bardo Thodol*, auch bekannt als das *Tibetische Totenbuch*, ausführlich beschrieben werden. Wir können im physischen Körper, in den inneren Winden und in unseren Träumen nach ihnen Ausschau halten.

1. **Äußere Anzeichen:** Zu den äußeren oder körperlichen Anzeichen des Todes gehören Appetitlosigkeit oder der Verlust der Klarheit der fünf Sinne. Das Bewusstsein kann getrübt werden, Gedanken und Träume können den Bezug zur Wirklichkeit verlieren und die Farbe unseres Körpers kann sich verändern. Andere Anzeichen sind die langsame Rückkehr der normalen Hautfarbe, wenn ein Fingernagel eingedrückt wird, oder dass sich die Haare am Hinterkopf aufstellen.

2. **Anzeichen im Traum:** Träume können uns auch vor unserem Tod warnen, indem sie uns innere Zeichen geben, dass wir uns dem Ende unseres Lebens nähern. Träume, die am späten Abend oder um Mitternacht auftreten, sind im Allgemeinen unzuverlässig. Treten sie jedoch zwischen Mitternacht und Tagesanbruch auf, lassen sich viele mit dem Tod verbundene Zeichen erkennen. Dazu gehören das Reiten auf einer weißen Katze, einem Affen oder einem Esel in östlicher Richtung, das Tragen schwarzer Kleidung aus Haaren, das Eingesperrtsein in einem Netz, das Anketten der Knöchel wie bei einem Gefangenen, der Traum von einem Baum, der aus unserem Kopf wächst und in dem ein Vogel ein Nest baut, oder der wiederholte Traum vom Pflücken einer roten Blume oder vom Aufenthalt in einer Gebärmutter. Wenn wir so einen Traum nur einmal haben, ist dies ein Zeichen dafür, dass der Tod abgewendet werden kann. Ständige Träume hingegen bedeuten im Allgemeinen, dass der Tod innerhalb eines Jahres gewiss ist.

Welche Anzeichen des Todes auch immer zu sehen sind, man kann versuchen, sie abzuwenden, obwohl das bei den inneren Anzeichen des Todes schwieriger ist als bei den äußeren. Von den beiden Arten des Todes tritt die erste mit der Erschöpfung der karmischen Lebensspanne ein und kann nicht überwunden werden. Bei der zweiten gibt es ein Hindernis für das Ausleben unserer natürlichen Lebensspanne. Solche Hindernisse können entweder durch medizinische Hilfe, umfangreiche Rituale oder die Ansammlung von Verdienst überwunden werden, je nachdem, welche spezifischen Bedingungen vorliegen.

Die tibetisch-buddhistische Tradition enthält viele tantrische Rituale zur Vermeidung eines vorzeitigen Todes, und als authentischer Teil der Lehren des Buddha haben sie oft äußerst konkrete Ergebnisse. Das Folgende ist ein Beispiel für ein solches Ritual, das der große Meister Atisha Dipamkara durchführte und das auch heute noch von vielen tibetischen Mönchen abgehalten wird. Wenn eine Person berichtet, dass sie bestimmte Zeichen sieht, können die Mönche dieses Ritual sieben Tage lang wiederholen:

Stelle aus Lehm einundzwanzig kleine Kugeln von der Größe der Daumenspitze her, sammle einundzwanzig Stücke Kusha-Gras, die vier Fingerbreit lang sind, forme aus Teig einundzwanzig Abbilder der sterbenden Person, dann fertige einundzwanzig kleine Kugeln und kleine münzähnliche Scheiben und fülle eine Schale, die der Person gehört, mit Wasser. Bringe den Drei Juwelen so viele Opfergaben wie möglich dar, wie z. B. Blumen, Früchte, Weihrauch und Parfüm, und visualisiere dann die einundzwanzig Taras und alle Buddhas, Bodhisattvas und Shravakas, wobei du Zuflucht nimmst und Opfergaben darbringst. Wiederhole das Mantra OM TAG NAG DAG SVAHA einundzwanzig Mal und blase in die Schale.

Denke an die Kraft von Buddha, Dharma, Sangha, der Linienmeister/innen, der Dakinis und Dharmabeschützer und rufe ihre Kräfte an, um die Hindernisse des Todes zu beseitigen. Bringe ihnen die Schale mit Wasser als Ersatz für das Leben der Person dar, während du die rituellen Texte rezitierst und langsam die Kugeln, das Kusha-Gras, die Teigbilder und die Scheiben in die Schale mit Wasser legst und Yama, den Herrn des Todes, bittest, ihr Leben zu verschonen.

Am Ende des Rituals bringe all diese Opfergaben zum Fluss oder zum Meer und führe ein Schutzritual durch, um sicherzustellen, dass die Hindernisse, die zu einem vorzeitigen Tod führen, nicht wiederkehren. Dann rezitiere die Ushnishavijaya- und Singhamukha-Sutras sowie das Herz-Sutra, gefolgt von Widmungs- und Wunschgebeten.

Wenn ein solches Ritual die Anzeichen des Todes nicht abwenden kann, ist es wahrscheinlich, dass die Person einen natürlichen karmischen Tod erlebt. In diesem Fall wird ihr die Praxis des Phowa direkt helfen, Erleuchtung zu erlangen oder günstige Bedingungen für ihre nächste Wiedergeburt zu schaffen.

Die Übertragung des Bewusstseins im Moment des Todes

Phowa ist eine kraftvolle Technik, um das Bewusstsein zum Zeitpunkt des Todes aus dem Körper zu lenken, und kann auch dazu verwendet werden, anderen zu helfen, ihr Bewusstsein in der Zeit unmittelbar nach dem Tod zu lenken. Die Anweisungen für die Praxis des Phowa sind äußerst präzise, wie ein Dokument mit klaren Anweisungen, das das königliche Siegel trägt.

Im Allgemeinen gibt es drei Ebenen von Phowa:

1. **Dharmakaya-Phowa:** Für fortgeschrittene Praktizierende ist es möglich, luzide in das Klare Licht des Todes einzutreten und das Gewahrsein in der direkten Erfahrung der letztendlichen Wahrheit ruhen zu lassen, die sich natürlich manifestiert. In diesem Szenario verweilt ein/e solche/r Meister/in so lange in diesem Zustand, wie es nötig ist, um alle verbleibenden karmischen Spuren zu beseitigen. Danach sind die Ketten von Samsara vollständig durchtrennt, und der erleuchtete Geist kann sich ohne Grenzen zum Nutzen der fühlenden Wesen manifestieren.

2. **Sambhogakaya-Phowa:** Wenn der/die Praktizierende mit den Praktiken der Erzeugungsstufe und der Vollendungsstufe des Kalachakra vertraut ist, können diese Praktiken zum Zeitpunkt des Todes angewandt werden, um seinen/ihren Geist als Yidam zu erzeugen und ihn so nahe wie möglich an die letztendliche Wahrheit der Buddhanatur zu bringen. Auf diese Weise wird der Sterbeprozess auf kontrollierte Weise eingeleitet, was den Praktizierenden die Möglichkeit gibt, ihre letztendliche Natur während des subtilen Übergangs in den Bardo der Dharmata zu erkennen.

3. **Nirmanakaya-Phowa:** Für alle anderen kann das Bewusstsein durch eine Visualisierungspraxis auf das reine Land Shambhala gelenkt werden. Dies geschieht, indem man den Geist als den unzerstörbaren Tropfen in seinem Herzen, den Zentralkanal als unseren Pfad zur Befreiung und Kalachakra als unser Ziel visualisiert. Diese Praxis soll gewährleisten, dass bestimmte Neigungen zum Zeitpunkt des Todes gereift sind, sodass eine segensreiche Wiedergeburt möglich ist.

Wenn wir die Anzeichen des Todes erkennen oder das Gefühl haben, dass der Tod unmittelbar bevorsteht, besteht unsere wichtigste Aufgabe darin, Abstand von der menschlichen Welt zu gewinnen und den Wunsch nach materiellem Besitz, sozialem Status, Beziehungen und der Erfüllung weltlicher

Ziele loszulassen. Stattdessen sollten wir über das Wesen der Vergänglichkeit nachdenken, indem wir uns vor Augen führen, dass alle Dinge kommen und gehen, genau wie die Jahreszeiten, und dass alle Beziehungen vergänglich sind. Alle, die wir in diesem Leben kennengelernt haben, sind wie Reisende, die wir kurz im Vorbeigehen getroffen haben, und es ist nur natürlich, sich von ihnen zu trennen. Indem wir darüber nachdenken, dass alle Dinge in Samsara von Natur aus leidvoll und ohne Wert sind, geben wir uns selbst die Chance, uns von der zyklischen Existenz zu befreien. Mit starkem Vertrauen in unsere/n spirituelle/n Lehrer/in und die Drei Juwelen können wir uns dann in der Praxis des Phowa üben und die Fähigkeit erlangen, den Tod in eine Gelegenheit zur Befreiung zu verwandeln.

Die Praxis des Phowa gemäß Kalachakra

Während es viele Versionen der Phowa-Praxis gibt, ist die folgende für diejenigen geeignet, die Kalachakra praktizieren. Versuchen Sie, sich im Laufe Ihres Lebens mit dieser Praxis vertraut zu machen, bis Sie Zeichen der Vollendung erkennen. Prägen Sie sich jeden Aspekt ein, sodass Sie sie ohne Texte oder andere Hilfsmittel ausführen können. Wenn die Anzeichen eines bevorstehenden Todes auftreten, kann die Praxis genutzt werden, um das Bewusstsein in den reinen Bodhisattva-Bereich des Kalachakra zu übertragen – das *erhabene nördliche Land von Shambhala.*

Aufbau der Visualisierung

Der erste Schritt der Praxis besteht darin, die Visualisierung durch Rezitation des folgenden Textes aufzubauen:

> *Die Natur deines eigenen physischen Körpers verwandelt sich augenblicklich in die Form des Vajra-Körpers von Amithaba ohne Gefährtin. Dein vortrefflicher Körper strahlt weißes Licht aus. Mit einem Gesicht und zwei Armen sitzt du in meditativem Gleichgewicht, mit gekreuzten Beinen auf einem Lotossitz, mit Mond-, Sonnen-, Rahu- [und Kalagni-]Scheiben. Dein Körper ist nackt, weil du alle Ornamente und Kleidung aufgegeben hast. In deiner Mitte befindet sich der Avadhuti-Kanal, blau und transparent wie ein Glasrohr, von der Größe eines Bambuspfeils. Sein unteres Ende ist unterhalb des Nabels geschlossen. Sein oberes Ende erreicht den*

Scheitel des Kopfes und steht offen. Auf der Höhe des Herzzentrums verweilt der ursprüngliche Geist als ein blauer Tropfen, nicht größer als eine Linse. Er leuchtet von Natur aus mit flackerndem und pulsierendem Glanz.

Im Raum über deinem Scheitel, im Zentrum vieler Regenbogenlichter, befindet sich ein Lotossitz mit Mond-, Sonnen-, Rahu- [und Kalagni-]Scheiben. Darauf steht dein/e Wurzellama, untrennbar verbunden mit dem Großen Oberhaupt aller Familien, dem glorreichen und höchsten Kalachakra. Sein Körper, das gleichzeitige Auftreten von Glückseligkeit und Leerheit, strahlt dunkelblaues Licht aus. Er hat ein Gesicht mit drei Augen, die eine Mischung aus Zorn und Leidenschaft ausdrücken. Er hat zwei Arme und seine Hände halten einen Vajra und eine Glocke, während er Vishvamata umarmt. Sein rotes rechtes Bein ist ausgestreckt und zermalmt den roten Kamadeva, und sein weißes linkes Bein zermalmt den weißen Ishvara.

Er trägt einen Lendenschurz aus Tigerfell, Seidengewänder und ist mit Vajra-Ornamenten geschmückt. Seine Gefährtin ist eine Göttin von goldener Farbe, mit einem Gesicht und zwei Armen. Sie hält ein gebogenes Messer und eine Schädelschale und ihr Körper ist mit den fünf Ornamenten geschmückt, während sie Kalachakra umarmt. Sie ist erfreut über ihre klare Erfahrung der Vereinigung von Glückseligkeit und Leerheit, die fünf makellose Lichter in alle Richtungen ausstrahlt. Im Zentrum dieser Ausstrahlung, auf dem Scheitel von Kalachakra, befindet sich eine Mondsichel. Vajrasattva verweilt dort in vollständig manifestierter Form; die Qualitäten seiner drei Geheimnisse sind grenzenlos.

Dieser Körper, der mit allen höchsten Aspekten ausgestattet ist, ist der Sambhogakaya, der Herr des Mandala, das alles durchdringende Oberhaupt, der Lama der Soheit, der Höchste Yidam und die Alleinige Form, die die Quelle der Drei Zuflüchten ist.

Nehmen Sie sich soviel Zeit, wie Sie brauchen, um einen klaren Eindruck von den einzelnen Elementen der Visualisierung zu bekommen. Achten Sie insbesondere darauf, dass Sie ein starkes Gefühl für die Anwesenheit von Guru Kalachakra über Ihrem Kopf und für Ihren Geist als unzerstörbaren Tropfen an Ihrem Herzen haben.

Achtsamkeit gegenüber dem erleuchteten Mandala entwickeln

Bevor Sie versuchen, Ihr Bewusstsein zu übertragen, ist es wichtig, ein starkes Gefühl der Hingabe an Guru Kalachakra zu entwickeln, indem Sie Gebete rezitieren, um Ihre Achtsamkeit gegenüber dem erleuchteten Mandala zu stärken. Wenn man sich zum Zeitpunkt des Todes an diese Gedanken erinnert, reifen die tugendhaften karmischen Neigungen, die uns schnell in Richtung Shambhala befördern können.

Während Sie jeden der folgenden Verse rezitieren, stellen Sie sich die Energie, die in Ihrem Körper verteilt ist, als die erleuchteten Gottheiten des Mandala vor. Mit jeder Strophe schmilzt die Energie zu Licht und löst sich in den unzerstörbaren Tropfen an Ihrem Herzen auf.

Achtsamkeit gegenüber dem Essenz-Mandala

NAMO KALACHAKRAYA
Ehrerbietung dem Kalachakra!

Ausgestattet mit allen höchsten Aspekten, unveränderliche große Glückseligkeit;
Körper, der sich an allen Dingen erfreut, ursprüngliche Weisheit der Vereinigung;
Glorreicher ursprünglicher Buddha, Kalachakra;
Oberhaupt aller Familien, furchtloser Vajrasattva:

Mit Vertrauen und Hingabe bete ich von ganzem Herzen!
Möge die Erscheinung dieses Tropfens aus grundlegendem Raum und klarem Gewahrsein
Durch den Zentralkanal aufsteigen und durch den Scheitel meines Kopfes austreten.
Möge ich in das Herz von Kalachakra eintreten!

In der ursprünglichen Weisheit der großen Leerheit tanzend, Vollkommenheit der Weisheit;
Körper der schönen Vajra-Göttin mit allen Aspekten;
Das Selbst, das die Erscheinung der zehn Shaktis hervorbringt;
Urbuddha, die Gottheit, die alle Familien verkörpert:

Mit Vertrauen und Hingabe bete ich von ganzem Herzen!

Möge die Erscheinung dieses Tropfens aus grundlegendem Raum und klarem
Gewahrsein
Durch den Zentralkanal aufsteigen und durch den Scheitel meines Kopfes
austreten.
Möge ich in das Herz von Kalachakra eintreten!

Achtsamkeit gegenüber dem Mandala der großen Glückseligkeit

Ihr sechs Buddhas, Allwissende, die zur Glückseligkeit gelangten;
Ihr sechs weiblichen Buddhas, Göttinnen, die die Vereinigung von
Glückseligkeit und Leerheit sind;
Grundlage für die Manifestation der unendlichen wundersamen Emanationen;
Schöpfer von allem, glorreicher Herr des Mandala:

Mit Vertrauen und Hingabe bete ich von ganzem Herzen!
Möge die Erscheinung dieses Tropfens aus grundlegendem Raum und klarem
Gewahrsein
Durch den Zentralkanal aufsteigen und durch den Scheitel meines Kopfes
austreten.
Möge ich in das Herz von Kalachakra eintreten!

Achtsamkeit gegenüber dem Geist-Mandala

Aus dem Spiel des glorreichen Vajra-Geistes
Entspringen die wundersamen Manifestationen der männlichen und
weiblichen Bodhisattvas;
Reine Formen, die allen Siegreichen gefallen;
Vollkommener Frieden der Dakas und Dakinis, das wahre Selbst.

Mit Vertrauen und Hingabe bete ich von ganzem Herzen!
Möge die Erscheinung dieses Tropfens aus grundlegendem Raum und klarem
Gewahrsein
Durch den Zentralkanal aufsteigen und durch den Scheitel meines Kopfes
austreten.
Möge ich in das Herz von Kalachakra eintreten!

Höchster Geist des Friedens, der als die zornvolle ursprüngliche Weisheit
entsteht;
Diese furchterregende und zornvolle Eine ist die Mutter aller Familien.

Ihre furchterregenden Manifestationen zerstören die Dämonen der drei Reiche.
Schöpferin aller reinen Manifestationen:

Mit Vertrauen und Hingabe bete ich von ganzem Herzen!
Möge die Erscheinung dieses Tropfens aus grundlegendem Raum und klarem
Gewahrsein
Durch den Zentralkanal aufsteigen und durch den Scheitel meines Kopfes
austreten.
Möge ich in das Herz von Kalachakra eintreten!

Achtsamkeit gegenüber dem Rede-Mandala

Die Yoginis sind die Ornamente der glorreichen Manifestation der ursprüng-
lichen Weisheit;
Das geheime Feld von hunderttausenden innewohnenden Versammlungen,
Die immerwährend reine Aktivitäten in den drei Bereichen durchführen;
Oberste Herrscherinnen von mehr als siebzig Göttinnen:

Mit Vertrauen und Hingabe bete ich von ganzem Herzen!
Möge die Erscheinung dieses Tropfens aus grundlegendem Raum und klarem
Gewahrsein
Durch den Zentralkanal aufsteigen und durch den Scheitel meines Kopfes
austreten.
Möge ich in das Herz von Kalachakra eintreten!

Achtsamkeit gegenüber dem Körper-Mandala

Die große Gottheit, der Held, der Herrscher des Daseins,
Zusammen mit einem Gefolge von dreihundertsechzig Göttinnen,
Sind die Aktivitäten der zwölf Obersten unübertroffen;
Jeder von ihnen ist eine wundersame Manifestation von Vajrasattva.

Mit Vertrauen und Hingabe bete ich von ganzem Herzen!
Möge die Erscheinung dieses Tropfens aus grundlegendem Raum und klarem
Gewahrsein
Durch den Zentralkanal aufsteigen und durch den Scheitel meines Kopfes
austreten.
Möge ich in das Herz von Kalachakra eintreten!

Die wundersame Ausstrahlung von Verdienst und Weisheit, so weit wie der Raum;
Die unaufhörlichen, wunscherfüllenden Aktivitäten der zehn Naga-Könige;
Diese Art von geschickten Mitteln und Weisheit
Ist die magische Schau der Manifestationen in der Sphäre der Wirklichkeit.

Mit Vertrauen und Hingabe bete ich von ganzem Herzen!
Möge die Erscheinung dieses Tropfens aus grundlegendem Raum und klarem Gewahrsein
Durch den Zentralkanal aufsteigen und durch den Scheitel meines Kopfes austreten.
Möge ich in das Herz von Kalachakra eintreten!

Achtsamkeit gegenüber dem Mandala des Universums

Wenn die Erscheinung der Weisheit der großen Glückseligkeit zunimmt,
Erscheint der befriedete Geist als unglaublich zornvoll.
Die zehn sehr zornvollen Göttinnen befinden sich in einem rasenden Tanz von Methode und Weisheit;
Ihre großen Qualitäten erscheinen in jeder Richtung.

Mit Vertrauen und Hingabe bete ich von ganzem Herzen!
Möge die Erscheinung dieses Tropfens aus grundlegendem Raum und klarem Gewahrsein
Durch den Zentralkanal aufsteigen und durch den Scheitel meines Kopfes austreten.
Möge ich in das Herz von Kalachakra eintreten!

Außerdem sind die vielen Manifestationen dieser magischen Darbietung
So wie die Versammlungen der Göttinnen der Begierde und der Begierdelosigkeit,
Und die fünfunddreißig Millionen Götter und Dämonen,
Alle Beschützer/innen, die sich frei in der belebten und unbelebten Welt manifestieren.

Mit Vertrauen und Hingabe bete ich von ganzem Herzen!
Möge die Erscheinung dieses Tropfens aus grundlegendem Raum und klarem Gewahrsein

Durch den Zentralkanal aufsteigen und durch den Scheitel meines Kopfes austreten.
Möge ich in das Herz von Kalachakra eintreten!

Achtsamkeit gegenüber der Vereinigung von unveränderlicher Glückseligkeit und Leerer Form

Die große unveränderliche Glückseligkeit des Kalachakra;
Die Leere Form, ausgestattet mit allen höchsten Aspekten der Leuchtkraft;
Das Ornament der Darstellung der innewohnenden Sphäre der Wirklichkeit, Samsara und Nirvana;
Die tiefgründige Verwirklichung des sich ausdehnenden, erhabenen Geistes, des Objekts der großen Übertragung;

Mit Vertrauen und Hingabe bete ich von ganzem Herzen!
Möge die Erscheinung dieses Tropfens aus grundlegendem Raum und klarem Gewahrsein
Durch den Zentralkanal aufsteigen und durch den Scheitel meines Kopfes austreten.
Möge ich in das Herz von Kalachakra eintreten!

Der innewohnende Kalachakra des ursprünglich verweilenden Dharmakaya;
Die Eigennatur der unveränderlichen Leuchtkraft, die große Übertragung;
Die natürliche, ursprünglich befreite, selbstleuchtende Weite;
Bewusstsein und erhabener Geist lösen sich untrennbar in der großen Vereinigung auf.

Die eigentliche Übertragung des Bewusstseins

Für die eigentliche Übertragung lassen Sie Ihr Gewahrsein vollständig in den unzerstörbaren Tropfen eindringen, so als ob Sie sich im Zentrum Ihres Herzens befänden, mit dem Zentralkanal über Ihnen wie ein langer Tunnel. Mit dem Ton PHAT schießt der Tropfen des Bewusstseins nach oben zur Öffnung des Scheitelchakras. Mit einem zweiten PHAT steigt er weiter auf zum Herzen von Kalachakra, und mit einem dritten PHAT verschmilzt Ihr Geist mit dem Geist des Gurus, sodass sie untrennbar werden.

Man sollte die obige Sequenz dreimal wiederholen, sodass man insgesamt neunmal PHAT rezitiert. Tantrische Meister wie Naropa behaupten, dass es nicht notwendig ist, PHAT zu rezitieren, wenn wir die inneren Winde beherrschen. Verfügen wir jedoch nicht über eine solche Kontrolle, sollten diese Anweisungen genau befolgt werden.

Mit dem letzten PHAT verschmilzt das Bewusstsein vollständig mit dem Herzen von Guru Kalachakra. Lassen Sie Ihr Gewahrsein für einige Momente in diesem Zustand ruhen und bringen Sie dann Ihr Bewusstsein wieder in den Körper zurück, indem Sie den Tropfen in der Mitte Ihres Herzens visualisieren. Abschließend stellen Sie sich vor, dass Kalachakra zu Licht wird und mit Ihrem Körper verschmilzt. Anzeichen für die Vollendung der Phowa-Praxis ist eine kleine Erhebung auf dem Scheitel, zudem können an der Stelle Haare ausfallen oder man findet dort eine klare Flüssigkeit.

Wenn Sie zu intensiv üben, kann es zu Atemnot oder plötzlichen Kopfschmerzen kommen. Sollte dies der Fall sein, stellen Sie sich vor, dass Ihr Scheitelchakra vollständig geschlossen ist. Anschließend visualisieren Sie einen schweren goldenen Vajra, der in Ihre Chakras eindringt und durch Ihren Unterkörper wieder austritt und auf ein großes goldenes Dharmarad unter dem Boden trifft. Wenn der goldene Vajra in der Mitte des Dharmarades steht, verbleiben Sie einsgerichtet dort. Wenn Sie sich lange auf diese Vorstellung konzentrieren oder die Visualisierung wiederholen, überwinden Sie die Hindernisse für Ihre Praxis.

Wenn Sie diese Phowa-Praxis im Moment des Todes durchführen, erzeugen Sie einen starken und kraftvollen inneren Wind, der Ihr Bewusstsein energisch in das Herz des Guru befördert. Dadurch kehrt es nicht mehr zurück und anstatt den Guru in sich aufzulösen, sollten Sie vollständig mit dem Herzen des Guru verschmelzen. Im Angesicht des Todes verbleiben Sie mit Ihrem Guru in einem nicht-konzeptuellen Geisteszustand und lassen Ihre Erinnerungen an Schmerz und Verlust los, ebenso wie die Anhaftung an Ihr früheres Leben. wie z. B. Errungenschaften, Status und Bindungen an Verwandte und geliebte Menschen. Vollendete Kalachakra-Praktizierende werden zahllose Visionen von Leeren Formen haben, obwohl man auch ohne solche Visionen untrennbar mit dem nicht-konzeptuellen Geist des Guru verbunden bleiben kann. Alle früheren Meister der Kalachakra-Linie praktizierten auf diese Weise und erreichten den Zustand der Buddhaschaft.

Im Grunde kann die tiefgreifende Praxis des Phowa das unglaubliche Ergebnis hervorbringen, dass wir uns bewusst in den Zustand des Klaren Lichts begeben können, aber darauf müssen wir uns zu Lebzeiten vorbereiten. Durch die entsprechende Praxis kann der Tod in eine Zeit immenser Freude verwandelt werden, weil wir möglicherweise unser Bewusstsein mit dem erleuchteten Zustand verschmelzen oder eine Wiedergeburt in einem reinen Bereich erlangen können. Am besten ist es, wenn Praktizierende die Phowa-Praxis selbst ausüben, obwohl es sicherlich hilfreich sein kann, wenn hoch verwirklichte Wesen die Praxis in unserem Namen ausführen.

DER BARDO DER DHARMATA

Wenn sich die fünf Elemente und die inneren Winde im Moment des Todes auflösen, tritt die ursprüngliche Erfahrung des Dharmakaya-Zustandes ganz natürlich für jedes fühlende Wesen ein, und das gilt für Praktizierende und Nicht-Praktizierende gleichermaßen. Da gewöhnliche Wesen diesen Zustand nicht durch spirituelle Praxis als ihre ursprüngliche Wirklichkeit kennengelernt haben, erkennen sie ihn im Tod nicht. Die meisten von uns sind sich daher nicht bewusst, dass der Tod es uns ermöglicht, den erleuchteten Geist vollständig zu verwirklichen und uns die außergewöhnliche Gelegenheit zur Befreiung bietet.

Außergewöhnliche Praktizierende, die sich optimal auf den Tod vorbereitet haben, werden den Dharmakaya-Zustand als das erkennen, was er ist, sodass sie den Bardo des Werdens nicht erleben müssen. Der Dharmakaya ist die Quelle erleuchteter Aktivität und ist der erleuchtete Aspekt von Dharmadhatu, dem alles durchdringenden Raum oder Grund für alle Wesen und die Quelle aller Phänomene. Die drei Kayas der Erleuchtung manifestieren sich aus dieser Wirklichkeit, ebenso wie alle konventionellen Phänomene.

Das Erkennen des Dharmakaya-Zustands führt zu sofortiger Erleuchtung. Der durch die Praxis etablierte Zustand des Klaren Lichts der Leuchtkraft des Kindes vermischt sich mit der mütterlichen Leuchtkraft des Dharmakaya-Zustands. Diese Vereinigung wird mit einem Kind verglichen, das seine Mutter erkennt und mit ihr in Behaglichkeit, Freude und Geborgenheit verbleibt; ein Zustand, der direkt zur Buddhaschaft führt und als der *Dharmakaya-Bereich von Shambhala* bekannt ist.

Falls wir diese Erkenntnis nicht erreichen, werden viele Manifestationen des Dharmadhatu als leuchtende Erscheinungen oder Sambhogakaya-Formen auftauchen, und diese Darstellung ist der Bardo der Dharmata. Erkennen wir dies als die Manifestation von Leerer Form unserer Buddhanatur, wird uns dies zum *Sambhogakaya-Bereich von Shambhala* führen.

Für gewöhnlich treten die ersten Manifestationen des Bardo der Dharmata mit dem Entstehen der *Vision der fünf Lichter* auf, also vor dem Bardo des Werdens. Man sagt, dass uns unsere wahre Natur in Form von verschiedenfarbigen strahlenden Lichtern „erscheint". Je nach dem Grad unserer Unwissenheit können uns diese Lichter mit ihrer Leuchtkraft blenden und uns dazu bringen, in die Schatten unseres Egos zu fliehen, oder sie können als das gesehen und erkannt werden, was sie tatsächlich sind: eine Darstellung der wahren Natur unseres Geistes.

Die verschiedenen Farben, die in diesem Urzustand wahrgenommen werden, sind der natürliche Ausdruck der grundlegenden Qualitäten unseres Geistes. Jedes blendende Licht ist ein Bindeglied zwischen Körper und Geist, und obwohl das eigene Wesen in der Leuchtkraft aufgeht, ist immer noch ein Gewahrsein vorhanden, das eine scharfe und präzise Qualität besitzt.

Das Element des Bewusstseins wird als blaues Licht wahrgenommen, Raum als grün, Wind als dunkelblau, Feuer als rot, Wasser als weiß und Erde als gelb. Diese Farben drücken die elementaren Qualitäten des Geistes aus, wie sie im Bardo des Sterbens beschrieben werden, nur dass sie diesmal in umgekehrter Reihenfolge auftreten.

Was wir zunächst als verschiedenfarbige Lichtstrahlen sehen, entwickelt sich zu leuchtenden Sphären unterschiedlicher Größe. Innerhalb dieser Sphären erleben wir eine Vielzahl von friedlichen und zornvollen Gottheiten, die wir als riesige kugelförmige Konzentrationen von Licht wahrnehmen, in denen die Gottheiten ein gleißendes Leuchten ausstrahlen.

Auf der letzten Ebene sind der Geist, der eine Gottheit wahrnimmt, und die Gottheit selbst untrennbar, doch solange wir nicht erleuchtet sind, haben wir die Wahrnehmung eines separaten „Ich", das erfährt, und nehmen das Erfahrene als etwas „Anderes" wahr. Diese egozentrische Sichtweise verleitet den Geist dazu, sich von den strahlenden, reinen Formen der Gottheiten bedroht zu fühlen, weil die Erfahrung so überwältigend sein kann, als würde man direkt in die Sonne schauen. Infolgedessen werden wir eher von den sechs schwächeren Lichtern angezogen, die mit den sechs Bereichen von Samsara verbunden sind und uns zur Wiedergeburt in einem dieser Bereiche hinziehen.

Wenn wir uns jedoch mit den umfangreichen Gottheiten des Kalachakra-Mandala vertraut gemacht haben, können wir ein größeres Gewahrsein für diese Lichterscheinungen aufbringen. Anstatt uns vor ihnen zu fürchten, sehen wir sie als Manifestationen des erleuchteten Geistes als Leere Form. Mit dieser Erkenntnis können wir diese Schau als Gelegenheit nutzen, unsere letztendliche Natur zu erkennen und somit den Prozess der Wiedergeburt zu beenden. Anstatt im Bardo des Werdens zu bleiben, können wir in den sehr subtilen Sambhogakaya-Manifestationen verweilen, bis sie sich wieder in die erhabene Leerheit der Buddhanatur auflösen.

Selbst wenn wir in diesem Zustand nicht die Verwirklichung unserer letztendlichen Wahrheit erlangen, haben wir dennoch die Möglichkeit, in einem Buddhabereich wiedergeboren zu werden. Wenn unser Geist nicht nach den Erscheinungen greift, kann er in diesem äußerst subtilen Bereich der Existenz verweilen. Dies kann aufgrund von starkem Vertrauen, ungebrochenem Samaya, makellosen Kernunterweisungen und einer starken Gewöhnung an die spirituelle Praxis geschehen. Dies ist das Prinzip der Praxis des reinen Landes von Amitabha. Solche Praktizierende haben möglicherweise auch die Fähigkeit, die Zeichen einer günstigen Geburt zu erkennen, und können, wenn sie es wünschen, in einem unreinen Land geboren werden.

Die Erfahrung der Begegnung mit den Mandalas der Gottheiten findet nur kurz statt, und wenn die Gelegenheit zur Befreiung nicht erkannt wird, tritt der Geist rasch in den Bardo des Werdens ein. Hier erwachen wir wieder in einer Situation, die unserer Erfahrung in einem luziden Traumzustand ähnelt, und wir werden allmählich zu unserer nächsten Wiedergeburt in einem der sechs samsarischen Bereiche getrieben.

DER BARDO DES WERDENS

Der Bardo des Werdens, oft einfach als „Bardo" bezeichnet, beschreibt die Übergangszeit zwischen dem Tod und der folgenden Wiedergeburt. Sie beginnt mit dem Wiedererwachen unserer gewohnheitsbedingten Neigungen nach dem Tod und dauert an, bis wir für unsere Wiedergeburt entweder in den Schoß unserer Mutter des nächsten Lebens oder in ein Ei oder eine andere Umgebung eintreten. Die Lehren beschreiben unterschiedliche Methoden, um während dieser Übergangzeit Befreiung zu erlangen. Wenn wir uns mit ihnen vertraut machen, können wir unsere Wiedergeburt wissentlich mitbestimmen, so wie stilles Wasser durch einen engen Kanal geleitet wird.

Die Erfahrung eines Bardo-Wesens

Wenn wir weder den Zustand des Klaren Lichts im Moment des Todes noch die leuchtenden Erscheinungen des Bardo der Dharmata erkennen, findet ein umgekehrter Auflösungsprozess statt. Die karmischen Winde tauchen wieder auf, zusammen mit den Denkmustern, die mit Unwissenheit, Verlangen und Abneigung verbunden sind. Da die Erinnerung an unseren vergangenen karmischen Körper noch sehr präsent sind, nehmen wir einen Geistkörper an und die Samen unserer gewohnheitsbedingten Neigungen werden aktiviert und wiedererweckt. Dieser Geistkörper besitzt die vier Aggregate von Gefühl, Wahrnehmung, geistigen Formationen und Bewusstsein. Obwohl es kein physisches Formaggregat gibt, nehmen die meisten Wesen weiterhin ihren früheren Körper wahr, der lediglich eine geistige Projektion ist. Bevor wir wiedergeboren werden, erleben wir viele Zeichen der Wiedergeburt und sehen unsere neuen Eltern in sexueller Vereinigung, was Verlangen hervorruft. Die Anziehung zum Vater bedeutet die Wiedergeburt als Mädchen, während die Anziehung zur Mutter die Wiedergeburt als Junge bedeutet.

In diesem Bardo ist unser Geist neunmal subtiler als der normale menschliche Geist, und deshalb werden gute Praktizierende mit starken Bestrebungen, die sie durch die Kraft ihrer früheren Praxis erlangt haben, die Fähigkeit haben, ihre Eltern zu wählen. Besonders erfahrene Praktizierende visualisieren ihren Vater als Kalachakra, ihre Mutter als Vishvamata und sich selbst als Kalachakra Yab-Yum. Es folgt die Empfängnis, wobei diese Art von Wesen als ein/e *Tulku* angesehen wird; eine anerkannte Reinkarnation eines Lama oder einer Yogini. Dieser Begriff wird oft mit „Manifestation des Buddha" gleichgesetzt, entsprechend der chinesischen Übersetzung für Lama als „lebender Buddha". Wir können jedoch nicht beurteilen, ob ein Wesen eine Manifestation eines Buddha ist, weil sich hoch verwirklichte Wesen manchmal in sehr bescheidenen

Formen manifestieren. Ein/e Tulku ist jedoch ein Wesen, das die Erfahrung hat, seine Wiedergeburt oder die Umstände seiner Empfängnis zu kontrollieren. Lamas entscheiden sich im Allgemeinen dafür, auf diese Weise wiedergeboren zu werden, obwohl dies etwas anderes ist als eine Dharmakaya-Manifestation wie Buddha Shakyamuni, der als höchster Emanationskörper gilt.

Geübte Vajrayana-Praktizierende, die ihre inneren Winde und subtilen Essenzen kontrollieren, können beide miteinander vermischen. Das bedeutet, dass sie den inneren Wind in den Zentralkanal leiten und die subtilen Essenzen kontrollieren können, indem sie das Bewusstsein und den inneren Wind vereinen. Wenn sie sterben, haben sie die Fähigkeit, mit ihrem letzten Atemzug einzuatmen ohne auszuatmen. Die meisten Menschen haben keine Kontrolle über die subtilen inneren Winde und atmen daher bei ihrem letzten Atemzug aus, sodass sie unkontrolliert von karmischen Winden angetrieben werden, sobald sie sterben.

Haben wir im Laufe unseres Lebens wenig spirituelle Praxis ausgeübt oder es versäumt, tugendhaft zu leben, kann der Bardo des Werdens eine furchterregende Erfahrung sein. Wenn Unwissenheit und mangelndes Vertrauen unsere vorherrschenden negativen Neigungen sind, erschaffen wir das Karma, um unangenehme und verstörende schwarze Visionen zu sehen, und manchmal ist eine bedrohliche schwarze Farbe das Einzige, was wir sehen. Falls Begierde unser Hauptvergehen ist, werden wir vielleicht beunruhigende rote Visionen erleben, während Zorn und Hass dazu führen, dass wir bedrohliche graue Visionen haben. Diese sind als die drei furchterregenden Erscheinungen bekannt.

Sobald die Winde der Elemente zurückkehren, erleben wir oft fünf erschreckende Geräusche. Zunächst hören wir vielleicht einen sehr starken, lauten und beängstigenden Wind, als ob ein Berg zusammenstürzt. Dann können wir das Rauschen des Ozeans wie einen riesigen Tsunami erleben, gefolgt vom Prasseln eines Feuers, bei dem es scheint, als ob das gesamte Universum brennt. Daraufhin werden wir mit dem Brausen eines Windes wie von vielen Wirbelstürmen konfrontiert und schließlich mit dem Lärm von tausend Donnerschlägen.

Diejenigen, die unzureichend auf den Tod vorbereitet sind und denen es an Weisheit mangelt, leiden sehr, wenn sie mit diesen furchterregenden Geräuschen konfrontiert werden, und doch sehen und hören sie nur die Verdunkelungen ihrer eigenen Natur; die Auswirkungen ihres negativen Karma. Gute Praktizierende hingegen erkennen, dass alles, was im Zustand des Bardo geschieht, eine Manifestation ihrer eigenen innewohnenden Natur ist. Alles entsteht aufgrund ihres früheren Karma, und so gibt es keinen Grund, sich an die Erfahrung zu klammern, sei sie nun beängstigend oder angenehm. Indem wir uns an unsere spirituelle Praxis erinnern, können wir außerdem eine Gelegenheit zur Befreiung ergreifen oder zumindest eine glückliche Wiedergeburt ermöglichen.

Es gibt sechs feste oder bestimmte Zeichen, die alle Wesen im Bardo erleben. Sie können durch alles Feste wie Wände oder Felsen hindurchgehen und sind daher in der Lage, überall hinzugelangen. Sie können sprechen und ihre Familie und Freunde sehen, obwohl niemand sie hören kann. Sie können den Mond, die Sonne oder die Sterne am Himmel nicht sehen, sie hinterlassen keine Fußspuren und haben keinen Schatten. Schließlich besitzen sie eine begrenzte Hellsichtigkeit, z. B. wissen sie direkt, was ihre Familie über sie und ihre Besitztümer denkt. Dies kann zu einem wütenden oder nachtragenden Geisteszustand führen, wodurch noch mehr negatives Karma entsteht.

Darüber hinaus gibt es sechs unsichere Zeichen, die auftreten. Erstens sind die Wesen im Bardo unsicher bezüglich ihres Ortes und ihrer Umgebung. Menschen und Tiere befinden sich an einem bestimmten Ort und zu einer bestimmten Zeit, nicht aber die Wesen im Bardo. Zweitens wissen die Lebewesen, was sie essen dürfen und was nicht. Für Wesen im Bardo gibt es aber keine bestimmten Nahrungsmittel, sodass sie meist mit Gerüchen wie z. B. von Weihrauch oder Feueropfern vorlieb nehmen müssen. Drittens wissen die Lebewesen, was sie als Kleidung tragen sollen, während die Wesen im Bardo das nicht wissen und deshalb alles Mögliche als Kleidung tragen, wie zum Beispiel Blätter.

Tugendhafte Handlungen zu Lebzeiten führen zu angenehmen Erscheinungen, während untugendhafte Handlungen erschreckende oder unangenehme Erscheinungen auslösen. Irgendwann treibt das Verlangen nach einem physischen Körper die Bardo-Wesen zur Wiedergeburt in einem der sechs Bereiche. Sie werden von dem Licht angezogen, das ihrer vorherrschenden verblendeten Emotion entspricht, und erfahren viele Zeichen, die ihre Wiedergeburt ankündigen.

Der tibetischen Tradition folgend kann die Familie eines/r Verstorbenen viele Rituale durchführen und Verdienst ansammeln, um ihren Lieben bei der

Reise durch den Bardo zu helfen und eine glückverheißende Wiedergeburt zu ermöglichen. Obwohl die Übergangsperiode, bis das Bewusstsein wieder physische Form annimmt, nicht zeitlich bestimmt ist, verbleiben die Wesen üblicherweise nicht länger als sieben Wochen im Bardo, traditionell also neunundvierzig Tage. Der Bardo des Werdens endet, wenn das Bewusstsein in eine der vier Arten von Geburten eintritt – in einen Mutterleib, in ein Ei, in Feuchtigkeit oder augenblicklich. Mit der physischen Geburt beginnt der Bardo des Lebens.

Die Wiedergeburt in Shambhala

Angenommen, wir waren nicht in der Lage, die verschiedenen Gelegenheiten zu nutzen, die sich uns während unseres Todes boten, dann können wir schließlich versuchen, unseren Geist auf eine förderliche Wiedergeburt auszurichten. Dann können wir unsere Praxis des Pfades fortsetzen und zu einem späteren Zeitpunkt Erleuchtung erlangen.

In der Kalachakra-Tradition findet man die optimalen Bedingungen für die spirituelle Praxis im *erhabenen Nirmanakaya-Bereich von Shambhala*. Dieser subtile menschliche Bereich wurde von Bodhisattvas der zehnten Stufe als ein Ort für fühlende Wesen erschaffen, um durch die Praktiken des Vajrayana Erleuchtung zu erlangen. Sobald Sie in diesem Reich geboren sind, werden Sie garantiert innerhalb eines einzigen Menschenlebens Erleuchtung erlangen. Dies gleicht einem Blitzschlag im Vergleich zu einem reinen Land wie Sukhavati, in dem man Äonen verbringt, um dasselbe Ziel zu erreichen.

Da Shambhala ein karmischer Bereich ist, ist eine der Ursachen dafür, dort geboren zu werden, die Schaffung starker karmischer Verbindungen durch die Praxis des Kalachakra-Pfades und durch das Vertrautwerden mit den Eigenschaften dieses Bereichs. Dies geschieht, indem wir am Ende des Tages das folgende Gebet rezitieren. Beim Einschlafen entwickeln Sie dann das starke Bestreben, in diesem erhabenen Bereich wiedergeboren zu werden.

OM AH HUM HO

Nördlich der Mitte des südlichen Kontinents,
Subtil und geheim, ist der reine, verborgene Bereich von Shambhala.
In der Form eines achtblättrigen Lotos,

Ringsum begrenzt von Schneebergen.
Überall sind Flüsse, Seen, Wälder und Blumen;
Ihre exquisite Schönheit gleicht der Herrlichkeit der Götterbereiche.

In jedem der Blütenblätter befinden sich zwölf Königreiche.
In jedem Königreich befinden sich zehn Millionen Städte.
Diese neunhundert und sechzig Millionen Städte
Werden beschützt von sechsundneunzig emanierten Regenten.
Der herausragende Erhabene Bereich des Mantras, dieses noble Land
Wird stets beschützt vom erleuchteten Geist der Kalki-Könige.

Im Zentrum ist der Berg Kailasha,
Auf ihm befindet sich die Hauptstadt von Shambhala – Kalapa.
Zwischen Seen gefüllt mit Lotosblumen, innerhalb herrlicher Haine der Freude,
Liegt das wunderbare Mandala von Kalachakra.

Möge ich gesegnet sein, in diesem erhabenen, perfekten Bereich geboren zu werden.
Frei von Feinden oder ansteckenden Krankheiten;
Frei von Streit, Kummer, Leid oder Schrecken;
Frei von Diskriminierung zwischen hoch und niedrig, zwischen reich und arm:

Wo jeder die wahrhaften Lehren praktiziert,
Besonders das geheime Mantra von Kalachakra – den König des Tantra.
Alle äußeren, inneren und geheimen Hindernisse vertreibend.
Ganz natürlich fließt diese Praxis aus dem heiligen Dharma.
Möge ich diesen Reinen Bereich vollkommen erfahren und
Möge ich das Resultat dieses zweistufigen Pfades verwirklichen.

Die fünf Pfade und die zehn Stufen innerhalb eines einzigen Lebens durchquert habend;
Die perfekte Buddhanatur erlangend durch das Vollenden der vier Kayas und der vier Weisheiten;
Möge ich Formkörper emanieren können, die ausnahmslos zum Nutzen und Glück für alle Wesen sind.

Durch die Wahrheit der ursprünglichen reinen Natur der Phänomene,
Die unfehlbare Interdependenz ihrer konventionellen Realität,
Und die angesammelten Tugenden einer reinen und erhabenen Absicht,
Möge ich in Übereinstimmung mit diesem Bestreben alles schnell erlangen.

* * *

Die folgende Tabelle gibt einen Überblick über die Geisteszustände, die während der einzelnen Bardos am aktivsten sind, sowie über die wichtigsten Praktiken, die empfohlen werden, um diese Zeiträume zu nutzen.

Gruppe	Bardo	Zustand	Praktiken
Leben	Leben	Wach	Drei Gelübde, Guruyoga
	Träumen	Traum	Gottheiten-Yoga, Traumyoga
		Tiefschlaf	Schlafyoga
	Meditation	Glückselige Versenkung	Drei Isolationen, Sechs Vajrayogas
Tod	Sterben	Tiefschlaf	Phowa, Yoga des Rückzugs
	Dharmata	Glückselige Versenkung	Yoga der Stabilisierung
	Werden	Tiefschlaf	Schlafyoga
		Traum	Traumyoga, Gottheiten-Yoga, Shambhala

Tabelle 10-2: Übersicht über die sechs Bardos

ZUSAMMENFASSUNG

- Bardo ist ein Begriff, der „Übergangszeit" bedeutet. Er wird verwendet, um sich auf die Zeiten des Übergangs von einem Zustand zum nächsten zu beziehen. Im Allgemeinen gibt es sechs Bardos, die in zwei Dreiergruppen unterteilt sind: (1) die Bardos des Lebens und (2) die Bardos des Todes und der Wiedergeburt.

- Die sechs Bardos sind: (1) der Bardo des Lebens; (2) der Bardo des Träumens; (3) der Bardo der Meditation; (4) der Bardo des Sterbens; (5) der Bardo der Dharmata und (6) der Bardo des Werdens.

- Der Bardo des Lebens findet während des Wachzustandes unseres gegenwärtigen Lebens statt. Er ist in erster Linie nützlich, um einen spirituellen

Pfad zu praktizieren, der uns hilft, Verdunkelungen zu bereinigen und Tugenden zu kultivieren. Auf dem Kalachakra-Pfad bedeutet dies, die Stufen der Erzeugung und Vollendung zu praktizieren.

- Der Bardo des Träumens dauert vom Einschlafen bis zu dem Moment, in dem wir aufwachen. Er besteht aus dem Rückzug in den Zustand des Tiefschlafs und dem Auftauchen im Traumzustand. Die wichtigsten Praktiken, um uns mit diesen Zuständen vertraut zu machen, bezeichnet man als Traumyoga und Schlafyoga.

- Traumyoga besteht aus Praktiken am Tag, die unser Bewusstsein für die trügerische Natur der konventionellen Wirklichkeit schärfen, und aus den Praktiken bei Nacht, die uns helfen, in den Träumen luzide zu werden, damit wir sie auf dem Pfad nutzen können.

- Beim Schlafyoga geht es hauptsächlich darum, das Gewahrsein für den Auflösungsprozess zu kultivieren, damit wir den Geist im Zustand des Tiefschlafs des Grundbewusstseins zur Ruhe bringen können. Im Wesentlichen ist es eine Shamatha-Praxis ohne Zeichen.

- Der Bardo der Meditation entsteht, wenn der Geist in die glückselige Absorption der tiefen meditativen Konzentration eintritt. Diese Praxis hat zwei Aspekte: (1) die Kultivierung der berggleichen Sichtweise, die das Ergebnis der direkten Erfahrung der letztendlichen Natur der Wirklichkeit ist, und (2) die ozeangleiche Praxis, die unsere Sicht mit jedem Aspekt unserer Erfahrung integriert. Auf dem Kalachakra-Pfad wird dies durch die Praxis der Sechs Vajrayogas erreicht.

- Der Bardo des Sterbens tritt ein, wenn die endgültige Auflösung von Körper und Geist beginnt, bis sich der Geist vollständig vom Körper trennt. Er beinhaltet die äußere Auflösung des grobstofflichen Körpers und die innere Auflösung des subtilen Körpers.

- Erkennen wir die Zeichen des nahenden Todes, können wir Maßnahmen ergreifen, um den vorzeitigen Verlust des Lebens zu vermeiden. Wenn die Anzeichen durch Hindernisse gegen das Leben verursacht werden, können wir medizinische Behandlung oder Rituale anwenden, um das Hindernis zu beseitigen. Sollten die Anzeichen jedoch aufgrund der Erschöpfung unserer karmischen Lebensspanne auftreten, können wir nichts mehr daran ändern.

- Die Praxis des Phowa dient dazu, das Bewusstsein zum Zeitpunkt des Todes zu lenken, um die Bedingungen für eine glückverheißende Wiedergeburt zu schaffen. Es gibt drei Arten von Phowa, die von Praktizierenden auf unterschiedlichen Ebenen verwendet werden: (1) Dharmakaya-Phowa, bei dem die Praktizierenden ihr Gewahrsein in Soheit ruhen lassen; (2) Sambhogakaya-Phowa, bei dem die Praktizierenden sich selbst als Kalachakra erzeugen; und (3) Nirmanakaya-Phowa, bei dem die Praktizierenden die Verschmelzung ihres Bewusstseins mit ihrem/r Guru visualisieren.

- Der Bardo der Dharmata dauert vom Moment des Todes bis zur Reaktivierung des grob-konzeptuellen Geistes. Während dieser Zeit erfährt der Geist eine Reihe von blendenden Lichtern. Wenn wir sie als leere Manifestationen unserer Buddhanatur erkennen können, können wir den Geist in diesem sehr subtilen Zustand ruhen lassen und anschließend Befreiung erlangen.

- Der Bardo des Werdens tritt auf, wenn der Geist aufgrund seiner starken karmischen Neigungen die subtile Form eines Bardo-Wesens annimmt. Ein solches Wesen manifestiert eine Reihe von traumähnlichen Erfahrungen, bis es schließlich in einen Mutterleib gezogen wird und eine weitere Wiedergeburt annimmt.

- Sollte es Ihnen während der Bardos des Todes und der Wiedergeburt nicht gelingen, die Befreiung zu erlangen, ist es hilfreich, zu Lebzeiten eine Vertrautheit mit dem erhabenen Bereich von Shambhala kultiviert zu haben. Dadurch kann man sich auf dieses höchst glückverheißende reine Vajrayana-Land ausrichten, wenn man den Bardo des Werdens erfährt.

Abschluss

Es ist meine aufrichtige Hoffnung, dass Sie die wertvollen Lehren, die in der Reihe *Die Enthüllung der inneren Wahrheit* vorgestellt wurden, in die Praxis umsetzen, damit Sie und alle, denen Sie begegnen, mehr Frieden und Harmonie in Ihrem Leben finden. Um Ihnen zu helfen, sich an diese Lehren zu erinnern, möchte ich Ihnen ein Widmungsgebet mitgeben, das die wesentliche Bedeutung des Kalachakra-Pfades zusammenfasst:

གཞོན་པའི་ལང་ཚོ་སྤྱོད་འདོད་རྣམས་གཡེང་དང་། །གཉིད་ཀྱི་ལྱོངས་སྤྱོད་མི་ཚེའི་རྣམ་གཡོས་ཤོགས། །

དབེན་པའི་མི་ལོ་སམས་བཅུའི་ལེགས་འབས་འདི། །བསྟན་འགྲོའི་རྒྱུད་ལེགས་ཞི་བདེའི་དཔལ་སྟེན་ཤོག །

Möge dieses ausgezeichnete Ergebnis des Verzichts auf die Vergnügungen und Ablenkungen der Jugend,
Die Schwere des Schlafes und den Luxus des Lebens
Die Sorgen aller Wesen heilen und
Den glorreichen Dharma von wahrem Frieden und Harmonie stärken.

ཕྱི་ཚུལ་ཡལ་ཏུ་གྱི་རྣམ་གཞག་མཐའ་ཡས་ཀྱང་། །ཡལ་ཅན་ཀུན་བྱེད་རྣམ་མོའི་ཚོ་འཕུལ་ཚམ། །

བཀུ་སྟོང་སེམས་ཀྱི་ཕྱི་ནང་གསང་བའི་རོན། །ཤེས་ཤིང་གོམས་ན་སྤྱོམ་བྱུང་ཡེ་ཤེས་ཏེ། །

Wie grenzenlos die äußeren Projektionen auch sein mögen,
Sie sind alle von der Königin – deinem Geist – erschaffen.
Wenn du seine vielen Schichten kennenlernst und dich mit ihnen vertraut machst,
Wird sich die Weisheit der Meditation offenbaren.

སློབ་བྱུང་རིགས་པས་ཀུན་ཉེན་འཁོར་བ་ཡི། །མཚང་ཆེན་བརྟོལ་ན་འཇིག་རྟེན་ཆོས་བརྒྱད་ལ། །

ཆགས་སྤང་སྒྲོལ་བས་ཡང་དག་ལམ་དུ་སློན། །དངོས་དང་བརྒྱུད་ནས་རྣམ་དག་འགྲོག་པ་སྟེན། །

Aus authentischer Meditation entsteht Gewahrsein
Der Fehler von Samsara und ihrer Entstehung.
Indem du dich von den acht weltlichen Dharmas befreist,
wird der authentische Pfad des Nirvana erreicht.

ཕྱོགས་མེད་དམ་ཆོས་ཟབ་མོའི་ལམ་སློལ་ཀུན། །རིས་མེད་ག་ཡངས་སྐྱོ་ཡིས་བསླབ་པ་ཡིས། །

རང་ལ་མཆོག་ཏུ་འཆམ་པའི་ཡང་དག་ལམ། །ཅི་དགར་རྙེད་པ་དངོས་པོའི་གནས་སུ་རིས། །

Mit einem Geist, der offen für spirituelle Vielfalt ist
Und frei von der Voreingenommenheit von Kultur und Sitte,
Wird der reinste und geeignetste Dharma
Ganz natürlich gefunden werden.

དེ་ལྟར་རིས་ཤེས་ཟབ་མོས་དྲངས་བ་ཡིས། །ཡང་དག་སྐྱབས་འགྲོ་རྩལ་སྲས་སེམས་དཔའི་ལམ། །

གོ་རྟོགས་ཟབ་མོས་གསག་སྦྱང་དང་འབྲེལ་ན། །རྒྱུ་ཆེན་ཆོགས་གཉིས་འཇིན་པའི་རྩ་བ་བརྟན། །

Diese tiefgründige Verwirklichung bringt wahre Zuflucht
Und erweckt den Pfad des Bodhicitta;
Verbunden mit Aktivitäten der Reinigung und des Verdienstes
Wird die Wurzel der zwei Ansammlungen stabilisiert.

རྩ་བ་ཡན་ལག་ཉིང་ལག་ལ་སགས་པས། །སོ་སོར་ཆལ་ཁྲིམས་གཙང་མས་དང་ཆལ་བཙུན། །

འདའ་མཆམས་བདག་སྲུང་པོར་ཆད་ཐབས་མཁས་ཀྱིས། །ཁྱད་ཆལ་སེམས་དཔའི་བསླབ་པས་རང་རྒྱུ་འདུལ། །

Die Unterscheidung dessen, was wesentlich und unwesentlich ist,
Hält das reine Verhalten der individuellen Befreiung aufrecht.
Durch die Klarheit der Methoden und der Reinigung

Werden die Bodhisattva-Gelübde wiederhergestellt und der Geist wird
gezähmt.

རྣམ་དག་ལེགས་ལམ་སྟོན་པའི་བཤེས་གཉེན་ཀུན། །ཆལ་བཞིན་བསྟེན་པ་ཟབ་མོའི་རྣམ་འབྱོར་གྱིས། །
ཟབ་ལམ་ཐེག་པའི་སྒོ་འབྱེད་བྱིན་རླབས་འཇུག །ཟབ་དོན་རིགས་ཀྱི་ས་བོན་སྙིང་དུ་ལྡང་། །

Das Verständnis ist der/die Lehrer/in, der/die
Den wahren Pfad der Tugend zeigt und das Tor
Zu den Segnungen des tiefgründigen Pfades öffnet,
Die heiligen Bedeutungen werden dem Herzen eingeprägt.

རྡོ་རྗེ་སློབ་དཔོན་སངས་རྒྱས་ཀུན་འདུས་སུ། །ཤེས་པས་བྱིན་རླབས་དབང་གི་རིམ་པ་ཡིས། །
ཕ་གསང་རྩ་རླུང་ཐིག་ལེའི་མདུད་རྒྱ་རྣམས། །གྲོལ་ཏེ་དག་སྣང་ཟབ་མོའི་ས་བོན་སྨིན། །

Wenn er/sie als die Verkörperung aller Erleuchtung erkannt wird,
Verleiht der/die Vajrameister/in die Ermächtigungen,
Um die subtilen Kanäle, Winde und Essenzen freizusetzen,
Und lässt alle Tendenzen der reinen Erscheinung reifen.

འདི་སྣང་སྒྱུ་མར་ཤེས་པའི་སྟོང་སྣང་དང་། །དག་སྣང་ལྷ་སྐུར་ཤར་བའི་རྣལ་འབྱོར་གྱིས། །
སྐྱེ་ཤི་བར་དོ་རིམ་གྱིས་སྣང་བའི་དོན། །གནས་སྐབས་གསུམ་གྱི་སྣང་བ་དག་པར་འགོག །

Sie versteht alle Erscheinungen als trügerisch und löst sie in Leerheit auf,
So enthüllt reine Wahrnehmung Erscheinungen als die Gottheiten der
Erleuchtung.
Durch Reinigung von Geburt, Tod und Bardo,
Werden die drei Stufen überwunden.

ཐན་མོང་སྟོན་འགྲོ་ཐན་མིན་ཉེར་ལྷོག་གིས། །ཐན་མོང་ཞི་གནས་ཐན་མིན་ལྷག་མཐོང་འཇེན། །
ཟབ་མོའི་ལམ་ལ་འཇེན་པ་གསམ་ལྡན་དང་། །སྒོས་མེད་བཞི་ལྡན་རྣམ་འབྱོར་རྣམ་བཞི་ཐོགས། །

Mit den allgemeinen und besonderen vorbereitenden Übungen
Werden die Zustände von ruhigem Verweilen und besonderer Einsicht vereint.
Durch den tiefgründigen Pfad der vier Arten von Desinteresse und der Drei
Isolationen
Erreichst du die Vier Versenkungen.

རྡུགས་བཅུ་འབྱུངས་པས་ཐ་མར་སྐྱང་བ་འགག །སྟོང་གཟུགས་སྐྱང་བས་རྟོགས་གྲུལ་ཡེ་ཤེས་འདྲེན། །
ཡལ་དང་ཡལ་ཅན་ཟད་པའི་སྟོང་གཟུགས་ཀྱིས། །ཚོགས་དྲུག་དབྱིངས་སུ་དྲངས་བ་དག་པའི་ཉམས། །

Wenn die zehn Zeichen erscheinen, lösen sich die unreinen Erscheinungen auf;
Leere Form mit nicht-begrifflicher Weisheit.
Die sechs Ansammlungen von Bewusstsein werden ersetzt
Durch die Weite der reinen Erscheinung.

སྟོང་གཟུགས་སྲོག་ཏུ་འདྲེས་པའི་འབར་སྐྱང་གིས། །ཡེ་བབས་མེས་བཏེན་གཏུམ་མོས་ཞི་བདེ་འདྲེན། །
དགའ་བཞིའི་སྟོང་བ་གོམས་པས་ཕྱག་ཆེན་འགྲུབ། །ཕྱག་རྒྱ་ཆེན་མོས་བདེ་ཆེན་ཡེ་ཤེས་འདྲེན། །

Leere Form verschmilzt am Nabel mit dem inneren Wind,
Das innere Feuer lodert und schmilzt die Tropfen,
Erzeugt die vier Freuden und
Führt zur Vereinigung von großer Glückseligkeit und ursprünglicher Weisheit.

རྣམ་ཀུན་མཆོག་ལྡན་སྟོང་གཟུགས་ཕྱག་རྒྱ་ཆེ། །མཆོག་ཏུ་མི་འགྱུར་ཟང་འདྲག་བདེ་ཆེན་པོ། །
ཁ་སྦྱོར་བདུན་ལྡན་ཡེ་ཤེས་རྡོ་རྗེའི་སྐུ། །འདི་ཕྱི་བར་དོ་གསུམ་ཏུ་མངོན་འགྱུར་ཤོག །

Möge ich die Vereinigung vollenden
Der unübertrefflichen Großen Gefährtin der Leeren Form
Und dem erhabenen Körper der unveränderlichen Glückseligkeit –
Vajradhara mit sieben erleuchteten Qualitäten.

དགེ་བ་འདི་ཡིས་སྐྱོ་བ་རྡོ་མའི་ཚོགས། །སྲོག་དང་ཐབ་སེལ་རྩུ་དང་ལྷུན་ཅིག་ཏུ། །

འཛོམས་པར་ནུས་པའི་ཐབས་ཟབ་ལ་བརྟེན་ནས། །གཞན་མཆོག་བདེ་གཤེགས་སྙིང་པོ་སྲུར་ཐོབ་ཤོག །

Mögen durch diese Tugenden die Ansammlung von vorübergehenden
Befleckungen
Und die groben Winde und Kanäle zerstört werden,
Sodass durch diese tiefgründige Methode
Die heilige Wahrheit unserer Buddhanatur enthüllt werden kann.

འདིར་འཆད་དགེ་བ་རྩམ་པར་དགར་བས་མཐུས། །བདག་ལས་བོར་ཚེ་དཔལ་ལྡན་ཤམྦྷལར། །

རིགས་ལྡན་རྒྱལ་པོའི་འཁོར་དུ་ལེགས་སྐྱེས་ནས། །དུས་འཁོར་བསྟན་ལ་བྱ་བ་བྱེད་པར་ཤོག །

Wenn ich sterbe, möge ich durch die Kraft dieser Bemühung
Den erhabenen Bereich von Shambhala erreichen.
Möge ich eine glückliche Wiedergeburt im Gefolge der Kalkis erlangen
und dem Kalachakra-Tantra zum Nutzen aller Wesen dienen.

མདོར་ན་ད་ལྟའི་རིང་ནས་བཟང་སྟེ། །ནད་མཚོན་དམག་འཁྲུག་དབལ་བོར་ལ་སོགས་པ། །

ས་ཆེན་འདི་ཡི་རྒྱུད་པ་ཀུན་སེལ་བའི། །རིགས་ལྡན་སེམས་དཔའི་སྲས་སུ་བདག་གྱུར་ཅིག །

Von diesem Tag an,
Möge ich alle Krankheiten, Armut, Kriege und Konflikte heilen.
Möge ich ein Streiter der Kalkis sein.

སྐྱེ་བ་འདི་ནས་ཚེ་རབས་ཀུན་ཏུ་ཡང་། །ཤམྦྷ་ལ་ར་རིགས་ལྡན་རྒྱལ་བའི་སྐུར། །

བཞེངས་སྟེ་ཕྱོགས་མེད་འགྲོ་བའི་རྒྱུད་པ་སེལ། །འཛམ་གླིང་ཀུན་ཕན་ཞི་བདེའི་དཔལ་སྟེར་ཤོག །

Möge ich in all meinen zukünftigen Leben als Dharma-König von Shambhala
geboren werden

Und das Leid aller Wesen im ganzen Raum beseitigen.
Mögen echter Frieden und Harmonie herrschen!

མི་ལུས་རིན་ཆེན་ཕྱིན་པའི་ཕ་མ་དང་། །མཁན་སློབ་བ་ཤེས་གཉེན་རྩ་བའི་བླ་མ་མཆོག །
ལེགས་འབད་འདི་ལ་རམ་འདེགས་སུམ་བྱས་ཀུན། །སྐྱེ་ཀུན་ཟབ་མོའི་ཆོས་ལ་མཉམ་སྤྱོད་ཤོག །

Alle meine kostbaren Eltern und Lehrer – insbesondere mein/e erhabene/r
Wurzellama –
Sowie all jene, die mir bei dieser Arbeit geholfen und dazu beigetragen haben,
Mögen wir alle gemeinsam diesen tiefgründigen Dharma in all unseren
zukünftigen Leben genießen.

ཁྱད་པར་རྡེན་ཅན་ཨ་མས་ལྷོ་མིང་རིང་། །མདག་ཁར་བསྐྱེད་བསྲིང་རེ་ལང་མང་བོའི་བར། །
དགའ་སྤུག་ངལ་དུབ་འཛིག་སྲང་ཁྱད་བསད་དེ། །ཁ་ལ་མཐན་རྟེན་སྤར་བའི་དོན་དུ་བསྔོ། །

Insbesondere möchte ich diese Tugend meiner geliebten Mutter widmen,
Die mich in ihrem Schoß trug und viele Jahre lang
Unterstützte, während sie viel Kummer und Not erlebte.

ཆོས་དབྱིངས་བདེ་གཤེགས་སྙིང་བོའི་བདེན་པ་དང་། །ཆོས་ཅན་རྟེན་འབྲེལ་བསླ་བ་མེད་པ་དང་། །
རྣམ་དག་བསམ་པ་སྲས་བཅས་རྒྱལ་བ་ཡི། །སྨོན་ལམ་ཇི་བཞིན་གྱུར་དུ་སྨིན་གྱུར་ཅི། །།

Durch die letztendliche Wahrheit der Buddhanatur
und die relative Wahrheit der gegenseitigen Abhängigkeit
Möge sich meine reine Absicht mit den Bestrebungen der Mächtigen vereinen
Und möge ich alle meine Ziele erreichen.

Anhänge

Die tantrischen Gelübde und Verpflichtungen

DIE TANTRISCHEN VERPFLICHTUNGEN DES KALACHAKRA

Die Kalachakra-Schulung in ethischer Disziplin besteht aus drei Gruppen von Gelöbnissen: (1) den gewöhnlichen Gelöbnissen der fünf Buddhafamilien, (2) den außergewöhnlichen Gelöbnissen des Kalachakra und (3) den fünfundzwanzig Verhaltensweisen des Kalachakra.

Die gewöhnlichen Gelöbnisse der fünf Buddhafamilien

Als Teil unserer Verpflichtung gegenüber den fünf Buddhafamilien versprechen wir, die folgenden Gelöbnisse einzuhalten:

Die Gelöbnisse der Buddha-Familie

1. Zuflucht zum Buddha nehmen
2. Zuflucht zum Dharma nehmen
3. Zuflucht zum Sangha nehmen
4. Untugend aufgeben
5. Tugend kultivieren
6. Anderen nützen

Die Gelöbnisse der Vajra-Familie

1. Achtsamkeit gegenüber dem Vajra bewahren
2. Achtsamkeit gegenüber der Glocke bewahren
3. Sich selbst im Aspekt des Yidam visualisieren
4. Hingabe gegenüber dem/der Vajrameister/in praktizieren

Die Gelöbnisse der Juwelen-Familie

1. Materiellen Reichtum geben
2. Furchtlosigkeit geben
3. Dharma geben
4. Liebende Güte geben

Die Gelöbnisse der Lotos-Familie

1. Die Lehren des Sutrayana aufrechterhalten
2. Die Lehren der niedrigeren Tantras aufrechterhalten
3. Die Lehren des höchsten Yogatantra aufrechterhalten

Die Gelöbnisse der Handlungs-Familie

1. Die Disziplin der drei Gelübde bewahren
2. Ausführliche Opfergaben darbringen

Die außergewöhnlichen Gelöbnisse des Kalachakra

Als Teil unserer Verpflichtung gegenüber dem Kalachakra-Pfad versprechen wir, die vorläufigen und endgültigen Gelöbnisse der sechs Buddhafamilien einzuhalten:

Die sechs vorläufigen Gelöbnisse

1. **Akshobhya** – Körper, Rede und Geist durch die Praxis des Gottheiten-Yogas vereinen

2. **Ratnasambhava** – Umfangreiche Opfergaben durch die Praxis der Tsok-Festmähler darbringen

3. **Vairochana** – Die Achtsamkeit für die Reinheit der Phänomene durch die Arbeit mit den zehn unreinen Substanzen bewahren

4. **Amoghasiddhi** – Das Greifen nach gewöhnlicher Glückseligkeit verringern, indem man alle glückseligen Erfahrungen dem erleuchteten Mandala darbringt

5. **Amitabha** – Die Reinheit der Glückseligkeit erkennen, indem man mit

einer/m visualisierten Gefährtin/Gefährten arbeitet

6. **Vajrasattva** – Den Wunsch kultivieren, in der Vereinigung von unveränderlicher Glückseligkeit und Leerer Form zu verweilen, indem man die Achtsamkeit für den heiligen Aspekt der Sexualität aufrechterhält

Die sechs endgültigen Gelöbnisse

1. **Akshobhya** – Körper, Rede und Geist durch die Praxis der Sechs Vajrayogas vereinigen

2. **Ratnasambhava** – Alle Wahrnehmungen als Leere Formen erfahren, indem man die zehn Winde in den Zentralkanal bringt

3. **Vairochana** – Alle subtilen Essenzen im Zentralkanal sammeln

4. **Amoghasiddhi** – Das Greifen nach Glückseligkeit loslassen, indem man mit der Praxis des Inneren Feuers arbeitet

5. **Amitabha** – Alle subtilen Essenzen an der unteren Spitze des Zentralkanals sammeln, indem man mit einer/m Gefährtin/Gefährten arbeitet

6. **Vajrasattva** – In der Vereinigung von unveränderlicher Glückseligkeit und Leerer Form verweilen

Die fünfundzwanzig Verhaltensweisen des Kalachakra

Um zu gewährleisten, dass unsere Handlungen von Körper und Rede mit den Kalachakra-Lehren übereinstimmen, sollten wir die folgenden Handlungen aufgeben:

Die fünf großen negativen Karmas, die es aufzugeben gilt

1. Töten
2. Lügen
3. Nehmen, was nicht gegeben wurde
4. Sexuelles Fehlverhalten
5. Rauschmittel einnehmen

Die fünf kleineren negativen Karmas, die es zu vermeiden gilt

6. Glücksspiel
7. Unangemessenes Fleisch essen
8. Verwerfliche Worte lesen
9. Geistern Opfergaben darbringen
10. Extremistische Praktiken ausüben

Die fünf verbotenen Arten des Tötens

11. Tiere töten
12. Kinder töten
13. Frauen töten
14. Männer töten
15. Darstellungen des erleuchteten Körpers, der Rede und des Geistes zerstören

Die fünf Haltungen der Geringschätzung

16. Hass auf Freunde, die dem Dharma oder der Welt im Allgemeinen nützen
17. Hass auf Führungspersonen oder Älteste, die Respekt verdienen
18. Hass auf spirituelle Lehrer/innen oder Buddhas
19. Hass auf Mitglieder des Sangha, insbesondere Arya-Wesen
20. Hass auf diejenigen, die uns vertrauen

Die fünf Anhaftungen

21. Anhaftung an Sichtbares
22. Anhaftung an Geräusche
23. Anhaftung an Gerüche
24. Anhaftung an Geschmäcker
25. Anhaftung an Empfindungen

DIE TANTRISCHEN GELÜBDE GEMÄSS KALACHAKRA

Die tantrischen Gelübde, die im Kalachakra-Tantra ausdrücklich erwähnt werden, sind: (1) die vierzehn Wurzelgelübde und (2) die acht Zweiggelübde.

Die vierzehn Wurzelgelübde

Die folgenden Handlungen sollten vollständig aufgegeben werden:

1. Den Geist des/der eigenen Vajrameisters/meisterin stören
2. Die Worte des/der eigenen Vajrameisters/meisterin missachten
3. Die eigene Vajrafamilie verachten
4. Den Geist der Liebe aufgeben
5. Das eigene Bodhicitta beschädigen
6. Philosophische Grundsätze kritisieren
7. Den Unreifen Geheimnisse mitteilen
8. Die eigenen Aggregate verachten
9. Andere über den heiligen Dharma verunsichern
10. Arglistige Liebe hegen
11. Selbst erfundene Konzepte über die letztendliche Natur der Wirklichkeit entwickeln
12. Über die Fehler derer sprechen, die rein sind
13. Die heiligen Substanzen ablehnen
14. Frauen gering schätzen

Die acht Zweiggelübde

Die folgenden Handlungen sollten weitestgehend vermieden werden:

1. Sich auf eine/n unqualifizierte/n Gefährtin/Gefährten stützen
2. Eine Vereinigung eingehen, ohne das Gewahrsein der Leerheit aufrechtzuerhalten
3. Tantrische Utensilien und Praktiken Personen vorführen, die dafür nicht geeignet sind
4. Während eines Opfermahls oder einer Zeremonie einen Konflikt verursachen
5. Diejenigen mit echtem Vertrauen in die Irre führen
6. Sich über längere Zeit mit Menschen umgeben, die nicht an den Vajra-Pfad glauben
7. Mit den eigenen spirituellen Errungenschaften prahlen
8. Diejenigen den Dharma lehren, die kein Vertrauen in die Lehren haben

Überblick über Band Drei

TEIL ZWEI: DAS ERLEUCHTETE MANDALA ERZEUGEN

TEIL DREI: DEN ZUSTAND DES KALACHAKRA VERWIRKLICHEN

Über den Autor

Khentrul Rinpoche ist ein nicht-sektiererischer Meister des tibetischen Buddhismus. Er widmete sein Leben den verschiedensten spirituellen Praktiken und studierte bei mehr als 25 Meistern aller großen Traditionen Tibets. Er hat aufrichtigen Respekt und Wertschätzung für alle spirituellen Systeme; sein eigener Weg, den er mit größtem Vertrauen praktiziert und mit dem er die meiste Erfahrung hat, ist das Kalachakra-Tantra, wie es in der Jonang-Shambhala-Tradition gelehrt wird.

Rinpoche nähert sich allem, was er tut, mit Scharfsinn und Neugier an. Seine Unterweisungen sind leicht zugänglich und direkt, oft mit pragmatischem Einfühlungsvermögen. In den vergangenen Jahren verfasste Rinpoche eine Reihe von Büchern, um seine Schülerinnen und Schüler anzuleiten. Dabei bemühte er sich besonders, Kommentare und Texte über die Stufen des Kalachakra-Pfades zu übersetzen und zugänglich zu machen.

Rinpoche ist fest davon überzeugt, dass unsere Welt das Potenzial hat, echten Frieden und Harmonie zu entwickeln und damit die Umwelt und die Menschheit zu bewahren. Er vertraut darauf, dass dieses *Goldene Zeitalter von Shambhala* durch das Studium und die Praxis des Kalachakra-Systems verwirklicht werden kann. Zu diesem Zweck bereist Rinpoche die ganze Welt, um sein Wissen über diese einzigartige Überlieferungslinie zu teilen, frei von sektiererischen Vorurteilen.

RINPOCHES VISION

Das Tibetan Buddhist Rimé Institute wurde mit dem ausdrücklichen Zweck gegründet, Khentrul Rinpoche in seiner Vision für größeren Frieden und Harmonie in dieser Welt zu unterstützen. Während sich unsere Gemeinschaft weiterhin entwickelt und wächst, engagieren sich mehr und mehr Menschen für diese außergewöhnlichen Bemühungen.

Um Ihnen einen Eindruck vom Umfang von Rinpoches Vision zu geben, können wir acht Ziele benennen, die Rinpoches kurzfristige und langfristige Prioritäten widerspiegeln:

Kurzfristige Ziele

Letztendlich ist dauerhaftes wahres Glück nur durch tiefgreifende persönliche Veränderung möglich. Mehr denn je benötigen wir heutzutage Methoden, um unsere Weisheit zu entwickeln und unser größtes Potenzial zu realisieren. Aus diesem Grund hat es für Rinpoche eine so hohe Priorität, die Jonang-Kalachakra-Linie zu erhalten. Rinpoche hofft, das auf vier Arten erreichen zu können:

1. **Gelegenheiten schaffen, mit einer authentischen und vollständigen Kalachakra-Linie in enger Zusammenarbeit mit engagierten Meditierenden im abgelegenen Tibet in Verbindung zu treten.** Unser Ziel ist es, jegliche Unterstützung zu schaffen, um Kalachakra in Übereinstimmung mit den authentischen Linienmeister/innen, die diese Tradition tausende Jahre lang aufrechterhalten haben, zu praktizieren. Dazu geben wir Statuen und Bilder in Auftrag, schreiben Bücher und lehren auf der ganzen Welt. Wir legen besonderen Wert auf die Authentizität unseres Materials, wobei wir uns auf die tiefgründige Erfahrung hoch realisierter Meditierender, die ihr ganzes Leben diesen Übungen widmen, stützen.

2. **Internationale Retreat-Zentren für das Studium und die Praxis des Kalachakra aufbauen.** Um die Lehren in unseren Geist zu integrieren, ist eine Gelegenheit für Perioden intensiver Praxis unabdingbar. Daher arbeiten wir daran, die notwendige Infrastruktur zu schaffen, die die Mitglieder unserer Gemeinschaft unterstützt und fördert, sich für ein kurzes oder langes Retreat zurückzuziehen. Dazu gehören der Erwerb von Grund und die Errichtung von allem, was für Gruppen- oder Einzelretreats notwendig ist. Langfristig möchten wir ein Netzwerk solcher Zentren auf der ganzen Welt aufbauen. Dadurch soll eine globale Gemeinschaft entstehen, die unterschiedlichste Arten von Praktizierenden unterstützt.

3. **Die einzigartigen und seltenen Schriften der Kalachakra-Meister übersetzen und veröffentlichen.** Während der langen Geschichte Tibets wurden unzählige Schriften über das Kalachakra-System verfasst. Bisher

wurde nur ein kleiner Teil dieser Texte übersetzt und im Westen zugänglich gemacht. Während die theoretischen Texte wichtig sind, möchten wir uns aber besonders auf die Kernunterweisungen konzentrieren, die hingebungsvolle Praktizierende zu einer intensiveren Erfahrung dieser tiefgründigen Lehren führen können.

4. **Hilfsmittel und Programme für eine strukturierte Lernerfahrung entwickeln.** Da kleine Gruppen von Schülerinnen und Schülern auf der ganzen Welt verstreut sind, halten wir es für wichtig, moderne Technologien bestmöglich einzusetzen, um den Lernprozess zu fördern. Wir möchten eine stabile Online-Lernplattform entwickeln, durch die unsere internationale Gemeinschaft Zugang zu qualitätsvollen Studienprogrammen erhalten kann, die intuitiv, strukturiert und anregend sind.

Langfristige Ziele

Während wir alle daran arbeiten, höchsten Frieden und Harmonie in unserem eigenen Geist zu etablieren, dürfen wir nicht vergessen, dass wir in einer Welt mit einer Vielzahl verschiedener Individuen leben. Diese Einzelpersonen verfolgen unterschiedlichste Glaubensrichtungen und Praktiken, die wiederum beeinflussen, wie wir uns im Verhältnis zu anderen sehen und mit ihnen interagieren. Angesichts dieser gegenseitigen Abhängigkeit ist es wesentlich, brauchbare Strategien zu entwickeln, um mehr Toleranz und Respekt zu fördern. Dazu empfiehlt Rinpoche vier spezielle Bereiche von Aktivitäten:

1. **Die Entwicklung einer Rime-Philosophie durch Dialog mit anderen Traditionen fördern.** Wenn wir konstruktive Mitglieder einer pluralistischen Gesellschaft sein wollen, müssen wir lernen, unsere Unterschiede miteinander in Einklang zu bringen. Darum wollen wir Menschen helfen, die positiven Qualitäten zu entwickeln, die eine Haltung wechselseitigen Respekts, Offenheit gegenüber neuen Ideen und den neugierigen Wunsch, unsere Unwissenheit zu überwinden, fördern.

2. **Hoch realisierte Vorbilder entwickeln, indem wir engagierte Praktizierende finanziell unterstützen.** Um die Authentizität unserer spirituellen Traditionen zu erhalten, sind Personen, die höchste Verwirklichungen

erlangen, unverzichtbar. Daher möchten wir ein Stipendienprogramm ins Leben rufen, um aufrichtig Praktizierende dabei zu unterstützen, ihr Leben der spirituellen Entwicklung zu widmen, unabhängig von ihrem Übungssystem. Wenn wir Menschen helfen, die Lehren in die Praxis umzusetzen, werden sie positive Vorbilder für ihre Umgebung und geben Inspiration und Orientierung für zukünftige Generationen.

3. **Durch spezielle Trainingsprogramme das große Potenzial weiblicher Praktizierender verwirklichen.** Die tibetische Kultur hat eine lange Geschichte, durch intensives Training von Personen, deren großes Potenzial erkannt wurde, hoch verwirklichte Meister hervorzubringen. Leider konzentrierte sich die Suche nach solchen Personen meist auf männliche Kandidaten. Nach Rinpoches Ansicht ist es zunehmend wichtiger, starke, hoch realisierte weibliche Vorbilder zu haben, um eine bessere Balance in unsere Welt zu bringen. Darum arbeiten wir an einem einzigartigen Trainingsprogramm, um Frauen die Möglichkeit zu geben, ihr spirituelles Potenzial zu verwirklichen. Unser Ziel ist es, sowohl ein spezielles Curriculum wie auch die finanzielle Infrastruktur zu entwickeln, um alle Aspekte ihrer Ausbildung zu unterstützen.

4. **Durch moderne Ausbildungsprogramme eine größere Flexibilität des Geistes und ein breiteres Verständnis der Realität fördern.** In einer sich rasch entwickelnden Welt müssen wir überlegen, welche Fähigkeiten wir unsere Kinder lehren wollen. Die starren Strukturen der Vergangenheit sind oft schlecht geeignet, Schülerinnen und Schüler auf die Herausforderungen, denen sie in ihrem Leben begegnen werden, vorzubereiten. Daher möchten wir verschiedene Bildungsprogramme entwickeln, um Kindern zu helfen, flexibler zu werden und sich besser in ihre Umgebung einfügen zu können. Ein wichtiger Teil dieser Programme ist die Entwicklung von größerem Gewahrsein der Rolle, die unser Geist bei unseren tagtäglichen Erfahrungen spielt. Wir möchten auch das Erziehungssystem in den Klöstern reformieren, um seine Relevanz für die heutige moderne Welt zu erhöhen.

WIE KÖNNEN SIE HELFEN?

Das oben Gesagte wird ohne Ihre Unterstützung und Beteiligung nicht möglich sein. Eine Vision dieser Tragweite erfordert ein großes Maß an Verdienst und Großzügigkeit vieler Wohltäter über viele Jahre hinweg. Wenn Sie Ihre Unterstützung anbieten möchten, zögern Sie bitte nicht, uns zu kontaktieren:

Dzokden
3436 Divisadero Street
San Francisco, California 94123
United States of America
www.dzokden.org